DUMONT

Reise-Taschenbuch

galicien & jakobsweg

Tobias Büscher

Senkrechtstarter

Burro grande, ande no ande, sagen die Galicier: Großer Esel, mach dich auf den Weg. Doch was hat sich dieser Pilger dabei gedacht? Dass er etwas leichter zu Fuß nach Santiago will? Dass er mit so einem störrischen Tier auch wirklich ankommt? Oder hat er Größeres vor? Dann ist er gar nicht auf dem Weg nach Santiago. Sondern bringt sein Tier weiter südlich nach Escairón in Galicien. Dort steigt Anfang August die Carreira do Burro, das Eselrennen. Laufleistung: statt 800 km nur einmal um den örtlichen Fußballplatz.

Überflieger

Galicien & Jakobsweg — mal eben drüberfliegen, von Ost nach West. Viel Landschaft, viel Küste, viel Kultur, viel Urlaub!

Querfeldein

Fundstücke — über den Camino zur Atlantikküste. Ab und an Rudelbildung am Jakobsweg, immer wieder menschenleere Buchten am Meer. Mehr Abwechslung geht nicht.

Spaniens Wilder Westen

In Galiciens Hinterland heulen die Wölfe, an den Klippen der Costa da Morte haften Entenmuscheln, in den Kirchen hängen Modellschiffe. Und weise Frauen haben mindestens so viel Autorität wie Ärzte an den Unikliniken. Die Region nördlich von Portugal ist steinalt. Kelten gaben ihr den Namen. Deren Grundmauern existieren noch heute und heißen Castro, so wie Fidel Castro, dessen Vorfahren von hier aus nach Kuba auswanderten.

Romanik und Ribeiro

Kommen Sie mit auf Entdeckungsreise in diese Region über den Camino bis nach Santiago de Compostela, Galiciens spirituellem Pol. Der Jakobsweg mit seinen romanischen Bauten und Weißstorch-Paaren ist ein echter Kulturweg. Und wer Santiago erreicht hat, findet in Galicien wunderschöne Strände, Märkte und Tavernen, wo die Anwohner ihren Ribeiro-Weißwein aus Porzellantassen trinken.

Jetzt wird's kriminell

Kommissar Pepe will undercover auf dem Jakobsweg in einer Gruppe verdächtiger Pilger den Mörder entlarven. Unser Autor hat für den Thriller »Muschelmord – Tod auf dem Jakobsweg« (Amazon) Pfarrer, Polizisten und Pathologen interviewt.

In der Fischertaverne den Abend mit Blick auf die Boote ausklingen lassen. Auf dem Metalltisch ein Krug Wein, ein paar Miesmuscheln, Baguettescheiben mit Aioli … und am linken Bein angelehnt der wuschelige Wasserhund des Besitzers. Wunderbar. Aber müssen denn alle Hunde hier Tobi heißen? So wie ich mit Vornamen?

La Isla Bonita

Rías heißen die galicischen Buchten. Die im Norden zwischen Fisterra und A Coruña an der Costa da Morte sind gefährlich. Häufig kommt es zu tödlichen Unfällen, weil Percebeiros an den scharfen Klippen verunglücken oder das stürmische Meer wieder einmal ein Fischerboot schluckt. Weiß getünchte Kreuze zeugen davon. Wesentlich ruhiger geht es an den Rías im Süden zu, auch für Badegäste. Hier gibt es die einstige Schmuggler-Insel Arousa, die Cíes-Inseln mit ihren vielen Gelbfußmöwen und die Luxusinsel A Toxa bei O Grove. Dort ist eine Kapelle ebenfalls ganz weiß. Sie ist über und über mit Jakobsmuscheln bedeckt. Kitschig heißt auf Spanisch übrigens *cursi* (gesprochen kursi).

Jenseits des Camino
Im Hinterland von Galicien locken Naturparks und Wanderwege. Den Miño hinauf geht es zu Landhäusern. Und mancher glaubt noch an Hexen. Kurioserweise gibt es dort auch richtig guten Rotwein: in der Ribeira Sacra.

»Deus é bo. E o demo non é malo«, sagen die Galicier: »Gott ist gut. Aber der Teufel ist auch nicht schlecht.«

Kühe melken statt Stiere erstechen

In Navarrete 60 km südlich der Rioja-Hauptstadt Logroño liegt einer der schönsten Reitställe der Region. Im galicischen Ponte Caldelas wiederum bietet die Unterkunft O Castelo wunderbare Reitausflüge an. Auch südlich von Lalín gibt es einen Reitstall für Touren in der Region. Doch das Highlight sind Wildpferde in Nordwestspanien. Und wann sieht man diese Caballos Salvajes? Bei den Rapa das Bestas im Mai und Juni. Diese Treibjagden sind das gelebte Gegenteil vom Stierkampf im südlichen Andalusien. Hier stirbt keines der Tiere, deren natürliche Feinde dort die Wölfe sind. Zum Stierkampf sagen die Galicier: »Wir töten keine Toros, wir melken lieber Kühe.«

Inhalt

Vor Ort

Von den Pyrenäen bis Burgos 14

Von Frómista bis Santiago 70

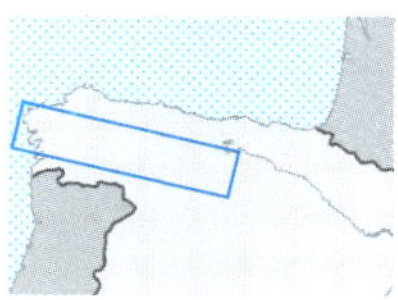

Was für ein Ausblick! Frühere Pilgerpaare dachten, hier an den Klippen des Cabo Fisterra seien sie am Rand der Erdscheibe.

Santiago de Compostela 102

Die Nordküste Galiciens 124

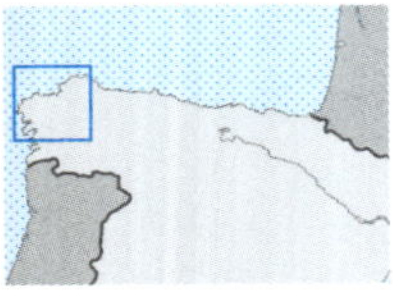

Die Westküste Galiciens 160

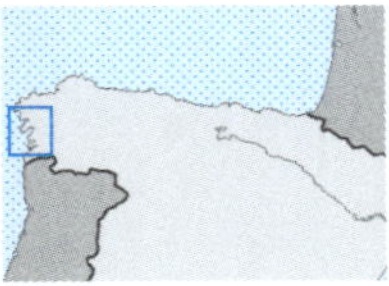

Kathedralenstrand in Galicien

Galiciens Inland 196

Das Kleingedruckte

Das Magazin

Vor

Dem Himmel so nah: Chillen mit Blick auf Santiagos Kirche San Fructuoso nahe der Jakobskathedrale

Ort

Von den Pyrenäen bis Burgos

Natur und Stadtleben — beste Pyrenäenluft, weiter westlich die Hauptstadt von Navarra und dann hinein ins Kernland.

Seite 20

San Juan de la Peña

Das Kloster San Juan de la Peña nahe der Stadt Jaca ist eines der ungewöhnlichsten Bauwerke am Camino. Es liegt geduckt unter einem gewaltigen Felsbrocken.

Seite 27

Pamplona

Stierkampf? Sanfermines? Hemingway? Ja, aber darauf reduziert sich die Hauptstadt Navarras wirklich nicht. Sie ist jenseits dieses Spektakels im Juli viel ruhiger, günstiger und attraktiver. Und statt Stieren gibt es im Stadtpark Pfauen und Hirsche zu sehen.

Die Confitería Echeto ist Jacas Konditorei für Naschkatzen.

Eintauchen

Seite 37

Olite

Mit seinen Erkern, spitzen Türmen und Schießscharten ist der Real Palacio de Olite südlich des Jakobswegs die Vorzeigeburg Nordspaniens.

Seite 40

Puente la Reina

Eine schönere mittelalterliche Brücke als die der Königin (Reina) gibt es am ganzen Jakobsweg nicht.

Seite 41

Eunate

Die geheimnisvolle Kapelle ist ein architektonisches Juwel.

Seite 44

Logroño

Die Rioja-Hauptstadt am Río Ebro ist im Zentrum wunderschön. Tapas gibt es in der Gasse Laurel (Lorbeer).

Seite 46

La Rioja

Zu Winzern und Bodegas im Herzen der Region La Rioja: Haro, der wichtigste Ort, ist für seine Weine und für seine Weinschlacht berühmt. Ein Eldorado für Fans von gutem Vino Tinto.

Seite 52

Guggenheim

Bilbaos Guggenheim-Museum: Dieser Abstecher zum attraktivsten Museum Nordspaniens lohnt auf jeden Fall, schon allein wegen seiner raumschiffartigen Hülle. Und neben der Moderne lockt die Altstadt mit ihren Tavernen.

&

Seite 57

Santo Domingo

Santo Domingo de la Calzada: In der sehenswerten Kathedrale leben ein Hahn und ein Huhn.

Seite 58

Burgos ✪

Die Stadt des Cid, der Störche und der Museen ist das Herz Kastiliens.

Der wertvolle Rebsaft hat die Rioja international berühmt gemacht.

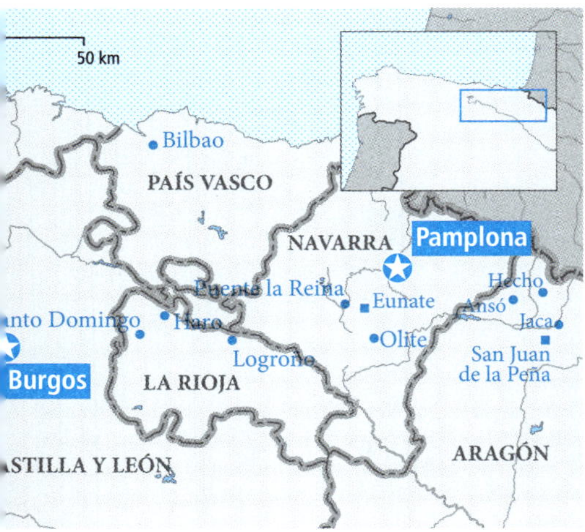

Westlich von Jaca schweben die Gänsegeier über den Pyrenäenorten Hecho und Ansó. In den unverbauten, schönen Tälern macht Wandern besonders viel Spaß.

erleben

Dem Himmel so nah

V

Von der spektakulären Bergwelt der Pyrenäen geht es mitten ins Herz von Kastilien. Die Etappe hinunter nach Pamplona begeistert Naturfreunde, während im weiteren Verlauf architektonische Höhepunkte den Weg säumen: ob die himmelstürmende Kathedrale von Burgos, die geheimnisvolle Kapelle von Eunate oder das Gotteshaus von Santo Domingo, in dessen Schrein kurioserweise weißes Federvieh gackert.

Der Jakobsweg verläuft als Pilgerstraße nach Santiago de Compostela zum Grab des Apostels Jakob. Von Nordeuropa aus führen verschiedene Zweige des Pilgerwegs nach Nordwestspanien. Die beiden im Folgenden beschriebenen Routen über die Pyrenäen – der Aragón-Weg und der Navarra-Weg – vereinen sich bei Puente la Reina westlich von Pamplona zum spanischen Hauptweg *(camino francés)*. Vom Somport-Pass (1632 m hoch) an der spanisch-französischen Grenze verläuft der Aragón-Weg als einer der beiden klassischen Caminos über Jaca und bietet schöne Abstecher zu dem Felsenkloster San Juan, zu Bergseen und der Burg Javier. Er ist in diesem Kapitel als erster beschrieben. Die zweite Route verläuft im Anschluss entlang dem Navarra-Weg als noch beliebterer Klassiker bei Jakobspilgern. Er beginnt in Roncesvalles, das man über die französische Kleinstadt Saint-Jean-Pied-de-Port erreicht, und verläuft über schöne Buchenwälder hinunter nach Pamplona, der Hauptstadt Navarras bis nach Puente la Reina. Von dort geht es durch die Rioja bis zur kastilischen Stadt Burgos. Ein Highlight dieses Kapitels ist die traumhaft schöne achteckige Kapelle Eunate.

O

ORIENTIERUNG

Internet: spain.info: Portal von Turespaña mit nützlichen Infos zu den wichtigsten Orten in Aragón, La Rioja, Navarra und Kastilien. Auch auf Deutsch.
Infos vor Ort: Zentrale Anlaufstellen an diesem Abschnitt des Jakobswegs sind die Oficinas de Turismo in Pamplona, Bilbao und Burgos.
Verkehr: Über Madrid oder Barcelona landen Flieger in den Städten Bilbao, León, Logroño und Pamplona. Busverbindungen von Bilbao, Madrid und Barcelona aus zu den verschiedenen Orten zwischen den Pyrenäen und Burgos bietet u. a. Alsa (alsa.es). Generell gilt: Busse sind schneller und günstiger als der Zug.

Jaca

T5

Juwel am Río Aragón

Jaca (14 000 Einw.) liegt 33 km südlich des Somport-Passes (s. Tour S. 28) am Río Aragón, dem Namensgeber der ganzen Region. Die Altstadtgassen fügen sich zu einem sehenswerten Ensemble zusammen, architektonisch ergänzt durch ein neues Kongresszentrum und eine olympiareife Eislaufhalle. Hier trainiert eine der besten Eishockeymannschaften des Landes. Der Club Hielo Jaca holte den Superbowl zuletzt 2016.

Fast ebenso groß wie die Altstadt ist die mächtige **Zitadelle** (Av. Primer Viernes de Mayo s/n, Führungen tgl. 11–12, 16–17 bzw. im Sommer 18–20 Uhr, ca. 4 €) mit dem Grundriss eines fünfzackigen Sterns, die noch heute als Garnison dient. Dennoch ist das Ambiente der Stadt nicht allzu militärisch, zumal auch Studenten kommen, die sich vorübergehend an Spaniens ältester Sommeruniversität einschreiben. Die kleine Stadt am Fuß der Pyrenäen ist auch ein idealer Ausgangspunkt für Ausflüge in die attraktive Umgebung: das nahe, in einen großen Fels integrierte Kloster San Juan de la Peña (s. Tour S. 20), die Skiorte der Berge um den nördlichen Somport-Pass und die kleinen Ortschaften Hecho und Ansó.

Jaca hat eine lange historische Tradition. Ihr Kern geht auf das 2. Jh. zurück. Im 8. Jh. verteidigten sich die Bewohner erfolgreich gegen die Mauren – noch heute alle zwei Jahre der Anlass für ein lebhaftes Stadtfest, das die historischen Ereignisse noch einmal Revue passieren lässt. Und 1077 waren die Bewohner stolz darauf, dass Jaca zur ersten Hauptstadt des Königreichs Aragón erkoren wurde.

Wenn Steinmetze abkupfern …

San Pedro de Jaca und die Apostelkirche in Santiago entstanden im 9. Jh. fast parallel. Sie sollten baulich den Startschuss für den Jakobsweg geben und sind damit die ältesten spanischen Kathedralen aus der Zeit der Romanik. Allerdings: San Pedro hat keine Legenden, keine Besuchermassen und schon gar keinen internationalen Bekanntheitsgrad. Sie wirkt wie verloren zwischen den Häusern und düster im Innern. Dennoch fasziniert sie die Fachwelt. Das Westportal der hohen, dreischiffigen Bischofskirche zeigt frühromanische Figuren nach biblischen Themen, darunter Petrus, einen Löwen und eine nackte Tänzerin mit Schlange zwischen den Beinen. Viele der Motive, vor allem die diabolischen, haben die Steinmetze beim Kirchenbau entlang des Jakobswegs immer wieder gerne kopiert, darunter in Frómista. Unter dem Hauptaltar befindet sich der Schrein von Santa Orosia, der Schutzheiligen von Jaca. Durch den Kreuzgang geht es in das **Diözesanmuseum** (Mo–Sa 10–13.30, 16–18.30, So 10–13.30 Uhr, Eintritt 7,50 €) mit seinen romanischen Schriften, einem Kapitell von David und den Musikern und so einigen zweidimensionalen romanischen Wandbildern aus Kirchen der Umgebung. Mit der Zeit sind die großflächigen Gemälde leicht abgeblättert, aber die länglichen Gesichter der Apostel sind nach wie vor zum Daniederknien.

Plaza de San Pedro s/n, 10–13, 16–20 Uhr

A

ARAGÓN-WEG

Der Weg beginnt am Pass Somport in den Pyrenäen, den man von Norden über Oloron-Sainte-Marie erreicht, und führt durch die nordspanische Region Aragón über Jaca und Sangüesa bis Puente la Reina, wo er sich mit dem Navarra-Weg zum Hauptweg Camino Francés vereint.

… und ein König Filme inspiriert

Rund um die Kathedrale liegen eine Handvoll Restaurants und Tapa-Bars. Wer gerade eine Fastenkur macht, sollte besser nicht hereinschauen. In den Auslagen gibt es Kroketten aus Hühnerfleisch genauso wie die landestypischen gebratenen Brotkrumen *(migas al pastor)* mit Öl, Knoblauch, Schmalz und Pfeffer.

Ganz in der Nähe liegt die **Torre de Reloj** (Plaza Marqués de la Cadena s/n), der Uhrturm, mit seinen gotischen Fenstern. Er ist das einzige Relikt des nicht erhaltenen Königspalastes. Schräg gegenüber ziert eine Renaissance-Fassade das **Rathaus.** Etwas weiter kommt man zu den kleineren Kirchen **Santiago** und **Carmen.** Die vielen Gotteshäuser auf so engem Raum zeigen, welche Bedeutung die Hauptstadt der aragonesischen Pyrenäen als Pilgerstation auf dem Weg vom Somport-Pass nach Santiago hatte. Beachtlich ist auch das Benediktinerkloster, dessen Kirche **San Salvador y San Ginés** (nahe dem Ostende der Calle Mayor, unregelmäßig geöffnet) den kunstvollen Sarkophag der im Jahr 1095 verstorbenen Doña Sancha besitzt. Sie war die Tochter des ersten und berühmten aragonesischen Königs Sancho Ramírez. Der übrigens fasziniert beim Bau der Kathedrale in Jaca zusah. Und mit schuld ist, dass Hollywood mit dem Wort Aragón erstaunlich viel anfangen kann.

Genau das bekamen auch die Anwohner der 60 km südlich liegenden Burg Loarre zu spüren, als dort Regisseur Ridley Scott mit den Stars Liam Neesen und Jeremy Irons auftauchte: zum Dreh für das monumentale Mittelalter-Epos »Königreich der Himmel« aus dem Jahr 2005.

Auf zwei Dinge sind die Bewohner der kleinen Stadt Jaca besonders stolz: Sie haben diese als erste erbaute Kathedrale am Jakobsweg – und einen mega-erfolgreichen Eishockeyclub. Den aber erst seit 1972.

Schlafen

Wo Fürsten nicht fasten

Hotel Conde Aznar: Geht doch! Weiß getünchtes Drei-Sterne-Schmuckhaus am Park, in das die Gäste immer wiederkommen, so gut gefällt es ihnen. Und zum Essen gibt's Fisch und Fleisch nach baskischer und aragonesischer Art. Glutenfrei ist auch dabei.

Paseo de la Constitución 3, T 974 36 10 50, condeaznar.com, So abend und Mo geschl., außer im Hochsommer €€

Rustikaler Charme

Canfranc: Dreimal B in diesem Bau: Doppelzimmer mit Balkonen. Teils mit Bergblick. Und behindertengerecht. Die Dreisterneherberge ist familiär und sehr gepflegt.

Av. Oroel 23, T 974 36 31 32, €€

Ja, das ist Camping

Aín Jaca: Ein schöner großer Platz nur 2 km von Jaca entfernt, mit Blick auf den Peña Oroel. Wen Zelt aufbauen nervt, der hat alternativ kleine Holzhäuschen zur Auswahl.

Bajada de los Baños, T 974 36 29 22, campingjaca.com, geöffnet Ostern und 15. Juni–15. Sept., €

Essen

Gute Restaurants gibt es in der Umgebung der **Kathedrale,** vor allem aber rund um den **Platz La Cadena.**

Wild aus dem Wald

Lilium: Entweder drinnen im rustikalen Ambiente oder bei gutem Wetter draußen auf der Terrasse. Das zentral gelegene Restaurant bietet so leckeres wie Foie Gras, Ziegenkäse mit Honig, Reis mit Waldpilzen und Schokoladensoufflé als Nachtisch.

S

SÜSSES AUS ARAGÓN

Seit über 100 Jahren versorgt die Confitería Echeto am Kathedralenplatz in Jaca Naschkatzen mit Süßem aus Mandelcreme und vielem mehr. Die Leckereien heißen *besitos* (Küsschen), *coronitas de Santa Orosia* (kleine Heiligscheine der Santa Orosia) oder auch *San Juan de la Peña* (genannt nach dem nahen Kloster). Eine regionale Spezialität sind Frutas de Aragón, mit Schokolade überzogene Kirschen, Pfirsiche und Aprikosen.

Av. Primer Viernes de Mayo 8, T 974 35 53 56, restauranteliliumjaca.com, So abends und Mo geschl., €€

Parador ohne Betten

Parador de Oroel: Geröstete, gewürzte Brotwürfel mit Schmalz *(migas al pastor),* Kalbsfleisch und kleine Gerichte, inklusive traumhafter Aussicht auf die Pyrenäen. Es ist keine Unterkunft, wie man wegen des Namens denken könnte.

10 km über die A 1205 Richtung San Juan de la Peña, auf halbem Weg ausgeschildert, T 974 34 80 59, €

Bewegen

Lieber laufen oder paddeln?

Alcorce Pirineos Aventura: Versierte Bergführer. Kompetente Führungen, Rafting, Klettern, Wandern, Canyoning und vieles mehr.

Av. Regimiento Galicia 1 (gleich gegenüber Infozentrale), T 974 35 64 37, alcorceavetura.com

Pferd und Flitzebogen

Caballos El Pesebre: Aratorés-Villanúa. Nette Betreiber, geduldige Pfer-

TOUR
Unterm Felsdach

Fahrt zum Kloster San Juan de la Peña

San Juan de la Peña ist eines der kuriosesten romanischen Bauwerke am Camino. Im 9. Jh. entstand das Kloster unter einem gewaltigen überhängenden Felsblock *(peña)*, der es fast zu erdrücken scheint. Eine schöne Fahrt und Aussichtspunkte erwarten Sie.

Schon im 9. Jh. waren Einsiedler begeistert von der abgeschiedenen Lage. Und so entstand bald eine der beachtlichsten Kirchen am Jakobsweg. Architektonisch wertvoll sind die drei Apsiden der Oberkirche (1094), die direkt in den Stein geschlagen sind. Dem Kreuzgang dient ein mächtiger Steinbrocken als Gewölbe.

Auf der Website romanicoaragones.com lassen sich die Namen der Adeligen anklicken, die seit 1080 im Panteón de los Nobles liegen.

Vom **Zentrum Jacas** aus führen zwei ausgeschilderte Wege nach San Juan de la Peña. Wer sich links hält, fährt über die A 1205 den schöneren Weg (28,5 km), vorbei am **Peña Oroel** (1769 m) und den neueren Klostergebäuden. Das berühmte ältere Kloster, rund 1 km von den neueren Gebäuden entfernt, sieht man erst im letzten Moment, so versteckt liegt es.

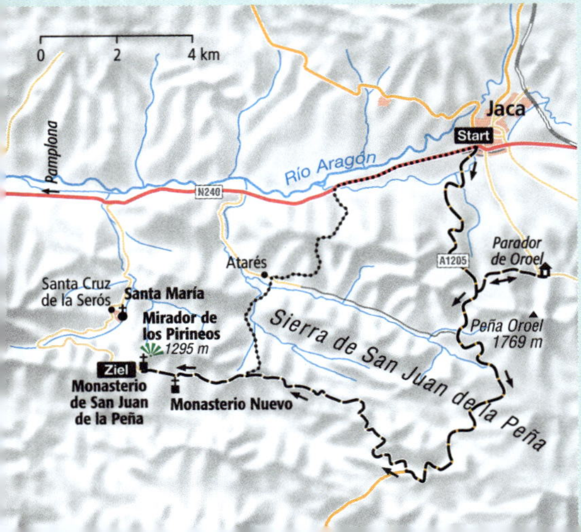

Von der A 1205 führt auf halbem Weg zum Kloster eine Holperpiste zum **Parador de Oroel** (s. S. 19). Von der Restaurant-Bar aus hat man eine grandiose Aussicht auf die Berge der Hochpyrenäen.

Das **Kloster San Juan de la Peña** entwickelte sich schon bald nach der Gründung zu einem geistigen Rückgrat des christlichen Widerstands gegen die Mauren in Al Andalus – und zu einem Zufluchtsort für sehr viele

Infos

T 5

Start: Jaca

Ziel: Monasterio San Juan de la Peña, geöffnet Juni–Aug. 10–14, 15.30–19 Uhr

Dauer: 2–3 Std.

Eintritt: 12 €

Infos: monasteriosanjuan.com

Mönche, die im 11. Jh. Anhänger der einflussreichen Reformbewegung aus Cluny waren.

Heiliger Gral

Die Mönche führten als eine der Ersten die römisch-katholische Liturgie ein und ersetzten den bislang landesweit üblichen spanischen Ritus. Besonders wirksam aber war eine Reliquie der Extraklasse: der vermeintliche Heilige Gral. Dieser Kelch des Abendmahls lockte die Besucher über Jahrhunderte an, bis er in die Kathedrale von Valencia in Südostspanien verlegt wurde. Das Kloster hatte einen so guten Ruf, dass es die Könige aus Aragón schließlich 1134 als Ort ihrer letzten Ruhestätte auswählten.

Kuriose Bibelfiguren

Ein Besuch führt durch den Schlafsaal der Mönche in die Unterkirche aus dem Jahr 920, an deren Apsiden noch Wandbilder vom Martyrium der frühchristlichen Zwillingsbrüder, der Heiligen Cosmas und Damian, zu sehen sind. Sie gelten heute als Schutzpatrone der Ärzte. Noch schöner sind nur die Gemälde im Panteón de San Isidro in León. Oberhalb gelangt man durch einen wunderbaren mozarabischen Hufeisenbogen in den zur Hälfte noch erhaltenen Kreuzgang. Die meisterhaft gearbeiteten romanischen Kapitelle an den Säulen mit Szenen der Genesis aus der Bibel und aus dem Leben Christi verraten viel von der Gedankenwelt der damaligen Bewohner. Ein unbekannter Steinmetz meißelte die Bibelfiguren nach ganz eigener Façon: mit merkwürdig vorgewölbten Augen. Im Panteón de los Nobles wiederum, der im 18. Jh. stark renoviert wurde, sind die weltlichen Herrscher der Region in schlichten Grabnischen beigesetzt.

Ausblick bis in die Pyrenäen

Schon im Mittelalter zog es Pilger und Mönche zum **Mirador de los Pirineos** (1295 m) in der Sierra de San Juan de la Peña. Von hier reicht der Blick bis zu den 3000ern nördlich von Jaca. Auf halbem Weg zwischen San Juan de la Peña und der N 240 lohnt ein Besuch der romanischen Kirche Santa María (tgl. 10–14, 16–19 Uhr) in **Santa Cruz de la Serós.** Die Kirchenanlage ist der Rest eines damals ebenfalls angesehenen, wenn auch weniger spektakulären Benediktinerklosters.

San Juan ist viel schöner als die in einen Fels gehauene Kirche Valle de los Caidos westlich von Madrid.

Mäh! 1,7 Mio. Schafe leben im Aragón, vor allem Merinoschafe.

de, Ausritte von 1, 2 und 4 Std. Auf dem Programm stehen auch Quad-Touren und Bogenschießen.

11 km nördlich von Jaca an der N-330 bei km 655, T 974 35 00 51/mobil 600 528 600, caballoselpesebre.es

Ausgehen

Terrassenbars gibt es rund um die **Kathedrale** und am nachts gelb erleuchteten **Platz La Cadena** direkt am Uhrturm Torre de Reloj. Lebhaft ist es vor allem freitags und samstags ab 21 Uhr bis zum Morgengrauen.

Häppchenjagd

La Tasca de Ana: Eine der urigsten Tavernen der Stadt. Reich an Tapas, Raciónes und auch gut, um einfach mal einen gehaltvollen Rotwein zu trinken. Beliebt sind auch die Longdrinks.

Ramiro 13, Mi–Fr 19–23.30, Sa 13.30–15.30, 19–23.30 Uhr, im Sept. 2 Wochen geschl., €

Feiern

- **Primer Viernes de Mayo:** Das beliebte Fest am ersten Freitag im Mai erinnert an den Sieg über die im südlichen Andalusien angesiedelten Mauren. Mit Mittelaltergelagen, Spielen und dem Umzug der Giganten-Figuren.
- **Fiestas Patronales:** Fest zu Ehren der Santa Orosia: 25. Juni. Festival Folclórico de los Pirineos: In allen ungeraden Jahren von Ende Juli bis Anfang August, das Festival findet abwechselnd mit der kleinen französischen Stadt Oloron-Sainte-Marie statt.
- **Festival Internacional en el Camino de Santiago:** im August, klassische Konzerte.

Infos

- **Oficina de Turismo:** Plaza de San Pedro 11–13, T 974 36 00 98, jaca.com. In unmittelbarer Nähe der Kathedrale. Tipp: Stadtplan *(mapa de la ciudad)* kostenlos.
- **Bahn:** Av. Juan XXIII., im Norden der Stadt. Tgl. Verbindungen u. a. nach Huesca, Sabiñánigo, Pau und zu dem jugendstilartigen Bahnhof von Canfranc.
- **Bus:** Av. Jacetania Ecke Av. Escuela, Verbindungen tgl. 2 x nach Pamplona, nachmittags 1 x nach Ansó und Hecho, vormittags 1 x nach Sabiñánigo. Keine Verbindung besteht allerdings nach San Juan de la Peña.

Die Täler Hecho und Ansó

T5

21 km westlich von Jaca liegt **Puente la Reina de Jaca.** Von dort gelangt man in die beiden schönen Täler des Hocharagón. Im Süden noch karg, werden diese *valles* (Täler) nach Norden hin immer fruchtbarer, Lavendel und Ginster blühen und häufig schweben Gänsegeier vor den Steilwänden. In früheren Zeiten gingen die Bewohner im Juni noch auf Bärenjagd, um die Herden zu schützen, doch längst sind die Tiere hier und in den Seitentälern ausgestorben. Auf die Herstellung eines kräftig-würzigen Kuhmilchkäses versteht man sich in diesem Gebiet noch genauso wie auf *fabla chesa*, einen aragonesischen Dialekt, der sich aus dem Latein hiesiger Mönche entwickelte. Manche journalistische Kolumne in der Region erscheint noch in *fabla*, mit Worterklärungen am Ende. Markant ist auch die ländliche Architektur aus Naturstein, Holzbalkonen und ungewöhnlich großen, runden Kaminen.

Sicheln und Skulpturen

Wer nach **Hecho** (800 Einw.) kommt, wird sich aber auch über so einige schöne Skulpturen aus Marmor und Metall wundern, die am Dorfrand aufgestellt sind. Im Juli und August treffen sich hier Künstler zum Austausch. Traditioneller geht es im Ethnologischen Museum Casa Mazo (Aire s/n, tgl. 10.30–13.30, 18–21 Uhr, 1 €) zu, das neben Trachten auch leicht vergilbte Fotos von Lebensweisen im Tal zeigt. Ab hier geht es auf den Ibón de Acherito (s. Tour S. 24).

Die Schönste im Land?

Ansó (500 Einw.) gehört zu den schönsten Dörfern ganz Nordspaniens. Auch wenn der Regisseur Nacho Velilla hier ausgerechnet einen Film drehte mit dem Titel: *Que se mueran los feos* (Sollen doch die Hässlichen sterben). In Umfragen großer spanischer Medien wie El País schafft es der kleine Ort jedenfalls ständig unter die Top 10. Das Pueblo erreicht man über Berdún und die Schlucht des Río Veral kurz hinter Biniés. Der Hauptort des Tales mit seiner robusten spätgotischen Kirche und schönen Steingassen feiert am letzten Sonntag im August ein spanienweit berühmtes Trachtenfest. Ganzjährig sind die Kostüme neben sakraler Kunst im Museo de Arte Sacro y Costumbres Ansotanas (San Pedro s/n, Mo–Fr 10.30–13.30, 15.30–20 Uhr, 2,50 €) zu sehen. Weiter nördlich liegt Zuriza am Ende des Valle de Ansó in einer ausgedehnten Ebene am Rand des Naturreservats Reserva Nacionál de los Valles, durch das gleich mehrere attraktive Wanderwege führen.

Schlafen

Landlust

Casa Blasquico: Gaby Coarasa und ihr Neffe Pepo führen ein blumengeschmücktes Landhaus mit herrlichen Ausblicken

TOUR
Hinauf zum blaugrün schimmernden Gletschersee

Wanderung zum Ibón de Acherito

Infos

T5

Start/Ziel: Casa de la Mina

Strecke: hin und zurück 15 km

Dauer: 5–6 Std.

Schwierigkeitsgrad: leicht

Anfahrt: Vom Bergort Hecho aus 12 km nach Norden bis zum ehemaligen Campingplatz

Ein schöner, nicht zu verfehlender Ausflug führt nördlich des winzigen Pyrenäendorfs Hecho zum 800 m höher gelegenen Bergsee Ibón de Acherito. Dieser See gehört mit dem Lac de Ansabère auf französischer Seite zu den einzigen Bergseen der Ostpyrenäen mit eiszeitlichem Ursprung. Vor allem im Frühjahr und im Herbst ist der Weg wunderbar. Nur an Wochenenden im Hochsommer wird es schon mal voll, denn diese Tour gehört zu den klassischen Wanderwegen im weitgehend naturbelassenen Aragón. Das wissen auch die Naturfreaks aus dem fernen Madrid. Und wenn das Wetter mitspielt, lässt sich in dem knapp sechs Hektar großen See sogar baden.

Der einfach zu gehende Weg dort hinauf beginnt an der **Casa de la Mina,** dauert gut 3 Stunden und führt an der Ruine einer Mine vorbei und dann über eine Brücke über die Schlucht **Barranco de las Foyas** in Richtung des blaugrün schimmernden Bergsees, der unerwartet auftaucht. Das Panorama ist fantastisch. Der **Ibón de Acherito** liegt in 1850 m Höhe und ist umgeben von kahlen Kalksteinwänden, die wie ein Amphitheater von der Natur geprägt sind. Wichtig ist, denselben Weg wieder zurückzugehen. Die alte Mine beispielsweise ist Kreuzung mehrerer Wanderwege, auch der Varianten des Jakobswegs GR 65.3.3. Gute Karten bietet der Zeltplatz Valle de Hecho, der auch Gebirgsguides vermittelt, die anspruchsvollere Touren rund um den Bergsee begleiten. Sie sprechen in der Regel nur Spanisch und Französisch, doch mit Gebärdensprache geht Wandern ja auch.

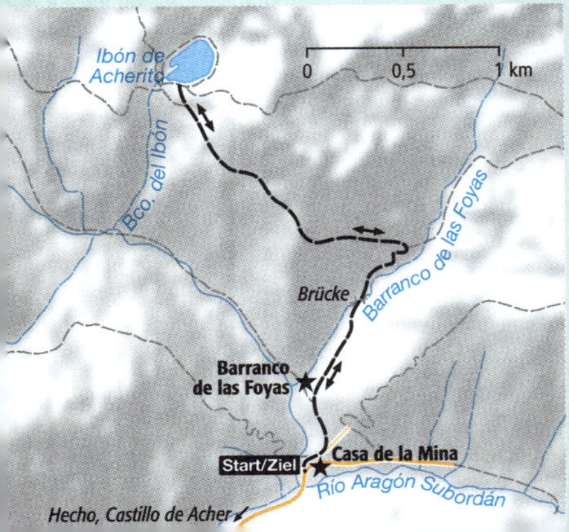

auf das Hecho-Tal. Ein guter Tipp für Naturfreunde. Sechs Doppelzimmer (mit TV und Internetanschluss).
Plaza Fuentes, T 974 37 50 07, casablasquico.es, 7.–15. Sept. geschl., im Sommer reservieren, €€

Zelten und mehr

Valle de Hecho: Südlich kurz vor Hecho. Der landschaftlich schön gelegene Campingplatz bietet ein Schwimmbad, einen Supermarkt und mehrere Programme für Kinder und Erwachsene, beispielsweise Pilze suchen oder im Winter Langlauf-Exkursionen. Es gibt auch komplett mit Küche eingerichtete Bungalows.
Ctra. Puente la Reina s/n, T 974 37 53 61, campinghecho.com, €, Bungalows €€

Essen

Wie bei Mutti

Casa Blasquico: Gaby Coarasas aragonesische Küche, darunter Crêpes mit Pilzen, ist immer eine Sünde wert – und zudem erstaunlich preiswert. Im Jahr 2002 bekam die Casa Blasquico die renommierte Auszeichnung »Beste Küche Aragóns«. Entsprechend nimmt die Köchin seither an so einigen Gastrofestivals teil.
Plaza Fuentes, T 974 37 50 07, geschl. 7.–15. Sept., €–€€

Kloster Leyre S5

Wenn der Autor ins Kloster geht

Richtung Pamplona taucht rechter Hand das Monasterio de Leyre auf. Es bietet den Benediktinern in 750 m Höhe einen weiten Blick über den gewaltigen Stausee von Yesa. Und auch dem Nobelpreisträger Mario Vargas Llosa, der hier immer mal wieder zum Meditieren hingekommen ist. Ohne Frau, versteht sich. Und mit Vollpension und Messe für 40 €, wie die Zeitung La Razón herausgefunden hat. Ende der 1950er-Jahre begruben die Wassermassen bei der Inbetriebnahme des Stausees so manches geräumte Dorf. Heute werden hier um die 500 Mio. m³ zu Trinkwasser aufbereitet. Wegen seiner Größe heißt der Embalse de Yesa auch ›Pyrenäenmeer‹. Hier gibt es gute Campinganlagen und einige ansprechende Badeplätze.

Der Klosterkomplex des Monasterio de Leyre aus dem 17./18. Jh. besitzt eine Kirche mit Zeugnissen der Romanik: die Krypta, deren Gewölbe scheinbar auf viel zu kurzen Säulen ruht, sowie das romanische Westportal, dessen Figurenschmuck es in sich hat. Denn wenn Steinmetze in der Zeit der Romanik ihre Figuren an die Kirchenportale meißelten, waren neben Demut durchaus auch einiges an Erotik und Grusel im Spiel. Entsprechend sind neben dem Heiland und den Heiligen auch seelenfressende Dämonen zu sehen und Vögel, die sich in die Krallen beißen.
Tgl. 10.15–14, 16–19 Uhr, T 948 88 41 50, monasteriodeleyre.com, 5 €

Sangüesa S5

Romanischen Figurenschmuck sieht man auch in dem mittelalterlichen Städtchen Sangüesa, das im 12. Jh. im Zusammenhang mit der wachsenden Bedeutung des Jakobswegs nach Santiago entstand. Kaum jemand würde den Ort mit knapp 5000 Einwohnern besuchen, gäbe es da nicht die Kirche **Santa María la Real** (Mayor 1, tgl. 10.30–13.30, 16.30–18.30 Uhr, 4 €), deren figurenreiches Südportal nicht nur

Kunstinteressierte fasziniert. An den fünf Archivolten sind monströse und auch schlüpfrige Fabelwesen zu sehen, Musikanten, Pilger, Bischöfe, Wikingerkrieger und Ritter, Posaune blasende Engel sowie die ausgesprochen seltene Darstellung des erhängten Judas. Die beachtliche Qualität der Bauplastik hat der Kirche den Rang eines Nationaldenkmals eingebracht.

Missionar on tour

8 km südlich liegt in dem kleinen Ort Javier das **Castillo de Javier** (tgl. 10–19 Uhr, 3 €). In der Felsenburg kam im Jahr 1506 Francisco Javier zur Welt, der ein bedeutender Missionar in Japan, China und Indien war und später heiliggesprochen wurde: der hl. Franz Xaver. Seine Heimat sah er übrigens nie wieder: 1552 starb er nahe der chinesischen Stadt Kanton.

In der Burg ist noch das original eingerichtete Gemach des späteren Heiligen zu sehen. Der wuchtige Bau ist immer im März Ziel der *javieradas*. Bei diesen Wallfahrten legen heute noch einige Tausend fromme Pilger von Pamplona aus zu Fuß 50 km bis zur Burg des Schutzpatrons von Navarra zurück, auch bei bitterer Kälte.

NAVARRA-WEG

N

Dieser Weg ist ein echter Klassiker. Er führt von Roncesvalles, erreichbar über Saint-Marie-de-Port, die Pyrenäenberge hinunter bis nach Pamplona, der Hauptstadt Navarras, und dann weiter nach Puente la Reina, wo er sich mit dem Aragón-Weg zum Hauptweg Camino Francés vereint. Wanderer lieben die Bergluft und die dichten Wälder am Weg, denn sie wissen: Der Camino wird danach ziemlich baumlos.

Feiern

- **Fiestas de Sangüesa:** Mitte September steigt in Sangüesa eine Woche lang das Hauptfest des Ortes. Mit Riesenfiguren, Trachtenzügen, Hüpfburgen für die Kinder und natürlich dem obligatorischen Stierlauf durch die Gassen des kleinen Ortes, jedoch ohne den Touristenrummel à la Pamplona.

Roncesvalles

S4

Wer war's? Die Basken

Auf dem 1057 m hohen **Ibañeta-Pass** umgibt häufig Nebel einen Gedenkstein, auf dem Schwert und Morgenstern abgebildet sind. Er ist Roland gewidmet, dem tapferen Paladin Karls des Großen. Etwas unterhalb erinnert der Ort Roncesvalles an Roland, den stolzen Gefolgsmann des Königs, der hier den Tod fand. Der Sage nach – verewigt im Rolandslied – waren es ›heidnische Sarazenen‹, die die Nachhut Karls des Großen 778 aus einem Hinterhalt heraus überfielen und Roland mit seinem Schwert Durandal in einen tödlichen Kampf verwickelten. Allerdings gilt längst als sicher, dass nicht Mauren, sondern Basken die königliche Nachhut überfallen haben. Als Rache für die Zerstörung ihrer Stadt Pamplona. Einige Denkmäler beziehen sich auf die Schlacht, darunter der an der Straße gelegene Silo de Carlomagno, eine **Grabkapelle** aus dem 12. Jh. (Sancti Spiritus), wo nicht nur verstorbene Pilger ihre letzte Ruhe fanden, sondern angeblich auch die im Kampf gegen die Basken hier gefallenen Franken. Beherrscht wird Roncesvalles von dem mächtigen Klosterhospiz **Real Colegiata,** in dem sich im Mittelalter Pilger erholten. Im dazugehörigen Museo de Roncesvalles sind Sakralkunst, alte Handschriften, ein gotisches Schmuckkästchen und der Smaragd von einem Turban zu sehen (Unica s/n, Di–So 10–14, 16–18 Uhr, 5 €). Besuchenswert ist auch die gotische **Stiftskirche** mit ihrem Baldachin im lichten Altarraum. Im Kapitelsaal befindet sich das Grab des Navarra-Königs Sancho des Starken (1150–1234). Die 2,25 m lange Liegefigur auf dem Grab soll den körperlichen Ausmaßen des Königs entsprechen.

Auf halbem Weg nach Pamplona geht es vorbei an Larrasoaña (s. Tour S. 31).

Schlafen

Anno 1612

La Posada: Solide, steinalte Unterkunft mit 18 Zimmern und kleinem Garten. Die Räume sind schlicht eingerichtet, aber komfortabel und nicht laut. Zu dieser Unterkunft gehören auch ein Kaminzimmer, eine Cafetería und ein Restaurant (s. u.).
Roncesvalles s/n, beim Kloster, T 948 79 03 22, laposada.roncesvalles.es, €–€€

Essen

Wo Einfaches Spaß macht

La Posada: In dem guten und sehr geräumigen Restaurant des gleichnamigen Hotels gibt es zartes Lammfleisch aus dem Ofen und oft Wild- und Pilzgerichte. Sehr zu empfehlen. Man sitzt hier an einfachen Tischen auf Holzstühlen, wichtig ist hier aber vor allem natürlich, was auf den Teller kommt.
Roncesvalles s/n, T 948 76 92 25, €€

Infos

- **Oficina de Turismo:** Antiguo Molino, T 948 76 03 01.

Pamplona

R4/5

Jedes Jahr diese Bilder vom Stierlauf im TV. Dann die Schlagzeilen, etwa zum gewaltigen faschistischen Bauwerk Monumento de los Caídos und dem möglichen Abriss. Und schließlich Opus Dei. Pamplona ist die Hochburg dieser katholischen Hardliner. Und »Der Spiegel« berichtete, der finanzstarke Arm der Organisation reiche nicht nur bis tief in die Niederungen stockkonservativer Politikschmieden, sondern sogar bis in die Kölner Redaktion von »firstlife.de«. Um Nachwuchsjournalisten auf Spur zu bringen. Überschrift: Heimliche Botschafter. Aber mal ehrlich: Normalerweise ist Pamplona (baskisch Iruña, 200 000 Einw.) eine doch eher ruhige,

849 m: So lang ist die Distanz für Mensch und Stier vom Rathaus bis zur Arena.

TOUR
Von den Pyrenäen ans Ende der Welt

Wie Wanderer und Radfahrer von den Pyrenäen nach Santiago gelangen

Infos

S4–B/C3

Start: Somport-Pass

Ziel: Santiago de Compostela

Strecke: rund 830 km

Anreise: Flug nach Bilbao, Bus über Pamplona zum Somport-Pass

Beste Reisezeit: Mai/Juni, Sept./Okt.

Die Naturräume entlang des Jakobswegs erinnern an Irland, manchmal an Kanada und sogar an den Schwarzwald. Sie sind ein landschaftliches Mosaik, durch das der Jakobsweg von den Pyrenäen über alpine Bergwiesen, durch Weinfelder und karstige Halbwüsten bis nach Santiago de Compostela führt.

Wer den ganzen Jakobsweg ab dem **Somport-Pass** in den Pyrenäen wandern möchte und dabei rund 25 km am Tag zurücklegt, braucht einen guten Monat für die Tour, Ruhezeiten noch nicht mitgerechnet. Radfahrer sind rund zehn Tage unterwegs.

Wege und Herbergen

Gelbe Pfeile und blaugelbe Hinweisschilder weisen den Weg. Der Camino führt in mehreren Etappen teils über staubige Straßen, Pfade und alte Karrenwege. Pilgerherbergen gibt es viele, doch im Sommer sind die Wanderer schon frühmorgens unterwegs, um 25 km weiter einen Schlafplatz sicher zu haben. Auf keinen Fall sinnvoll ist diese Tour im Juli in den Heiligen Jahren, wenn der Aposteltag 25. Juli auf einen Sonntag fällt. Dann ist es vor allem im Hochsommer viel zu voll.

Die Etappen
Besonders schön sind die Etappen in der Bergwelt der Pyrenäen auf dem Weg herunter nach **Pamplona.** Dort blüht im Frühling goldgelber Ginster, während sich rund um die Stadt der Stiertreiber silbriggrüne Getreidefelder erstrecken. Und auch über den Somport-Pass nach Galicien, wo im Mischwald aus Eichen und Eukalyptusbäumen Wölfe, Wildpferde, Ginsterkatzen, Dachse, Igel und Auerhühner unterwegs sind. Besonders anstrengend für Radfahrer und Wanderer sind die Etappen durch Zentralspanien. Die landschaftliche Monotonie lässt Auge wie Gedanken oft sehr weit schweifen, denn die Gegend ist flach und spärlich besiedelt. Beeindruckend ist der Klatschmohn, der im Frühsommer in Navarra, der Rioja und Ostkastilien ganze Felder in riesige, hellrote Flächen verwandelt. Und die Städte wie **Burgos** und **León** mit schönen Tapa-Bars und toller Architektur.

Ausrüstung
Wunde Füße sind ein Klassiker. Gore-Tex-Schuhe sind deshalb sinnvoll. Und Nylonstrümpfe auf der Haut, darüber erst die Socken. Das spart viele Wundpflaster. Leichter Schlafsack für die Herbergen und atmungsaktive Mikrofaser-Kleidung nicht vergessen. An den zahlreichen Brunnen lassen sich die Wasserflaschen auffüllen. Sonnenschutz, Hut und Teleskopstöcke sind auch ein Muss. Und die Jakobsmuschel. Überall wird sie angeboten. Doch wozu eine kaufen? Im Restaurant einfach Schalen von gegessenen Jakobsmuscheln mitnehmen, in der Herberge waschen, Loch reinbohren und gut ist. Radfahrer sollten genügend Flickzeug dabeihaben. Fahrradläden sind am Camino eine Rarität.

Ausweis und Teilstrecken
Viele laufen den Weg nicht am Stück, sondern in Teilrouten. Etwa von den Pyrenäen bis Burgos. Und später von Burgos zum Ziel. Einen Pilgerpass bietet jakobus freunde-paderborn.com. Wer sich die Credencial de peregrino in den Herbergen abstempeln lässt, bekommt in Santiagos Pilgerbüro die Urkunde. Dafür müssen die Pilger mindestens 100 km wandern oder 200 km biken. Wer das möchte: Klassischer Start ist in **Sarria.** Radfahrer wiederum starten in **Ponferrada.**

Buen Camino sagen sich Pilger am Weg so oft wie Kneipengänger Prost (spanisch: Salud).

nahezu provinzielle Stadt, die auf einem 450 m hohen Plateau über die autonome Region Navarra regiert. Nur gelegentlich machen Demos darauf aufmerksam, dass es eine historisch-kulturelle Anbindung an das Baskenland gibt, die zumindest die radikalen Basken auch politisch-administrativ verfestigt sehen wollen. Im Stadtkern am linken Ufer des Río Arga geht es ansonsten eher beschaulich zu.

Parks und Grünflächen, einige sehenswerte Baudenkmäler und dazu die stimmungsvollen Gassen im Stadtkern machen die Partnerstadt von Paderborn am Jakobsweg zu einer besuchenswerten Metropole. Nur einmal im Jahr, vom 6. bis zum 14. Juli, ist es mit der Ruhe halt vorbei, wenn während der Sanfermines Stiere durch die Stadt gehetzt werden und sich die Parks in Freiluftunterkünfte verwandeln, weil die zahlreichen Hotels so viele Gäste aus aller Welt nicht aufnehmen können. Dann ist Pamplona nicht jedermanns Sache, denn der Müll stapelt sich, die Verletzungsgefahr ist hoch, die Kameraleute schwitzen wie blöde und der Alkoholkonsum ist erheblich.

Dennoch sind es gerade die Sanfermines, die Pamplona weltweit bekannt gemacht haben. Spätestens seit Ernest Hemingway 1926 seinen Roman »Fiesta« (Titel in den USA: »The Sun Also Rises«) veröffentlichte, kommen die Besucher zu Tausenden, als Zuschauer oder als Teilnehmer der Stierhatz. US-Amerikaner weisen heute sogar gern in ihren Lebensläufen auf ihre Teilnahme hin. Weiß gekleidete Wagemutige mit roten Halstüchern bleiben oft schwer verwundet auf der Strecke, wenn die Stiere durch die engen Gassen getrieben werden. Ungefährlicher, aber ebenso spektakulär sind inzwischen die Nacktläufe der Stierkampfgegner.

Römer und Rolandslied

Schon früher ging die Post ab. Die Römer gründeten die Stadt auf einer keltischen Siedlung. Ihr heutiger Name soll sich von Pompeius Magnus ableiten. Mauren besetzten sie 738. Die hier lebenden Basken befreiten ihre Stadt als Alliierte Karls des Großen aber schon zwölf Jahre später von den Arabern.

Allerdings: Die Verbündeten verband nicht viel. Als die Basken den Kaiser bei seinem Spanienfeldzug im Stich ließen, legte dieser Pamplona in Schutt und Asche. Die Rache der Basken, verewigt im »Rolandslied«, ließ nicht lange auf sich warten: Am 15. August 778 schlugen sie die geschwächte Nachhut Karls bei Roncesvalles vernichtend.

Nach dem Wiederaufbau wurde das Stadtleben ruhiger. 905 war Pamplona bereits Hauptstadt des Königreichs Navarra. Und schon deshalb ist kurios, wie viele Ausländer Pamplona immer noch für eine Baskenmetropole halten. Die Eigenständigkeit der Stadt hielt bis zur Angliederung an Kastilien im Jahr 1512. Neun Jahre später wurde hier der junge Hauptmann Iñigo López de Recalde lebensgefährlich verletzt. Der als Lebemann bekannte Offizier musste den Dienst quittieren und änderte seinen Lebensstil um 180 Grad: Er ging mit dem Namen Ignatius de Loyola als Gründer des radikalfrommen Jesuitenordens in die Geschichte ein. Ab 1571 entstand die Zitadelle. Und noch ein Datum des 16. Jh. ist markant: 1591 verlegten die Stadtoberen das bekannte Stiertreiben vom Oktober auf den Juli. Damit mehr Gäste kommen. Kamen dann auch.

Bereits im Mittelalter war der Handel durch die zahlreichen Jakobspilger auf dem Weg nach Santiago de Compostela in Schwung gekommen, Hospitäler und Klöster entstanden und seit Ende des 14. Jh. die Kathedrale. Auch nach der Anbindung an Kastilien behielt Navarra eine gewisse Eigenständigkeit, die vertraglich durch Gesetze *(fueros)* festgeschrieben war. 1928 entstand hier der Opus Dei als streng hierarchische,

TOUR
Katzensprung zum Stier

Spaziergang nach Pamplona: ein schöner Wanderabschnitt am Camino

Infos

R5

Start: Larrasoaña

Ziel: Pamplona

Strecke: 15 km

Dauer: 4 Std. reine Gehzeit

Rückfahrt: Busse pendeln zwischen Pamplona Busbahnhof und Larrasoaña, dort ab Calle San Nicolás 3.

Von **Larrasoaña** nach Pamplona verläuft diese Strecke am Jakobsweg. Man quert in Larrasoaña den Arga-Fluss und geht nach rechts Richtung Akerreta, erreicht **Zuriáin** und dann das Dörfchen **Irotz.** Von dort führt die Brücke über den Fluss weiter nach **Zabaldika** und man nimmt 10 m vor der nächsten Straßenbrücke über den **Río Arga** einen Pfad rechts den Hügel hinauf. Es geht auf steilem Hang hoch über dem Flusstal, die Ausblicke sind super. Zum tiefer gelegenen Weiler **Arleta** steigt man ab, unterquert eine relativ neue Schnellstraße und geht auf der anderen Seite auf einem Fahrweg parallel zur Straße nach rechts. Vom höchsten Punkt des Sattels geht es hinab in das Tal des **Río Ultzama** und zur Brücke von **Trinidad de Arre** (3 Std.). Am anderen Ufer steht das Kloster mit seiner Herberge. Etwas flussabwärts sind die Reste von Wassermühlen erkennbar. Wie das Kloster verdankt das anschließende Straßendorf **Villava** seine Existenz der Brücke des Jakobsweges über den Fluss. Im Dorf wohnten die Arbeiter der Klosterdomänen: Müller, Bäcker, Holzarbeiter, Steinmetze, Straßenarbeiter. Kloster und Hospiz gaben mehreren Hundert Menschen Arbeit und Brot. Weiter geht es den gelben Pfeilen des Camino folgend über **Burlada** und die Magdalenenbrücke hinein nach Pamplona. Ein Weg führt zwischen der äußersten Mauer und den eigentlichen Festungswällen halbrechts aufwärts, passiert danach die **Puerta de Francia** (bask. de Zumalacárregui) mit einem schönem Wappen Philipps II. – und schon steht man in **Pamplonas Altstadt.**

ordensähnliche Organisation katholischer Laien. Sein Einfluss in der Stadt trug dazu bei, dass sich Pamplona im Bürgerkrieg früh auf die Seite Francos stellte. Auch die heutige Universität hat der Opus fest im Griff.

Durch Pamplonas Stadtkern

Zentrum von Pamplona ist die arkadengesäumte **Plaza del Castillo** ❶ mit Schatten spendenden Bäumen, Cafés, Terassen, Hemingways Stammhotel **Hotel La Perla** und einem kleinen Musikpavillon in der Mitte. Wo es früher Stierkämpfe gab, pulsiert heute das Stadtleben. An der Südseite liegt der neoklassizistische **Palacio de Navarra** (auch Diputación Foral) aus dem 19. Jh. Darin tagt die Regierung der autonomen Region Navarra. Eines der berühmtesten Jugendstilcafés in Nordspanien ist das **Café Iruña** 3 (cafeiruna.com) an der Nordseite des Platzes mit seinem gediegenen, leicht verblassten Interieur. Seit Hemingways häufigen Besuchen hat sich kaum etwas geändert. Außer den megaangesagten Spiegel-Selfies dort. Von der Außenterrasse lässt sich zudem wunderbar das Geschehen auf dem Castillo-Platz beobachten.

Westlich der Plaza del Castillo sind es nur wenige Schritten zu der Kirche **San Nicolás** ❷ (San Miguel 15, 13. Jh.), deren Wehrturm der Zeit entsprechend robust ausfiel. In der Umgebung hat sich Pamplonas Kneipenszene angesiedelt. Nördlich der Plaza del Castillo reihen sich bis zum Museo de Navarra weitere Kneipen aneinander, die besonders am Wochenende gut besucht sind.

Auf dem Weg zum Museum kommt man an der Kirche **San Saturnino** ❸ aus dem 13. Jh. vorbei, dem ältesten Gotteshaus der Stadt, das nach dem ersten Bischof Pamplonas benannt ist. Gegenüber steht das barocke **Rathaus** ❹, dessen Fassade die Wappen Pamplonas und Navarras schmücken. Das **Museo de Navarra** ❺ zur Landesgeschichte ist in einem einstigen Krankenhaus aus dem 16. Jh. untergebracht (s. S. 33).

Nach wenigen Gehminuten erreicht man die **Kathedrale** ❻ (Curia s/n, catedraldepamplona.com, Mai–Sept. Di–Sa 10.30–19, So 10.30–14 Uhr), deren klassizistische Fassade im 18. Jh. Ventura Rodríguez entworfen hat. Dahinter verbirgt sich ein dreischiffiger gotischer Bau. Bauherr Carlos III. el Noble ließ den Neubau nach dem Einsturz 1390 in einer schlichten, navarresischen Interpretation der Gotik erbauen. Vor dem Hochaltar ist das Alabastergrab des Königs und seiner Gemahlin zu sehen. Das Grabmal besteht aus dem liegenden Königspaar, umgeben von 30 trauernden Gästen, zu denen zwei Bischöfe gehören. Der flämische Bildhauer Janin Lomme fertigte es im 15. Jh. an. Besonders sehenswert sind der gotische Kreuzgang, die große Klosterküche – schon allein wegen ihres 27 m hohen Rauchabzugs in der Mitte – und das **Diözesanmuseum**, das zahlreiche sakrale Kostbarkeiten früherer Bischöfe ausstellt (Eintritt 5 €).

Vorbei am Marienportal der Kathedrale geht es zur Stadtmauer *(muralla)*, die den Blick auf den Río Arga freigibt. Entlang der Mauer erreicht man die **Plaza de Toros** ❼, Pamplonas Stierkampfarena, mit dem Denkmal von Ernest Hemingway. Sie ist zwar beileibe nicht die schönste Spaniens, doch mit 19 000 Plätzen ungewöhnlich groß. Tickets gibt es am Tag und am Vortag direkt an der Arena.

Hirsche im Schatten der Mauer

Westlich des Zentrums liegen zwei sehr attraktive Grünanlagen. Inmitten eines weitläufigen Parks entstand schon im 16./17. Jh. die Verteidigungsanlage **Ciutadela** ❽, die einst einen fünfzackigen Grundriss hatte (Mo–Sa 7.30–21.30, So, Fei 9–21.30 Uhr). In dem noch schöneren **Parque de la Ta-**

In dieser Kathedrale beten die sogenannten Sklaven der Heiligen Maria schon seit 300 Jahren jeden Abend den Rosenkranz. Den Ruf »Viva San Fermín« gibt es dagegen erst seit 1922.

conera ❾ erwarten den Besucher Reste der alten Befestigungsmauer, ein tiefergelegtes Gehege mit Hirschen, Pfauen und anderen Tieren sowie ein schattiges Terrassencafé zum Entspannen nach dem langen Rundgang.

Museen

Kunst im Krankenhaus

❺ **Museo de Navarra:** Es ist in einem einstigen Krankenhaus aus dem 16. Jh. untergebracht. Die Ausstellung spannt einen Bogen von der Vor- und Frühgeschichte über das Königreich von Navarra bis zur zeitgenössischen Kunst. Beachtlich sind einige römische Mosaike, gotische Wandmalereien aus den Kirchen der Umgebung, einige Figurenkapitelle der 1390 eingestürzten Kathedrale und das Bildnis des lässig guckenden Marqués de San Adrián von Goya. Und ein echter Knaller ist das arabische Elfenbein-Schmuckkästchen aus Córdoba.

Santo Domingo 47, Di–Sa 9.30–14, 17–19, So und Fei 11–14 Uhr, Eintritt 2 €, Sonderausstellungen laufen am Sa und So, der Eintritt ist frei

Modern Art

❿ **Baluarte:** Das moderne, L-förmige Kulturzentrum entwarf der berühmte Patxi Mangado, seines Zeichens auch Architekt des Fußballstadions des FC Valencia und des Dalí-Platzes in Spaniens Hauptstadt Madrid. Im Innern tritt regelmäßig das Sinfonieorchester von Navarra auf, daneben gibt es auch Theater, Filme und Ballett. Das Baluarte ist das bei Weitem berühmteste und beliebteste Kulturzentrum Navarras.

Palacio de Congresos y Auditorio de Navarra, Plaza del Baluarte s/n, baluarte.com

Schlafen

Die Preise für Unterkünfte sind bei den Sanfermines dreimal so hoch wie sonst.

Zimmer 217

1 La Perla: Das zentrale ›Hotel der Toreros‹ mit fünf Sternen hatte seine Stammzimmer: Nr. 217 für Hemingway, Nr. 210 für den Geiger Pablo Sarasate und Nr. 106 für den Stierkämpfer Manolete. Auf der Homepage gibt es auch einige historische Bilder des Hotels.

Plaza del Castillo T 948 22 77 06, granhotellaperla.com, €€€, während der Sanfermines kostet ein DZ sagenhafte 750 €

Luxus im Zentrum

2 Tres Reyes: Zentral gelegen mit modern eingerichteten, ruhigen Zimmern mit Extras von Garage bis Hydromassage.

Jardines de la Taconera, s/n, T 948 22 66 00, hotel3reyes.com, €€€

Pamplona

Ansehen
1. Plaza del Castillo
2. Kirche San Nicolás
3. Kirche San Saturnino
4. Rathaus
5. Museo de Navarra
6. Kathedrale
7. Plaza de Toros
8. Ciutadela
9. Parque de la Taconera
10. Baluarte

Schlafen
1. La Perla
2. Tres Reyes
3. Bearán
4. El Camino Urban Rooms

Essen
1. Ábaco
2. Enekorri
3. Café Iruña
4. Casa Amparo
5. Askartza

Einkaufen
1. Mercado
2. Desigual Mirate

Bewegen
1. Estadio Reyno de Navarra

Ausgehen
1. Su Berri
2. Teatro Gayarre

Hier tanzt der Bear

3 **Bearán:** In einer belebten Altstadtgasse gelegenes Hostal mit langer Tradition. Saubere, kleine Zi. mit Bad/TV. Bei einem internationalen, jungen Publikum beliebt.

San Nicolás 25, T 948 22 34 28, hostalbearan.es, €

Günstig

4 **El Camino Urban Rooms:** Günstige Altstadtpension, zugleich Bar und Restaurant. Schlicht eingerichtet, einige Zimmer mit Gemeinschaftsbad, praktischerweise nur 200 m von der Plaza del Castillo entfernt gelegen.

San Gregorio 12, T 948 22 72 91, €

Essen

Held der Tapas

1 **Ábaco:** Koch Jesús Íñigo hat bei Spaniens hochgelobten Köchen Ferran Adrià und Juan Mari Arzak gelernt. Doch seine Rezepte sind weniger überdreht. Tipp des Autors: Seeteufelkroketten auf Totentrompete.

Juan de Labrit 19, T 948 85 52 85, abacorestaurante.com, So abends und Mo geschl., €€€

Feine Küche

2 **Enekorri:** Köstliche Seeteufelmedaillons und akzeptable Weinauswahl. Fernando Flores am Herd ist stadtbekannt und das Interieur des Restaurants schlicht und elegant. Lobenswert.

Tudela 14, T 948 23 07 98, enekorri.com, So, Karwoche und 2. Hälfte Aug. geschl., *menu degustación* €€, sonst €€€

Alte Caféhauskultur

3 **Café Iruña:** Traditionscafé mit den typischen riesigen Spiegeln und schwarz-weißem Rautenboden. Es gibt auch Mittagsmenüs.

Plaza del Castillo 44, T 948 22 20 64, cafeiruna.com, €€

Frischer Fisch

4 **Casa Amparo:** Frischer Fisch und gegrilltes Fleisch – manchmal mit einer Prise Extravaganz zubereitet. Ein Gedicht sind die Paellas mit frischen Meeresfrüchten. Familiär und nicht ganz preiswert.

S

STADT IM WAHN

Sanfermines, das ist ein Open-Air-Festival für Stierverrückte im Hemingway-Rausch, die morgens *toros* durch das Zentrum treiben oder dabei zuschauen, tagsüber literweise billigen Wein aus *bota*-Lederschläuchen trinken und anschließend bevorzugt in den Stadtparks schlafen. Die Notfallstationen sind in Alarmbereitschaft bei diesem berühmtesten Fest ganz Spaniens. Bei den *encierros*, wenn die Horde wilder Kolosse um Punkt 8 Uhr morgens durch die Gassen donnert, färbt sich die traditionell weiße Kleidung der Jungs oft so blutrot wie ihre Halstücher. Früher trieben kräftige Metzgergesellen die Stiere von der Cuesta de Santo Domingo in die Arena der Stadt. Heute machen auch unerfahrene Touristen mit. Es hat schon Tote gegeben, weil manch begeisterter »Fiesta«-Leser die Grundregeln nicht kannte: Beim Hinfallen nie vor dem nahenden Stier aufstehen, sondern liegenbleiben und ihn vorbeilaufen lassen; nie zwischen einen einzelnen Stier und die Herde geraten. Und nie in Türrahmen Schutz suchen, die Tür könnte abgeschlossen sein … Es wird in dieser Woche brechend voll in Pamplona. Und entsprechend teuer.

Esquiroz 22, T 948 26 11 62, restauranteca saamparo.com, So geschl., Do–Sa auch abends geöffnet, €€

Nichts für Snobs

5 **Askartza:** Gute Tapas in einer Taverne, die seit vielen Jahren gut besucht und sehr beliebt ist. Preiswert bis moderat.

San Lorenzo 39, T 948 22 91 23, askartzare staurante.com, tgl., Tagesmenü €, sonst €€

Einkaufen

Frisch vom Bauern

1 **Mercado:** Santo Domingo. Der Markt in der Altstadt ist vormittags geöffnet. Zu kaufen gibt es das ganze kulinarische Spektrum Navarras von Spargel über Schafskäse und Schinken bis hin zur Forelle.

Ein Hut, ein Stock ein Desigual

2 **Desigual Mirate:** *Boinas* (Baskenmützen), Hüte, Uhren und Hippie-Mode von Desigual im Altstadtkern.

Zapatería 21, T 620 19 37 91

Bewegen

Für Fußballfans

1 **Estadio Reyno de Navarra:** Sadar s/n. Das Spielrund südlich der Altstadt ist Schauplatz des 1920 gegründeten Club Atlético Osasuna (osasuna.es) und sicher eine der schönsten Arenen Spaniens. Karten (30–50 €) sind zwei Stunden vor Anpfiff am Stadion erhältlich. In diesem Verein spielen erstaunlich viele Jungs aus Pamplona. Schöne Grüße, FC Bayern!

Anfahrt: Bus 5 ab der Av. Carlos III. nahe der Plaza Castilla

Ausgehen

In den Altstadtgassen ist rund um die **Calle San Nicolás** bis Mitternacht etwas los, danach geht es im **Barrio San Juan** in der Neustadt weiter.

Live und in Farbe

1 **Su Berri:** Typisch baskische Altstadtbar, junges Ambiente, und ab und zu gibt es Livemusik. Mit viel Soul und Atmosphäre. Und wer hier schon früher war: Der Name ist neu, damals hieß der Schuppen Bar Sua. Su Berri leitet sich übrigens nicht

von Chuck Berry (1926–2017) ab. Es ist das baskische Wort für Nachrichten.
Calderería 7, Mo geschl.

Bühne frei

2 Teatro Gayarre: Das edle alte Theater zeigt eher leichte Stücke wie Tanzrevues und Musicals. Die Betreiber organisieren auch das Internationale Festival After Cage. Zu Ehren des legendären US-Komponisten John Cage.
Av. Carlos III. 1, T 948 20 65 93, teatrogayarre.com

Feiern

- **Karwoche (Semana Santa):** Schweigeprozession am Samstag vor Palmsonntag und Grabprozession am Karfreitag.
- **Sanfermines:** 6.–14. Juli. In diesen Tagen sind in Pamplona die Stiere und die Hölle los (s. Kasten links). Der Startschuss fällt am 6. Juli am Rathaus. Dass das anarchische Fest in der sonst so konservativen Stadt ausgetragen wird, hat einen religiösen Hintergrund. San Fermín stammte aus Pamplona und starb im französischen Amiens den Märtyrertod. Er entwickelte sich zum Schutzheiligen von Navarra und so gedachte man seiner auch während des mittelalterlichen Viehmarkts, an dem es Jahr für Jahr zu Stierkämpfen kam. Deshalb erbitten die Teilnehmer allmorgendlich vor der Stierhatz seinen Schutz. Übrigens war Bill Clinton auch mal hier. Als ihn noch kaum einer kannte.
- **Fiesta San Fermín Txikito:** 25. Sept. Mit Viehmarkt, Essgelagen unter freiem Himmel und Feuerwerk.

Infos

- **Oficina de Turismo:** Eslava 1, Ecke Pl. San Francisco, T 848 42 04 20, pamplona.es. Infos zur Stadt, zum Jakobsweg und ebenso zur medizinischen Versorgung, die während der Sanfermines sehr gefragt ist. Gut ist das Hospital de Navarra, Irunlarrea s/n, T 948 42 21 00.
- **Flug:** Aeropuerto de Noain, 6 km südlich, T 948 31 71 82. Mehrmals tgl. nach Madrid, Barcelona, Santiago.
- **Bahn:** Ctra. San Sebastián s/n, T 948 13 02 02. Nordwestlich der Stadt jenseits des Río Arga gelegen, mäßige Verbindungen. 4 x tgl. nach San Sebastián (nicht über die Mittagszeit), Fahrzeit 2 Std.
- **Busbahnhof:** Oliveto 8, T 948 22 38 54. Verbindungen bestehen fast alle 2 Std. nach San Sebastián, 1–2 x tgl. nach Jaca.
- **Parken:** Große Parkfläche an der Av. del Ejército nahe dem Busbahnhof.

Olite

R5/6

Eine Burg, kein Disneyland

Wären da nicht die modernen Windkraftwerke, die die Region mit Energie versorgen, käme man sich 42 km südlich von Pamplona wirklich vor wie von einer Zeitmaschine in eine Märchenwelt katapultiert. Denn das spätmittelalterliche **Castillo-Palacio** (Plaza de Carlos III El Noble s/n, Juli–Aug. tgl. 10–20, sonst 10–14, 16–18 Uhr, ca. 3,50 €) von Olite ist eine beachtliche Burganlage mit Wehrmauern. Kinder lieben die Anlage, Erwachsene kommen ins Träumen und US-Amerikaner heben komplett ab. So schön sei die Burg, erklärte eine US-Touristin, als habe das alles Disney erfunden. Mit seinen Erkern, Giebeln, Schießscharten und spitzen Türmchen wirkt dieses Bauwerk wie aus einem mittelalterlichen Märchen entsprungen. Ab 1406 ließ König Carlos III. el Noble die ursprüngliche Burg zu diesem aufwendigen Palast umbauen. Die Handwerker maurischer Herkunft

F

FILMKULISSE

50 km südlich von Olite entfernt befindet sich die UNESCO-geschützte und fast wie eine Wüste aussehende Landschaft **Bardenas Reales.** Hier wurden Teile des Films »The Counselor« (2013, Regie: Ridley Scott) mit Penélope Cruz gedreht, sowie Ausschnitte aus »Game of Thrones« und »Airbag – Jetzt knallt's richtig!« (1997, Regie: Juanma Bajo Ulloa). Die bizarre, untypische Landschaft mit den ockerfarbigen Türmen aus Kalksandstein hat auch schon manchen Maler inspiriert.

gestalteten das Interieur nach andalusischem Geschmack mit bemaltem Stuck und blumengeschmückten Innenhöfen. Im ältesten Teil des Nationaldenkmals ist ein Parador untergebracht.

Zwischen den sehr gut restaurierten mittelalterlichen Bauten steht die gotische Kirche **Santa María la Real** (Plaza de los Teobaldos s/n, variable Öffnungszeiten) mit ihrem figurenreichen Portal an der Westfront, an dem auch die Darstellung eines Ritters in voller Montur gut erhalten ist. Überhaupt ist das Ensemble derart fotogen, dass hier jedes Jahr an Weihnachten ein beliebter Fotowettbewerb unter den Bewohnern läuft.

Empfehlenswert sind die zum Teil preisgekrönten Rotweine und Rosés aus den örtlichen Bodegas Ochoa, Piedemont und Co. Olite, behauptet der Bürgermeister sogar, sei die Weinhauptstadt Navarras. Der muss das selbstverständlich sagen. Denn das ist sein Job: Immerhin tagt in der Kleinstadt der Rat der Herkunftsbezeichnung von Navarra (Denominación de Origen). Und es gibt das **Museo de la Viña y el Vino de Navarra** (Plaza de los Teobaldos 4, T 948 74 12 73, in den Wintermonaten Mo–Sa 10–14, 16–19, So 10–14, sonst Mo–Fr 10–17, Sa, So 10–14, ca. 4 €). Das Weinmuseum bietet einen guten Überblick über die regionale Weinkultur und den Anbau. Auf drei Etagen. Denn der Leiter sammelt alle Weine und deren Etiketten aus der gesamten Region.

Vögel gucken

Gut 10 km südöstlich von Olite machen Störche, Wildenten und Fischreiher an der **Laguna de Pitillas** 📍 R 6 Station. Fernrohre gibt es beim Beobachtungszentrum *(observatorio de aves)* am Rand des kleinen Binnensees.

Observatorio de Aves: turismo.navarra.com/item/observatorio-de-aves-de-la-laguna-de-pitilla, Juli–Sept. tgl. 10–14, 17–20, sonst Sa, So 10–14, 16–18 Uhr

Schlafen

Für Könige

Príncipe de Viana: Ziegelsäulen, riesige Jagdbilder, Sessel mit edelster Polsterung und ein großer Kamin. Neben dem Empfangstresen begrüßt eine Ritterrüstung die Gäste. Im Sommer besser reservieren.

Plaza de los Teobaldos 2, T 948 74 00 00, parador.es, €€

Für Adelige

García Ramírez: Mitten im Zentrum gegenüber der Burg gelegenes Zweisternehotel, mit 14 ordentlich eingerichteten Zimmern, TV, Internetzugang und Klimaanlage.

Medios 1, T 948 74 13 00, hotelgarciaramirez.com, €

Für Hofgärtner

Alberge de Beire: Die Herberge 3 km südlich von Olite hat verteilt auf zwei Etagen Mehrbettzimmer für 8 bis 14 Personen und auch einfache Doppelzimmer. Und Platz für insgesamt 130

Gäste. Rechtzeitig buchen, da im Sommer oft belegt.
Aragón 1, T 948 74 00 41, beire.com, €

Zelten

Ciudad de Olite: Ein gut ausgestatteter Campingplatz westlich von Olite mit 337 Parzellen auf 45 000 m^2, auch Bungalows für zwei bis fünf Personen. Mit Schwimmbad und Tennisplatz.
Ctra. Tafalla-Peralta, T 948 74 10 14, campingdeolite.com, Bungalows €€, Zelten €

Essen

Bomba

Camino de Bardenas: Einfaches Landrestaurant nahe Bardenas Reales (s. Kasten S. 38) mit besten Reisgerichten. Den Bomba-Reis gibt es auch im Shop.
Plaza de la Noria 3, Aguerdas, caminodelasbardenas.com, €

Feiern

- **Fiestas Medievales:** An einem der Augustwochenenden (variabel) verkleiden sich die Bewohner ganz im Stil des Mittelalters als Gaukler, Handwerker und Hofdamen. Mit viel Musik und spektakulären Ritterturnieren.
- **Fiesta de la Vendemia:** Weinerntefest mit Verkostung der besten Tropfen und Traubenstampfen am ersten Sept.-Wochenende, selten auch schon am letzten Aug.-Wochenende.

Infos

- **Oficina de Turismo:** Plaza de los Teobaldos 10, T 948 74 17 03, olite.es.
- **Bus:** Das Unternehmen Tafallesa bietet stündlich Verbindungen zwischen Pamplona und Olite.

Zeit für die Weinlese: der Winzerort Eslava östlich von Olite. Die berühmteste Bodega dort heißt Coop San Miguel.

Puente la Reina

R5

Die Brücke ist das Ziel

Der Name der kleinen Ortschaft Puente la Reina heißt übersetzt ›Brücke der Königin‹. Wahrscheinlich war es Doña Mayor, die Gemahlin von König Sancho Garcés III., welche die sechsbogige Brücke *(puente)* im 11. Jh. über den Río Arga bauen ließ. Eine schönere gebe es am ganzen Jakobsweg nicht, behaupten die 2000 Bewohner. Vor Ort vereinen sich die beiden traditionellen Routen aus den Pyrenäen zu einem einzigen Weg nach Santiago de Compostela, dem sogenannten Camino Francés. Alles Sehenswerte des charmanten Ortes, abgesehen von der Kapelle in Eunate (s. S. 41), liegt an der mittelalterlichen **Calle Mayor,** die von der Brücke durch den Ort führt. Bei einem kurzen Spaziergang sieht man zwischen wappen- und balkongeschmückten Adelshäusern die teils noch romanische Kirche **Santiago** (Mayor 13, 12. Jh.) sowie die Kirche **Crucifijo** (Crucifijo, Ecke Plaza Felix Huarte; 13. Jh.). Sie ist nach einem Gabelkruzifix benannt, das ein Rheinländer unter enormer Kraftanstrengung bis hierher getragen haben soll.

Essen

Aus eigenem Anbau

Asador El Fogón de Etayo: Eigener Garten, eigene Weiden. Der Koch weiß also ganz genau, woher die Produkte stammen. Und serviert deshalb bestes Grillfleisch, aber auch knackige Salate und dazu als Alternative zum Rotwein schon mal Sidra (Apfelwein) nach Herstellungsart der Asturier.

Cerco Viejo 78, T 628 17 57 49, asadorelfogondeetayo.com, €€

Feiern

- **Fiestas de Santiago:** 24.–30. Juli. Fest zu Ehren des hl. Jakob mit Stierläufen und viel Folklore.

Infos

- **Oficina de Turismo:** Puente de los Peregrinos 1, T 948 34 13 01, puentelareina-gares.es.
- **Bus:** La Estellesa (laestellesa.com) fährt fast stündlich nach Pamplona und Estella.

Cirauqui

Q5

Auf dem Weg von Puente la Reina nach Estella (22 km) lohnt ein Halt in dem kleinen Ort Cirauqui mit seinen urigen Gassen, Mauerresten zwischen Brombeerhecken und den beiden gut erhaltenen Pfarrkirchen. Oberhalb der **Santa Catalina** steht auf dem höchsten Punkt des Dorfes **San Román.** Ihr romanisches Trichterportal mit dem vierlappigen Bogen erinnert stark an das Südportal der Jakobskirche in Puente la Reina. Allerdings kommt es ganz ohne Figurenschmuck aus. Den Ort legten die damaligen Bewohner vor über 1000 Jahren um eine Hügelkuppe an und nannten ihn – auf Baskisch – ›Nest der Kreuzotter‹. Aber keine Angst, Giftschlangen gibt es hier schon lange nicht mehr.

Estella

Q5

Aimeric Picaud, Autor des mittelalterlichen Pilgerführers Codex Calixtinus, schrieb in seinem 255 Seiten dicken Buch

Lieblingsort

Geheimnisvoll und einsam

Auf dem Weg nach Estella zweigt kurz vor Puente la Reina eine Straße nach Campanas ab, die zur **Ermita Santa María de Eunate** R5 führt. Die geheimnisvolle Kapelle liegt völlig abgeschieden inmitten von Kornfeldern und zieht durch ihre ganz eigene Atmosphäre den Besucher augenblicklich in den Bann. Der harmonische, unregelmäßig achteckige Bau hat einen Durchmesser von nur 11 m und ist von einem offenen Arkadengang aus dem 11./13. Jh. umgeben. Dieses Kleinod am Jakobsweg gibt Rätsel auf: Möglicherweise hatten es Templer nach dem Vorbild der Jerusalemer Grabeskirche errichtet. Vielleicht entstand der Bau auch als winziges Pilgerhospital der Johanniter. Jedenfalls fand man in den Gräbern um die Ermita noch erhaltene Jakobsmuscheln, das Symbol des Jakobswegs. Sie waren doppelt durchbohrt, um sie am Mantel befestigen zu können.

eine Menge über hinterhältige Diebe und vergiftetes Trinkwasser. Bei Estella (auf Baskisch: Lizarra) allerdings geriet er richtig ins Schwärmen: »Das Brot ist gut, der Wein exzellent, Fleisch und Fisch reichlich und Glückseligkeiten gibt es in Hülle und Fülle«, schrieb der französische Geistliche um 1150. Apropos Dieb: Ein Elektriker stahl den Codex im Jahr 2011 aus dem Tresor der Kathedrale von Santiago. Das unschätzbar wertvolle Buch entdeckten Polizisten später in seiner Garage in einer Plastiktüte. Er war sauer, weil die Bezahlung seiner Arbeit auf sich warten ließ. Rund 60 Jahre vor Erscheinen des Codex hatte Navarras König Sancho Ramírez den Ort am Río Ega zur Stadt direkt am Camino de Santiago erhoben, damit dem Reichtum den Weg geebnet und der Stadt den populären Namen Estella (Stern) gegeben, wie er auch bei Santiago de Compostela als Teil des Stadtnamens auftaucht. Schon bald entstanden auf beiden Seiten des Flusses anspruchsvolle Kirchen und Klöster, ein Judenviertel und eine Siedlung zugezogener Franken.

Wirtschaftlich konkurrierte die Stadt am Jakobsweg mit Pamplona und Burgos, die Köche machten sich selbst im benachbarten Kastilien einen Namen und Estella wurde immer ansehnlicher. Weil es sich so gut reimt und auch noch stimmte, hieß Estella fortan auch ›la Bella‹ (›die Schöne‹). Weder glückselig noch schön waren in Estella la Bella jedoch die Krawalle zwischen den Bevölkerungsschichten, die 1323 darin gipfelten, dass ein Pogrom die gesamte *judería* vernichtete. Erhalten ist noch das fränkisch-französische Viertel rund um die Plaza de San Martín.

Roland und der Riese

An der Plaza de San Martín liegt der außergewöhnliche Palast der Könige von Navarra, der **Palacio de los Reyes.** Auf einem der unteren Kapitelle an seiner Prunkfassade ist der legendäre Kampf Rolands mit dem maurischen Riesen Ferragut inszeniert: Pferde, Lanzen, Schwerter, Speere und Keulen hat ein in der Inschrift genannter Bildhauer namens Martin von Logrofio äußerst gekonnt gemeißelt. Der Palacio de los Reyes gehört zu den ganz wenigen romanischen Profanbauten Spaniens. Er beherbergt neben dem Tourismusamt auch das **Museo Gustavo de Maeztu y Whitney** mit Werken des baskisch-englischen Malers (1887–1947). Er konnte sich bei Weitem nicht so gut vermarkten wie ein Dalí oder Picasso, immerhin war er seit den 1920er-Jahren aber ein angesehener Porträtist und Mitbegründer der ›Vereinigung baskischer Künstler‹. Und seine Werke hängen nicht nur hier, sondern auch in Madrid und Buenos Aires.

museogustavodemaeztu.com, Di–Sa 9.30–13.30, 16–19, So 11–14 Uhr, Eintritt frei

Blöder Sprengsatz!

Schräg oberhalb des Palastes erhebt sich die romanische Kirche **San Pedro de la Rúa** mit ihrem hoch aufragenden Turm. Eine Treppe führt zu der Kirche hinauf und macht deutlich: Spazieren gehen ist in Estella eine recht schweißtreibende Angelegenheit, denn oberhalb des Flusses gilt es, viele Steigungen zu überwinden. Von dem schönen Kreuzgang der Kirche sind nur noch zwei Flügel erhalten. Als die Anwohner im 16. Jh. die benachbarte Burg sprengten, zertrümmerten die Felsbrocken Teile des Kreuzgangs (weiter oben am Hang sieht man das große Kloster Santo Domingo, heute ein Altenheim).

San Nicolás 2, estella-lizarra.com, geöffnet zu den Gottesdiensten

Einfach biblisch

Zu den baulichen ›Glückseligkeiten in Hülle und Fülle‹ gehört auch die wuchtige Kirche **San Miguel** (12.–14. Jh.) auf der anderen Flussseite. Von hier

aus eröffnet sich ein weiter Blick auf das Zentrum Estellas. San Miguel zeigt an seinem romanischen Nordportal ausdrucksstarke biblische Szenen, darunter die Kindheit Christi, die Flucht nach Ägypten, Weihrauch schwenkende Himmelswesen und den Erzengel Michael, wie er ziemlich selbstbewusst einen Drachen ersticht.
Mayor 46, geöffnet zu den Gottesdiensten

Schlafen

Schlicht hat Charme

Yerri: Nahe dem Río Ega und der Arena. Modernes Hotel mit schönen Stein- und Parkettböden, Kabel-TV im Zimmer und Parkplatz. Das Restaurant bietet gute Mittagsmenüs. Weitab vom Meer auch Seehecht mit Muschelsauce.
Av. Yerri 5, T 948 54 60 34, hotelyerri.es, €–€€

Beliebt bei Pilgern

El Volante: Wer es praktisch mag und auf Kuscheleffekte auch mal verzichten kann: schlicht eingerichtete Zimmer, dafür nur 300 m von der Altstadt entfernt in einem Neubau.
Trav. Merkatondoa 2, T 948 55 39 57, hostal elvolante.com, €

Unter freiem Himmel

Camping Lizarra: Groß und relativ zentral gelegen, die vielen Bäume bieten Schatten und es gibt ein kleines und ein großes Schwimmbad. Zum Areal gehören auch Bungalows mit fünf Schlafplätzen.
Ordoiz s/n, T 948 55 17 33, campinglizarra.com, Bungalows €€, Zelten €

Essen

Navarra auf dem Teller

Navarra: Die hohe Kochkunst und die mittelalterliche Ausstattung haben ihren (angemessenen) Preis. Zu den Spezialitäten zählen Lammfleisch, Enten-Konfit mit Portweinsauce, Spargel und leckere Nachtische.
Gustavo de Maeztu 16, T 948 55 00 40, restaurantenavarra.es, So abends und Mo geschl., €

Für dich, Obelix

La Cepa: Das Restaurant könnte auch ein ganzes gallisches Dorf bewirten. Gutbürgerlich mit Spezialitäten wie Spargel, Spanferkel *(gorrín)* und dem Anisschnaps *mistela.*
Plaza de los Fueros 18, T 948 55 00 32, restaurantecepa.com, unter der Woche ist das Mittagsmenü etwas günstiger, €–€€

Ich will Tapas

Izarra: Einfaches Restaurant über einer Bar mit guten Tapas und Bocadillos (belegte Baguettes).
Calderería 20, T 948 55 00 24, €

Feiern

- **Fiesta Patronal de San Andrés:** Eine Woche ab dem ersten Freitag im Aug. wird gefeiert, u. a. mit Stiertreiben und Livebands.

B

BASKISCHE NAMEN

»Acht Namen für die Liebe«: So heißt die beliebteste Komödie Spaniens über die Beziehung eines Andalusiers zu einer Baskin (Originaltitel: »Ocho apellidos vascos«, Acht baskische Nachnamen). À propos Namen. Im baskisch geprägten Navarra heißen viele Frauen Finja, Ainoa und Nerea. Bekannter kommen uns die Männernamen vor, vor allem wegen der prominenten baskischen Fußballspieler: Dani, Iker und Xabier.

Infos

- **Oficina de Turismo:** San Nicolás 1, T 948 55 63 01, visitarestella.com. Die Angestellten führen durch die Kirchen des Ortes.
- **Bus:** Rund 7 x tgl. nach Logroño und nach Pamplona.

Irache und Los Arcos Q5

Auf dem Weg durch hügelige Weinfelder zwischen Estella und Logroño (50 km) taucht an den Ausläufern des Berges Montejurra nach 2 km eines der ältesten Benediktinerklöster Navarras auf: **Santa María la Real de Irache** (Mi–So 9.30–13.30, 17–18 Uhr, Di nur vormittags, Mo geschl., Eintritt frei). Seit dem Jahr 945 lebten hier Mönche und im 16. Jh. dienten die Räume als erste Universität Navarras. Kaum 200 m von der Klosterkirche hat die Weinkellerei Irache werbewirksam für die Jakobspilger einen Weinbrunnen eingerichtet, wo man kostenlos ein Gläschen *vino tinto* zapfen kann. Nur dem Verkauf von Wein bringt das wenig. Denn vor allem die Pilger mögen keine schweren Flaschen im Gepäck.

Über Los Arcos geht es zur Kapelle des Heiligen Grabs, **San Sepulcro** (12. Jh.). Das Bauwerk in dem Dörfchen Torres del Río hat wie das in Eunate einen achteckigen Grundriss. Auch hier liegen Ursprung und Sinn im Dunkeln. Ein besonders schönes Beispiel für die Übernahme maurischer Baustilelemente ist die Kuppel der kleinen Totenkapelle, deren Rippen nicht durch die Mitte führen, sondern sich wie bei den islamischen Vorbildern um die Mitte kreuzen. Der letzte Ort in Navarra, bevor es ins Rioja-Gebiet geht, heißt **Viana**. In dem von einer Mauer umringten 3500-Einwohner-Nest mit einer gotischen Pfarrkirche treten am Sonntag nach dem 8. September Amateurstierkämpfer beim Patronatsfest auf.

Logroño P5

Schauspieler Javier Bardem, den Bösen aus James Bond, kennen Sie bestimmt, oder? Was wenige wissen: Sein Vater Juan Antonio Bardem (1922–2002) war in den 1950er-Jahren auch ein Star: ein ziemlich regimekritischer Regisseur. Als er in Logroño, der Hauptstadt der spanischen Weinregion La Rioja (s. Tour S. 46), seinen Filmklassiker ›Calle Mayor‹ (Hauptstraße) drehte, hatte er bereits erheblichen Druck von den Franco-Zensoren bekommen, die jede Form von Freizügigkeit im Film auf Befehl des Diktators zu verbieten hatten. Thema des Streifens diesmal: 35-Jährige verliebt sich in einen blutjungen Mann. Was für eine Provokation! Der Film lief dann zum Ärger von Antonio Bardem stark abgeändert doch noch. Und die Bewohner von Logroño lieben Juan Antonio bis heute mehr als Sohn Javier. Genauso wie ihre **Calle Mayor.** Die bis auf die Läden noch fast genauso aussieht wie damals beim Dreh.

Ansonsten ist die Stadt am Río Ebro eine ganz durchschnittliche Kleinstadt mit Neubauvierteln, nach ästhetischen Minimalansprüchen hochgezogen. Gleichzeitig aber ist die Hauptstadt der Rioja (140 000 Einw.) auch Zentrum des international bekanntesten spanischen Weinbaugebiets. Rioja kann man besonders gut an der geschäftigen **Plaza Espolón** oder in den fast dörflich wirkenden, lebhaften Gassen Laurel und San Agustín der Altstadt probieren, wo sich die meisten der Tapa-Bars befinden. Hier kommen die Bewohner gerne so gegen

19 Uhr auf ein paar Tapas vorbei, bevor es später gegen 22 Uhr in die Restaurants der Altstadt geht. Wenige Schritte entfernt liegen die ehemalige Klosterkirche **Santa María del Palacio** (Marqués de San Nicolás 33, Eintritt frei) mit dem aufwendig geschnitzten Renaissance-Altar, die romanische Kirche San Bartolomé (Rodríguez Paterna s/n, Eintritt frei) mit dem Mudéjar-Glockenturm und die hohe dreischiffige Kathedrale **Santa María de la Redonda** (Portales 14, Eintritt frei). Ihre gotischen Türme finden die Bewohner so dermaßen spitz, dass sie ihnen den Namen ›agujas‹ (Nadeln) gaben. Bauarbeiten sind inzwischen an dem Gotteshaus nötig. Laut Kulturamt belaufen sich die Kosten auf spitzgenaue 799 933 €.

Museen

Die Frau des Generals

Museo de la Rioja: Wer durch die Altstadt und zum Ebro bummelt, hat vielleicht noch Zeit für einen Besuch des Museo de la Rioja. In dem herrschaftlichen, aber leicht düster wirkenden Gebäude aus dem 18. Jh. ist ein Sammelsurium aus archäologischen Funden und sakralen Gegenständen zu sehen, darunter hölzerne Kruzifixe mit Wurmlöchern und farbenfrohe gotische Tafelmalereien. Besonders wertvoll ist das Porträt des hl. Franziskus von Spaniens berühmten Maler El Greco. Das Haus gehörte im 19. Jh. einem General namens Baldomero Espartero und seiner dem Hörensagen nach bildhübschen Frau Duquesa de la Sicilia. Nach ihr ist heute auch eine Straße benannt. Wobei sie, anders als im Film von Banderas, jünger war als der General. Der ist auch im Museum verewigt. Auf einem Ölschinken in voller Montur nach seinem Tod. Titel: Muerte de Espartero.

Plaza San Agustín, museodelarioja.es, Di–Sa 10–20.30, So 10–14 Uhr, Eintritt frei

C

CLEVER

Unión Deportivo Logroñes ist ein Fußballclub im Schatten von Real und Barça. Doch der Boss, Félix Revuelta, zieht clever die Strippen. In sein winziges Stadion lädt er schon mal mächtige Mexikaner ein. Und als Höhepunkt sahen die Bewohner hier vor einigen Jahren sogar ein Freundschaftsspiel erster Güte: Spanien gegen Paraguay. In das Stadion passen nur 16 000 Besucher.

Schlafen

Best Place in Town

Marqués de Vallejo: Kleine, aber dabei sehr komfortable Zimmer, nur 25 m von der Kathedrale entfernt; ganz groß in Sachen Stil. Ein echtes Designerhotel mit vier Sternen, viel Stahl und Glas. Mit gutem Restaurant.

Marqués de Vallejo 8, T 941 24 83 33, eurostarshotels.de, €€

Tipp für Backpacker

Pension Sebastián: Saubere, helle, etwas hellhörige Zimmer, aber dennoch wird dieses Hostal gern von Rucksacktouristen und Studenten besucht.

San Juan 21, T 941 24 28 00, pensionsebastian.com, €

Zelten am Ebro

La Playa: Dieser Campingplatz liegt gegenüber der Altstadt am Ebro-Ufer. Man erreicht ihn auch über eine Fußgängerbrücke. Vorteil im Sommer: Es gibt viele schattige Plätze und nur 300 m entfernt das Sportareal Las Norias mit Schwimmbad.

Av. de la Playa 6, T 941 25 22 53, campinglaplaya.com, Juni–Sept., €

TOUR
Zu Winzern und Bodegas

Rundfahrt im Herzen der Rioja

Alles dreht sich in der gut 5000 km² kleinen Weinregion La Rioja und den angrenzenden Weinfeldern Navarras und des Baskenlands um *vino tinto,* um Rotwein. Vom Weinbau und -handel lebt das Gros der Anwohner. Aber auch Rosés und Weißweine garantieren die Lebensgrundlage.

»Diese Geschmeidigkeit, diese Tiefe, diese Eleganz«, schwärmt José Peñín, der Weinpapst Spaniens, wenn er von den Rioja-Weinen spricht. Schauen wir uns vor Ort einfach mal um.

Schon die Römer hatten in der Rioja gelegentlich einen gehörigen Schwips. Den Mönch Gonzalo de Berceo dagegen inspirierte der Wein im Kloster San Millán de Suso zu glasklaren Höhenflügen: Er löste sich, angeregt, wie er sagte, vom Latein und schrieb die ersten Verse in kastilischer Sprache. Nichts wiederum beunruhigte den Bürgermeister von Logroño 1635 mehr als Fuhrleute, die direkt an den Weinkellereien vorbeifuhren. Er verbot es, damit die »Erschütterung durch diese Karren den Wein nicht verdürbe«. In **Logroño,** der Hauptstadt der Rioja, lässt sich bei ein paar Tapas in den alten Tavernen der Altstadtgasse Laurel (›Lorbeer‹) wunderbarer Rotwein probieren. Und in Haro startet ein Heißluftballon mit Aufschrift ›Muga‹.

Riscal-Wein unterm Titandach

Zu entdecken gibt es aber noch viel mehr – fantastische Bodegas, ein gutes Museum und vor allem einen Weinhersteller, der seine Tropfen sozusagen architektonisch untermalt: Marqués de Riscal mit einem kuriosen Gebäude, das Frank O. Gehry entwarf, der Architekt des Guggenheim-Museums in Bilbao.

Winzer Miguel Merino aus Briones hat eine kleine Bodega. Top ist der Gran Reserva aus Tempranillo und 4% Garnacha.

Knapp 25 km nordwestlich von Logroño und nur 6 km von dem kleinen Winzerort Laguardia entfernt glitzert die Ciudad de Vinos, die ›Stadt des Weins‹. schon aus weiter Ferne. Als der Graf von Riscal hier Mitte des 19. Jh. und nach langem Aufenthalt in Frankreich sein Unternehmen gründete, hätte er sich wohl nicht träumen lassen, dass er einmal die modernste Bodega-Anlage Spaniens haben würde: Das Fünfsternehotel der **Bodega Marqués de Riscal** hat ein in sich verschachteltes Dach aus Titan, das silbrig-rötlich im Sonnenlicht glitzert. Gehry soll sich lange gesträubt haben, dieses Projekt in Angriff zu nehmen, und so musste er – heißt es hier werbewirksam – mit einem Gran Reserva aus dem Jahr 1929 bestochen werden, aus seinem Geburtsjahr. Das wirkte. Sein Kollege Santiago Calatrava baute die Bodegas Ysios im nahen Laguardia und Rafael Moneo die Bodegas Julián Chivite in Citruénigo südöstlich von Logroño. Bei der gut einstündigen Besichtigung (auch auf Deutsch, inkl. zwei Glas Wein) erfährt man, dass es hier ausschließlich Reservas und Gran Reservas gibt. Sie lagern mindestens zwei Jahre in Fässern aus vorwiegend amerikanischem Eichenholz und dann noch einige Jahre in der Flasche. Das macht sie schwerer, wuchtiger und hochprozentiger, dafür aber auch lange haltbar …

Vom König eingeweiht

Seine Majestät Juan Carlos weihte im Jahr 2004 auch das 20 km westlich gelegene **Museo de la Cultura del Vino Dinastía Vivanco** ein, zwei Jahre vor der Fertigstellung des Hotels Riscal. Das weitläufige Museum mit seinen historischen Traubenpressen und so manchem steinalten Fass bietet Führungen auf Deutsch sowie Audioguides. Es verrät viel über die Weinkultur und in einem angeschlossenen Areal namens Bacchus wachsen Dutzende Rebsorten. Zum Museo gehört ein gutes Restaurant. Beim Rundgang lernt man, dass in der Gegend schon lange vor 1860 die ersten großen Weinkellereien entstanden, denn es war bekannt, dass sich in der fruchtbaren Flussebene des Ebro hervorragender Wein produzieren lässt. Den Winzern gelingt ein besonders

Guten spanischen Rotwein produziert man neben der Rioja auch in den Gebieten Bierzo und Ribeira Sacra in Galicien.

Infos

O/P5

Start: Logroño

Ziel: Briones

Strecke: 62 km

Dauer: ca. 6 Std.

Bodega Marqués de Riscal: Torrea 1, in Elciego, T 945 18 08 88, marquesderiscal.com, Di–So nach Voranmeldung, Führung auch auf Deutsch und Englisch, 16 € pro Person, mit einer kleinen Weinprobe

Museo de la Cultura del Vino Dinastía Vivanco: Ctra. N-232, km 442, in Briones, T 902 32 00 01, vivancoculturadevino.es, Juni–Sept. Di–So 10–20, sonst 10–18 Uhr, Führungen auf Spanisch (30 € plus Weinverkostung)

Bodegas Muga: Av. de Vizcaya s/n, in Haro, T 941 30 60 60, bodegasmuga.com, Mo–Sa nach Voranmeldung, Führung auch auf Englisch ab 15 € pro Person, mit kleiner Weinprobe

wertvoller Rebsaft, weil die Gebirgsmassive im Süden und Norden ihre Felder schützen. Zahlreiche Güter teilen sich heute die Anbaugebiete Rioja Alta, Rioja Alavesa und Rioja Baja. Auf über 48 000 ha Weinland allein in der Rioja-Region entsteht qualitätssicherer Wein, der pro Jahr zu gut einem Drittel in den Export geht. Neben der Rebsorte Tempranillo sind auch Garnacha und Graciano gefragt.

Tisch- oder Spitzenwein

Nur knapp 10 km sind es vom Museum zum Hauptort des Riojaweins: dem schmucken Städtchen **Haro** mit seinen wappengeschmückten Palästen und Kirchen. Es hat sich schon seit Generationen einen Namen als Quelle edler Tropfen gemacht. Am 21. September lockt in der gesamten Region das Erntedankfest San Mateo. Und in Haro selbst tobt schon am 29. Juni eine regelrechte Weinschlacht auf dem nahen Monte de Bilbio, bei dem ca. 100 000 l Rotwein verspritzt werden. Für die einen eine Riesengaudi, für die anderen eine unsägliche Verschwendung. Ruhiger geht es in den kühlen Bodegas zu.

Besonders erfolgreich ist die Weinkellerei **Muga.** Die gewaltige Anlage liegt in Bahnhofsnähe am Rand der Altstadt und ist vor allem für den feinreifen, zeitlosen Spitzenwein Prado Enea Gran Reserva bekannt. Spaniens berühmter Weintester José Peñín ist von diesem Tropfen begeistert, auch Robert Parker, sein amerikanisches Pendant, gibt ihm regelmäßig mehr als 90 von 100 Parker-Punkten. Solche Flaschen kosten ab rund 40 €. Die Bodega bietet auch Fahrten mit dem Heißluftballon an. Und die sind noch etwas teurer: ab 170 € pro Person.

Ohne Etikett

Aber es geht auch deutlich günstiger und mit Bodenhaftung. Denn in dem süßen kleinen Rioja-Städchen Haro selbst und in **Briones,** aber auch im nahen **Laguardia** (die kleine Stadt liegt bereits im Baskenland) locken einfache Tavernen mit Mittagsmenüs für kaum 20 €, bei denen ein Tischwein schon mal gratis dazugestellt wird. Nicht prämiert, meist sogar ganz ohne Etikett, aber mit das Beste in Rot, was Spanien zu bieten hat.

Essen

Viele gemütliche Tavernen mit Tapas und hauseigenen, empfehlenswerten und leckeren Rioja-Weinen liegen in der Altstadtgasse **Laurel** und in der unmittelbaren Umgebung.

Tacos & Tapas

Ajonegro: 2023 haben die Mexikanerin Mariana Sánchez und der Spanier Gonzalo Baqueidano für ihre kreative Kochkunst einen Michelin-Stern bekommen. Tipp: marinierte Rotbarbe mit gerösteter Ananas und Seetang.

Hermanos Moroy 1, T 941 54 51 41, restauranteajonegro.com, €€€

Rustikaler Charme

La Taberna de Baco: Das junge Team serviert in der urigen Bar mitten in der Altstadt eine echte Vielfalt an Tapas.

San Agustín 10, T 941 21 35 44, fb.com/latabernadebaco, Di geschl., €

Einkaufen

Logroños Einkaufsmeile ist die breite **Gran Vía del Rey Juan Carlos I.** Natürlich sind viele Läden hier auf Wein spezialisiert.

Frisches vom Markt

Mercado de Abastos: In der Jugendstil-Halle an der Calle Peso gibt es vormittags für Selbstversorger frische Ware aus der Umgebung, darunter Flussforellen, knackige Äpfel und viel regionales Gemüse. Vor allem Spargel ist in der Saison gefragt.

Bewegen

Im Heißluftballon

Arco Iris: Über die rote Erde der Rioja zu schweben kostet pro Person zwar rund 175 €, ist aber ein einmaliges Erlebnis. Es sei denn, man hat wie der Autor selbst etwas Höhenangst. Der Ausflug führt von Logroño 45 km nordwestlich nach Haro; auch per Bus ab Logroño erreichbar. Die Betreiber arbeiten mit der Bodega Muga zusammen (s. S. 48).

Paseo de Cihuri 3, in Anguciana bei Haro 50 km nordwestlich von Logroño, T 696 489 632, globosarcoiris.com

Zu den Dinos

El Barranco Perdido: Dieser für Kinder tolle Abenteuerpark liegt ganz schön weit weg: 75 km südlich der Rioja-Hauptstadt Logroño. Und handelt von einer Welt noch viel weiter weg: von vor 120 Mio. Jahren. Hintergrund: In der südlichen Rioja haben Forscher mehrere Tausend fossile Spuren der Dinosaurier entdeckt. Und im attraktiven Park des Ortes Encina können die Kids Gerippe im Museum beobachten, klettern und schwimmen.

El Barranco Perdido, Ctra. Navalsaz, Encina, barrancoperdido.com, Eintritt Kind/Erw. 18/25 €

Feiern

- **San Bernabé:** Stadtfest zu Ehren des Stadtpatrons am 11. Juli. Es erinnert mit viel Kanonengeböller an den Sieg der örtlichen Truppen über die Franzosen im Jahr 1521.
- **Fiesta de la Vendimia:** ab 20. Sept., einwöchiges feuchtfröhliches Weinfest mit Traubenstampfen am zentralen Paseo del Espolón, dazu Stiertreiben, öffentliche Gelage und auch Livemusik. So rappelvoll wie an diesem Tag ist es in der Stadt sonst nie.

Infos

- **Oficina de Turismo:** Paseo del Espolón s/n, T 941 29 12 60, lariojaturismo.com/

logrono. Hier gibt es auch gute Infos zu den Halbtages-Ausflügen mit dem Vinobús zu den umliegenden Bodegas sowie zum Weinzug Tren de Vinos nach Haro und zurück. Inklusive Weinprobe, versteht sich.

- **Flug:** Aeropuerto Logroño Agoncillo, Ctra. Nacional 232, aena.es. 12 km östlich von Logroño. Direktverbindungen von und nach Madrid.
- **Bahn:** Plaza de Europa s/n, T 941 24 02 02. Tgl. fahren Direktzüge nach Barcelona und Bilbao, mehrmals tgl. Züge über Miranda de Ebro nach Pamplona und San Sebastián, 5 x nach Haro, 3 x nach Bilbao und Burgos, 1 x nach A Coruña.
- **Bus:** Av. de España 1, T 941 23 59 83. Gute Verbindungen, u. a. alle 1,5 Std. nach Burgos sowie 5 x tgl. nach Haro (45 km) und Pamplona, und 9 x nach Santo Domingo de la Calzada.

Umgebung von Logroño

P/Q5/6

Kunst im Weinland

Als junger Mann schraubte er im ostfränkischen Künzelsau Metall zusammen. Dann baute er ein riesiges Schraubenunternehmen auf. Und inzwischen hat er sich als Kunstmäzen auch in der Weinhochburg Logroño verewigt: Reinhold Würth. Das **Museo Würth** P 5, liegt nahe dem Flughafen von Logroño in einem Industriegebiet. Moderne Kunst und vor allem das hochmoderne Gebäude mit tollen Gartenanlagen lohnen den Besuch. Und die Wechselausstellungen haben so schraubenlose Namen wie »Der Ruf der Bäume«.

Temperament mit Tempranillo: Die Weinschlacht in Haro gehört zu den skurrilsten Fiestas ganz Spaniens. Doch anders als beim Stiertreiben in Pamplona sind die Spanier dabei weitgehend unter sich.

In Agoncillo, 15 km östlich von Logroño, Av. Cameros Parcelas 86, T 941 01 04 10, museowurth.es, Di–So 10–19 Uhr, Eintritt 3 €

Zank um die Frauen

Gut 15 km südlich von Logroño thront über den Feldern der Rioja die **Burgruine Clavijo** P 6, von deren Zinnen sich ein weiter Blick über das ganze Hügelland und das Ebro-Becken bietet. Hier kam es 844 angeblich zu einer dramatischen Schlacht zwischen dem asturischen König Ramiro I. und seinem maurischen Widersacher aus dem andalusischen Córdoba, Abd ar-Rahman II.

Der Legende nach ging es um Frauen. Der Emir soll seine Truppen geschickt haben, weil König Ramiro sich offenbar weigerte, ihm den jährlich anstehenden Tribut von 100 schönen Jungfrauen zu entrichten. Während des blutigen Gemetzels erschien den christlichen Truppen der hl. Jakob und führte sie auf einem weißen Pferd zum Sieg. Erst 33 Jahre zuvor war die Entdeckung seines Grabs im fernen Galicien bekannt geworden. Ab jetzt hieß der erschienene Reiter nicht mehr nur Santiago, sondern ehrfurchtsvoll ›Santiago, der Maurentöter‹ *(matamoros)*. Die Felsenburg selbst stammt nicht aus dieser Zeit. Sie wurde erst im 10. Jh. errichtet und bietet eine fantastische Aussicht auf das weite Ebro-Tal mit seinen bunt verschachtelten Gemüse- und Weinfeldern.

Die Burgruine von Clavijo ist eines der beliebtesten Bildmotive Nordspaniens. Vor dem E-Mail-Zeitalter war sie auf vielen Tausend Postkarten zu sehen. Und heute ziert sie so einige Flaschenetiketten lokaler Winzer. Empfehlenswert: der Castillo Clavijo Crianza Tinto von 2016. Diesen und andere Weine gibt es auch im Weinladen Viura Negra in Logroño (Marqués de Murrieta 5, viuranegra.com).

W

WEINSCHLACHT

Was eine Verschwendung, finden Gourmets. Im Winzerort Haro, nordwestlich von Logroño, tobt am 29. Juni eine Weinschlacht. Bei der *batalla de vino* spritzt qualitativ hochwertiger Rotwein der Sorte Tempranillo in alle Himmelsrichtungen. Daher besser alte Kleidung anziehen. Zu anderen Terminen vermittelt das Tourismusamt (Anfahrt ausgeschildert) den Besuchern wesentlich zivilisiertere Bodega-Führungen (s. Tour S. 46).

Laguardia P5

Basken-Schönheit

Das kleine Winzerstädtchen Laguardia nordwestlich von Logroño ist in jeder Liste der sogenannten schönsten Orte Spaniens präsent. Von der Stadtmauer am Paseo de Collado sehen die Besucher die Sierra Cantabria, in den schönen Restaurants wie dem El Bodegón gibt es besten Rioja-Hauswein, am Rathaus tanzen zur vollen Stunde schon mal Trachtenpuppen im Glockenspiel. Und der farbenfrohe Figurenschmuck der Kirche **Santa María** ist ebenfalls berühmt. Kulinarisch gehört das kleine Städtchen zur Rioja, geografisch aber schon zur nördlich gelegenen baskischen Provinz Álava. Daher auch der Name »Die Wächterin«.

Briones P5

Der Ort liegt malerisch auf einem Hügel oberhalb des Río Ebro. Winzige Gassen, mit Wappen geschmückte Adelshäuser und die Dorfkirche sind an einem Wo-

TOUR
Modern Art nördlich des Jakobswegs

Ausflug zu Bilbaos Guggenheim-Museum

Es ist im wahrsten Sinne des Wortes das Glanzstück Bilbaos: ein metallisch schimmerndes Bauwerk, das eher einem gelandeten Ufo als einem Museum gleicht. Der Rundgang im Guggenheim Bilbaos lohnt …

Wem nach Pyrenäenluft und Jakobskult nach echtem urbanem Leben ist, sollte Bilbao unbedingt besuchen.

Zugegeben, Bilbao (baskisch: Bilbo) befindet sich nicht an der Hauptroute des Jakobswegs, des Camino Francés. Doch nirgendwo sonst ist ein so modernes architektonisches Gebäude zu sehen, auch wenn das Museum für Moderne Kunst in León durchaus viel Qualität hat. Per Zug, Bus und Pkw gut erreichbar, liegt **Bilbao** 125 km nördlich von **Haro.** Die Fahrt über die Autobahn AP 68 dauert knapp 1,5 Stunden. Parkplätze gibt es im nahen Parkhaus Parking Plaza Pío Baroja.

Stahl, Glas, Kalkstein und Titan

Das von Frank O. Gehry entworfene Guggenheim-Museum aus Stahl, Glas, Kalkstein und Titan hat der einst molochartigen Industriestadt am Atlantik ein völlig neues Image gegeben. Direkt am Fluss Nervión in der Altstadt wirkt das 1997 eröffnete Museo, als sei es gerade aus einer fernen Galaxie gekommen und versehentlich hier gelandet. Gehrys Bauten gelten als dekonstruktivistisch. Sie wirken wie im Fluss, gekrümmt und adimensional, wie man es auch in Boston, Prag und im Düsseldorfer Hafen bewundern kann. Der kalifornische Architekt

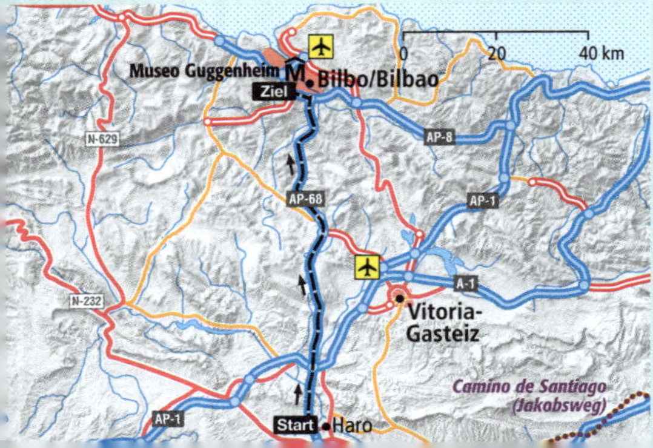

Architektur von Frank O. Gehry

bedient sich bei den Entwürfen eines Computerprogramms aus der Raumfahrt, um die Krümmungen exakter zu berechnen. Seine Ideen entstehen aber nach eigenen Worten schlichter: Gehry findet zu seinen Entwürfen, indem er Bauklötze in der Hand dreht, und so die räumliche Wirkung testet.

Das hat sich gelohnt, denn herausgekommen ist hier in Bilbao eine kuriose, silbern glitzernde Hülle, die auf 24 000 m² Raum für Werke renommierter Künstler des 20. Jh. und der aktuellen Szene zeigt. Längst ist Geschichte, dass die baskische Terrororganisation ETA mit Bomben drohte, da der Architekt kein baskisches Blut in sich trage. Doch auch der bornierteste Kritiker wird zugeben müssen, dass Bilbao und das Baskenland insgesamt sehr von dem Museum profitieren.

»Puppy« wacht am Eingang

Am Museumseingang begrüßt einen das Maskottchen des Museums: ein mit Blumen übersätes, übergroßes Hündchen namens »Puppy«. Diese Skulptur des amerikanischen Künstlers Jeff Koons freut auch die städtischen Gärtner, denn sie braucht sehr viel Pflege. Und sie ist lustiger als die ebenso gigantische Spinnenskulptur auf der Rückseite des Museo, die die französische Bildhauerin Louise Bourgeois wohl nicht ohne Hintergedanken »Mama« nannte.

Innen entfaltet sich dann eine unorthodoxe Räumlichkeit, die sich von außen schon andeutet. Ausgestellt sind auf den verschiedenen, verschachtelten Stockwerken die Gemälde der Spanier Salvador Dalí, Joan Miró und Juan Gris. Doch die Liste geht noch weiter und klingt beachtlich: Marc Chagall, Andy Warhol, Antoni Tápies und Emil Nolde, um nur einige zu nennen, abgesehen von den Sonderausstellungen. Viele der Kunstwerke hängen in einem spektakulären, 130 m langen Galerieschlauch.

Künstlerische Schwergewichte

Eine Besonderheit des Guggenheim-Museums ist sicherlich die gigantische begehbare Stahlschlange

Infos

O3

Start/Strecke: Haro, bis Bilbao 125 km

Infos: Av. Abandoibarra 2, Metrostation Moyúa, guggenheim-bilbao.eus, Infos zur Stadt auf bilbao.net

Öffnungszeiten: Juli/Aug. tgl. 10–20, sonst Di–So 10–19 Uhr, 24., 31. Dez. bis 17 Uhr, 25. Dez., 1. Jan. geschl.

Eintritt: 15 € inkl. deutschsprachigem Audioguide, ermäßigt 7,50 €, unter 18 Jahren Eintritt frei, Sonderevents kosten extra

Führungen: 11, 12.30, 16.30, 18.30 Uhr, 90 Min., im Preis inbegriffen

»Snake«. Sie besteht aus drei geschwungenen, langen Platten und wurde beim Bau des Museums von dem Künstler Richard Serra 1997 hier aufgestellt. Die metallischen Wellen sind 30 m lang, 4 m hoch und haben den Charme einer Industrieanlage. Das dürfte wohl eines der größten Einzelwerke eines Künstlers in einem öffentlichen Museum sein. Und sicher auch eines der schwersten, denn die engen Stahlplatten, durch die zu laufen ein mulmiges Gefühl hinterlässt, wiegen rund 40 t. pro Stück. Stahl, so scheint es fast, ist in Bilbao museal geworden. Denn die Schlange erinnert auch daran, dass die Hafenmetropole früher einmal eine Stadt der Metaller und der Schiffsbauer war, bevor es zu einer massiven Krise in der Stahlindustrie kam, von der sich die baskische Metropole erst in jüngerer Zeit wieder richtig erholen konnte. Mäzen Salomon Guggenheim hatte die hier ausgestellte Sammlung schon seit dem Jahr 1960 nach und nach vervollständigt. Der gut sortierte Museumsshop bietet über 2000 Buchtitel zur modernen Kunst in verschiedenen Sprachen, handgemalte Keramiktassen und kunstvoll designte Ohrringe.

Die kleine Schwester des Guggenheim ist Gehrys Gebäude der Bodega Riscal in der Rioja.

Der Guggenheim-Effekt

Das nördlich des Jakobswegs gelegene Bilbao erlebte nicht nur durch das Guggenheim-Museum einen regelrechten Kulturboom. Die Hauptstadt der baskischen Provinz Vizcaya modernisierten neben Gehry noch andere namhafte Architekten. Santiago Calatrava erneuerte den Flughafen und baute ganz in der Nähe des Museo Guggenheim die geschwungene weiße Zubizuri-Brücke, Federico Soirana baute den Kongresspalast und Sir Norman Foster die futuristisch wirkende U-Bahn. Ihre Eingänge erinnern an Elefantenrüssel. Nach so viel Hypermodernem macht es Spaß, sich in den Altstadtgassen Siete Calles (›Sieben Straßen‹) zwischen der Santiago-Kathedrale (14. Jh.) und dem Nervión-Fluss als Ausklang ein paar gute Tapas zu gönnen, ob Garnelen, Schnecken oder Tortillastücke. Aber natürlich hat auch das Museum selbst ein Restaurant (neruaguggenheimbilbao.com). Und was für eins. Es gehört dem baskischen Starkoch Josean Alija. Auch seine Küche, loben die Kritiker, sei avantgardistische Kunst. Nur für den Gaumen eben. Der »Guide Michelin« hat Alijas Kochkunst immerhin mit einem Stern ausgezeichnet.

chenende im Juni (variabler Termin) Kulisse für ein Mittelalterfest. Dann verkleiden sich die 400 Bewohner als Köche, Krieger und Kunsthandwerker. Briones liegt 9 km von Haro entfernt, von wo sich ein Ausflug zum Guggenheim-Museum in Bilbao anbietet (s. S. 52).

Museum

Weinkultur

Museo de la Cultura del Vino Dinastía Vivanco: In Spanien ist Briones seit wenigen Jahren nicht mehr unbekannt, dank des hochmodernen Weinmuseums. Das weitläufige Museum bietet auch Führungen auf in deutscher Sprache sowie Audioguides und verrät viel über die Weinkultur. Entsprechend finden sich in einem angeschlossenen Areal namens Bacchus Dutzende Rebsorten. Zu dem Museum gehört ein gutes Restaurant.

Ctra. N-232, km 442, T 902 32 00 01, vivancoculturadevino.es, Juni–Sept. Di–So 10–20, sonst 10–18 Uhr, Museum 12 €, Bodega 12 €, Kombiticket 21 €

Einkaufen

Lieblings-Bodega

Miguel Merino: Bei Miguel vorbeisehen und ein paar Flaschen mitnehmen. Das lohnt sich, und der Wein hält richtig gelagert Jahre. Die Bodega liegt unterhalb des Hügels von Briones. Die Trauben wachsen auf einer winzigen Fläche, trotzdem hat der Winzer mit seinen Rotweinen schon einige Preise gewonnen. Auch der renommierte Weinführer Guía Peñín bewertet die Jahrgangsweine oft positiv. Tipp: Die Gran Reservas sind immer die richtige Wahl, aber den relativ neuen Rotwein Viñas Jóvenes aus den Trauben Tempranillo und Graciano (8 %) sollten Sie auch mal probieren.

Ctra. de Logroño 16, T 941 32 22 63, miguelmerino.com

Nájera

P6

27 km hinter Logroño, hinter dem kleinen Ort Navarrete mit seinem spätromanischen Friedhofsportal und einigen Töpferwerkstätten, geht es direkt in das historische Nájera. Der Stadtkern des stimmungsvollen Ortes zählt zu den schönsten am gesamten Jakobsweg. Unübersehbar drängt sich der Klosterkomplex Santa María la Real an ein schroffes Felsmassiv. Ihn flankieren mittelalterliche Gassen, die sich zum Fluss Najerilla hin verästeln. Beim näheren Hinsehen erkennt man in den Felsen einige kleine Höhlen, die den Menschen früher als natürliche Vorratskammern dienten und heute Abenteuerspielplätze der Kinder sind.

Ist doch keine Abstellkammer!

In Nájera residierten einst Könige. Einer von ihnen, García (1035–54), gründete das **Kloster Santa María la Real.** Der Legende nach soll er bei der Jagd an dieser Stelle eine Marienstatue entdeckt haben, vor der sein Falke in trauter Eintracht mit einem soeben noch verfolgten Rebhuhn saß. Zwei Jahre vor seinem Tod stiftete García das Kloster, in dem Benediktinermönche bald durch den gotisch-plateresken Kreuzgang flanierten und Besucher von weit her die prunkvollen Grabdeckel der Könige, Herzöge und Infanten in der Königsgruft bewunderten.

In der Mitte der Gruft steht der romanische Sarkophag der Königin Blanca von Navarra (1136–56), dessen Reliefs auch eine künstlerisch wertvolle Sterbeszene zeigen: Engel nehmen dabei die Seele der 20-jährig im Kindbett verstorbenen Herrscherin in Empfang. Von der gotischen Klosterkirche aus führt ein schmaler Gang zu der winzigen Mariengrotte am Fels.

Napoleons Truppen und die Enteignung 1835 hinterließen sichtbare Spuren,

einige Nischen sind leer, manchen Statuen fehlt der Kopf. Zeitweilig diente das Kloster im 19. Jh. als Abstellraum und Soldatenlager, zu dem vorübergehend auch eine Tanzbar gehört haben soll. Inzwischen kümmern sich Mönche in der etwas lauten, dreistöckigen Gemeindeherberge neben dem Kloster wieder um erschöpfte Pilger.
Plaza de Santa María s/n, santamarialareal.net, Di–Sa 10–13.30, 16–19, So 9.30–12.15, 16–18.45 Uhr, Eintritt 4 €

Schöner reiten

Der Reiterhof **Centro Hípico de Navarrete** liegt 15 km östlich von Nájera idyllisch zwischen Weinbergen und dem kleinen Ort am Jakobsweg. Die deutsch-spanischen Besitzer bieten Reitausflüge unterschiedlicher Länge ab15 € pro Stunde und Person. Auch Angebote für Kinder und Reitstunden sind im Programm.
Término los Bustales s/n, 26370 Navarrete, T 941 74 00 78, hipicanavarrete.com

Essen

Asador pur

El Buen Yantar: Herzhaftes gibt es in diesem *asador* (Grillrestaurant), darunter Kalbfleisch, Gemüse und Hauswein.
Mártires 19, Nájera, T 941 36 02 74, fb.com/MesonElBuenYantar, €

Infos

- **Oficina de Turismo:** Plaza San Miguel 10, T 941 36 00 41.

San Millán de Cogolla

M6

Wer sich noch frisch fühlt, sollte von Nájera einen Ausflug nach San Millán de

San Milláns Mönche schrieben im 10. Jh. die ersten Worte auf Spanisch.

Cogolla ca. 25 km nach Südwesten unternehmen. In dem von der UNESCO zum Weltkulturerbe erklärten Ort San Millán de la Cogolla gibt es gleich zwei berühmte Klöster.

Spanisch entstand im Kloster

Im 10. Jh. entstand am Berghang das **Monasterio de Suso** über dem Höhlengrab des 574 verstorbenen Einsiedlers San Millán. Der Heilige war sagenhafte 101 Jahre alt geworden. Westgotische und vom maurischen Stil beeinflusste Steinmetze hatten die schlichte, kleine Anlage ausgeschmückt. Die damaligen Ordensbrüder hinterließen die ersten schriftlichen Zeugnisse in spanischer Sprache. Sie hatten an die Ränder der dickleibigen lateinischen Bücher moderne Randnotizen geschrieben, wenn sie Passagen erläutern wollten oder nicht ganz verstanden. Diese Buchstaben gelten als die ersten, die im spanischen Castellano geschrieben wurden. Wenn die Mönche bloß geahnt hätten, welche linguistische Initialzündung das war! Heute sprechen über 400 Mio. Menschen Spanisch, außerhalb Spaniens unter anderem in Lateinamerika, aber auch auf den Philippinen und im Süden der USA. Und in Spanien selbst gibt es neben Kastilisch noch Baskisch, Katalanisch und Galicisch. Von diesen Regionalsprachen hat nur Baskisch keine lateinischen Wurzeln. Die Ursprünge der Sprache sind bis heute rätselhaft (s. S. 268).

Zona Monasterios, Di–So 10.30–13.30, 16–18.30 Uhr, Eintritt 4 €

Gigant in der Rioja

Ein Jahrhundert nach dem Monasterio de Suso begann man den Bau des **Monasterio de Yuso** am Dorfrand, den die Bauherren vom 16. bis 18. Jh. so großzügig anlegten, dass er in Anspielung auf die gigantische Klosterkirche bei Madrid den Spitznamen ›Escorial der Rioja‹ bekam. Kunsthistorisch wertvoll sind neben den Kreuzgängen San Agustín und San Millán vor allem die wertvollen Handschriften in der historischen Bibliothek. Jahre haben die Spezialisten gebraucht, doch mittlerweile sind alle diese Abschriften der Mönche aus dem 12. und 13. Jh. digitalisiert.

Agustinos Recoletos, tgl. 10.30–13.30, 16–18.30 Uhr, Eintritt 7 €

Santo Domingo de la Calzada

05

Gackern im Gotteshaus

Kaum ein Ort am spanischen Jakobsweg ist so berühmt wie Santo Domingo. Der Grund: das Gotteshaus **Catedral de Santo Domingo de la Calzada** aus dem 12.–18. Jh.

Benannt ist der 6000-Seelen-Ort nach dem Einsiedler Domingo, der im 11. Jh. immer wieder verirrten Pilgern den Weg erklären musste, bis er begann, Wege und Pflasterstraßen *(calzadas)* anzulegen. Dem Einsiedler sagte man zu Lebzeiten nach, er könne Wunder vollbringen (z. B. Erhängte am Leben erhalten). Bald war der Ort in ganz Europa bekannt. Aus einem kleinen Hospital für Pilger wurde einer der schönsten Paradore Spaniens. Und aus der kleinen Kirche die heutige Kathedrale mit ihrem schönen Kreuzgang (15. Jh.).

Kurios dabei: Neben Altar und Kreuzgang befindet sich ein Hühnerstall in der Kathedrale. Darin leben, scharren und gackern eine lebendige weiße Henne und ein ebenso weißer Hahn. Zwar geht es den Hühnern im Gotteshaus besser als in einer Legebatterie, doch gibt es nur sehr wenig Licht. Daher wird das Federvieh alle 14 Tage ausgetauscht und verbringt die sonstige Zeit in einem lichten Metallstall der örtlichen Pilgerherberge. Dort polterte eine junge Pilgerin unlängst, das

K

KATHEDRALEN-HÜHNER

Ursache für den kuriosen Geflügelstall in der Kathedrale von Santo Domingo de la Calzada ist wie so oft am Jakobsweg eine Legende: Ein junger Pilger hatte die erotische Annäherung einer Magd derart ignoriert, dass das Mädchen ihm stocksauer einen silbernen Kelch unterschob und ihn des Diebstahls bezichtigte. Der Mann wurde gehenkt, doch überlebte er in der Schlinge Tag für Tag. Als dies dem Landrichter zu Ohren kam, der gerade eine gebratene Henne und einen gebratenen Hahn auf dem Teller hatte, rief er: »Der Bengel kann so wenig atmen, wie das Vieh auf meinem Teller fliegt.« Worauf Hahn und Henne Flügel wuchsen und sie laut gackernd vom Teller abhoben.

Vieh habe ihr in der Nacht zuvor gründlich den Schlaf geraubt. Auf die Frage, ob die Hühner nach dem Kathedralendienst im Kochtopf landen, zeigten sich die Herbergsverwalter entsetzt: »Sie sterben bei uns eines natürlichen Todes!«
Eingang über die Straße del Cristo s/n, Mo–Sa 10–13, 16–18.30 Uhr, So nur beim Gottesdienst, Eintritt 4 €

Schlafen

Günstige Herbergen liegen rund um die Plaza Mayor.

Old School

Parador de Santo Domingo: Heute sind Pilger als Gäste eher selten. Dagegen kommen häufig betuchte Briten, die ihre Oldtimer erst mal vor dem Palast aus dem 12. Jh. abstellen und das Blitzlichtgewitter der Touristen genießen. Sehr viel Charme hat diese ehemalige Herberge mit ritterlichem Ambiente gleich neben der Kathedrale. Vom Portier bis zum Zimmerservice ist alles ziemlich Old School. Man fühlt sich um Jahrhunderte zurückversetzt, dabei ist der Komfort ganz up to date.
Plaza del Santo 3, T 941 34 03 00, parador.es, €€–€€€

Essen

Rioja rustikal

Los Caballeros: Im gediegenen Speisesaal stehen Lamm *(cordero)* und Kalbfleisch *(ternera)* genauso hoch im Kurs wie Kabeljau *(bacalao)* und hausgemachter Nachtisch *(postre casero).*
Mayor 58, T 41 34 27 89, Di–So mittags, restauranteloscaballeros.com, €€

Feiern

- **Dia del Santo Domingo de la Calzada:** Stadtfest zu Ehren des hl. Domingo: 10.–15. Mai; Prozessionen am Haupttag, dem 12. Mai. Dabei tragen weiß gekleidete Mädchen das Brot des Heiligen durch den Ort und verteilen es. Die Fiesta gehört zu den beliebtesten der Region.

Infos

- **Info:** Mayor 70, T 941 34 12 30, santodomingodelacalzada.org.
- **Bus:** 8 x tgl. nach Logroño über Nájera, 5 x nach Burgos.

Burgos

M/N6

Ein ungemütlich kalter Wind aus dem Kantabrischen Gebirge fegt ab und zu durch Burgos. Das merkten seinerzeit schon baskische Bauern und Flüchtlinge aus Andalusien, als sie ab 884 die neu gegründete Siedlung bezogen. Immerhin liegt Burgos an einer Biegung des Río Arlanzón in fast 900 m Höhe. Da behauptet mancher scherzhaft, der Sommer dauere nur vom Tag des Apostels bis zum Tag der hl. Anna, also vom 25. bis zum 26. Juli. Doch das wechselhafte Wetter kann die Attraktivität der kastilischen Metropole nicht schmälern. Burgos liegt unterhalb einer Burg, die nach einem Feuer 1739 als Ruine dort steht. Die Stadt glänzt mit anderen Bauten, mittelalterlicher Romanik sowie platanengesäumten Promenaden. Und mit Basketballern, die aktuell zu den besten im Land gehören. Schick sind die Läden am Paseo del Espolón, auf dem Studenten, Mönche und Militärs flanieren. Eine gewisse kastilische Strenge strömt nicht nur der graue Granit der historischen Altstadt aus, sondern auch die Geschichte der Stadt.

Cid: Ein Killer als Nationalheld

Als Standbild steht er in Flussnähe, sein Leichnam liegt in der Kathedrale: El Cid (1034–99) ist ein spanischer Nationalheld und Stoff für Literatur und Dramen. ›El Cid‹ (der Herr) nannten ihn die Araber, ›El Campeador‹ (der Kämpfer) die Christen. Doch eigentlich hieß der Abenteurer aus Vivar bei Burgos ganz banal Rodrígo Díaz, in etwa ein Pendant zu Hans Müller. Mal kämpfte er für, mal gegen die Mauren. Und Letzteres machte ihn schließlich berühmt. Er nahm erst Toledo, dann Valencia ein. Und selbst als Toter gewann er noch Schlachten: Sein Leichnam, auf ein Pferd gebunden, soll die entsetzten Mauren vor Valencia in die Flucht geschlagen haben. El Cid steht auch für die wechselhafte Geschichte von Burgos, das im Zuge der Reconquista entstand. Bereits zu Lebzeiten galt er neben dem Apostel Jakob als Symbolfigur der christlichen Rückeroberung. Die Tugenden des Nationalhelden sind allerdings frei erfunden. Obwohl der Glücksritter für Geld ab und an im Dienst des maurischen Taifafürsten von Zaragoza kämpfte, machte ihn schon das Heldenepos »Cantar de Mío Cid« (um 1140) zum makellosen Heroen in den Schlachten gegen die Mauren. Und auch Hollywood-Regisseur Anthony Mann stellte ihn noch 1961 in seinem Film mit Charlton Heston und Sophia Loren in den Hauptrollen so verkitscht dar, dass einem die Tränen kommen. Historiker entlarvten den historischen Cid dagegen als erbarmungslosen Killer und Dieb, der auch Kirchen plünderte. Unstrittig ist aber: Der Cid hat die Mauren weit in den andalusischen Raum zurückgedrängt. Dadurch blühte Burgos am Jakobsweg wirtschaftlich auf.

Keimzelle des Kastilischen

Ein Weiteres tat die Merinowolle der steinreichen Schafzüchter. Händler brachten sie an die Häfen des Atlantiks und verschifften sie gewinnbringend nach England und Flandern. Mit dem Geld entstanden seit 1221 die gewaltige Kathedrale und die Mesta, der mächtige Interessenverband des Schafe züchtenden Landadels. Das machte Burgos zum Königshof und Finanzzentrum. Bislang hatte das nördliche Reich Asturien die größte Bedeutung, trat nun aber mehr und mehr in den Hintergrund. Das Land der Burgen (*castillo* = Burg) prägte zudem auch die Landessprache (*castellano* = Spanisch). General Franco sah hier deshalb die Keimzelle des Spanisch-Nationalen. Konsequenterweise machte er die Stadt im Bürgerkrieg (1936–39) zum Regierungssitz der Nationalisten, was ihr bis heute nicht eben den Ruf einer liberalen Metropole beschert: Eine Plakette am einstigen Hauptquartier Francos an der Plaza Alonso Martínez erinnert immer noch an den ›Caudillo‹ und seinen Mitverschwörer Mola. Dabei lebt man in Burgos heute keineswegs nur auf die Vergangenheit bezogen. In Sachen Mode, Musik und Ausstellungen sind die Stadtbewohner fast im Trend wie Madrid. Und das samstägliche Nachtleben rund um die Kathedrale ist Lebenslust pur.

Zentrum

Burgos besitzt einen Industriegürtel mit Chemie-, Metall- und Lederproduktion und einen attraktiven Stadtkern. Wer mit dem Auto ankommt, fährt am besten gleich zum zentralen Parkhaus unter der Plaza Mayor, von wo aus ein Rundgang besonders einfach möglich ist.

Gotische Schönheit

Höhepunkt und unübersehbar ist die **Catedral Santa María ❶**. Sie ist nach der in Sevilla und in Toledo die drittgrößte Spaniens. Das gotische Schmuckstück hat die Metermaße 108, 61, 27 (lang, breit, hoch). Mit ihren zahlreichen Türmchen, hohen Strebepfeilern, dem skulpturengeschmückten Kreuzgang, Spitzenornamenten und Figuren an den Fassaden gehört sie zum Besten, was die gotische Architektur in Spanien zu bieten hat. Es ist schwer, ein solches Bauwerk zu fotografieren. Und so versucht es der eine oder andere aus dem obersten Stockwerk eines Wohnhauses, wenn ein Bewohner dies erlaubt. Andere wiederum sind froh, ein 17-mm-Weitwinkelobjektiv dabeizuhaben. Seit 1221 arbeiteten neben einheimischen auch französische und deutsche Baumeister aus dem Rheinland an dem Langzeitprojekt. Zu ihnen gehörte Hans von Köln (Juan de Colonia), der im 15. Jh. für die 84 m hohen Zwillingstürme an der Hauptfassade verantwortlich war. Sein heutiges Aussehen bekam der dreischiffige Bau jedoch erst im 17. Jh. Hoch, etwas düster und geräumig wirkt der kühle Innenraum, wo der Chor mit seinem zierlich geschnitzten Nussbaum-Gestühl sofort ins Auge fällt. An der Vierung von Mittel- und Querschiff ist unter einem prachtvollen Kuppelgewölbe der Ritterheld El Cid mit seiner Gemahlin Doña Jimena begraben. Nur ein Unterarmknochen des Kriegers liegt heute noch im silbernen Reliquiar des Rathauses, wo die Überreste des Leichnams bis 1921 aufbewahrt wurden.

Zu den Besonderheiten der Kathedrale gehören die Kapellen, vier davon in der Größenordnung kleinerer Landkirchen. Die mächtigste und schönste, die Capilla del Condestable, gestaltete ein weiteres Mitglied der Kölner Baumeisterdynastie, Simon von Köln, 1494 auf sechseckigem Grundriss. Die Buntglasfenster sind nur hier noch original. Doch wie so oft zieht besonders das Kuriose an. Berühmt ist in der Kathedrale – im linken Seitenschiff bei der Capilla Santa Tecla – die koboldhafte Figur einer Spieluhr von 1519: Bei jedem Glockenschlag reißt sie den Mund auf. Ob sie dabei eher die Zeit verkündet, ihre Betrachter nachahmt oder nach Fliegen schnappt? Der Volksmund hat sich schon geeinigt und nennt die Figur *papamoscas*: Fliegenfresser. In der Südwestecke der Kathedrale befindet sich die Santísimo-Cristo-Kapelle mit einer weiteren Attraktion: Die Figur des ›allerheiligsten‹ *(santísimo)* Christus aus dem 13. Jh. ist mit Büffelleder, menschlichen Haaren und Fingernägeln ausgestattet, um einem echten Leichnam möglichst ähnlich zu sehen. Das tut sie.

Plaza Santa María, catedraldeburgos.es, Sommer 9.30–19.15, sonst 10–18.45 Uhr, Eintritt 9 €, Studenten 5 €, bis 14 J. 2 €

Promis im Triumphbogen

Wenige Schritte zum Arlanzón-Fluss hin erhebt sich das einstige Stadttor **Arco**

Tapas vor dem Abendessen: Ab 18 Uhr füllt sich der Kathedralen-Platz.

de Santa María ❷. Im 16. Jh. ist dort nach einem Aufstand der Triumphbogen als Zeichen königlicher Macht entstanden. In der Skulpturengalerie steht neben der Figur von König Carlos I. und dem Gründer der Grafschaft Kastiliens, Fernán González, natürlich auch die des Cid. Und in der Reihe darunter Diego Porcelo, der Gründer der Stadt Burgos.

Ein Schwert namens Tizona

Östlich des Stadttors liegt das Ayuntamiento, das **Rathaus ❸** (Plaza Mayor 1). Im Gebäude befindet sich eine Abschrift des Heldenepos »Cantar del Mío Cid« und eine Nachbildung seines Schwerts Tizona. Auch der vermeintliche Unterarmknochen des Kriegers wird hier in einem silbernen Reliquiar bewahrt. Die Wassermarken an der Casa Consistorial erinnern an eine Überschwemmung im 19. Jh., welche die gesamte Flaniermeile Paseo del Espolón unter Wasser setzte. Auch die Brücke San Pablo weiter nördlich wurde in Mitleidenschaft gezogen.

Ist das eine Fledermaus?

1955 enthüllte Franco das monumentale **Reiterstandbild des El Cid ❹.** Die Bewohner nennen es wegen des wehenden Umhangs aus Stein *el murcielago* (die Fledermaus). Die **Casa del Cordón ❺** unweit der Statue an der Plaza Calvo Sotelo ist heute Sitz eines Geldinstituts. Einst war das Sandsteingebäude mit der Kordel *(cordón)* am Portal erste Adresse für Empfänge: Die Katholischen Könige begrüßten hier Christoph Kolumbus nach seiner zweiten Amerikareise.

Fiestas auf der Plaza

Mehrere Cafés unter Laubengängen an der **Plaza Mayor ❻** laden zu einer Pause ein, bevor es weiter Richtung Burgruine geht. Der weitflächige Platz ist nicht nur für Besucher da, er ist vor allem auch ein wichtiges Zentrum der Stadt, beliebt bei

Burgos

Ansehen

- ❶ Catedral Santa María
- ❷ Arco de Santa María
- ❸ Rathaus
- ❹ Reiterstandbild El Cid
- ❺ Casa del Cordón
- ❻ Plaza Mayor
- ❼ Kirche San Nicolás
- ❽ Kirche San Esteban
- ❾ Castillo
- ❿ Monasterio Huelgas Reales
- ⓫ La Cartuja de Miraflores
- ⓬ Museo de Burgos
- ⓭ Museo de la Evolución Humana

Schlafen

- 1 Corona de Castilla
- 2 Norte y Londres
- 3 Hostal Carrales
- 4 Albergue Juvenil
- 5 Camping Fuentes Blancas

Essen

- 1 Casa Pancho
- 2 Casa Ojeda
- 3 Don Nuño
- 4 La Favorita
- 5 Mesón de los Infantes

Einkaufen

- 1 Mercado Sur
- 2 Ojeda
- 3 Librería Sedano

Bewegen

- 1 Bicibur
- 2 Balneario Bienestar

Ausgehen

- 1 La Rúa
- 2 Europa Blu
- 3 Teatro Principal

den Bewohnern und Schaubühne während der zahlreichen Stadtfeste. Vor allem Ende Juni, Anfang Juli beim Fest San Pedro y San Pablo ist hier eine Menge los.

Altarwand der Superlative

Am Hang neben dem Westportal der Kathedrale liegt die Kirche **San Nicolás** ❼ mit einem gigantischen Altaraufsatz aus

Alabaster. Sie hat 1505 der deutschstämmige Skulpturenkünstler und Architekt Franz von Köln erschaffen. Die immerhin 465 Figuren stellen Szenen aus dem Neuen Testament dar. Die Altarwand ist eine der größten der Welt.

Fernán González s/n, Sommer 11–13, 17–19 Uhr, im Winter nur während der Abendmesse

Schätze aus der Provinz

Eine ganze Sammlung von Altaraufsätzen vor allem aus dem 16. und 17. Jh. findet sich in der gotischen Kirche **San Esteban** ❽ mit ihrem gotischen Kreuzgang. Dazu gehört ein kleines Museum für Altarwände aus der gesamten Provinz, die aus der Zeit vom Mittelalter bis zum Barock stammen. Auch Goldschmiedearbeiten und teils wertvolle Gemälde mit religiösen Themen sind hier zu sehen.

San Esteban s/n, Museo de Retablo: im Sommer Di–So 10–14, 17–20 Uhr, Eintritt 2 €

Wo Buchstaben fliegen lernten

Von der Kirche San Esteban aus führt ein Pfad direkt zum **Castillo** ❾, das im

Jahr 1736 Feuer fing und seitdem nur noch eine Ruine ist. Im Grunde ist genau das unglaublich. Im Wort Burgos steckt das Wort Burg, die Stadt ist umgeben von vielen weiteren Castillos. Doch die Anwohner haben ihre eigene Anlage verfallen lassen. Der Weg hinauf lohnt sich aber, denn die Aussicht vom Burgberg aus reicht bei klarem Wetter bis hinaus in die Meseta. Die genossen schon die Neanderthaler. 884 entstand hier eine Burg *(castillo)* während der Zeit des Kampfes gegen die Mauren. Vielleicht hieß auch deshalb die 300 m lange unterirdische Wasserzufuhr Maurenhöhle (Cueva de Moro). Ausgrabungen haben ergeben, dass innerhalb der Gemäuer einst Strafgefangene lebten, dass sie als Schießpulveranlage fungierte und dort wegen der Höhe von 75 m über dem Meeresspiegel auch ein Mast als Optisches Signal stand. Die Stangen mit beweglichen Querstangen waren schon in Zeiten Napoleons ein Hit. Mit ihnen ließen sich Nachrichten vermitteln: Buchstabe für Buchstabe. Von Hügel zu Hügel. Schneller als ein Pferd. Komplett ohne Strom. Bei uns gab es das auch. Das Optische Signal war der Vorläufer des Telegrafierens, Telefonierens und Mailens.

H

HOCH DREI

Die UNESCO hat Kastiliens Stadt Burgos ganz doll lieb. Gleich aus drei Gründen ist sie Teil des Weltkulturerbes: wegen der mächtigen Kathedrale, wegen Atapuelca, wo die Neandertaler wohnten, und als wichtiger Kulturort am Jakobsweg. Und was soll als Nächstes unter Schutz stehen? Der Bürgermeister meint: die Murcilla-Wurst. Sein Argument: Kimchi aus Korea und der Türkische Café würden ja schließlich auch schon geschützt.

Außerhalb des Zentrums

M6

Ritterschlag mal anders

Im westlichen Stadtbereich liegt das Zisterzienserkloster **Monasterio Huelgas Reales ⑩**. 1187 gegründet, diente es den ersten kastilischen Königen als Alterssitz und Grablege. Die Anlage mit dem spätromanischen Kreuzgang besitzt eine beachtliche Sammlung. Dazu zählen eine maurische Standarte und gewebte Hemden mit arabischen Zeichen. Eine Jakobsstatue mit beweglichem Schwertarm wiederum hatte im Mittelalter eine ganz praktische Funktion: Sie diente zum Ritterschlag und zur Aufnahme in den Templerorden.

Zu Fuß 15 Min. den Fluss nach Westen, sonst ab Ausfallstraße nach León beschildert, Ramón y Cajal s/n, Di–Sa 10–13, 15.45–17.30, So 11–13.15 Uhr, Eintritt 5 €

Mit dem Gold der Inkas

4 km östlich von Burgos entstand nach Plänen von Hans und Simon von Köln das Kloster **La Cartuja de Miraflores ⑪**. Hier befindet sich das königliche Alabastergrabmal der Eltern von Isabella der Katholischen. Am Hauptaltar der einschiffigen Klosterkirche kam 1498 erstmals erbeutetes Gold aus Amerika zum Einsatz, das Christoph Kolumbus nach Spanien gebracht hatte. Noch viel mehr davon befindet sich in der Kathedrale von Santiago.

Carretera de la Cartuja s/n, Di–Sa 10.30–15, 16–18, So 11–15, 16–18 Uhr, Eintritt frei

Museen

Armreif aus Muscheln

⑫ Museo de Burgos: In der archäologischen Abteilung sind neben diversen anderen Kostbarkeiten auch prähistorische

Sicheln, keltischer Schmuck und römische Mosaike zu sehen. Interessant ist auch ein Armreif aus einem nahen Dolmen aus der Steinzeit. Er belegt, wie mobil die Anwohner damals schon waren. Er ist aus einer Muschel hergestellt. Und der nächste Ort am Meer ist das heutige Santander, 160 km entfernt. Das sind über 30 Stunden Fußweg. Die Abteilung der Schönen Künste wiederum zeigt vor allem Werke der spanischen Malerei aus den letzten 600 Jahren. Oder anders ausgedrückt: Es sind zumeist Ölschinken mit Heiligenmotiven zum Davonlaufen.

Miranda 13, museodeburgos.com, Sommer Di–Sa 10–14 und 17–20, sonst 10–14, 16–19 Uhr, So nur vormittags, Eintritt 2 €

Zu den Höhlenmenschen

13 Museo de la Evolución Humana: Das Museum der Menschheitsgeschichte ist das meistbesuchte ganz Kastiliens. Die hochmoderne Anlage widmet sich im Schwerpunkt der nahe gelegenen Ausgrabungsstätte Atapuerca. Dort haben Forscher erst 1994 über 800 000 Jahre alte Knochen von Vorfahren der Neandertaler entdeckt. Zu der Karsthöhle fahren von hier aus auch Busse.

Paseo Sierra de Atapuerca s/n, museoevolucionhumana.com, Di–Fr 10–14.30 und 16.30–20, Sa und So 10–20 Uhr, Eintritt Museum und Fundstätte je 6 €

Schlafen

Zur Krone

1 Corona de Castilla: Das am südlichen Altstadtrand gelegenes Viersternehotel mit Namen Krone Kastiliens nahe dem Busbahnhof ist im Stil der 1970er-Jahre mit schweren Vorhängen und eher schlichten Möbeln eingerichtet. Es gibt eine Garage und freien Internetzugang in den Zimmern.

Madrid 15, T 947 26 21 42, hotelcoronadecastilla.com, €€

Anno 1904

2 Norte y Londres: Schmuckes Mittelklassehotel nahe der Tourismusinfo, an der Rezeption erklärt man gerne den nahen Weg ins Parkhaus unterhalb der Plaza Mayor (sehr sinnvoll). Schöne, aber auch etwas knarrende Holzdielen. Also vielleicht besser Ohrstöpsel dabeihaben.

Plaza Alonso Martínez 10, T 947 26 41 25, hotelnorteylondres.com/de, €

Frisch restauriert

3 Hostal Carrales: Sauberes Hostal in Flussnähe, gute Lage, manche Zimmer haben ein eigenes, aber relativ kleines Bad. Ein eher junges Ambiente, hier lernt man schnell Leute kennen.

Puente Gasset 4, T 947 26 35 47, hostalcarrales.com, €

Wo sonst Studenten wohnen

4 Albergue Juvenil: Die schlichte Jugendherberge fungiert gleichzeitig als Studentenwohnheim, daher ist sie nur während der Semesterferien von Juli bis Mitte August geöffnet. Der relativ moderne, dreistöckige Bau liegt rund 1 km nordöstlich des Zentrums von Burgos und ist bei Rucksacktouristen sehr beliebt.

Av. General Vigón s/n, T 947 22 03 62

Zelten in Zentrumsnähe

5 Fuentes Blancas: 4 km östlich des Zentrums, geöffnet April–Sept., pro Pers., Auto, Zelt rund 5 €. Campingplatz mit mehr als 300 Parzellen und geräumigem Restaurant, relativ schattig.

Carretera Burgos–Cartuja de Miraflores, campingburgos.com. Erreichbar mit Bus Nr. 26 oder 27 ab Plaza de España

Essen

Häppchenjagd

1 Casa Pancho: Zur großen Weinauswahl werden unter anderem serviert: Blutwurst mit Reis *(morcilla de Burgos)*

oder, ganz besonders gefragt, gebratene Wachteleier mit scharfer Paprikawurst *(cojonudos).*

San Lorenzo 13, T 947 20 34 05, barpancho.com, €€

Omas Rezeptur

2 **Casa Ojeda:** Hach, diese Fotos auf der Website! Die Taverne gibt es schon seit 1902. Und im Innern des Hauses das, was die Urahnen Kastiliens schon mit größter Lust verschlangen: Lammbraten *(cordero).*

Vitoria 5, T 947 20 90 52, restauranteojeda.com, So abends und Mo geschl., €€

Dong

3 **Don Nuño:** Wörtlich steht auf der »Deutsch Speisekarte«: Chorizo, Speck, Schwanz, Ohr, Rippe ... Spezialitäten sind hier aber das gebratene Milchlamm, Steak Tartare und auch auch leckere, selbstgemachte Desserts. In Hörweite der Kathedralenglocken.

Nuño Rasura 3, T 947 20 03 73, restaurantedonuno.com, €€

Zu dir oder ins Favorita?

4 **La Favorita:** Ziegelwände, Holztische und Schinkenkeulen an der Decke. Das Tapa-Angebot ist unschlagbar, die Weine sind gut. Wer nur ein Glas Wein und ein paar Oliven oder Sardellen will, geht einfach an die lange Theke.

Avellanos 8, T 947 20 59 49, lafavoritaburgos.com, €–€€

Lust auf Linsen?

5 **Mesón de los Infantes:** Durch eine Seitengasse neben dem Stadttor Arco de Santa María kommt man in diese rustikale Taverne. Schon außen an der Fassade steht, was drinnen in urigem Ambiente serviert wird: typische kastilische Hausmannskost vom gegrillten Ferkel *(cochinillo asado)* bis hin zu Linsengerichten.

Paseo de la Isla 2, T 947 27 95 42, €–€€

Einkaufen

Frisches vom Markt

1 **Mercado Sur:** Zu den lokalen Spezialitäten in der hochmodernen Markthalle, die im Jahr 2009 eröffnet wurde, gehört der Frischkäse Queso de Burgos genauso dazu wie leckere Früchte, verschiedene Gemüse von Paprika bis zum Porree und dazu auch die typischen, ziemlich deftigen Morcilla-Würste aus Schweineblut, Fett, Reis und Zwiebeln.

Mo–Sa vormittags an der Straße Miranda nahe dem Busbahnhof

Feine Kost

2 **Ojeda:** Großer Laden mit Delikatessen von Wurst bis Wein, eingelegtem Schafskäse und selbstgemachter Schokolade.

Vitoria 5, Ecke Plaza del Cordón, delicatessenojeda.com

Karten und Bücher

3 **Librería Sedano:** Der kleine, aber sehr angesehene Laden präsentiert zahlreiche Reiseführer und vor allem eine große Auswahl an Land- sowie Wanderkarten aus analogen Zeiten.

Paseo del Espolón 6, T 947 20 22 20

Bewegen

Am Rad drehen

1 **Bicibur:** Das öffentliche Fahrradsystem der Stadt. Gegen eine Grundgebühr von 3 €, die man bei der Caja Burgos einzahlt, gibt es einen ansonsten jedoch kostenlosen Fahrradverleih mit 23 automatisierten Ausleihstationen. Das genaue Prozedere erklären die Mitarbeiter vom Infoamt. Das ist günstiger, als Räder von Bikeextrem mit einer Tagesgebühr von rund 15 € zu mieten, und auch die Fahrräder sind besser (bikeextrem.com).

Zentrale Plaza de España s/n, T 627 20 50 48, bicibur.es oder aytoburgos.es

Einst Alterssitz der ersten Regenten Kastiliens: das Kloster Huelgas Reales

Wie die Römer

2 Balneario Bienestar: Thermalbad mit vielen Extras wie Gesichtskur und Massage.

Av. Cantabria 69, T 947 22 07 62, balneario bienestar.com, tgl. 10–22 Uhr, ab 20 €

Ausgehen

Zwischen dem Fluss, der Kathedrale und der Plaza de España liegen zahlreiche Bars und Diskos, vor allem in den Straßen **San Lorenzo** und **Huerto del Rey.**

Vamos, Livemusik

1 La Rúa: Eine der besten Musikbars in ganz Burgos mit großer Bühne für Bands. Hier treten die Vargas Blues Band auf genauso auf wie Antílopez und coole Garagenbands, die Estopa nacheifern. Oft ohne Gage zu nehmen.

Av. Reyes Católicos 26, laruaburgos.com, Eintritt meist unter 15 €

Barklassiker

2 Europa Blu: Die Bar ist umgeben von vielen anderen Kneipen, aber eine der ältesten in der gesamten Straße. Im Sommer sitzt man besonders gut auf der Terrasse draußen. Lockeres Ambiente, nette Leute und an den Wochenenden erst zu später Stunde gut besucht.

San Juan 30, variabel geöffnet

Große Bühne

3 Teatro Principal: Der Prachtbau aus dem 19. Jh. beherbergt das größte Theater der Stadt. Hier traten schon Superstars wie Paco Rabal auf. Das Ensemble gehört zum Besten, was Kastiliens Bühnen zu bieten haben, und neben Theaterstücken stehen hier auch immer wieder hochkarätige Ballettaufführungen und Konzerte auf dem Programm, sogar Zirkusaufführungen. Musiker schwärmen von der genialen Akustik.

Plaza Mío Cid, T 947 28 88 40, über den aktuellen Spielplan informiert die offizielle Website von Burgos: aytoburgos.es

Feiern

- **Karwoche (Semana Santa):** Umzug mit vermummten Büßern, die Heiligenfiguren tragen.
- **San Pedro y San Pablo (Peter und Paul):** 29. Juni–8. Juli, Hauptfest von Burgos mit Musik, Stierkampf, Umzügen.
- **San Lesmes:** Fest zu Ehren des Stadtpatrons am Sonntag, der dem 30. Jan. am nächsten ist. Nach dem Festakt geht es auf den Plätzen San Juan und España mit Musik und Kulinarischem weiter bis tief in die Nacht.
- **Festival Electrosonic:** Ende Aug. zieht dieses Festival in Fuentes Blancas an die 100 Rockmusiker und bis zu 25 000 Besucher aus dem In- und Ausland an. In den letzten Jahren ist es ausgefallen, soll aber auf Wunsch der Stadt schon bald wieder stattfinden.

- **Romería de la Virgen Blanca:** Letztes Mai-Wochenende Wallfahrt zu Ehren der heiligen Jungfrau ab der Kirche San Pedro de la Fuente. Protagonistin ist dabei ein Heiligenbild der Jungfrau aus einer Kapelle nahe Burgos, die einst die Besetzung durch napoleonische Truppen überlebte.

Infos

- **Oficina de Turismo:** Plaza Alonso Martínez 7, T 947 20 18 46, aytoburgos.es.
- **Bahn:** Plaza de la Estación s/n, T 902 24 02 02, u. a. 5–7 x tgl. nach León, 3 x tgl. nach Logroño, 1 x tgl. nach A Coruña. Tickets verkauft z. B. das Renfe-Büro in der Altstadtstraße Moneda 21.
- **Bus:** Busbahnhof, Miranda 4, T 947 28 88 55, 1–2 x tgl. nach León, Lugo und Santiago.

Umgebung von Burgos M/N5/6

Olmillos de Sasamón M5

Schöner schlemmen

30 km westlich von Burgos und etwas oberhalb des Jakobswegs liegt die schöne mittelalterliche Burg **Castillo de Olmillos de Sasamón** (15. Jh.). Hier residierte einst der mächtige Graf Pedro Cartagena. Mit den Zinnen, Erkern und Türmchen ist sie eine der formschönsten Castillos rund um Burgos. Darin befindet sich heute ein Hotel, doch die Anlage dürfen auch Nicht-Gäste besuchen. Und sich natürlich auch im Speisesaal verwöhnen lassen.

Camino Santa Lucía s/n, Olmillos de Sésamo, hotelolmillosdesasamon.com, €€

Lerma M/N7/6

Abstecher in die Geschichte

Südlich von Burgos trifft man nach 40 km auf die Keimzelle Kastiliens. Über die A1 geht es nach **Lerma,** dessen Herzogpalast an einem riesigen Platz als Parador dient. Etwas weiter östlich liegt die Kleinstadt **Covarrubias,** wo vor 1000 Jahren die Geschichte Kastiliens begann. Den Ort kennen alle Norweger. Deren Prinzessin Kristin (1234–1262) kam als 22-Jährige von Tønsberg nahe Oslo hierher. Und ehelichte König Alfons den Weisen. Noch etwas weiter östlich liegt die Kirche **Santa María de Lara,** ein Kleinod für Kunstinteressierte, eines der letzten steinernen Zeugen aus der Zeit der Westgoten. Als die Steinmetze neben Trauben und Blättern noch Sonne und Mond meißelten.

Santo Domingo de los Silos N7

Wenn Mönche die Charts stürmen

60 km südöstlich von Burgos liegt das Benediktinerkloster Santo Domingo de los Silos, über dem die Gänsegeier aus der Yecla-Schlucht kreisen. Die hiesigen Mönche sind musikalisch. Mit ihren gregorianischen Gesängen haben sie schon Preise gewonnen und unfreiwillig die spanischen Popcharts gestürmt: Diskotheken in Madrid hatten die Lieder als ›Rausschmeißer‹ genutzt. Zum Runterkommen. Allein im Jahr 1994 verkauften sich 300 000 CDs mit diesem sakralen Sound. Und heute werden die Lieder millionenfach auf YouTube angeklickt. Vor Ort singen die Mönche auch.

Zu den Messen Mo–Sa 19, So 12 Uhr, Führungen Di–Sa 10–13, 16.30–18 Uhr, Eintritt 4 €

Zugabe Maestro

Der Steinmetz des Camino de Santiago

Ist das wirklich Mateo? Die Figur da auf der Rückseite des berühmtesten romanischen Portals der Welt namens Pórtico de la Gloria in Santiago? Ist es der Steinmetz aller Steinmetze, der die Kollegen von Jaca über Burgos bis Ourense und Tui inspirierte? Der den gesamten Jakobsweg Camino Francés als Künstler so sehr prägte wie kaum ein anderer? Der möglicherweise Franzose war und im Jahr 1188 vom König ein Jahresgehalt von satten 100 Goldstücken bekam? Auch Ana, die ihn hier als Restaurateurin herausputzt, ist sich da nicht ganz sicher: Es könnte auch ein einfacher Pilger sein. Sagt sie. Und setzt noch einen drauf: Mein Lieber, danke für das Foto, aber jetzt hab ich hier zu tun. ■

Von Frómista bis Santiago

Der Weg ist das Ziel — aber das Ziel rückt näher. Auf dem Weg nach Santiago gibt es nicht nur für Pilger Highlights.

Seite 73

Frómista

Die wertvolle romanische Kirche San Martín in der Ortschaft Frómista am Jakobsweg hat viele Kapitelle unter dem Dach – mit Fratzen, Tierköpfen, Musikern und einer kleinen Obszönität.

Seite 74

Palencia

Die Stadt am Carrión-Fluss südlich des Camino hat eine gewaltige Kathedrale und wenig Besucher. Von hier aus lohnen Abstecher zur wehrhaften Burg Ampudia und zum Feuchtgebiet Laguna de la Nava mit seinen Drosselrohrsängern.

In die Welt der Tapas, nicht nur im Barrio Húmedo in León

Eintauchen

Seite 76

Carrión de los Condes

Die Grafen (Condes) liebten einst den Ort am Fluss Carrión. Und Kunstfans heute den Figurenschmuck am Südportal der Kirche Santa María.

Seite 78

León ✪

Die Köche sind gut, die Altstadt ist idyllisch und es gibt legendäre Bars. Auch die lichtdurchflutete gotische Kathedrale ist sehenswert. Doch der eigentliche Knaller ist das MUSAC, das Museum für Moderne Kunst, entworfen von den brillanten Architekten Mansilla und Tuñón.

Seite 88

Astorga

Gaudí hat hier einen ziemlich kitschigen Bischofspalast hingebaut, direkt an der römischen Stadtmauer. Und die »schützt« heute so manchen Shop für Schokolade.

Seite 92

Las Médulas

Besuch der bizarren Landschaft, in der früher Tausende Arbeiter das Gold für die Bezahlung von Roms Legionären schürften.

Seite 95

Villafranca del Bierzo

Wuchtiges Kastell, lebhafte Plaza Mayor und die schöne, hochgelegene Santiago-Kirche. Wunderbar. Der bei Pilgern so beliebte Ort bietet zudem guten Wein, geräucherten Paprika und in Likör eingelegte Kastanien.

&

Seite 96

Tres Bispos

›Drei Bischöfe‹ flankieren die wunderbare Wanderroute durch Galiciens naturbelassenes Ancares-Gebiet, in dem inzwischen vereinzelt auch wieder Braunbären leben.

Palloza-Hütten wie in O Cebreiro sind die Nachfahren der Kelten-Castros.

Var es nur ein Marketingtrick? edenfalls ist am Jakobsweg nzwischen eine Biersorte esonders beliebt. Name: a Peregrina, ›Die Pilgerin‹.

erleben

Guck mal, Störche

H

Höhepunkte im Verlauf des Jakobswegs sind neben der mittelalterlichen Kirche von Frómista die bizarre Minenlandschaft aus der Römerzeit Las Médulas, Leóns stimmungsvolle Altstadt mit ihrem sehr lebhaften Studentenleben und Astorgas umstrittener Gaudí-Palast direkt hinter der Römerbrücke. Für Pilger ist dieser Abschnitt eine ziemlich baumlose Angelegenheit, was ursprünglich die Erbauer der spanischen Armada-Flotte schuld sind, die fast ganz Kastilien für den Schiffbau abholzen ließen. Ab und zu lohnt auch ein kleiner ›Umweg nach Santiago‹: etwa über das eher stille Palencia südlich von Frómista. Zur sonnengetränkten Mittagszeit hört man dort häufig nur die Störche klappern. Apropos Tiere. Am Camino de Santiago sind vor allem die Schäfer mit ihren Merinoschafen eine Augenweide. Wer darüber hinaus noch einen Abstecher von Palencia weiter in das Feuchtgebiet Laguna de la Nava macht, wird von den Seidenreihern, Drosselsängern und Schwarzstörchen begeistert sein. Weiter Richtung Galicien geht es dann nach Villafranca del Bierzo, berühmt für den gehaltvollen Rotwein und die schöne Altstadt. Ganz in der Nähe findet sich auch ein super Wanderweg in dem Naturschutzgebiet Serra do Ancares. Und spätestens in Mélide ist man dann in der Region Galicien angekommen, was auch gleich eine Taverne klarmacht: Die Pulpería Ezequiel bietet beste Seekrake, serviert mit etwas Paprikapulver und Meersalz auf Holztellern, begleitet von einem Krug kühlen Weißweins. Den übrigens trinken die Galicier gerne aus weißen Porzellanschalen.

O

ORIENTIERUNG

spain.info: Das Internetportal von Turespaña bietet nützliche Infos zu den wichtigsten Orten Kastiliens. Auch auf Deutsch.
Infoämter: Zentrale Anlaufstellen an diesem Abschnitt des Jakobswegs sind die Oficinas de Turismo in León (s. S. 88), Astorga (s. S. 90) und Santiago (s. S. 122).
Flug: Anflug von der Hauptstadt Madrid oder Barcelona aus nach León und Santiago. Busverbindungen von Bilbao, Madrid und Barcelona aus nach León oder Santiago bietet die Busgesellschaft Alsa (alsa.es). Generell gilt für ganz Spanien: Busse sind schneller und sogar etwas günstiger als die Regionalzüge.

Frómista

L6

Erotik in der Romanik

Fast verloren wirkt der kleine Ort an einer staubigen Straßenkreuzung. Und der Wind weht schon mal wie im Westernepos »Spiel mir das Lied vom Tod«. Doch die Kirche **San Martín** (Plaza San Martín s/n, 10–14, 16.30–18, im Sommer bis 20 Uhr, 1,50 €) macht schnell klar: Hier war einmal ein Pilgerzentrum erster Güte. Auf Fotos sieht man dem Gotteshaus nicht an, dass es zu den frühen Großbauten des Mittelalters zählt.

Der harmonische Bau ist im 11. Jh. als klassisches Kunstwerk der Hochromanik entstanden: mit Tonnengewölbe, achteckigem Vierungsturm, schmalen Treppenrundtürmen, drei Apsiden und, dafür ist die Kirche sogar international bekannt, über 300 Konsolsteinen unter dem Dach. Doch die sind der Knaller. Sie stellen Fabelwesen, Fratzen, Tierköpfe und menschliche Figuren dar, einst gemeißelt für Analphabeten, heute ein Hingucker sogar für die härtesten Heiden. Seltenheitswert hat eine erotische Figur am Giebel des nördlichen Querschiffs: ein kleiner Mann mit Phallus. Ein Fotograf vom Magazin »Playboy«, erzählt ein Anwohner, war Ende der 80er-Jahre auch schon mal da. Thema: Erotik in der Romanik.

Schlafen

Familiäre Casa Rural

San Telmo: Das ansprechende Landhaus mit schönem Innenhof hat Zimmer mit und ohne Bad, auch für Rollstuhlfahrer. Es ist zwar etwas hellhörig, aber der Preis ist okay.

Martín Veña 8, T 979 81 10 28, €

Die Kirche von Frómista heißt mit vollem Namen San Martín de Tours – in Anlehnung an den französischen Heiligen.

Essen

Rund um die **Kirche San Martín** liegen ein paar einfache Bar-Restaurants.

Uriger Charme

Hostería de los Palmeros: Kastilisches Rind und Rebhuhn aus dem Ofen werden in diesem einstigen Pilgerhospiz gereicht. Dreimal die Woche kommt der Kühlwagen aus A Coruña und bringt frischen Wolfsbarsch *(lubina)*. Geräumig und eine gute Weinauswahl. Empfehlenswert sind die Pilzgerichte *(setas)*.
Plaza San Telmo/Mayor 4, T 979 81 00 67, hosteriadelospalmeros.com, Di geschl., €€

Infos

- **Oficina de Turismo:** Paseo Central, T 979 81 01 80, fromista.com.

Palencia

L6/7

Einfach mal weg sein

Vergessen Sie den Besuch. Palencia ist eine super Stadt zum Leben! Das jedenfalls sagt Schauspielerin Elena Anaya (Van Helsing, Alatriste). Der Star in Almodóvars Horrorfilm »Die Haut, in der ich wohne« (2011) kam hier 1975 zur Welt und hätte sich als Kind ihre spätere Karriere nie auch nur träumen lassen. So wie sie ist ganz Palencia, diese Stadt 40 km südlich des Jakobswegs. Bescheiden. Dass die Provinzhauptstadt am Carrión-Fluss kaum Besuch bekommt, wird an den fehlenden Souvenirständen und Terrassencafés vor der Kathedrale deutlich. Ein spanischer Kollege sagte einmal: Sie liegt nicht am Jakobsweg, nicht am Meer, nicht auf Malle. Das kann ja nur gut gehen. Die **Kathedrale** (Plaza de la Inmaculada s/n, tgl. 10–13.30, 16.30–19 Uhr) entstand im 14. Jh. als gotischer Bau über dem Grab des hl. Antolín, dem einzigen bekannten westgotischen Märtyrer der Christenheit. Sie steht hier bei den berühmten Osterprozessionen im Mittelpunkt. Weite Parkanlagen, zahlreiche Storchennester und die stillen Gassen der Altstadt sind Markenzeichen dieser sonnenverwöhnten Stadt, einer keltiberischen Gründung. Im **Museo Catedrálico** (Mo–Sa 9–14, 16–20 Uhr, Eintritt 2 €) gibt es neben Wandteppichen und Statuen ein sagenhaftes Porträt von Karl V. Gemalt hat es im 16. Jh. wahrscheinlich Lucas Cranach der Ältere. Es ist ein Trickbild. Denn von vorne betrachtet wirkt es wie eine surreale Traumwelt. Erst von der Seite aus erkennt man das Gesicht des Königs. Lebhaft geht es rund um die **Plaza Mayor** zu, die Schaubühne der knapp 80 000 Einwohner. Unter den Säulengängen wird alles ganz ohne Nepp angeboten, vom Milchkaffee bis zum Spanferkel.

> **P**
>
> **PILGERKUCHEN**
>
> Auf dem Weg von Burgos nach Frómista liegt der kleine Ort **Castrojeriz** M 6. Dort stellen Klarissinnen die *tarta del peregrino* her, eine kalorienreiche Leckerei aus Mehl, Zucker, Eiern, Butter, Mandeln, Zimt und süßem Sherry. Die Nonnen beliefern viele Konditoreien in der Umgebung.

Schlafen

Farbenfroh

Plaza Jardinillos: Mit frischen Farben dekorierte Unterkunft im Zentrum. Die Zimmer

sind teils sehr geräumig und alle erstaunlich günstig. Die beste Wahl weit und breit.
Eduardo Dato 2, T 979 75 00 22, €–€€

Essen

Rund um die **Plaza Mayor** gibt es gleich mehrere Tavernen zur Auswahl.

Nachtisch mit Wumms

La Traserilla: Schickes Ambiente. Auf der Speisekarte stehen z. B. Seekrakensalat, frisches Gemüse oder Kaninchen mit Schnecken sowie hausgemachte Nachtische, darunter Frischkäse mit Nüssen, Kastanieneis und Flan. Empfehlenswert sind auch die im Eichenfass gereiften Rotweine.
San Marcos 12, T 979 74 54 21, latraserilla.es, €€

Feiern

- **Tag des hl. Antolín:** 2. Sept., auf der Plaza Mayor treten bei der Fiesta de San Antolín Livebands auf.

Infos

- **Oficina de Turismo:** Plaza Mayor 105, T 979 74 00 68, palenciaturismo.es.
- **Bus:** 4 x tgl. nach Burgos und Frómista. Bahnhof und Busbahnhof liegen nahe dem Norden der Calle Mayor.
- **Zug:** 12 x tgl. nach León, 4 x tgl. nach Frómista.

Ampudia K7

Im Burgenland

Knapp 30 km südwestlich von Palencia (zunächst Richtung León fahren) führt eine Straße durch flaches Land an ein paar fast ausgestorbenen Dörfern, Weizenfeldern und einem monumentalen Zisterzienserkloster vorbei zur **Burg Ampudia** (Besuch Fr, Sa 12, 13, 17 und 18, So 12 und 13 Uhr, castillodeampudia.com, 4 €). Steif, grobschlächtig und ziemlich wehrhaft wirkt sie, wie so viele der mittelalterlichen Burgen *(castillos)*, die den Namen Kastilien prägten. So manches verfallene *castillo* südlich des Jakobswegs haben staatliche Fördergelder inzwischen gerettet. Häufig sind junge Architekten und Ausbilder mit dem Erhalt der historischen Objekte betraut, die ihren Lehrlingen die zweijährige Ausbildung zum Schreiner und Steinmetz an wahrlich stimmungsvollen Arbeitsplätzen ermöglichen.

Der zur Burg gehörende gleichnamige Ort ist ein verträumtes Nest mit Holzarkaden, einem Dorfplatz und einem ungewöhnlich hohen Kirchturm. Auffällig sind die kleinen Steinerhebungen mit Fensterchen rund um die Burg. Wie winzige Schornsteine ragen sie aus dem Boden. Diese *luceras* dienten der Lichtzufuhr für darunter liegende weitläufige Naturbodegas. Wein wird dort nicht mehr gelagert, stattdessen unbemerkt so mancher erste Kuss ausgetauscht. Am 8. September gibt es in den Höhlen übrigens eine Fiesta zu Ehren der örtlichen Schutzheiligen namens Alconada. Mit Folklore, Lagerfeuer und viel *vino tinto* …

Laguna de la Nava K6

Beim Drosselrohrsänger

Westlich von Palencia liegt das Feuchtgebiet Laguna de la Nava, wo fast 3000 verschiedene Vogelarten leben. Viele, wie die Kraniche, machen hier im Frühjahr und Herbst auf dem Weg von und nach Afrika Station. Andere, wie die Rotfußfalken, sind das ganze Jahr über

Laguna de la Nava: Feuchtgebiet im sonst so staubtrockenen Kastilien

da. Wer Seidenreiher, Drosselrohrsänger, Schwarzstörche und all die anderen der Vogelschar von Nahem sehen will, sollte leichte, aber mückendichte Kleidung tragen. Und das Fernglas nicht vergessen.

Anfahrt: von Palencia über die N-610 Richtung León zum Ausgangsort Fuentes de Nava, Führung über das ausgeschilderte Informationszentrum, Mayor 17, T 979 84 25 00, Mi–Fr 17–20, Sa und So 11–14, 17–20 Uhr, Spenden sind erwünscht

Carrión de los Condes

L5/6

Cid, Stier und Frauen

Endlose Weiten, von der Landflucht entvölkert, ein paar Weizenfelder, ab und an eine Schafherde, Häuserreste, da taucht am Jakobsweg in einer kleinen Senke plötzlich Carrión de los Condes auf. Das Ortsbild prägen ein Klarissinnen-Konvent, Kirchen und Tavernen. Der gleichnamige Fluss Carrión bietet bei der heißen, sommerlichen Luft eine fantastische Abkühlung.

Das fanden auch schon die Grafen *(condes)*, die hier lebten. Zwei von ihnen heirateten – so berichtet es zumindest das voluminöse spanische Heldenepos »Cantar de Mío Cid« – Töchter des Cid. Doch ließ Spaniens legendärster Ritter die Männer gleich nach der Hochzeit wutentbrannt erstechen. In der Brautnacht sollen sie einfach zu brutal vorgegangen sein.

Wie weit es im Mittelalter mit der Gleichberechtigung her war, zeigt auch das Bogenfeld am Südportal der Kirche **Santa María del Camino** (12. Jh.). Thema ist der Jungfrauentribut, bei dem jährlich 100 *señoritas* an die Mauren in Südspanien ausgeliefert wurden. Doch auf dem Portal zumindest haben die Mädchen Glück: Wilde Stiere beschützen sie.

Schlafen

Im Bett der Benediktiner

Monasterio San Zoilo: Originelle Unterkunft in und an einem 1000 Jahre alten Benediktinerkloster. Betten gibt es in gut möblierten Mönchszellen oder preiswerten Zweipersonenhäuschen. Das Restaurant mit 230 Plätzen bietet oft Rebhuhn, Lamm und frisches Gemüse aus dem Klostergarten. Preiswerte Menüs (€–€€). Etwas außerhalb der Ortschaft gelegen.

Obispo Souto s/n, T 979 88 00 50, sanzoilo.com, €–€€

Zelten am Fluss

El Edén: Der gut 500 m außerhalb des Ortes schattig am Carrión-Fluss gelegene Campingplatz ist im Hochsommer sehr gut besucht, auch wegen der Nähe zur Nava-Lagune.

Tenerías 11, T 667 31 78 91, €

Sahagún

K5

Fast wie Marrakesch

Es gibt schönere Orte am Jakobsweg, keine Frage. Die Gassen des provinziellen Städtchens strahlen eine gewisse Trostlosigkeit aus, das vor allem vom Fernverkehr auf der N-120 geprägt war, bis sie wegen der nebenan gebauten Autobahn fast verwaiste. Für Liebhaber maurisch anmutender Backsteinkirchen ist Sahagún jedoch eine Fundgrube. **San Tirso** (Plaza de San Tirso s/n; 11. Jh.) mit seinen Hufeisenbögen besitzt einen hohen Vierungsturm, der an die berühmten Minarette in Sevilla und Marrakesch erinnert. Auf dem Hügel dahinter ist die Ruine des Franziskanerklosters **La Peregrina** (Die Pilgerin) zu sehen. Auch **San Lorenzo** und **La Trinidad** (13. Jh.) bestehen aus reinem Backstein. Arabische Handwerker im Dienst der Christen verhalfen Sahagún einst zu beachtlichen Zeugnissen des Mudéjar-Stils. Allerdings ist so manches Gotteshaus verfallen. San Facundo etwa, einst das mächtigste Benediktinerkloster Spaniens, besteht nur noch aus einem Turm und einem Torbogen, durch den keine Mönche mehr laufen, sondern Pkw fahren.

Kurz hinter **Mansilla de las Mulas** erreicht man ein weiteres Kloster, dessen Baustil einen Vergleich mit den Bauten Sahagúns lohnt. Während in Sahagún islamische Baumeister wirkten, gründeten aus Córdoba vertriebene Mönche an dieser Stelle das Kloster **San Miguel de Escalada** aus dem 10. Jh. (ab Mansilla de las Mulas ausgeschildert, Mai–Sept. Di–So 10–14, 16.30–20, sonst Fr–So 10–14.30 Uhr, Eintritt 2 €). Auch sie brachten einige maurische Elemente ins Spiel, etwa die Bogengalerie. Das gedämpfte Licht in dem schmucklosen Kircheninneren erinnert an die Atmosphäre in einer Moschee. Mozaraber hießen die Christen damals, die wie diese Mönche unter islamischer Herrschaft im Süden Spaniens lebten.

Feiern

- **Fiestas de San Juan:** Mitte Juni, Höhepunkt; Männer treiben Jungstiere durch die Gassen *(encierro de novillos)*. Zentrum des Geschehens ist die geräumige Plaza Mayor.

Infos

- **Oficina de Turismo:** Arco 87, T 987 78 21 17, villadesahagun.es.
- **Zug:** Bahnhof, Ronda de la Estación s/n, etwa alle zwei Stunden fahren Züge in 30 Min. nach León.

León

✪ J5

Ein Schelm, wer jetzt an Leon den Profi denkt. Oder gar an Löwen. Der Name León leitet sich von römischen Legionären ab. Die Stadt steht für Tapas und viel Lebensfreude. Doch nicht jedem war die heutige Uni-Stadt mit ihrem attraktiven Zentrum gleich rundherum sympathisch. Ein französischer Pilger notierte im Jahr 1704, sie sei »arm, klein und langweilig«, und der niederländische Autor Cees Nooteboom stellte fest: »bäuerlich, nicht mondän«. Dabei hat León (140 000 Einw.) an den Flüssen Torío und Bernesga kein museales, sondern ein junges Ambiente. Wer am Wochenende abends durch das Barrio Húmedo, das ›Feuchte Viertel‹ läuft, hört überall lebhaftes Stimmengewirr. Die Tavernen und Bars (s. Tour S. 84) sind gut besucht, vor allem von den Estudiantes. Und selbst die Lokalzeitung »Diario de León« hat bislang überlebt. Optisch sieht sie der FAZ nicht unähnlich, hat aber nur noch eine Auflage von 12 000 Stück. Und rangiert in der Liste spanischer Zeitung gerade einmal auf Platz 29. Top-Themen sind im Sommer die Wettbewerbe der Grundschulklassen, Winzer und Schachspieler (beim Torneo Magistral).

Von Königen und Erzarbeitern

Obwohl sogar im Stadtwappen verewigt: Nicht etwa ein Löwe *(león)* gab der alten Römerstadt ihren Namen, sondern die VII. Legion des Servius Sulpicius Galba. Sie errichtete hier im Jahr 68 n. Chr. ihre Lagerstadt zur Kontrolle der nördlichen Bergregionen. Im 10. Jh. machte Herrscher Ordoño II. die Stadt zum Königssitz Asturiens; 2010 feierte sie den 1100. Geburtstag des Reino de León. Doch noch einmal ein Blick zurück: León erholte sich nach den Verwüstungen durch maurische Truppen 988 schnell und war mit dem Königshof über zwei Jahrhunderte lang die wichtigste Stadt im christlichen Spanien, bis es im Jahr 1230 zur Vereinigung mit Kastilien kam. Damals hatten die Arbeiten an der Kathedrale gerade begonnen. Das Gotteshaus entstand genau an der Stelle, wo in der Römerzeit Legionäre in den Thermen badeten und später dann König Ordoño Gäste in seinen über den Resten der Thermen erbauten Palast zu großen, aufwendigen Festessen einlud. Ob mittelalterliche Pestepidemien oder Aufstände der Minenarbeiter im 19. Jh., nie erlebte die Pilgerstation am Jakobsweg so gelassene und friedliche Zeiten wie heute. Die Provinzhauptstadt von Kastilien-León wacht über ein weitflächiges, fast baumloses Gebiet.

Die Altstadt

Zentraler Platz und Drehscheibe zwischen Neu- und Altstadt ist die **Plaza de San Marcelo** ❶ (mit Parkhaus) mit dem markanten Backsteinturm der gleichnamigen Märtyrerkirche (13.–16. Jh.) und dem Renaissance-Rathaus von 1585. Richtung Bernesga-Fluss mit seinen grünen Promenaden geht es durch ein lautes Geschäftsviertel. In entgegengesetzter Richtung – zur Kathedrale hin – führt die breite Einkaufsstraße Ancha (vor einiger Zeit hieß sie noch Generalíssimo Franco) geradewegs in den historischen Kern von León: Rechter Hand erstrecken sich die Plaza Mayor und die Gassen des Ausgehviertels Barrio Húmedo, linker Hand die besser erhaltene Gegend rund um die Basilika de San Isidoro und die Reste der römischen Stadtmauer.

Spiel mir das Lied vom Licht

Gegenüber dem Rathausplatz hat der katalanische Architekt Antoni Gaudí 1891 bis 1893 den neogotischen Palast

Casa de Botines ❷ (Plaza de San Marcelo 5) erbauen lassen. Das Haus, von einer Leoneser Sparkasse in Auftrag gegeben, gibt einen kleinen Vorgeschmack auf Gaudís modernistischen Bischofspalast im nahen Astorga. Sein Werk befindet sich in guter Gesellschaft, denn gleich daneben steht der **Palacio de los Guzmanes** ❸ (Plaza de San Marcelo 6), ein 1560 begonnener Renaissance-Bau mit einem schönen Innenhof, heute Sitz der Provinzverwaltung. Einst lebte hier die Dynastie der Guzmanes, die auf einen der Helden der Reconquista aus dem 13. Jh. zurückgeht: Guzmán el Bueno.

Bereits von Weitem sind die mehr als 60 m hohen Türme der Kathedrale **Santa María de Regla** ❹ zu sehen. Auf den zahlreichen weiteren Türmchen des frühgotischen Baus sitzen an manchen Tagen ganze Kolonien von Störchen. Die Kathedrale ist ein schlanker, ockerfarbener Steinbau mit großen Fensterrosen an der West- und Südfassade. Das französisch inspirierte Bauwerk aus dem 13. Jh., dessen erste Bauphase Meister Enrique leitete, ist eine Sinfonie aus Glas: 1800 m² Fensterfläche, zum größten Teil noch original, filtern das Licht mal in sattem Gelb, mal in tiefem Blau, mal in warmem Rot. Das oft lichtdurchflutete Innere prägen nicht nur das Chorgestühl aus Nussbaum und der Hochaltar mit den Tafelbildern, sondern vor allem die Luftigkeit der hohen Konstruktion.

Durch den Kreuzgang geht es ins **Museo Catedralico y Diocesano de Arte Sacro,** das Kathedralenmuseum. Zu seinen Schätzen gehören u. a. wertvolle Handschriften, eine Sammlung romanischer Sitzmadonnen und eine westgotische Bibel aus dem 10. Jh.

Plaza Regla s/n, catedraldeleon.org, Sommer Mo–Sa 9.30–13.30, 16–20, So und Fei 9.30–14.30, 17–20, sonst tgl. 9.30–13.30, 16–19 Uhr, Eintritt in die Kathedrale 7 €, Museum 6 €

Mittelalter-Comics

Nordwestlich der Kathedrale liegt, verbunden durch ein gut 600 m langes Stück mittelalterliche Stadtmauer, die Königliche Stiftskirche **Basílica de San Isidoro** ❺. Sie gilt als Musterbeispiel spanischer Frühromanik und birgt die Reliquien von Isidoro, dem Kirchenlehrer und seit dem Jahr 600 ersten Erzbischof von Sevilla. Im Hochmittelalter wurden die Gebeine des Heiligen hierhergebracht und fortan kamen viele Pilger. Wer besonders krank war oder sich so anstellte, bekam an der ›Puerta del Perdón‹ (Pforte der Vergebung) schon jetzt den lang ersehnten Ablass. Nicht erst im weit entfernten Santiago.

Ein separater Zugang führt westlich der dreischiffigen Kirche zu der königlichen Grablege Panteón de los Reyes mit elf Königen, zwölf Gemahlinnen und mehreren Infanten. Um das Jahr 1160 herum sind in der sogenannten ›Sixtinischen Kapelle der spanischen Romanik‹ einzigartige Gewölbemalereien entstanden, die zum kunsthistorisch Schönsten gehören, was der Jakobsweg so bietet. Zum Glück ließen die napoleonischen Soldaten, die in dem niedrigen kleinen Raum mit

G

GRABESSTILLE

Am 4. Januar 1944 trugen Soldaten 47 Särge durchs Zentrum von León. Weiße für die Frauen, schwarze für die Männer. Es herrschte gespenstische Stille. Die Bewohner der Stadt León waren am Tag zuvor beim schlimmsten Zugunglück in der Geschichte Spaniens ums Leben gekommen. Ihr Zug mit der Nr. 421 war westlich von León bei Torre de Bierzo in einem Tunnel mit voller Fahrt gegen einen Güterzug geprallt. Diktator Franco sprach von 78 Toten. In Wahrheit sollen es zehnmal so viele gewesen sein.

León

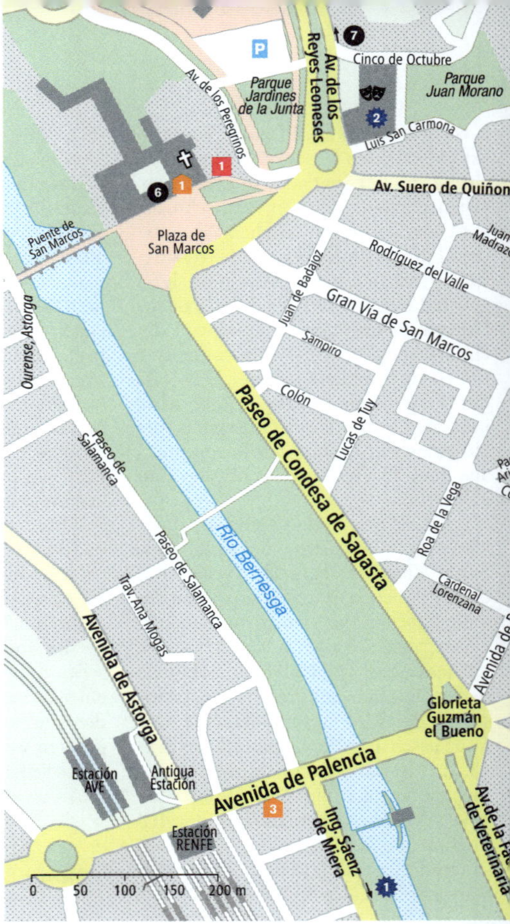

Ansehen

1. Plaza de San Marcelo
2. Casa de Botines
3. Palast Guzmanes
4. Kathedrale Santa María de Regla
5. Basilika San Isidoro
6. Hostal de San Marcos
7. Museo de Arte Contemporáneo (MUSAC)

Schlafen

1. Hostal de San Marcos
2. La Posada Regia
3. Crisol Riosol
4. Londres

Essen

1. Cocinandos
2. Nuevo Rácimo de Oro
3. El Latino
4. La Pitanza
5. Adonías Pozo
6. El Rebote
7. Casa Lorenzo
8. El Flechazo

Einkaufen

1. Mercado
2. Don Queso

Ausgehen

1. Estadio Reino de León
2. Auditorio

---

seinem Kreuzgratgewölbe sämtliche Grabbeigaben plünderten, die farbintensiven Wandmalereien unversehrt. Die Motive der gut erhaltenen und restaurierten Fresken zeigen Christus mit den Evangelisten (die nach ihren jeweiligen Attributen mit Löwen- oder auch Stierkopf dargestellt sind) und regelrecht zechende Apostel beim üppig gedeckten Abendmahl. Zu sehen sind aber auch Alltagsszenen, darunter Darstellungen von zeitgenössischen Hirten. Die Bilder an den Kapitellen orientieren sich wieder ganz an der Bibel: Sie zeigen u. a. Moses mit der Gesetzes-

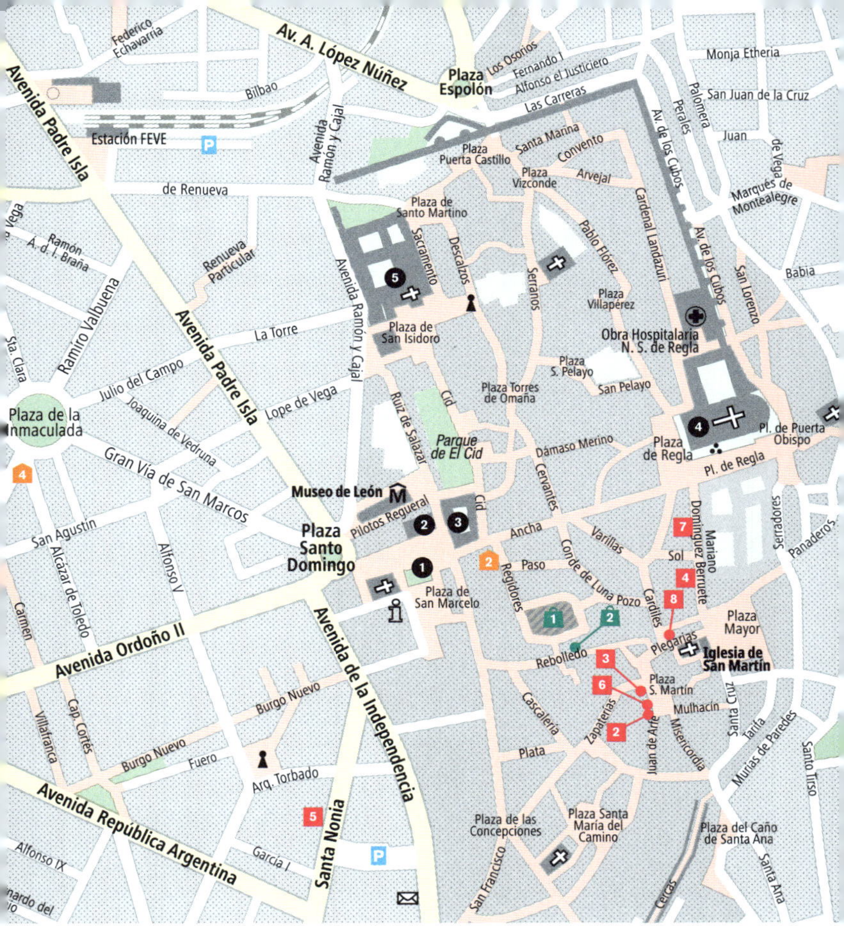

tafel und Daniel in der Löwengrube. Vom Pantheon der Könige geht es durch den **Kreuzgang** eine Treppe hoch in das **Museum,** in dem neben einem Achatkelch und arabischen Schmuckkästchen der silberne Reliquienschrein des hl. Isidor steht, während die angesehene Bibliothek kalbslederne Bibeln und 1000 Jahre alte Chorbücher verwaltet.

Plaza de San Isidoro 4, museosanisidorodeleon.com, Juli–Sept. Mo–Sa 9–21, So 9–15, sonst Mo–Sa 10–14, 16–19, So 10–14 Uhr, Eintritt 5 €

Außen hui: 300 m Fassade

Eine Viertelstunde etwa dauert der Fußweg von der Basilica San Isidoro bis zum **Hostal de San Marcos** ❻ (weitgehend 16. Jh.) am Ufer des Bernesga. Hinter der 300 m breiten Fassade des Klosters schliefen einst erschöpfte Pilger unter alten Wolldecken auf Holzpritschen. Heute lässt hier ein Fünf-Sterne-Parador mit allem Komfort keine Wünsche mehr offen. Auch wer nicht Gast ist, darf sich in der Hotelbar des Prunkbaus einen Kaffee gönnen und durch den Kreuzgang spazieren. In der ehemaligen Sakristei des Komplexes ist das Stadtmuseum Museo de León eingerichtet. Die Betreiber haben es vor allem mit sakralen Wertgegenständen aus umliegenden Klöstern bestückt: Dazu gehören beispielsweise ein mozarabisches Kreuz und ein kurzbeiniger Elfenbein-Christus aus dem 11. Jh.

Plaza de San Marcos s/n, Museum Di–Sa 10–14, 17–20, So und Fei 10–14 Uhr, Eintritt 1 €, gratis unter 18, über 65 J.

Museum

Was für Bauwerke, Emilio

7 Museo de Arte Contemporáneo (MUSAC): Hier wird es keinem zu bunt. Das Museum für zeitgenössische Kunst, entworfen von den Architekten Luis Mansilla (1959–2012) und Emilio Tuñón (*1959), hat mehrere Preise bekommen (s. u.). Da sind die Ausstellungen glatt Nebensache.

A

ARCHITEKT MIT BODENHAFTUNG

Den Architekten Emilio Tuñón, der das **Museo de Arte Contemporáneo 7** entworfen und gebaut hat, habe ich als Journalist schon kennengelernt. Er hat einen sagenhaft variablen Stil. Eines seiner jüngsten Werke ist das kastenartige Bauwerk neben dem Königspalast in Madrid und beinhaltet Schätze der Monarchen Spaniens, die sogenannten Colecciones Reales. Die Fotos dazu hat er mir für mein Spanien-Reisemagazin zugeschickt. Ein anderes Bauwerk ist das Bürgermeisteramt in der galicischen Stadt Lalín. Rund ist es wie eine Keltensiedlung. Sogar die Aufzüge (s. emiliotunon.com).

Der würfelförmige Bau besteht aus Stahl und Buntglas (s. Lieblingsort S. 83), letzteres in Anlehnung an das Glas der Kathedrale. Auf 21 000 m² gibt es Video- und Bildprojekte sowie Lesungen und Konzerte. Unter anderem treten hier beim Purple Weekend jedes Jahr im Dezember Musiker im Stil der 1960er-Jahre auf.

Av. de los Reyes Leoneses, musac.es, Di–Fr 11–14, 17–20, Sa und So 11–15, 17–21 Uhr, Eintritt 3 €, So ab 17 Uhr gratis, s. S. 83

Schlafen

Gigant unter den Paradores

1 Hostal de San Marcos: In dem schmucken Renaissance-Bauwerk am Río Bernesga war früher ein Pilgerhospiz untergebracht. Heute bietet der riesige Fünf-Sterne-Palast geräumige Zimmer. Zu Fuß sind es rund 15 Minuten bis zur Kathedrale.

Plaza de San Marcos 7, T 987 23 73 00, parador.es, €€€

Holz in der Hütte

2 La Posada Regia: Altes Mauerwerk aus dem 14. Jh. und rustikale Holzbalken charakterisieren diese Unterkunft. Die Zimmer, teils mit Dachluke, sind dezent eingerichtet. Auf Fotos sieht man noch, wie heruntergekommen es hier früher aussah. Beeindruckend, was der Besitzer daraus gemacht hat, wenn auch etwas überladen dekoriert.

Regidores 11, T 987 21 31 73, regialeon.com, €€

Kastenkomfort

3 Crisol Riosol: Ansprechendes, wenn auch äußerlich kastenartiges Mittelklassehotel in Fußnähe zur Kathedrale. In dieser Kategorie ist es eines der besten der Stadt. Mit großem Aufenthaltsraum und umfangreichem Frühstück.

Av. de Palencia 3, T 987 21 68 50, €–€€

Lieblingsort

Stühle vor dem Museum

Erst die neuen Installationen im Modern-Art-Tempel Leóns bewundern? Oder erst mal ins Restaurant dort, pechschwarze Tintenfisch-Burger mit lokalem ungefiltertem Bier der Marke Aora Furia bestellen? Auf einem Stuhl im Innenhof des **Museums für zeitgenössische Kunst MUSAC** ❼ (s. S. 82), den man sich dort nehmen kann, bleibt Zeit für die Entscheidung …

TOUR
Tapas, einfach köstlich

Auf Tapas-Tour durch die Bars von León

Nicht nur an den Wochenenden zeigt sich die Altstadt von León von ihrer kulinarischen Seite. Die Tavernen mit den leckeren Appetithäppchen im Viertel Húmedo sind im ganzen Land bekannt. Geschirr klappert. Kellner schneiden mit langen Messern hauchdünne Scheiben von Schinkenkeulen, Espressomaschinen dampfen und aus der Küche weht der Geruch von Champignons, Knoblauch, Gambas und Sardellen.

Madrid mag die Hauptstadt Spaniens sein. León ist das Highlight der Tapas.

Vamos de cortes? So heißt die Lieblingsfrage der Leonesen, gehen wir auf ein ›Kleines‹? Gemeint sind die kleinen Weingläser, aus denen auch Bier getrunken wird. Doch im Grunde geht es um etwas viel Größeres: um die Tapas. Faustregel zum Mitmachen: Ein Glas Wein kostet 1 €, höchstens 2 €, und zu jedem *cortes* wird eine Tapa gratis gereicht. *Tapear,* auf Streifzug durch die Bodegas gehen, ist aber auch wegen der Atmosphäre, die besonders von Leóns 16 000 Studenten geprägt wird, eine Entdeckungstour für die Sinne.

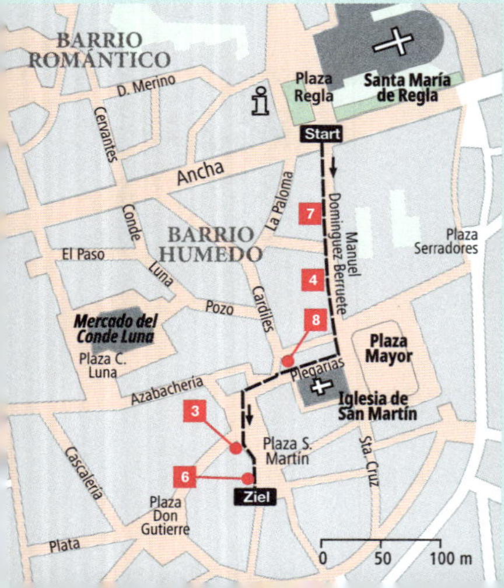

Ursprünglich erfanden die Andalusier die Tapas als kleine Baguettescheiben mit etwas darauf, um den Inhalt der Sherry-Gläser vor Insekten zu schützen. Das machte landesweit die Runde, doch in León ist *tapear* Kult. Schon in den 1920er-Jahren waren die Tavernen über die Stadtgrenzen hinaus bekannt. Und bis heute zeichnen sie zwei Dinge aus: Jede Taverne hat ihre eigenen, leckeren, oft großzügigen Spezialitäten, die man gratis dazubekommt. Das ist der Unterschied zu vielen Bars in Burgos, Pamplona, Santiago de Compostela und Ourense.

Infos

J5

Start: Kathedrale

Ziel: Plaza de San Martín

Beste Zeit: ab 20 Uhr

Bestes Tapa-Viertel am Jakobsweg
León hat mehrere Ausgehviertel im Stadtkern, vor allem das **Barrio Romántico** nördlich der großen Straße Ancha zur Kathedrale hin und das **Barrio Húmedo,** das sogenannte ›Feuchte Viertel‹, südlich davon. Es ist der richtige Ort, um einmal ganz wie die Spanier den Abend zu genießen. Ab 20 Uhr füllen sich die Bars, in den kleinen Gassen kommt langsam Hochbetrieb auf, und dann gibt es nur noch eins: sich einfach unter das Volk mischen, treiben lassen, mitmachen. Die Bodegas sind so zahlreich, dass weder neue Handyanbieter noch Billigmärkte irgendeine Chance haben, eine Lizenz zu bekommen. Das gilt vor allem für die Gassen rund um die Plaza San Martín, wo die Tavernendichte besonders hoch ist. Und auch deshalb ist das Barrio Húmedo das unbestritten berühmteste Tapa-Viertel am gesamten Jakobsweg.

Gambas oder Kroketten?
Von der **Kathedrale** aus geht es nach Süden hin zur Plaza Mayor, und auf dem Weg dorthin gleich zu einer der legendärsten Bars. In der Straße Manuel Domínguez Berrueta liegt hinter einer schlichten Holzfassade die **Casa Lorenzo** 7. Sie bietet zum Wein die typischen Pfefferwürstchen. Früh füllt sich die Bar, die Insider und echte Tapa-Spezialisten auch wegen der tollen Stimmung für eine der besten halten. Auf der **Plaza Mayor** ist am Samstagvormittag Markt und nachts in den Bars die Hölle los.

In den Gassen westlich der Plaza, vor allem rund um die **Plaza de San Martín,** hat man nun die Qual der Wahl, und die Entscheidung fällt der Magen. Dicke selbstgemachte Kartoffelchips mit scharfem Paprikapulver serviert **El Flechazo** 8. Im **El Latino** 3 gibt es vor allem frische Gambas und im **El Rebote** 6 reichhaltige Kroketten aller Art. Nur eine der Tavernen schlägt etwas aus der Art, das **La Pitanza** 4: Hier ist der Wein tatsächlich noch beliebter als die Tapas. Es gibt die erlesenen Tropfen aus den Anbaugebieten Tierra de León und El Bierzo. Natürlich wollen Leóns Köche auch möglichst viele spanische Tapa-Kochwettbewerbe gewinnen. Doch gegen die starken Basken aus San Sebastián ist das selbst für sie sehr schwer. Die Basken übrigens nennen ihre Tapas Pinchos.

Wer geht bei uns noch zum Spanier, wenn er hier die Croquetas probiert hat?

Und nachts dann das Feuerwerk: Leóns Fiesta de San Juan y San Pedro

Nix für Snobs

4 **Londres:** Funktionale Zimmer mit Bad, TV und Telefon. Etwas verlebt, aber immer noch empfehlenswert.

Av. de Roma 1, T 987 22 22 74, hostallondres.com, DZ ab 40 € inkl. Frühstück

Essen

Stern für alle

1 **Cocinandos:** Ochsenschwanz mit Trüffeln und Foie Gras. Kastilisches kombiniert mit Kimchi-Gemüse. Yolanda León und Juanjo Pérez führen das einzige Sternerestaurant Leóns. Im Schatten des Marcos-Klosters. Das Irre daran: Sie bieten das achtgängige Tages-(Wochen-) Menü *(menú semanal)* schon für 79 € an, das 14-gängige Gran Menú für 120 €. Yolanda sagt auch, warum: »Weil unsere Küche allen offen stehen soll.«. Reservieren geht online bis zu drei Monate im Voraus.

Plaza San Marcos 5, T 987 07 13 78, cocinandos.com, So und Mo geschl., €€€

Oh Solomillo

2 **Nuevo Rácimo de Oro:** In der Bodega mit rustikalem Stil gibt es neben dem Dörrfleisch Cecina in hauchdünnen Scheiben vor allem Milchlamm, Solomillo (Filet) und leckere Chipirones.

Plaza de San Martín 8, T 987 21 47 67, racimodeoro.com, So geschl., €€–€€€

Lust auf Gambas?

3 **El Latino:** Großzügige Tapas an der Bar. Der Hit sind die Gambas. Im angeschlossenen Restaurantbereich gibt es leckere Steaks und auch Spinat mit Schinken.

Plaza de San Martín 10, €€

Schöne Schinken

4 **La Pitanza:** Weintaverne in einer der beliebten Tapa-Gassen von León. Zum

vino tinto (Rotwein) bestellen die Gäste besonders gern eine *ración* Serrano-Schinken. Ansprechende Tagesmenüs.
Manuel Domínguez Berrueta 6, €€

Für die Sinne

5 **Adonías Pozo:** Hier gibt es anspruchsvolle, marktorientierte Kochkunst vom Kalbfleisch über Eintöpfe bis zum Seeteufel. Dazu beste Weine in Rot und Weiß.
Santa Nonia 16, T 987 20 67 68, So geschl., €€

Kroketten statt Körbe

6 **El Rebote:** Die lichte Bar mit Ziegelsteinwänden heißt Rebound, wohl in Anlehnung an die Basketballer des einstigen Clubs Baloncesto de León. Der Hit sind diverse, herzhafte Kroketten. Extrem beliebt, am Wochenende proppevoll.
Plaza San Martín 9, €–€€

Tapas Variadas

7 **Casa Lorenzo:** Preiswerte Tapa-Bar, beliebt wegen der guten Happen von den Pfefferwürstchen bis zur Tortilla. Preiswerte Menüs.
Manuel Domínguez Berrueta 7, €

Kann Kartoffelchips

8 **El Flechazo:** Angesagt wegen der Tapas in Form von selbstgemachten Kartoffelchips. Günstiges Mittagsmenü.
Cardinales, €

Einkaufen

In der Straße **Ancha** sind die meisten Läden, vom Haushaltsladen über Schuhshops bis hin zum Carrefour Express. Frisches vom Markt bietet die Markthalle des **Mercado** 1 an der Plaza Conde de Luna. Sie ist werktags bis gegen 14 Uhr geöffnet.

Alles Käse

2 **Don Queso:** Die gleichnamige Provinz León ist Heimat der Merino-Schafe. Schafs- und Kuhkäse sind die beste Wahl, es gibt sie im »Don Käse«. Das Fachgeschäft für Käse bietet neben Manchego und Co. auch den asturischen Blauschimmelkäse Cabrales und den würzigen galicischen Kuhkäse San Simón.
Azabachería 20, https://donquesotori.es

Ausgehen

Wer an einem Sommerabend durch das Zentrum bummelt, ist in den Bars und Tavernen rund um die Altstadtplätze **Plaza San Martín** und **Plaza Don Guierre** gut aufgehoben. Vor allem freitags und samstags ab den späten Abendstunden ist hier die Hölle los.

Kicker & Konzerte

1 **Estadio Reino de León:** Im Fußballstadion treten neben den Lokalkickern (cydleonesa.com) schon mal Größen wie Shakira zu Konzerten auf.
Av. del Ing. Sáenz de Miera, T 987 21 46 63, leon.es

Konzerte und Tanz

2 **Auditorio:** Im hochmodernen Auditorio sind regelmäßig gute Konzerte, Modern Dance und Theaterstücke zu sehen, ab und zu sogar das russische Staatsballett.
Av. Reyes Leoneses 4, auditorioleon.com

Feiern

- **Semana Santa:** Umzüge während der Karwoche mit Heiligenfiguren.
- **San Juan y San Pedro:** Großes Stadtfest zwischen den Feiertagen San Juan (24. Juni) und San Pedro (29. Juni).
- **San Froilán:** Patronatsfest am ersten Okt.-Wochenende mit Mittelalterfest, keltischer Musik und Tanz.
- **Purple Weekend:** Musiksessions an einem Wochenende im Dezember (variabel) lassen die 1960er wieder aufleben,

u. a. im Museo de Arte Contemporánea, in Bars und Cafés.

Infos

- **Oficina de Turismo:** Plaza de Regla 4, T 987 23 70 82, leon.es.
- **Bahnhof:** Av. de Astorga, auf der dem Zentrum gegenüberliegenden Seite des Flusses, T 987 27 02 02, renfe.es, Verbindungen 4 x tgl. nach Burgos, tgl. bis zu 3 x nach Santiago de Compostela, A Coruña und Vigo.
- **Busbahnhof:** Av. Ingeniero Sáenz de Miera s/n, T 987 21 10 00, stdl. nach Astorga, alle 2 Std. nach Oviedo, mindestens 1 x tgl. nach Burgos, 4 x tgl. nach A Coruña.

Astorga

H5

Drei Dinge fallen in der 13 000-Einwohner-Kleinstadt am Fuß der Berge von León auf: die römische Mauer, der von Antoni Gaudí geschaffene Bischofspalast und die benachbarte Kathedrale. Die Kleinstadt, 40 km westlich von León, ist deshalb so reich an Sehenswertem, weil sie strategisch günstig liegt. Die Römer kontrollierten von hier aus ihre nahen Erzminen im westlichen Bierzo-Gebiet. Dieses Erz war das A und O für das in Rom so geschätzte Gold und Silber. Von Asturica Augusta, dem späteren Astorga, führte die Heer- und Handelsstraße Ruta de la Plata (›Silberroute‹) nach Süden bis Sevilla und im Norden an die Atlantikküste.

In Ost-West-Richtung wiederum verlief Jahrhunderte später d er Jakobsweg – und in Astorga fanden die Pilger aus Nordeuropa und Südspanien in bis zu 25 Hospizen einen Unterschlupf, so viele wie in der damals zehnmal größeren Stadt Burgos. Astorga war und ist der letzte größere Ort zum Verschnaufen, bevor es über den strapaziösen Pass nach Santiago geht. Den die Pilger übrigens im Winter über den Camino de Invierno umgehen, den sogenannten Winterweg mit Station in der Stadt Lalín in der Region Galicien.

Bäh, sagt der Bischof

Der 1889 begonnene Bischofspalast, der **Palacio Episcopal,** ist ein Werk von Antoni Gaudí, der zeitgleich an der weltberühmten Sagrada Família im fernen Barcelona arbeitete. Die neogotische Residenz ist weniger verspielt und organisch, als man es von dem Katalanen sonst kennt. Andererseits wirkt das schlossartige Bauwerk mit seinen Spitztürmen, schmalen Fenstern und Erkern eher wie ein Haus für Schneewittchen statt für einen Ordinarius. Eben deshalb gab es 1893 auch Streit.

Als der auftraggebende Bischof starb, monierte sein Nachfolger die hohen Baukosten und ließ durchblicken, der geschmacksverirrte Unsinn sei nichts für sein Schlafgemach. Kritik am Baustil wurde lauter. Gaudí, längst nur noch Lob und Hochachtung gewöhnt, tobte vor Wut. Er trat von dem Projekt zurück, und so konnte es erst zehn Jahre später ein anderer Architekt beenden. Tatsächlich hat bis heute niemals ein Bischof in dem märchenhaften Bau aus hellem Granit gewohnt. Stattdessen beherbergt er im Erdgeschoss das Museo de los Caminos. In dem Museum der Pilgerwege sind Erinnerungsstücke von Wallfahrern füherer Zeiten ausgestellt, darunter Kürbisflaschen, Pilgerstäbe, Jakobsmuscheln und Kruzifixe.

Mai–Sept. tgl. 10–14, 16–20, sonst 10.30–14, 16–18.30 Uhr, Eintritt 5 €

Dann lieber Spätgotik

Neogotisch ist der Bischofspalast, spätgotisch die **Catedral de Santa María** nebenan. Auch wenn das Querhaus fehlt, das dreischiffige Langhaus wirkt für den kleinen Ort sehr mächtig. Die Bischofskirche entstand ab dem 15. Jh. und bekam später noch eine Renaissance-Fassade aus rötlichem Sandstein. Im ganz von der Spätgotik bestimmten Innern fällt ein Chorgestühl mit 97 Nussbaumsitzen auf, das Hans von Köln zugeschrieben wird. Der Kathedrale angeschlossen ist ein kleines Diözesanmuseum. Neben Juwelen und sonstigem klerikalem Krimskrams stehen dort ein 1000 Jahre alter Kristallkelch und ein wertvoller Reliquienkasten.

Plaza de la Catedral s/n, Diözesanmuseum: Mai–Sept. Di–Sa 10–14, 16–20, So 10–14, sonst Di–Sa 11–14, 16–18, So 11–14 Uhr, Eintritt 3 €

Museen

Und viel Schokolade

Museo del Chocolate: Ach, dieser Kolumbus. Da hatte er Kakaobohnen nach Spanien gebracht, und keiner wusste, wozu die gut sind. Das hat sich im Laufe der Zeit geändert. Und Astorga wurde lokaler Vorreiter der ›Chocolate‹. Als süßer Abschluss der Besichtigung bietet sich entsprechend das Schokoladenmuseum an. Es erinnert mit Geräten und Produkten an die Kakaofabriken Astorgas aus dem 18. und 19. Jh. Natürlich gibt es auch einen Direktverkauf.

José María Goy, Mai–Sept. Di–Sa 10.30–14, 16.30–19, So 11–14, sonst Di–Sa 10.30–14, 16–18 Uhr, So 11–14 Uhr, Eintritt 2,50 €

Asturica Augusta

Museo Romano: Spanien hat so einige römische Museen, vor allem in Sevilla, Tarragona und besonders attraktiv in Mérida. Dagegen ist das von Astorga eher winzig. Es ist in einem Tunnel über dem einstigen Forum nahe dem Rathaus errichtet worden. Einst ein römisches Gefängnis, bietet es heute einen Überblick über die Zeit der Römer in Astorga. Mit allen möglichen Gegenständen aus dem Militärlager und der späteren römischen Siedlung.

Plaza de San Bartolomé, asturica.com, Mai–Sept. Di–Sa 10.30–14, 16.30–19, So 10.30–14, sonst Di–Sa 10.30–14, 16–18 Uhr, So 10.30–14 Uhr, Eintritt 4 €

Essen

Schlichter Charme

La Peseta: Preiswerter Klassiker kastilischer Hausmannskost, u. a. Wildplatte, Bohnen mit Mandeln *(alubias con almendras)* und Milchreis *(arroz con leche)*. Den regionalen Eintopf *cocido maragato* gibt es im Winter immer samstags oder auf

Für Hochwürden viel zu kitschig. Da hatte Gaudí mit der Sagrada Familia in Barcelona mehr Erfolg.

F

FINSTERE FUHRLEUTE

Die Fuhrleute, die für die Warentransporte in alle vier Himmelsrichtungen zuständig waren, lebten im 19. Jh. in der Bergregion Maragatería. Sie waren düster-verschlagene Kerle vom Typ Hotzenplotz in Pluderhosen, mit weiten schwarzen Hüten und stets geladenem Gewehr, was vor allem auf den Ölschinken der Zeit verewigt ist. Nach diesen *maragatos* ist übrigens eine berühmte Spezialität aus Astorga benannt: der *cocido maragato,* ein deftiger Eintopf, bestehend aus Schweineohren, Blutwurst, Zwiebeln und Kichererbsen.

Vorbestellung. Relativ günstige Mittagsmenüs.

Plaza de San Bartolomé 3, T 987 61 72 75, restaurantelapeseta.com, außer im Aug. So und Di abends geschl., €€

Bei Miriam y Jesús

Serrano: Das geräumige Restaurant in Familienhand bietet eine große Auswahl, von der Fischsuppe bis zum Steak. Das Tagesmenü *(menú del día)* gibt es schon für rund 15 €.

Portería 2, T 987 61 78 66

Einkaufen

Mantecadas und mehr

Hojaldres Alonso: In dem über 100 Jahre alten Laden bekommt man neben der heimischen Schokolade auch die ausgesprochen kalorienreiche Astorga-Leckerei *mantecadas* aus Weizenmehl, Eiern und Zucker. Auch wunderbar als Geschenk verpackt.

De los Sitios 12, hojaldresalonso.com

Feiern

- **Fiesta Santa Marta:** Ende Aug., mit den Volkstänzen und Blaskapellen ein ziemlich gediegenes Stadtfest.

Infos

- **Oficina de Turismo:** Glorieta Eduardo de Castro s/n, T 987 61 68 38, turismo astorga.es/de.
- **Bahnhof:** Plaza de la Estación s/n, T 987 61 65 63, etwas ungünstig am nördlichen Stadtrand gelegen (zu Fuß ins Zentrum 20 Min.). 7 x tgl. nach León und A Coruña.
- **Busbahnhof:** Av. de las Murallas 54, T 987 61 91 00. 7 x tgl. nach Ponferrada, doppelt so oft nach León.

Über den Rabanal-Pass

G5

»Se venden cerezas« (Kirschen zu verkaufen) steht im Frühsommer oft auf den Schildern am Straßenrand, wo fliegende Händler Kirschen an die Pilger verkaufen. Hier, gleich hinter Astorga, geht es in die raue Landschaft **Maragatería** auf den Rabanal-Pass zu. In der Gegend lebten einst die *maragatos.* Als Fuhrleute mit dunklen Pluderhosen beförderten sie Waren zum Atlantik. Bis heute halten sich die Gerüchte, diese offenbar etwas düsteren Menschen am Rande der Zivilisation stammten von den Berbern oder Germanen ab. Mitten in der Maragatería liegen kleine leonesische Ortschaften wie **Muria** und **Castrillo de los Polvazares.** Mit ihren ursprünglichen Gassen und malerischen Natursteinhäusern wirken sie so herausgeputzt, als würde dort je-

den Moment ein Werbefilm für den Fremdenverkehr gedreht.

Schlafen

Haus der Schmuggler

Cuca la Vaina: In einem hübschen leonesischen Dorf mit alten Steinhäusern gelegen. Die Unterkunft ist geschmackvoll eingerichtet und bietet eine gute, regionaltypische Küche sowie wertvolle Tipps zum Wandern, Reiten und Angeln in der Umgebung. Besonders für Familien geeignet. Das Dorf steht unter dem Schutz der UNESCO, unter anderem wegen seiner Architektur. Markant sind die übergroßen Eingangstüren. Das musste damals so sein. Denn nur so kamen die Fuhrleute mit der Karre voller Fisch, Holz und Schmugglerware zügig ins Haus.
Castrillo de los Polvazares, Jardín s/n, T 987 69 10 34, cucalavaina.es, €€

El Bierzo

F4/5

Das Bierzo-Gebiet ist für seinen Wein bekannt, vor allem wegen der immer beliebteren Mencía-Traube. Und so finden sich außer im Etappenort Cacabelos vor allem in Villafranca einige Bodegas, die mit gutem Rotwein, Rosé und Weißwein handeln.

Ponferrada

F4/5

Die Industriestadt Ponferrada (60 000 Einw.) umgeben Kohlebergwerke und die dunklen Schlackenhalden der Montes de León. Ihr weit sichtbares Markenzeichen ist die formschöne **Templerburg** (Castillo de los Templarios, Di–Sa 10–14, 16.30–20.30, So 11–14 Uhr, Eintritt 3 €) auf dem Schieferplateau am Altstadtrand. Mit einem Grundriss von 160 x 90 m, Steinbrücke, Zinnen und Türmen wirkt sie wie eine überdimensionale Spielzeugburg. Sie diente im Mittelalter als Schutz für die Pilger, die hier über eine Eisenbrücke *(pons ferrata)* weiter nach Santiago gingen.

Neben einer Visite der ruhigen Altstadtgassen sind aber vor allem Ausflüge in das römische Goldminengebiet **Las Médulas** (s. Tour S. 92) und zu der attraktiven mozarabischen Steinkirche **Peñalba de Santiago** interessant.

Andreu und der Film

Sogar ein Internationales Filmfestival trägt die Kleinstadt von der Größe der mittelhessischen Stadt Gießen aus. Und zeigt dabei traditionell den preisgekrönten Film »Brumal« (1988) von Cristina Andreu. Das hier vor Ort gedrehte Drama handelt von einem Mädchen, das nach langer Zeit in ihre Heimat zurückkehrt. Heute leitet Andreu den spanischen Regisseurinnen-Verband CIMA.

S

STEIN AUF STEIN

In Castrillo de los Polvazares heben Pilger einer langen Tradition nach einen Stein auf und tragen ihn – vorbei an dem rustikalen Steindorf Rabanal del Camino und dem halb verfallenen Foncebadón – hinauf zum oft von Nebel verhüllten Eisenkreuz Cruz de Ferro. Unter dem Kreuz auf dem Rabanal-Pass (1504 m) hat sich entsprechend ein gigantischer Steinhaufen angesammelt. Übrigens: Es gibt Pilger, die einen kleinen Stein sogar von zu Hause mitbringen und bis hierher tragen.

TOUR
Zeitreise: Ein Besuch der Goldgrube Roms

Zu den Minen von Las Médulas

»Wichtigste Mine des gesamten römischen Imperiums«, sagen Historiker.

Einst haben die Römer im Gebiet von Las Médulas Gold geschürft, viel Gold. Und dabei eine weitflächige, bizarre Landschaft hinterlassen, die man heute mit Führung durchwandern kann. 25 km südwestlich von Ponferrada beginnt die zerklüftete Landschaft mit Höckern, Stümpfen und Höhlen. Sie entstand vor 25 Mio. Jahren und ist 1997 von der UNESCO zum Weltkulturerbe erklärt worden. Das Areal gleicht einer rotbraunen Mondlandschaft und ist eine Hinterlassenschaft der Römer aus dem 1. Jh.

Fast 5000 kg Gold

Wer die eigentümlichen Gesteinsformationen von Las Médulas besucht, sollte zunächst einen Blick in die **Archäologische Aula** (Aula Arqueológica) am Ortseingang werfen. Sie erzählt mit ihren Schautafeln und Plänen viel davon, wie wichtig diese Mine für Rom damals war. Bis zu 4000 asturische Arbeiter trieben tiefe Schächte in die Erde, sorgten für ein 100 km langes Kanalsystem und förderten im Laufe der Jahre insgesamt fast 5000 kg Gold. Manche Historiker halten Las Médulas daher für die wichtigste Mine des gesamten römischen Imperiums.

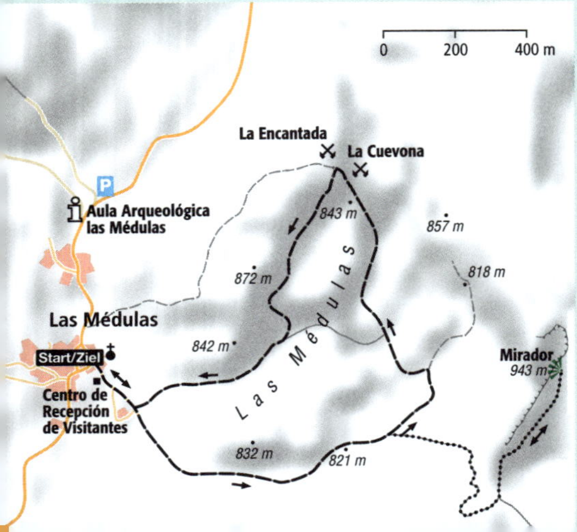

Ein weiterer Beweis für ihre Bedeutung ist auch, dass im

Infos

F5

Start/Ziel: Centro de Recepción de Visitantes

Strecke: 4 km; mit Mirador 7 km

Dauer: 1,5 Std.; mit Abstecher zum Mirador 2,5 Std. (zzgl. Besuch der Archäologischen Aula)

Geführte Touren: ab dem Centro de Recepción de Visitantes, April–Sept. tgl. 11.30, 12, 17, 17.30, Okt.–März 11.30 12, 16, 16.15 Uhr, 4 €

Aula Arqueológica: April–Sept. 10–13.30, 16–20, sonst Mo–Sa 10–14, 15.30–18, So 10–14 Uhr, Eintritt 2 €

Internet: espaciolas medulas.es

nahen Astorga eine Schutzmauer errichtet wurde und eine Garnison auf mögliche Überfälle vorbereitet war. Mit dem Gold konnte Rom einen Großteil der Heeresbesoldung gewährleisten. Die Arbeiter, wird in dem Museum deutlich, lebten in Castro-Dörfern vor allem von den proteinreichen Esskastanien. Die Bäume hatte Rom anpflanzen lassen, damit ihre so wichtigen Minenarbeiter stark genug blieben. Dabei konnten sie nicht ahnen, wie wichtig diese Maßnahme noch für die ferne Zukunft sein würde. Denn als im 19. Jh. in der Gegend drastische Hungersnöte ausbrachen und Emigration oft der einzige Ausweg war, überlebte die verarmte, zurückgebliebene Landbevölkerung hier ausschließlich dank dieser Bäume. Sklaven, wie so oft behauptet, waren die Goldminenarbeiter übrigens nicht, denn sie durften frei wohnen, Gemüse anbauen, heiraten und Kinder zeugen.

Wanderung zu den Goldminen

Von dem ausgeschilderten **Centro de Recepción de Visitantes de Las Médulas** bietet sich ein rund 1,5-stündiger Spaziergang in das Herz des Gebiets an, dorthin also, wo einst geackert und geschuftet wurde – zu den Stollen **La Cuevona** und **La Encantada.** Die in Englisch und Spanisch geführte Tour geht mitten durch die zerklüftete Landschaft mit ihren teils noch erhaltenen Kanälen. Sie entstanden, weil die Minenarbeiter die Berge aushöhlten und dann fluteten, wodurch sie in sich zusammenbrachen. Mit Goldwaschrinnen ging es dann ans Wesentliche – an das Herausfiltern des Edelmetalls.

Weiter Blick über das Areal

Das Beste an dem Besuch aber ist ein Blick von dem **Mirador** aus auf das rötlich schimmernde Zeugnis römischer Industriegeschichte, das mitten im satten Grün der Umgebung liegt. Zum Aussichtspunkt führt ein 1,5 km langer, nicht gerade reifenfreundlicher Schotterweg. Wer gut zu Fuß ist, sollte das Auto besser stehen lassen. Der Panoramablick lohnt, vor allem am Nachmittag, wenn das Farbenspiel noch intensiver wird. Vom Mirador aus können Wanderer in gut drei Stunden noch einen Rundweg zurücklegen, bei dem man wieder an den Höhlen und Stollen vorbeikommt und der nicht allzu schwer zu gehen ist.

Lugo weiter östlich ist auch ein römisches Highlight. Hier ist, anders als in Astorga, die komplette Stadtmauer erhalten.

Museen

Eisenbahn für Eisenerz

Museo Ferrocarril: Im ehemaligen Bahnhof von Ponferrada ist ein attraktives Eisenbahnmuseum untergebracht, in dem über 100 Jahre alte Lokomotiven zu sehen sind. Darunter sogar Loks aus dem Jahr 1903 und 1904 des bayerischen Eisenbahnfabrikanten Georg Krauß (1826—1906), welche die Anwohner für den Transport von Eisenerz nutzten. Das Museo Ferrocarril gehört neben denen in Gijón und Madrid zu den besten Museen dieser Art in Spanien.

Via Nueva 7, Do–Sa 10–14, 16.30–18, So 10–14 Uhr, Eintritt 3 €

Regionales

Museo El Bierzo: Mehr zur lokalen Geschichte zeigt das eher eintönige Museo El Bierzo, darunter römische Münzen und alte Webstühle.

Reloj 5, Do–Sa 10–14, 16.30–18, So 10–14 Uhr, Eintritt 3 €

Hörenswert

Museo de la Radio: Mit über 200 alten Radios ist das Museum dem berühmten und preisgekrönten Rundfunkjournalisten Luis de Olmo (*1937 in Ponferrada) gewidmet.

Gil y Carrasco 7, Do–Sa 10–14, 16.30–18, So 10–14 Uhr, Eintritt 3 €

Schlafen

Auf alt gemacht

El Temple: In den 1970er-Jahren erbauter Hotelblock mit vier Sternen, dessen Interieur mittelalterlich gestylt ist. In der Hauptsaison sehr beliebt, dann also besser reservieren.

Av. de Portugal 2, T 987 41 00 58, hoteltempleponferrada.com, 114 Komfort-Doppelzimmer, €–€€

Ausgehen

Cooler Sound

Sala Tararí: Musikbar mit jeder Menge Rock, Folk und Jazz. Mi und Do ab 22 Uhr oft Livekonzerte.

Reloj 17, salatarari.com

Feiern

- **Freakland:** Beliebtes Rockfestival während der Ostertage.

Infos

- **Oficina de Turismo:** Gil y Carrasco 4, T 987 42 42 36, ponferrada.org.
- **Bus:** Av. Libertad 15, mehrmals tgl. nach León, Lugo und Santiago.

Peñalba de Santiago F/G5

20 km südlich von Ponferrada liegt der Weiler an den Ausläufern der Montes Aquilanos. Wer die engen Serpentinen zu dem Dorf fährt (1 Std.), wundert sich, dass hier überhaupt jemals ein Mensch leben konnte, zumal die wenigen Bewohner im Winter von der Außenwelt abgeschnitten waren. Seit 1977 gibt es im ›Tal des Schweigens‹ (Valle de Silencio) elektrisches Licht, doch schon seit 909 die kleine **Kirche** mit schlichtem Kreuzgrundriss und mozarabischen Stilelementen. Der doppelte Hufeisenbogen am Portal und die Hufeisenformen im Innern sind original erhalten. Die Kirche ist ein Juwel der Frühromanik in herbschöner Landschaft. In den Steinhäusern verkaufen die Bauern selbstgemachten Honig *(miel)*. Das Bergdorf ist auch bei Wanderern beliebt. Auskünfte erteilt das kleine Infoamt.

Villafranca del Bierzo F4

Villafranca ist der letzte größere Ort vor Galicien und besticht durch sein wuchtiges Kastell **Castillo Palacio del Marqués de Villafrancal** (15. Jh., Privatbesitz), die lebhafte **Plaza Mayor** weiter unterhalb mit den wappengeschmückten Adelshäusern und die hoch gelegene romanische **Santiago-Kirche,** ein schlichtes Gotteshaus, das für die Pilger aber in früheren Zeiten eine große Bedeutung hatte. Kranken unter ihnen erteilte man ähnlich wie in León an der Puerta del Perdón (Pforte der Vergebung) bereits die Absolution, wenn sie es voraussichtlich nicht mehr bis Santiago schaffen würden. Neben leckeren Weinen gehören auch geräucherte Paprika und in Likör eingelegte Kastanien zu den Spezialitäten des Ortes.

Schlafen

Preiswerter Parador

Villafranca del Bierzo: Einfache Variante der Parador-Hotelkette, dabei aber mit deren klassischem Komfort ausgestattet. Die relativ günstigen Doppelzimmer sind ein weiteres Plus. Hunde dürfen auch mit rein.

Av. de Calvo Sotelo s/n, T 987 54 01 75, parador.es, €€

Einkaufen

Gute Tropfen

Bodega Palacio de Arganza: Rotweine direkt vom Erzeuger, die hier weit günstiger zu haben sind als bei uns zu Hause. Tipp: der Rotwein Marqués de Montejas (100 % Mencía). Wenn den erst mal all die

Am 1. Mai feiern die Bewohner von Villafranca del Bierzo ihre Frühlings-Fiesta Los Mayos. Dabei schmücken sie sich mit Zweigen und grünen Blättern und ziehen durch die Gassen.

TOUR
Im Schatten der ›Drei Bischöfe‹

Wanderung in den Ancares

Infos

F4

Start/Ziel: Berghütte Refugio de Ancares nahe Degrada

Strecke/Dauer: 24 km, 5 Std.
Schwierigkeitsgrad: mittel

Anfahrt: 25 km auf der A6 von Pedrafita do Cebreiro bis Becerreá, dort nach Liber, dann über San Román de Cervantes bis Degrada. Kurz darauf, in Campa da Braña, rechts ab zur Herberge, Refugio/Albergue de Ancares, als Start der Wanderung.

Ancares ist neben O Courel eines der wenigen noch authentischen Naturgebiete Galiciens. Entsprechend steht das Gebiet an der Grenze zwischen Galicien und Kastilien unter Naturschutz und darf nicht bebaut werden. Es ist reich an Schiefergestein, Kalk und Sandstein, und zu den wichtigsten Baumarten zählen Kastanien, Haselnussbäume und Erlen, Pinien und Stechpalmen, in den höheren Lagen vor allem Eichen. Viele Wanderwege verlaufen durch das Gebiet, und einer der schönsten ist dieser hier: Der Weg »Ruta de Tres Bispos« (Route der drei Bischöfe) führt ab der **Ancares-Berghütte** durch die schöne Natur des 2060 ha großen galicischen Schutzgebiets Ancares mit seinem Mischwald, Wasserfällen und vielen Quellen. Dies alles im Schatten des Granitberges Tres Bispos. Ab der **Campa de Tres Bispos** führt der Weg dann rechts in einen dichten Wald und weiter bis zur **Campa de Braña,** wo Sie linker Hand in der nahen kleinen Herberge **Mesón Novo** etwas essen und trinken können. Von dort geht es leicht abwärts bis zur Berghütte **Refugio de Brego.** Von dort geht es retour und zunächst hinunter zum Fluss **Río Vara** mit seinen kleinen Wasserfällen. Hinter der alten Holzfällerei am Weg geht es dann wieder hoch und schließlich zum Ausgangspunkt zurück: zur **Ancares-Berghütte.**

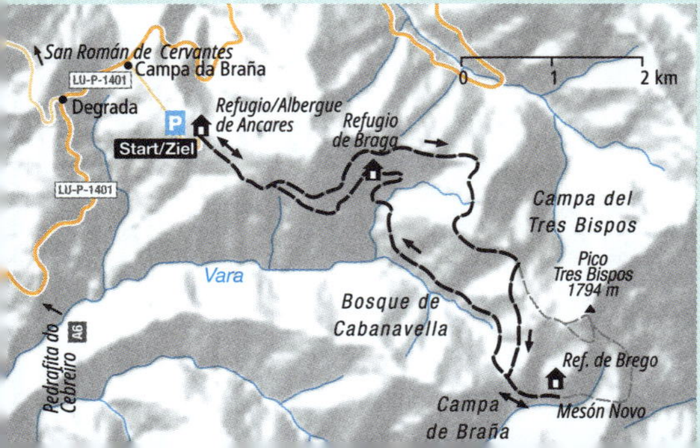

Die **Berghütte von Ancares** bietet auch geführte Wanderungen durch die Sierra de Ancares an (allerdings nur auf Spanisch) und informiert über die unterschiedlichen Tierarten im Ancares-Gebiet. Neben Eulen, Rehen, Füchsen und Wildschweinen leben hier seit dem Jahr 2020 auch wieder Bären.

Parkers, Peñíns und Online-Weingiganten auf dem Schirm haben.
Av. Díaz Ovelar 17, palaciodearganza.es

Infos

- **Oficina de Turismo:** Av. Diez Ovelar 10, T 987 54 00 28, villafrancadelbierzo.org.

O Cebreiro

E/F4

Von Villafranca aus haben Jakobspilger den immerhin fast 1300 m hohen Pass von Cebreiro vor sich, bevor es leicht abwärts nach Santiago geht. Das gleichnamige 100-Einwohner-Dorf besteht aus urigen **Palloza-Hütten,** die nach keltischem Vorbild als Rundbauten und mit weit heruntergezogenen Strohdächern entstanden. Noch vor wenigen Jahrzehnten fanden hier Mensch und Tier Unterschlupf. Nun bringt der Tourismus viel Geld ein. Und gut restauriert sind die Häuschen inzwischen zu Andenkenläden, Unterkünften (Casa Carola, Casa Valiña) und einem kleinen Volkskundemuseum mutiert.

Seit Bestehen des Jakobswegs gab es zunächst ein großes Kloster mit Spital, wo sich die erschöpften Pilger ausruhen konnten. Doch das ist lange her. Geblieben ist aus dieser Zeit die frühromanische **Iglesia Santa María la Real** (Rua Cebreiro s/n), in deren Innenraum ein Hostienteller und ein Kelch zu sehen sind. Sie waren um das Jahr 1300 ›Zeugen‹ eines Wunders, als sich bei einer Messe Brot und Wein in Fleisch und Blut verwandelt haben sollen. Wer hier ankommt, hat was geleistet. Und so heißt der Ort unter deutschsprachigen Pilgern auch ›Oh Krepeiro‹. Cebreiro gehört zum Naturpark **Ancares** (s. Tour S. 96).

Schlafen

Ruhiger schlafen

San Giraldo de Aurillac: Gäste bekommen hier ein Gespür dafür, wie die Pilger früher übernachteten, vor allem weil der Handyempfang bescheiden ist. Sehr familiär und urig. Und wohl die beste Unterkunft Cebreiros.
Im Ort, T 982 36 71 25, €

Essen

Urig essen

Complexo Xacobeo: So, jetzt mal ein Tipp für alle Anti-Geld-aus-dem-Fenster-Werfer. Das Restaurant des Complexo Xacobeo bietet im Innern und auf der Außenterrasse *tortillas, calamares* und unschlagbar preiswerte Mittagsmenüs an, z. B. Paella als Vorspeise, Seehecht als Hauptspeise, Wein und Nachtisch.
Auf halbem Jakobsweg nach Samos, Santiago 8, Triacastela, complexoxacobeo.com, €

B

DER BÄR IST ZURÜCK IN GALICIEN

Die Bärenstiftung Fundación Oso hat die Bewohner der Schutzgebiete Ancares und O Courel im Auftrag von LIFE (EU) monatelang auf die Rückkehr der Bären vorbereitet. Vor 150 Jahren war der letzte der Flinte zum Opfer gefallen, seit 2020 leben sie wieder hier, eingeführt aus dem Kantabrischen Gebirge. Den Jägern ist das Abschießen untersagt und Elektrozäune schützen die Bienenstöcke. Auch ist Meister Petz weniger gefährlich, als man so denkt. Er ernährt sich vor allem von Nüssen, Pilzen und auch Fröschen.

Lieblingsort

Seekrake vom Feinsten

Die alteingesessene **Pulpería Ezequiel e Hijos** in **Mélide** D3, der letzten größeren Stadt vor Santiago am Jakobsweg, ist ein Unikat. Gleich hinter dem Eingang werden hinter dem Tresen die rötlichen Oktopusse gekocht und zubereitet. Viele Leute kommen hierher, um eine *ración* von Pauls Artgenossen mit nach Hause zu nehmen, wie bei uns einen Döner vom Türken. Begonnen hat alles in einer Garage. Heute ist der weitflächige Raum beliebt, und das nicht nur bei den Anwohnern. Auch Mitglieder des Königshauses waren schon da, um *pulpo* auf Holztellern zu verspeisen, garniert mit Meersalz, Paprikapulver und Olivenöl. So gut wie hier ist das beliebte galicische Gericht selten, erst recht am Jakobsweg selbst. Daneben sind auch Pasteten, leckeres Brot und süffiger Ribeiro-Weißwein im Angebot (Ctra. de Lugo 48, im Ortskern von Mélide an der Durchgangsstraße, mittags und abends, T 981 50 52 91, pulperiaezequiel.com, nur *raciónes* €).

Samos

E4

Die Leichtigkeit einer griechischen Insel? Weit weg. Und hat es erst einmal angefangen zu regnen: *Ay, por Díos.* Auf dem Weg nach Portomarín liegt hier das mächtige Benediktinerkloster **San Xulián.**

Die Anlage hat ein Mönch dieses Klosters selbst entworfen. An traditioneller Stelle, denn die Geschichte der Glaubensbrüder begann hier schon im 7. Jh. Berühmt sind die beiden Kreuzgänge, der eine gotisch, der andere klassizistisch. Letzterer ist zweistöckig und hat mit seinem Garten die sagenhaften Maße 54 x 54 m. Einen derart großen Claustro gibt es am ganzen Camino nicht noch einmal. Eine langweiligere Führung, das muss man hier mal sagen, allerdings auch nicht. Ein Rundgang ist nur mit einem Benediktiner möglich. Und der beschreibt in der Regel über zwei Stunden lang jedes Detail, bis hin zu den vielen historischen Schinken. Darunter ein Porträt von Diktator Franco in Uniform.

Mo–Sa 10–12.30, 16.30–18.30, So 12.45–13.30, 16.30–18.30 Uhr, Eintritt 3 €

Sarria

E4

Die Reste einer verrotteten Burg, ein paar Tavernen, ein schlichtes Kloster namens **Convento de las Magdalenas:** Die einstige römische Siedlung Sarria liegt genau 113 km von Santiago entfernt. Deshalb ist die Kleinstadt auch eine Art No-Go für echte Pilger, die den weiten Weg von Köln, Karlsruhe oder Königswinter aus laufen. Der Grund dafür ist ganz einfach: Wer mindestens 100 km läuft, bekommt am Ziel die begehrte Glaubensurkunde La Compostela. Also die Urkunde, für welche die meisten Pilger mindestens 800 km unterwegs sind. Reiseveranstalter karren die Kurzstreckenläufer daher scharenweise hierher. Zusatzservice: Den Rimowa-Koffer muss keiner ziehen, der Bus fährt ihn zur nächsten Herberge. Die Zeitung Die Welt titelte unlängst erbost: »Hardcore-Pilger und Weicheier auf dem Jakobsweg«. Allerdings hat die Kirche die Kurzetappe nicht ganz ohne Grund eingeführt: Nicht jeder läuft so flüssig wie ein wertkonservativer Journalist aus Berlin um die 30.

Portomarín

D3/4

Ein Dorf zieht um

Wenn der Wasserstand des Belesar-Sees niedrig ist, ragen noch die Überreste von Alt-Portomarín aus der spiegelglatten Oberfläche. Das Dorf wäre in den 1960er-Jahren fast dem neuen Stausee am Miño-Fluss zum Opfer gefallen. Doch dann kam die rettende Entscheidung, die wichtigsten Gebäude abzutragen und Stein für Stein weiter oberhalb wieder aufzubauen, darunter die Kirchen **San Pedro, San Nicolás** und einige **Adelshäuser**. Dennoch, das alte Dorf ist für immer untergegangen. Für immer? Nicht ganz. Im Dezember 2023 konnten die Bewohner sich im Kulturzentrum Cidade da Cultura in Santiago eine Virtual-Reality-Brille aufsetzen und noch einmal durch die Gassen ›flanieren‹. Möglich machte das der damals 94-jährige Fotograf Adrián López, der als 17-Jähriger den Untergang miterlebte und zuvor jedes Haus, jede Gasse minutiös fotografiert und dokumentiert hatte. In den Schuhkartons fanden die Entwickler des Projekts Filmrollen mit 40 000 Aufnahmen.

A

ARDALÉN, PREISGEKRÖNTER GALICISCHER COMIC

Unter dem Titel »Ardalén« hat der Galicier Miguelanxo Prado (*1958) aus A Coruña einen preisgekrönten Comic herausgebracht. 2013 erhielt er dafür den Premio Nacional de Cómic. Die Story spielt in einem Kaff irgendwo im Hinterland von Galicien. Dort sucht eine junge Frau nach Spuren ihres nach Kuba ausgewanderten Opas und trifft dabei auf den greisen, etwas wunderlichen Fidel. Der ist sehr freundlich, verwechselt allerdings Hügel mit Wellen und sieht in seinem Granithaus bunte Fische fliegen. Genial gezeichnet, angereichert mit vielen fiktiven Dokumenten und Überraschungen. Das 255 Seiten dicke Buch ist im Verlag Egmont erschienen und begeistert sogar alle, die seit Asterix keinen Comic mehr angerührt haben.

Palas de Rei

D3

Palas de Rei ist eine Ortschaft der Provinz Lugo in Galicien und ein bekannter Etappenort des Jakobswegs, über den allerdings kaum jemand schreibt. Die knapp 3500 Bewohner haben allerdings eine berühmte Persönlichkeit unter sich. Hier kam der spätere Vize-Generalsekretär der Sozialistischen Partei PSOE zur Welt: José Blanco. Der Ort selbst ist in der Tat nicht sehr spannend. Doch ganz in der Nähe befinden sich neben ein paar **Dolmen** und mäßig gut erhaltenen **Castro-Keltensiedlungen** die bei Kunstfans berühmte romanische Kirche Villar de Doñas und die wunderbare, hervorragend restaurierte Burg von Pambre.

Vilar de Doñas

D3

Der winzige Ort liegt rund 6 km vor Palas de Rei. Außergewöhnliches schmückt das Innere der romanischen Kirche **San Salvador** (Di–So 11–14, 16–18 Uhr, Führung nach Voranmeldung unter T 981 22 37 30): gut erhaltene gotische Wandmalereien aus dem 14. Jh. sowie zwei Sarkophage mit Ritterfiguren und Wappen der Jakobskrieger, die im Kampf gegen die Mauren starben. Fotografen sollten ein Stativ dabeihaben, denn im Innern ist es relativ dunkel. Wer nach dem Besuch Hunger bekommt: Die beste Pulpería liegt in Mélide 20 km weiter westlich (s. S. 98).

Castillo de Pambre

D3

Ein abgestorbener Baum vor einer Wehrburg im Nichts (8 km westlich der Kleinstadt Palas de Rei). Mystisch wirkt das. Die Wehrburg Pambre ist unter den gut 1300 Burgen Spaniens sicher nicht die bekannteste. Und unter uns: Als Autor dieses Buches habe ich sie auch erst entdeckt, als mir ein Kellner in dem südlich davon gelegenen Ort Antas de Ulla in einem Café davon vorschwärmte. Manchmal lohnt es sich wirklich, einen Kaffee trinken zu gehen. 1375 hat ein lokaler mächtiger Graf die Anlage errichten lassen. Und seither hat sie auch dank der 2,5 m dicken Mauern und des stabilen Bergfried kein Feind schleifen können. Nur einige Privatbesitzer vernachlässigten sie. Doch inzwischen hat die Lokalregierung Galiciens die Burg inklusive Kapelle und Kerker instand gesetzt. Und ein paar schöne Schaubilder und einen Film zur Geschichte eingerichtet.

10 km südwestlich von Vilar de Doñas, 12–14, 16–20 Uhr, Eintritt 3 €

Zugabe
Jakobsweg mal anders

Unterwegs auf dem Camino Primitivo

Wir hatten Spaß. Die Kollegen von der Süddeutschen Zeitung, von der Heilbronner Stimme und ich als Buchautor. Mit Spaniern waren wir auf dem historisch ersten verbrieften Jakobsweg unterwegs. Nicht etwa auf der nahezu baumlosen Strecke von León nach Santiago, sondern weiter nördlich von Oviedo über Lugo nach Santiago. Die Fakten: 370 km ist er lang, zwölf Tage beträgt die Laufzeit, und der erste Pilger war ein König. Alfonso der Keusche lief die Strecke durch Anhöhen und bewaldetes Gebiet im Jahr 830. Heute dagegen sind dort nur ganz wenige unterwegs. Denn anders als der Camino Portugués, der Camino de la Plata und auch der Englische Weg von A Coruña hinunter in die Pilgerstadt, ist der Camino Primitivo erstaunlich unbekannt geblieben. Helmut Buchholz von der Heilbronner Stimme (1 v. links) kam übrigens gut davon. Sebastian Schoepp von der SZ (1. v. rechts) dagegen kühlt sich den Kopf nach einem kleinen Sturz. Der muss erhellend gewesen sein, denn der Titel seines anschließenden Artikels über den Camino Primitivo saß: »Nichts für Kerkelinge«. ■

Santiago de Compostela

Kult und Kultur — Santiago ist ein wichtiger Wallfahrtsort, ein spiritueller Pol, aber auch Universitätsstadt und politisches Zentrum Galiciens. Und bietet nicht nur nach Regengüssen Stimmung pur.

Seite 104

Santiago de Compostela

Pilgerziel und Unistadt. Galiciens Hauptstadt bietet Gourmettempel, Parks und Museen. Und um den 25. Juli ist die Hölle los. Zu Ehren des Apostels.

Seite 107

Kathedrale

Eine Wurzel an dem Eingangsportal, die man nicht mehr berühren darf. Ein Heiliger, der für gute Schulnoten sorgt. Und ein Schatten, der einem Pilger ziemlich ähnlich sieht. Die Catedral de Santiago ist viel mehr als eine weltberühmte Symphonie aus Stein.

Ist der Dudelsacksound auf Dauer erträglich?

Eintauchen

Seite 113

Altstadtplätze

Neben dem Hauptplatz Obradoiro sind die Stadtplätze Praterías und Quintana besonders schön.

Seite 115

Mercado de Abastos

Der Markt von Santiago residiert in alten Granitbauten – und ist so modern wie nie zuvor.

Seite 115

Stadtpark

Der Parque Carballeira de Santa Susana bietet den besten Blick auf die Kathedrale. Ein ›Must-Knips‹ für Fotografen.

Seite 115

Ciudad de la Cultura

Die sogenannte Stadt der Kulturen sollte einst dem Guggenheim-Museum in Bilbao Konkurrenz machen. Doch der große Wurf entpuppte sich als Desaster.

Seite 115

Santa María do Sar

Die kleine, dreischiffige Kirche etwas außerhalb des Zentrums ist niedlich im Vergleich zur Kathedrale.

Seite 115

Pazo de Oca

Das schmucke Landhaus südöstlich von Santiago ist ein galicisches Highlight der Landhausarchitektur. Und der dazugehörige Park mit seinen schwarzen Schwänen und Gänsen *(ocas)* wunderbar angelegt. Ein Ausflug ab Santiago, der sich lohnt.

&

Seite 116

Museo do Pobo Galego

Das Volkskundemuseum von Galicien ist mehr als nur Folklore. Es ist ein Blick in die Seele der gesamten Region. Allein schon die verschlungene Wendeltreppe lohnt den Besuch.

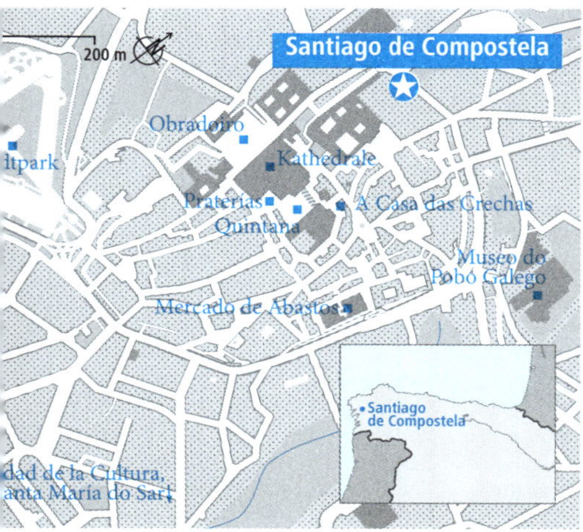

Der Mann mit der Geige am Zugang der Kathedrale ist ein beliebtes Fotomotiv.

Galicien sei Schottland ähnlicher als Spanien, heißt es. In Keltenbars wie der Casa das Crechas glaubt man das sofort.

erleben

Santiago ist viel mehr als ein Pilgerziel

K

Klar, Rom ist Pilgerstadt, Jerusalem natürlich auch. Aber warum Santiago, und das auch noch ebenbürtig? Aufschluss gibt bereits der Name der Stadt. Er geht auf den hl. Jakob (Sant-Iago) zurück, dessen Grab ein Einsiedler im 9. Jh. auf einem Sternenfeld (lat. *campus stellae* = Compostela) gefunden haben soll. Die Stadt hatte damit ihren Ursprung und entwickelte sich bald zu einem geistigen Zentrum im Kampf gegen die Mauren. Der Emir von Córdoba schickte 997 den Feldherrn Almanzor (al-Mansur) nach Santiago. Und der zerstörte mit seinen Truppen die gut 100 Jahre alte Pfeilerbasilika samt den umliegenden Bauten komplett. Damals wertete so mancher Bewohner den Überfall als Vorbote der anstehenden Apokalypse der Jahrtausendwende. Doch statt unterzugehen, blühte Santiago auf. Bereits 1188 war die romanische Kathedrale an der Stelle der einstigen Basilika mit ihrem Pórtico de la Gloria fertiggestellt. Die Stadt avancierte zu einem der bedeutendsten Pilgerziele der europäischen Christenheit. Allerdings hielt ihr Ruhm nicht an. Während die Kathedrale im 17. Jh. ihre barocke Westfassade und die Zwillingstürme erhielt, wurde es auf dem Jakobsweg nach Santiago und in den Gassen der Stadt stiller. Ganz Galicien wandelte sich schon seit der Reformationszeit vom Mittelpunkt der religiösen Welt zur Randerscheinung. Politisches Gewicht bekam die Stadt erst wieder im Jahr 1981 mit dem neuen Autonomiestatut der Nach-Franco-Zeit. Seither wacht der galicische Präsident im Parlament *(xunta)* über die Geschicke der vier Provinzen Galiciens, wobei Santiago administrativ der Provinzhauptstadt A Coruña untergeordnet ist.

ORIENTIERUNG

O

santiagoturismo.com: Portal der Stadt Santiago (auch auf Deutsch).
Infoamt: Zentrale Anlaufstelle ist die Oficina Turística Municipal, Rúa do Vilar 63, nicht zu verwechseln mit dem regionalen Infoamt in der Rúa do Vilar 43.
Verkehr: Santiagos Flughafen Rosalía de Castro (aena.es) liegt 13 km vom Stadtzentrum entfernt. Wichtige Fluglinien sind Lufthansa, Eurowings und Iberia. Schnellzüge halten am Bahnhof östlich des Stadtkerns, Busse am Busbahnhof nördlich der Kathedrale. Mit dem eigenen Pkw sollte man wegen der Parkverbote gleich ein Parkhaus ansteuern.

Santiagos Altstadt

B 3

Symphonie aus Stein

Santiagos Altstadt gleicht einer steinernen Theaterkulisse, in der die Besucher und Bewohner ihre Rollen nie auswendig lernen mussten: schnell unter die Arkadengänge und in die Cafés, wenn der Regen einsetzt, und ebenso schnell wieder auftauchen, sobald das fantastische Granitensemble neues Sonnenlicht reflektiert. Regie jedenfalls führt nur einer: Apostel Santiago.

Ob Schauer oder nicht, Santiagos Altstadt ist immer einen Besuch wert. Die Stadt verdankt dem hl. Jakob fast alles: ihren Namen, ihren Ursprung, ihren Ruf und ihre perfekt erhaltene Altstadt aus Granit. Sie wurde mit Rom und Jerusalem im Mittelalter nicht nur eine der drei wichtigsten Stätten der Christenheit, sie ist heute auch politisches Zentrum Galiciens und eine ausgesprochen quirlige Universitätsstadt. Ihr Kern ist ein traumhaftes romanisches Gebilde mit barockem Überbau und einer der bedeutendsten Kathedralen der Welt. Das gesamte Ensemble hat die UNESCO 1985 folgerichtig zum Weltkulturerbe bestimmt.

Werk aus Gold

Als Papst Johannes Paul II. im Jahr 1982 Santiago besuchte, tat er das Gleiche wie Jahre später der kubanische Staatschef galicischer Herkunft, Fidel Castro, oder die jährlich Millionen Pilger und Touristen heute: Er ging sofort auf die **Praza do Obradoiro** ❶, den ›Platz des goldenen

Puerta Santa: Das Heilige Tor an der Ostseite der Kathedrale öffnet nur in den Heiligen Jahren, wenn der 25. Juli auf einen Sonntag fällt.

R

REGEN? CHAMPAGNER!

Zuerst die gute oder die schlechte Nachricht? Beginnen wir mit der Schlechten: Es regnet in Santiago durchschnittlich an 165 Tagen im Jahr. Und jetzt die Gute: Der Regen ist gar kein Regen. Er ist Champagner. Das jedenfalls behaupten die rund 95 000 Einwohner. Regen sei hier kein nervendes Nass, sondern ›Champagner des Alltags‹. Kein barocker Bau, keine Kirchenfassade, kein schmucker Adelspalast käme so gut zur Geltung, würde der edle Tropfen dem Gemäuer nicht diesen unverwechselbaren Schimmer verleihen. Deshalb, heißt es, sei sogar der Regen selber Kunst: »La lluvia es arte.« Die Compostelaner erzählen das, ohne eine Miene zu verziehen, und sie gehen noch weiter: Es sei gar nicht falsch, wenn man im sonnenverwöhnten Andalusien behaupte, Galicier kämen schon mit einem Regenschirm zur Welt. »Wir sind eben etwas praktischer veranlagt als die da unten im Süden.« Natur-Champagner gibt es vor allem in den Wintermonaten. Slogan: »En Noviembre llueve siempre« – ›Im November regnet es immer.‹ Und so ›muss‹ man im Sommer doch mit zahlreichen sonnigen Tagen rechnen.

Werks‹. Das Kirchenoberhaupt war begeistert von der Kulisse aus Granit, der barocken Kathedralenfassade, die dem Platz ihren Namen gab, und – schon lange vor seiner ersten CD – von der Akustik. Das wundert nicht.

Illustre Bauwerke rahmen das weitflächige Quadrat. Ihre Fassaden ließen nicht nur die Worte des Papstes widerhallen, sondern einst auch die begnadete Stimme der Salsa-Sängerin Celia Cruz oder die Feuerwerksknaller alljährlich in der Nacht zum 25. Juli beim Jakobsfest.

Scharenweise finden sich Pilger auf dem weiten Platz ein, nicht selten laufen akkurat gekleidete Bodyguards neben den Parlamentariern her, werben Hostalbesitzerinnen eifrig für ihre Zimmer und gehen Dudelsackbands ihrem einträglichen Studentenjob nach. Der Obradoiro-Platz ist die Schaubühne Santiagos und daher sicher ein guter Ausgangspunkt für einen Stadtrundgang.

Das **Hostal dos Reis Católicos** ❷ im Norden des Obradoiro-Platzes ließen die katholischen Könige 1498 zunächst als Pilgerhospiz errichten, heute beherbergt der Bau den berühmtesten und teuersten Parador ganz Spaniens. Nur wenige Jahre nach der Gründung entstand auch das ornamentreiche Eingangsportal im plateresken Stil – es wirkt wie von Silberschmieden gefertigt. Rätsel gibt ein Wasserspeier gleich neben der königlichen Suite an der Frontseite auf, weil keine Einigkeit darüber herrscht, warum er ausgerechnet ein menschliches Hinterteil darstellt. Mancher Kunsthistoriker glaubt, ein galicischer Steinmetz habe damit sein Verhältnis zur kastilischen Krone ausdrücken wollen.

Praza Obradoiro s/n, parador.es, Besichtigungen der vier Kreuzgänge des Bauwerks nur mit Reiseleiter: T 981 56 98 90; So–Fr 11.30–14, 16.30–18.30 Uhr, Zugang zur Cafetería frei; die ersten zehn Pilger am Tag bekommen im Parador übrigens kostenlose Verpflegung

Paläste ohne Ende

In den Ausmaßen nicht minder beeindruckend als der Parador zeigt sich das Rathaus, das im klassizistischen **Pazo de Raxoi** ❸ (1777) untergebracht ist. Benannt ist der lang gestreckte Bau des *pazo* (Palast) nach dem Auftraggeber, Erzbischof Raxoi. Er ist nur von außen zu besichtigen. Anders sieht das mit dem **Pazo de Xelmírez** ❹ und dem **Colexio de San Xerome** ❺ aus. Der Xelmírez-Bau gleich westlich der Kathedrale ist ein Bischofspalast aus dem 12./13. Jh. Das wichtigste romanische Zivilgebäude der Stadt besitzt einen immerhin 32 m langen und 8 m breiten großartigen Festsaal. Da hier oft Grafen und sogar Könige ihre Hochzeitsbankette ausrichteten, sind entsprechende Festmahlszenen an den Kapitellen und Kragsteinen zu sehen. Schlicht wirkt demgegenüber das Colexio de San Xerome an der Südseite des Platzes mit seinem romanisch-gotischen Figurenportal (1490).

Juni–Sept. 10–14, 16–20, sonst 10–13.30, 16–18.30 Uhr, Eintritt 10 € inkl. geführte Besichtigung des Dachs der Kathedrale

Catedral de Santiago

Mateos Meisterwerk

Glanzstück und Orientierungspunkt am Obradoiro-Platz ist natürlich die **Kathedrale von Santiago ❻**. Hinter der imposanten Westfassade, die Fernando Casas y Nóvoa im 18. Jh. im üppigen spätbarocken Stil gestaltete, verbirgt sich der dreischiffige romanische Innenraum (1075–1211), später modernisiert mit Elementen der Gotik und Renaissance. Kunsthistorisches Juwel des Baus ist der romanische Pórtico de la Gloria. Wer sich das ansehen möchte: Das Ticket (12 €) gibt es am Schalter oder online unter visitas.catedraldesantiago.es. Die Kirche selbst betreten die Besucher durch den Nebeneingang Pórtico de las Praterías.

20 Jahre lang, von 1168 bis 1188, überwachte ein Baumeister namens Mateo die Gestaltung dieser Steinsinfonie aus über 200 Figuren. Das dreiteilige **Pórtico de la Gloria,** ›Tor der Glorie‹, repräsentiert das Weltgericht. Es zeigt im Tympanon des mittleren Bogens Christus als Erlöser, umgeben von den vier Evangelisten. Die Plastiken präsentieren hervorragend ausgearbeitete Details der Werkzeuge des Martyriums wie Geißel und Lanze ebenso wie zeitgenössische Musikinstrumente, welche die 24 Ältesten der Apokalypse in den Händen halten. Man kann sich kaum satt sehen an den nackten Figuren von Adam und Eva, den Weihrauch spendenden Engeln, den gefräßigen Ungeheuern, Bären, Löwen und Adlern. Die mittlere Säule, über der der Apostel Jakobus zu sehen ist, stellt die Wurzel Jesse dar.

Der Pórtico de la Gloria inspirierte die Baumeister zahlreicher weiterer Kirchen. Die Musikinstrumente der 24 ›Alten‹ beispielsweise, die sie für den Fall des Jüngsten Tages stimmen, sind in Santiago detailgenau rekonstruiert worden. Und so spielen Musiker heute auf den Holzinstrumenten wie der augenförmigen Fiedel, der Drehleier, der länglichen Laute und der Harfe so manches mittelalterliche Konzert.

Im Innenraum der 94 m langen und 63 m breiten Kathedrale (allein der Kreuzgang ist stolze 44 x 44 m breit) erhebt sich über dem Grab des Apostels der goldverzierte Hauptaltar **Capilla Mayor** mit einer versilberten Jakobsfigur. Über eine hintere Treppe kann man sich der Heiligenfigur nähern. Mit einem Kuss auf die Rückseite der Skulptur manifestieren Pilger die endgültige Ankunft nach der langen Wallfahrt.

Zischender Kessel

Von diesem Platz hinter der Jakobsfigur bietet sich ein grandioser Blick auf den Innenraum mit seinen zahlreichen Seitenkapellen. Eine schmale Treppe führt unterhalb des Altars zu dem **Schrein mit den Gebeinen des Apostels**. Die Debatte um die Echtheit der Reliquie bleibt, zumal auch die französische Stadt Toulouse die Reliquie des ›wahren Jakob‹ für sich beansprucht. Vor der Capilla Mayor hängt unter der 33 m hohen **Vierungskuppel** an Feiertagen der *botafumeiro,* ein über 50 kg schweres Weihrauchgefäß, das sechs bis acht Männer an Feiertagen durch das mittlere Querschiff schwingen.

Santiago de Compostela

Ansehen

1 Praza do Obradoiro
2 Hostal dos Reis Católicos
3 Pazo de Raxoi
4 Pazo de Xelmírez
5 Colexio de San Xerome
6 Kathedrale
7 Praza das Praterías
8 Praza da Quintana
9 San Paio de Antealtares
10 Casa da Parra
11 San Martiño Pinario
12 Rúa do Franco
13 Rúa Nova
14 Rúa do Vilar
15 Colexio de Fonseca
16 Praza de Feixóo
17 Casa da Troia
18 Mercado de Abastos
19 Park Carballeira de Santa Susana
20 Ciudad de la Cultura / A Cantina do Gaiás
21 Santa María do Sar
22 Museo do Pobo Galego
23 Centro Galego de Arte Contemporáneo
24 Museo das Peregrinacións

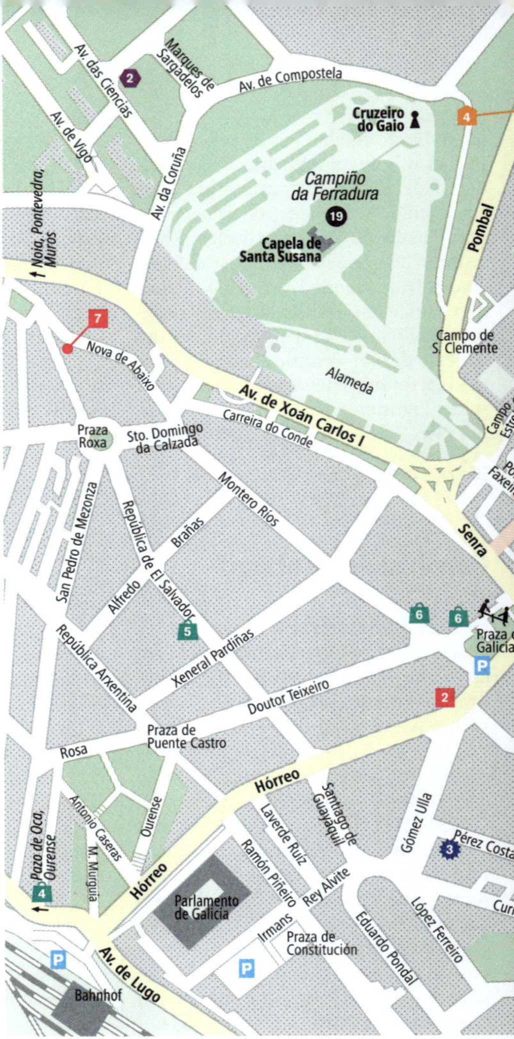

Schlafen

1 Hostal dos Reis Católicos
2 Virxe da Cerca
3 A Tafona do Peregrino
4 Hotel Pombal
5 Mesón Bonaval
6 San Miguel
7 Pazo de Agra
8 Suso

Essen

1 A Tafona
2 El Estanco
3 San Clemente
4 Abastos 2.0
5 A Curtidoría
6 Lume
7 Terra Nosa
8 O Dezaséis
9 Langrina
10 Casa Manolo
11 Derby
12 Café Casino

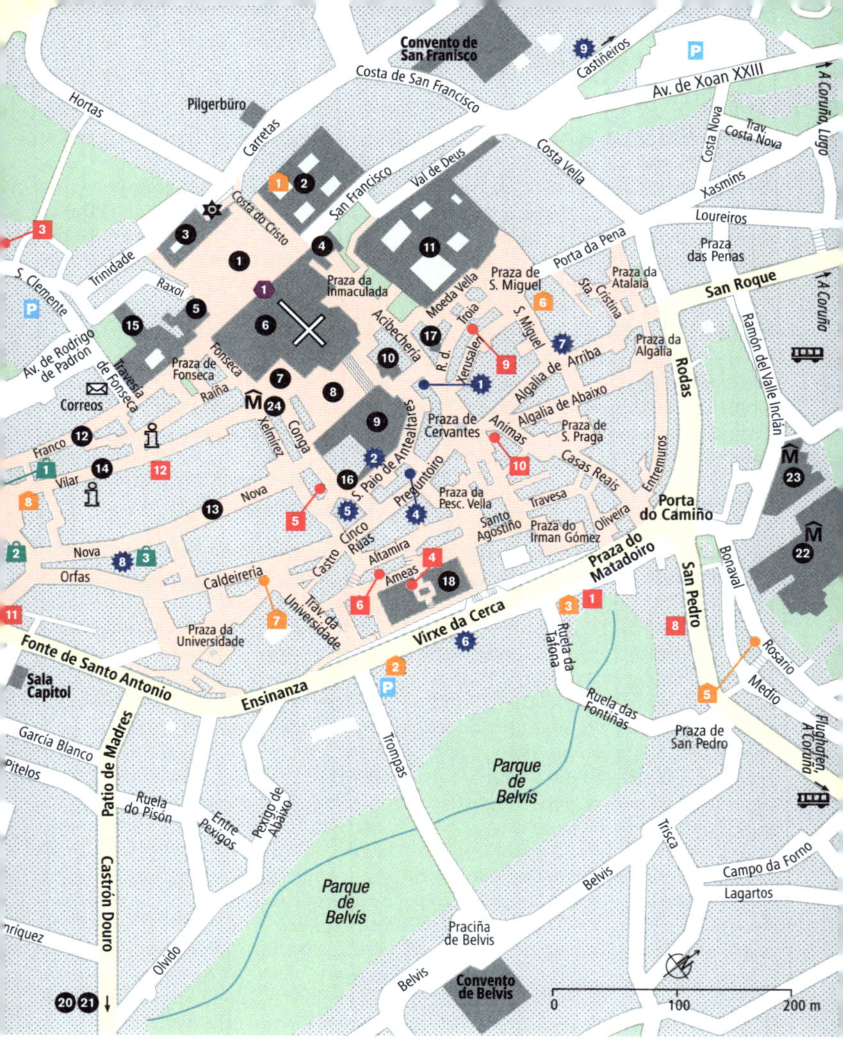

Einkaufen

1. Ébano
2. Pecados de Compostela
3. Sargadelos
4. Centro Comercial de Compostela
5. Adolfo Domínguez
6. Zara

Bewegen

1. Auf das Kathedralendach
2. Sprachkurse an der Uni

Ausgehen

1. A Casa das Crechas
2. Borriquita de Belém
3. Ruta
4. Paraíso Perdido
5. Modus Vivendi
6. Momo
7. Recantos
8. Teatro Principal
9. Auditorio de Galicia

Das ist schon seit dem 14. Jh. Tradition. Damals – darauf weisen die Führer durch die Kathedrale gerne hin – diente der Weihrauch nicht zuletzt dazu, den Geruch der lange gepilgerten Menschen zu ›harmonisieren‹, die in der oberen Etage der Kathedrale schliefen.

Zu den Museen der Kathedrale gehören der **Kirchenschatz** *(tesoro)* im rechten Seitenschiff mit Goldschmiedearbeiten und liturgischen Gewändern sowie die **Bibliothek** im südlichen Querschiff und das **Teppichmuseum** mit Werken von z. B. Francisco Goya und Peter Paul Rubens.

Totenkopf im Schoß

Noch älter als der Pórtico de la Gloria ist die **Puerta de las Platerías,** die ›Pforte der Silberschmiedearbeiten‹. Der Figurenschmuck am Südportal stammt teilweise aus dem 11. Jh. Zu sehen sind etwa die Heilung eines Blinden, die Dornenkrönung und auch eine Frau mit einem Totenkopf auf dem Schoß. Santiagos Bewohner kennen eine Geschichte, warum die Steinmetze das Motiv meißelten: Der Schädel gehörte ihrem Mann, dem sie zu Lebzeiten geschworen hatte, täglich seinen Kopf zu küssen. Links vom Portal, beinahe in Augenhöhe mit dem Betrachter, ist König David mit der Fiedel dargestellt, die mit Abstand meist fotografierte Figur des Tores, wenn nicht sogar der ganzen Kathedrale.

Kathedralen-Rundgang

Ein Pilgerschatten, ein Fischerseil für den Weihrauchkessel, eine Seitenkapelle für Studenten mit Prüfungsangst. Das sind nur drei der Kuriositäten der Jakobs-Kathedrale. Wir beginnen den Rundgang am Südportal der Kathedrale. Die Pilger gingen am Ende der Wallfahrt früher durch das barocke Haupttor an der Praza Obradoiro. Denn gleich dahinter konnten sie am Pórtico de la Gloria die Wurzel Jesse des romanischen Prachttors berühren, bevor es durch das Längsschiff weiter zum Grab des Apostels ging. Mit den Fingern griffen sie in die Vertiefung der mittleren Säule, wie es vor ihnen schon Millionen anderer Pilger getan hatten, der Segnung wegen. Brauch war es auch, die Stirn leicht gegen den Kopf des Meisters Mateo zu stoßen, der sich auf der anderen Seite der Säule selbst dargestellt hat. Im Volksmund heißt er auch ›Heiliger der Kopfnuss‹, *o santo das croques.* Damit verband sich die Hoffnung, dass etwas von seiner Genialität übertragen werde. Die Hoffnung blieb, jedenfalls bis Ostern 2008.

Berühren verboten

Die Kirchenoberen ließen schon vor Jahren das romanische Innenportal restaurieren und dabei gleich auch ein stabiles Gitter um die Mittelsäule anbringen. Prompt war Schluss mit dieser sinnlichen Begegnung mit Meister Mateo. Dass die Besucher das Kunstwerk nun nur noch gegen Gebühr besichtigen dürfen, halten viele für ein Unding. Auch Priester.

Natürlich wurde Dompropst Don Jóse María Díaz Fernández damals immer wieder nach dem Grund gefragt. Seine Antwort fiel denkbar trocken aus: »Dies ist eine Maßnahme zum Schutz der Säule.« Wirklich? Die Wurzel Jesse hat über all die Jahrzehnte gar keinen Schaden genommen. Vielmehr wollten gerade die Pilger, die den Jakobsweg mehrmals liefen, von Herzen gern noch einmal in die Säulenvertiefung greifen. Zwei Figuren, die von Abraham und Isaac, schmückten einst ebenfalls den Pórtico. Doch heute sind sie in Privathand der Nachkommen von Diktator Franco, der sie in den 50er-Jahren gekauft hatte. Angeblich für umgerechnet weniger als 400 €.

Das Bildnis des Maurentöters

Nun sind Veränderungen selten in einem Gotteshaus, das sich ganzheitlich bis ins

Detail erhalten soll wie kaum ein anderes Gebäude einer Stadt. Doch schon einmal schritten die Domherren zur Tat. Das allerdings mit weitaus positiverer Resonanz. Geht man Richtung Hauptaltar und hält sich am Querhaus links, taucht linker Hand in einer Nische die **Statue des Santiago Matamoros** hoch zu Ross auf, der kämpferisch blickt und dabei sein Schwert schwenkt. Darunter, und das ist nicht mehr zu sehen, liegen die Köpfe der Mauren, die der *matamoros* (Maurentöter) ihnen abschlug. Sie sind mit frischen Blumen bedeckt.

Das martialische und oft kopierte Bildnis des *matamoros* gehört zur Glaubensüberlieferung rund um den Apostel und wurde nie in Frage gestellt, bis sich das Attentat auf das World Trade Center in New York ereignete. Schon damals kamen erste Überlegungen auf, ob auch die Jakobskathedrale Ziel eines Anschlags werden könnte. Plötzlich sah man, dass die geköpften Mauren unter dem Apostel möglicherweise eine Provokation darstellen. Als dann später bekannt wurde, dass die Anschläge auf Vorortzüge in Madrid im Jahr 2004 einen islamistischen Hintergrund hatten, kamen die Berater des Dompropstes sofort überein, die Köpfe unsichtbar zu machen und den *matamoros* ab jetzt nur noch Heiliger Jakob zu nennen. Tatsächlich sind keine Bomben in der Jakobskathedrale gezündet worden, was Kennern des Islam aber ohnehin unwahrscheinlich erscheint. Sie gehen davon aus, dass selbst die verblendetsten Fanatiker nicht auf die Idee kämen, ein katholisches Gotteshaus in Spanien anzugreifen. Wie auch immer, der Heilige hat seither wieder ein wesentlich friedlicheres Image.

Beten für die Juraklausur

Gleich gegenüber, an der östlichen Seite des Querschiffs, gelangt man zur **Capilla de la Corticela,** die den Basken und den Ausländern gewidmet ist und schon aus dem 10. Jh. stammt. Diese frühere Klosterkapelle ist der Kathedrale angegliedert und in ihrem kleinen Innenraum werden die Werktagsmessen gehalten. Ein kunsthistorisches Juwel ist das schöne Portal mit dem Bildnis der Heiligen Drei Könige. Ein Kuriosum stellt die Jesusfigur an der Nordwand dar. Nicht die Statue selbst, sondern die vielen gefalteten Zettel, die auf seine betenden Hände gelegt sind. Und zwar so viele, dass eine Schale darunter die auffängt,

DANIELS LÄCHELN

D

Auch als Romanvorlage hat der Pórtico de la Gloria schon gedient. In »Der Bleistift des Zimmermanns« lässt der galicische Autor Manuel Rivas einen republikanischen Gefangenen im Spanischen Bürgerkrieg zu Bleistift und Papier greifen, um das ›Tor der Glorie‹ neu zu entwerfen. Er malt im Gefängnis – das sich tatsächlich gleich hinter dem Rathaus von Santiago befindet – den Eisenbahngewerkschaftler als Evangelisten Johannes und den ehemaligen Bürgermeister als Moses mit der Gesetzestafel, den etwas einfältigen Mithäftling Dombadán als Engel mit der Trompete und seine Franco-Peiniger selbstredend als die Ungeheuer mit den Raubtierkrallen. Die Hauptfigur im Roman, ein Arzt, wird auf dem Blatt Papier zum Propheten Daniel. An dem romanischen Tor ist diese Figur übrigens die einzige, die lächelt. Es heißt in Santiago, der Prophet schaue zu dem einst übergroßen Busen der Königin Esther hinüber, deren ›Gesichtsfarbe‹ bis heute etwas errötet ist. Ein sittenstrenger Bischof hat deshalb durchgesetzt, den Busen abzumeißeln.

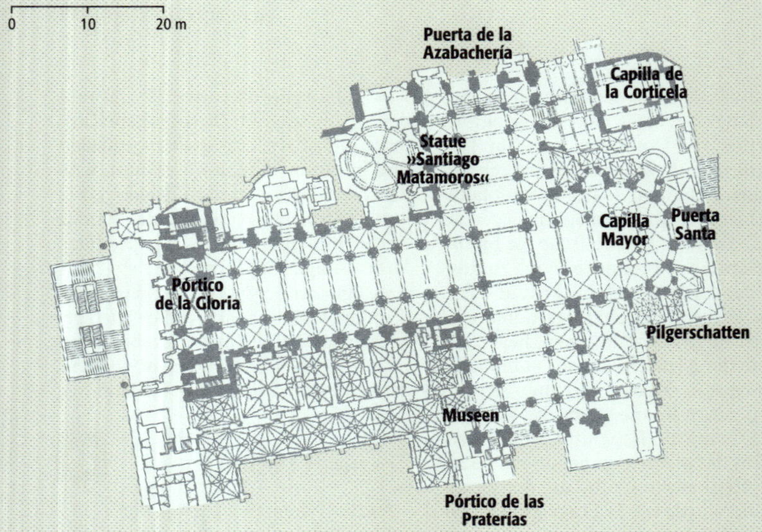

Kathedralen-Grundriss: Eingang heute ist der Pórtico de las Praterías.

die herunterfallen. Auf kleinen Faltzetteln bitten schon Schulkinder, besonders aber Studenten mit Prüfungsangst, um Beistand. Und so steht auf einem Zettel schon mal: »Lieber Gott, bitte mach, dass ich diesmal nicht durch die Juraklausur falle. Ich hätte schon beim letzten Mal darum bitten sollen!«

Fischerseil am Weihrauchkessel

In der Mitte der Kathedrale, unter dem Vierungskreuz, ist ein Seil angebracht, an dem der **Weihrauchkessel** hängt. Dieser wird zu besonderen Anlässen geschwenkt oder wenn ein Geldgeber dafür knapp 400 € bezahlt und dafür während der Messe erwähnt wird. Doch in heiligen Jahren wie 2027 wieder saust der Silberkessel viel öfter durch das Querschiff und verbreitet den wohligen Geruch von Weihrauch. 2004 wäre das Seil beinahe gerissen und hätte um Haaresbreite einen schrecklichen Unfall verursacht, denn bei solchen Anlässen ist die Kathedrale ausgesprochen gut besucht. So erklärte sich schließlich der mächtige Fischerverband Pesca Nova bereit, der Kathedrale ein stabileres Seil zu spenden. Es wird mit Sicherheit nicht reißen, allerdings beklagen die Weihrauchkesselschwenker, es sei viel zu dick und schlackere beim Schwenken zu sehr. Doch dafür ist es reißfest, denn damit kennen sich Fischer ja bekanntlich aus …

Der Schatten des Pilgers

Verlässt man die Kathedrale nun durch das südliche Tor **Pórtico de las Praterías** und geht am Uhrenturm vorbei in Richtung Praza da Quintana, sieht man tagsüber lediglich eine Säule in der Ecke zwischen Treppe und Puerta Santa stehen. Doch sobald die Sonne untergeht und die Lampe darüber die Säule anstrahlt, wirft sie einen Schatten auf die Kathedralenwand. Der sieht einem Pilger verblüffend ähnlich, und wenn man sich bewegt, bewegt sich auch der

Schatten – erst recht nach ein paar Gläsern Tresterschnaps *(orujo).*

Praza Obradoiro s/n, Eingang: Pórtico de las Praterías, catedraldesantiago.es, tgl. 9–20, im Winter 9–19 Uhr. Kathedralen-Museen tgl. 10–13.30, 16–19.30, im Winter 11–13.30, 16–18 Uhr, Eintritt 6 €. Dachbesichtigung: Büro links neben dem Haupteingang, online: tickets.catedraldesantiago.es, Di–So 10–14, 16–20 Uhr, Führungen auf Spanisch und Englisch nach Voranm. 10 €, ebenso Besichtigung des Pórtico

Plätze rund um die Kathedrale

Pferdeköpfe aus Stein

Vom Südportal der Kathedrale aus geht es zu einer breiten, oft von Besuchern belagerten Treppe mit bester Aussicht auf die **Praza das Praterías** ❼. Im Schatten des 72 m hohen Uhrenturms der Kathedrale, dem Torre del Reloj, speien vier steinerne Pferdeköpfe Wasser in einen Brunnen. Auf dem Weg zur angrenzenden Praza da Quintana fällt links an einer Mauerecke der Kathedrale eine frei stehende Säule auf, die nach oben hin leicht verdickt ist. Ihr Schatten, hervorgerufen durch eine abends leuchtende Laterne, fällt so an die Kathedralenwand, dass die Umrisse eines Pilgers mit Mantel und Stab erscheinen. Berühmter noch als der Pilgerschatten ist die Puerta Santa, das Heilige Tor der Kathedrale. Es wird nur in einem Heiligen Jahr geöffnet, wenn der Tag des Apostels (25. Juli) auf einen Sonntag fällt.

Gesang und Mandelkuchen

Die weite **Praza da Quintana** ❽ war einst ein stiller Stadtfriedhof. Heute ist der strenge, weitflächige Platz Treffpunkt von Studenten und der galicischen Linken, die hier an jedem 25. Juli lautstark für mehr Autonomie plädieren. Das Kloster **San Paio de Antealtares** ❾ an der Ostseite des Platzes bewohnen schon seit dem 18. Jh. Benediktinerinnen, die hier bis heute in strenger Klausur leben und dabei zwei Dinge bis zur Perfektion beherrschen: den Gesang und die Herstellung von leckerem Mandelkuchen. Namensgeber war Pelayo (galicisch: *Paio),* der Einsiedler, der das Grab des Apostels entdeckte.

Eine breite Treppe führt von der Praza da Quintana hinauf zur **Casa da Parra** ❿, einem verspielten Barockgebäude mit Balustraden, vor dem oft einige Tische und Stühle zum Verweilen einladen. Schön sind die steinernen Weintrauben an der Fassade, die sich von der Strenge der Sakralbauten absetzt.

Hochbarock

Nördlich der Casa werden heute im gewaltigen Monasterium **San Martiño Pinario** ⓫ an der Praza da Inmaculada (s/n) Priester ausgebildet. Es war im Mittelalter ein mächtiges religiöses Zentrum, dem zeitweise über 30 Klöster und Priorate unterstanden. Die barocke Klosterkirche aus dem 17. Jh. besitzt eine platereske Hauptfassade und eine goldglänzende hochbarocke Altarwand von Fernando Casas y Nóvoa (1730).

Durch die Altstadtgassen

Südlich der Kathedrale liegt die **Rúa do Franco** ⓬, benannt nach den damaligen französischen Händlern (nicht nach dem Diktator). Sie, die **Rúa Nova** ⓭ und die **Rúa do Vilar** ⓮ sind stimmungsvolle, im Mittelalter angelegte und ziemlich lange Gassen. Hier und in den kleinen Querverbindungen haben sich unter den Arkadengängen gemütliche Tavernen angesiedelt, aber auch Souvenirshops, die den Apostel schon mal als Donald Duck aus Plastik anbieten. Eine der Gassen, genannt Entrerrúas, ist so schmal, dass an manchen Stellen mit einem aufgespannten Regenschirm kein Durchkommen ist. Kaum ein Baum wächst in der Altstadt, stattdessen säumen herrschaftliche Adelshäuser die Gassen, ein Theater und – weiter östlich – die Universität.

In der Rúa do Franco liegt der belebte, kleine Fonseca-Platz. Das Kolleg gegenüber, das **Colexio de Fonseca** ⓯ (Praza da Fonseca s/n), ließ ein gleichnamiger Erzbischof im 16. Jh. für junge Theologen bauen. Heute ist es ein Kulturzentrum mit einem beachtlichen Renaissance-Portal, ionischen Säulen, einem zweigeschossigen Innenhof und einer Mudéjar-Täfelung in der alten Aula. Von dem Platz geht auch die **Rúa da Raíña** ab, die schmale ›Gasse der Königin‹ mit ihren Weintavernen, in denen es den leichten, süffigen Ribeiro-Weißwein in kleinen weißen Porzellantassen gibt.

Tagsüber ist es in den nahen Gassen wie der **Rúa San Paio de Antealtares** oder der **Cinco Rúas** rund um die **Praza de Feixóo** ⓰ viel stiller als rund um die Rúa do Franco, nach 20 Uhr locken dann jedoch Bars wie das Crechas, das Paraíso Perdido, das Metate und das Modus Vivendi zahlreiche Nachtschwärmer an. Zwei dieser Bars heißen – zufällig oder nicht – ›Paris‹ und ›Dakar‹, was Studenten ab und an zu einer stets vollgetankten Saufrallye motiviert. Ihr Stammhaus ist die **Casa da Troia** ⓱ (Rúa da Troia 5) nördlich der Praza da Quintana. Dort, in der Rúa da Troia, liegt auch ein gleichnamiges Studentenhaus, das durch eine humorvolle Novelle des Schriftstellers Alejandro Pérez Lugín berühmt wurde: »La Casa de la Troya« schrieb er 1915 als aufmerksame und bisweilen bissige Milieustudie.

Dieses Paar läuft gerade die Rúa das Hortas herunter und dann gleich links in die Rúa das Carretas. Hoffentlich stehen sie da nicht Schlange: Im dortigen Pilgerbüro werden pro Jahr bis zu 350 000 Pilger gezählt.

Rund um den Markt

In den Markthallen aus Granit, dem **Mercado de Abastos** ⓲, verkaufen Bauern aus der Umgebung an den Vormittagen galicische Spezialitäten in Hülle und Fülle: grüne Paprikaschoten aus Padrón, junge Cachelos-Kartoffeln aus Ourense, die man mit Schale isst, Entenmuscheln aus Corme und auch gefüllte Teigtaschen *(empanadas)* aus Santiago selbst. Der Markt ist nach der Kathedrale das meistbesuchte Gebäude Santiagos.

Praza de Abastos s/n, mercadodeabastos desantiago.com, Mo–Sa 8–14 Uhr

Außerhalb des Zentrums

B3

Santiagos Stadtpark

Von der Kathedrale aus führt die Rúa do Franco direkt auf Santiagos Stadtpark zu, den **Parque Carballeira de Santa Susana** ⓳, und mündet zunächst in den terrassengesäumten Platz Porta de Faxeiras. An der Alameda stehen still, kunterbunt und gusseisern die zwei Marías. Die Statue Las Dos Marías ist eine Reverenz an die größten Schwatzbasen des compostelanischen 20. Jh. Zu Lebzeiten, heißt es, sprachen und fluchten Doña María und Doña María in den Altstadtgassen jeden an, wirklich jeden. Heute schweigen sie und lassen sich jedes Selfie gefallen. Wirklich jedes. Ein Parkspaziergang nach rechts hinauf bietet die schönsten Ausblicke der Stadt auf die Kathedrale, die hier, vor allem vom Abendlicht und den Strahlern beleuchtet, herrlich zur Geltung kommt. Das wissen auch die Profifotografen, die hier schon seit Jahrzehnten ihre Stative aufbauen und auf das richtige Licht warten.

Klöster und Großprojekte

Viele Klöster, der relativ neue **Universitätskomplex,** das moderne Kulturzentrum **Auditorio de Galicia** und die gigantische, inzwischen jedoch mit einem Baustopp belegte **Ciudad de la Cultura** ⓴ (Monte Gaiás s/n, cidade dacultura.gal, mit Café-Bistro A Cantina de Gaiás, s. Lieblingsort S. 119) des amerikanischen Architekten Peter Eisenman (s. auch Zugabe S. 123) liegen rund um Santiago.

Man erreicht die sehenswerte kleine, 1 km südöstlich der Altstadt gelegene Kirche **Santa María do Sar** ㉑ über die Straßen Castrón Douro/Sar de Afora (tgl. 10–14. 16–18 Uhr, Eintritt 2 €). Der dreischiffige romanische Bau (12. Jh.) ist im Verlauf der Jahrhunderte oft verändert worden. Im Kircheninnern wird es dem Besucher schon etwas mulmig, denn die Pfeiler und Mauern sind erheblich geneigt. Strebepfeiler müssen den Bau davon abhalten, gänzlich einzustürzen. Im alten Kreuzgang sind noch neun romanische Bögen mit 24 Kapitellen erhalten, die aus der Werkstatt von Meister Mateo stammen sollen, der auch den Pórtico de la Gloria der Kathedrale schuf.

Umgebung von Santiago

C3/4

Landhaus der Gänse

25 km südöstlich Richtung Ourense liegt an der N-525 ein besonders schmuckes galicisches Landhaus, der **Pazo de Oca.** Ausgestattet ist er mit Barockmöbeln, Wandmalereien und einer eigenen Hauskapelle. Im zugehörigen, riesigen Park wachsen neben Myrten und Hortensien verschiedene exotische Pflanzen. Ein Café oder eine Bar gibt es nicht. Daher

lohnt sich ein Abstecher in das nur wenige Kilometer entfernte Nest **Ponte Ulla** am gleichnamigen Fluss. Dort bietet das Restaurante Ríos (T 981 51 23 05) im Essraum mit Blick auf die alte Brücke und den Fluss Kalbfleisch, Steinbutt und guten Wein. Die Wirtin spricht sogar etwas Deutsch, weil sie mal in Stuttgart gelebt hat. Und hat für Pilger das Schild angebracht: Schuhe ausziehen verboten.

Zona Pazo de Oca s/n, Di–So 9–20, Mo 9–12.30 Uhr, Eintritt 6 €

Museen

Pantheon galicischer Superstars

㉒ Museo do Pobo Galego: Über das Pilgertor Porta do Camiño führt der Weg zum Kloster Santo Domingo de Bonaval (18. Jh.). In einem Seitenflügel ist das Museo do Pobo Galego untergebracht. Die einzelnen Stockwerke präsentieren archäologische Funde, galicische Gemälde und Alltagsgegenstände von der Sichel bis zum Mühlstein. Auch die Modelle früherer Bauernhäuser sind sehr detailliert nachgebaut. Verbunden sind die Räume durch eine fantastische, dreifache und in sich verschlungene Wendeltreppe. Sehenswert ist das Pantheon illustrer galicischer Persönlichkeiten, u. a. mit den Gräbern der Dichterin Rosalía de Castro (1837–85) und des Karikaturisten und Politikers Alfonso Daniel Castelao (1886–1950).

San Domingo de Bonaval s/n, museodopobo.gal, Di–Sa 11–18, 16–19.30, So 11–14 Uhr, Eintritt 4 €

Modern Art

㉓ Centro Galego de Arte Contemporánea: Der ausgesprochen wuchtige, graue Granitkasten links neben dem Kloster Santo Domingo zeigt galicische Kunst, darunter abstrakte Werke des verrückt-sympathischen Antón Lamazares (*1956, antonlamazares.com), dessen Sohn Blas übrigens Filmregisseur in Berlin ist. Von hier bietet sich ein schöner Panoramablick. Dahinter, im Park Santo Domingo de Bonaval, stehen einige Skulpturen des weltberühmten Basken Eduardo Chillida.

Valle Inclán 2, cgac.xunta.gal, Di–So 11–20 Uhr, Eintritt frei

Das Pilgermuseum

㉔ Museo das Peregrinacións: Im Schatten der Kathedrale liegt das Pilgermuseum. Seit 2015 ist es im einstigen Bankgebäude der Banco de España untergebracht und gibt auf 3500 m² einen Überblick über die Geschichte der Wallfahrt nach Santiago de Compostela. Besonders attraktiv: Anhand von Modellen lassen sich die einzelnen Bauphasen der Kathedrale nachvollziehen.

Praza das Praterías s/n, museoperegrinacions.xunta.gal, Di–Fr 10–20, Sa 10.30–13.30, 17–20, So 10.30–13.30 Uhr, Eintritt 2,40 €

Schlafen

Royal träumen

1 Hostal dos Reis Católicos: Neben der Kathedrale gelegene Nobelunterkunft und einstiges Pilgerhospiz der Katholischen Könige. Einst sehr schlicht, heute mit fünf Sternen garniert.

Praza do Obradoiro 1, T 981 58 22 00, parador.es, €€€

Zauberhaft rustikal

2 Virxe da Cerca: Ritterambiente, herrliches Frühstückshäuschen im Garten, Parkplatz in der Nähe. Dieses Dreisternehotel mit Namen Jungfrau in der Nähe ist einem Parador fast vergleichbar, so komfortabel und gediegen rustikal ist es eingerichtet.

Virxe da Cerca 25, T 902 40 58 58, €€

Stylish in Marktnähe

3 A Tafona do Peregrino: Geschmackvoll eingerichtete Zimmer in einem Stadtpalais. Mit Leseecken und kuscheligem Kamin.

Virxe da Cerca 7, Ecke Tafona, T 981 56 89 23, atafonadoperegrino.com, €–€€

Zimmer 13, 23, 32

4 **Hotel Pombal:** Schönes Mittelklassehotel mit teilweise genialem Blick auf die Kathedrale. Konkret aus den Zimmern mit den Nummern 13, 14, 23, 24, 31, 32. Praktisch eingerichtet, freundlicher Service. Parkmöglichkeit im Parkhaus La Catedral, die Rúa Pombal hinunter auf der linken Seite. Wer den Parkschein im Hotel abstempeln lässt, zahlt ca. 8 € für 24 Stunden. Für die Lage ziemlich preiswert.

Pombal 12, T 981 569 350, pousadasdecompostela.com, €–€€

Ruhige Lage

5 **Mesón Bonaval:** Eines der neuesten Hotels der Stadt mit hoch gelobtem Restaurant und sehr guter Lage nahe dem Museo do Pobo Galego und dem rustikalen Restaurant O Decaceis. Einige der oberen Zimmer bieten einen weiten Blick auf die Altstadt. Mit freiem Internet. Ein Parkhaus ist nur 90 m entfernt. Gäste bekommen Rabatt.

Medio 1, T 981 57 60 52, hotelbonaval.com, €–€€

Hotel mit Charme

6 **San Miguel:** Charmantes, relativ neues Designerhotel in Kathedralennähe. Zimmer besser vorab reservieren, vor allem im Juli und August!

Praza San Miguel das Agras 9, T 981 55 57 79, sanmiguelsantiago.com, €–€€

Das ist ein Hostal!

7 **Pazo de Agra:** Dieser Pazo ist im Vergleich zu den anderen Hostals der Stadt ausgesprochen preiswert, hat allerdings kleine Zimmer. Einige haben Blick auf die alte Uni. Ruhig gelegen und daher empfehlenswert.

Caldeirería 37, T 981 58 35 17, €

Evergreen im Kiez

8 **Suso:** Die nach dem Parador wohl bekannteste Unterkunft der Stadt, und das bereits seit Jahrzehnten. Nahe dem Tourismusamt sehr zentral in einer der wichtigsten Altstadtgassen von Santiago de Compostela gelegen. Das Haus wird oft von Pilgern frequentiert; mit angeschlossenem Café.

Vilar 65, T 981 58 66 11, hostalsuso.com, €

Essen

Lucía liebt Fisch

1 **A Tafona:** Lucía Freitas hat seit 2019 einen Michelin-Stern und schon viel länger Erfahrung am Herd. Sie ist wie ihre Kollegen Nacho (= Iñaki Bretal) in Pontevedra und Héctor López in Lugo eines der Nachwuchstalente der Köchevereinigung Grupo Nove (https://nove.gal). Ihr Restaurant liegt nahe dem Markt. Sie liebt, sagt sie, vor allem Fisch aus dem Atlantik und Gemüse aus dem Garten.

Virxe da Cerca 7, T 981 56 23 14, luciafreitas.es/en/a-tafona So abends und Mo geschl., €€–€€€

W

WILDE SCHWEINE

Wildschwein *(jabalí)* ist ein beliebtes Gericht in Galicien. Die Köche bereiten das Fleisch des bis zu 150 kg schweren Schwarzwilds besonders gerne mit Kastanien und Mencía-Rotwein zu. Die Tiere dürfen Jäger nur bedingt schießen, dennoch kommt das Fleisch häufig auf die Teller. Der Grund: Es gibt in der Region rund 3000 Verkehrsunfälle mit Jabalís. Pro Jahr. Allerdings sind dabei oft die Autos selbst ramponiert bis hin zum Totalschaden. Und die Tiere können flüchten …

Wer braucht schon Kitsch

2 **El Estanco:** Galicische Küche und Weine, angemessene Preise, etwas steriles Interieur. Das Estanco teilt sich die Küche mit dem viel teureren Fornos, einem echten Klassiker unter Santiagos Edelrestaurants um die Ecke an der Praza de Galicia.

Hórreo 26, T 981 56 38 08, €€

Stylish

3 **San Clemente:** Stylishes Restaurant in der Altstadt mit guter Auswahl vor allem an Meeresfrüchten.

San Clemente 6, restaurantesanclemente.com, Mo, Di komplett, Mi und So abends geschl., T 981 56 54 26, €€

An der Quelle

4 **Abastos 2.0:** In dieser galicischen Schenke mit Terrasse am Rand des Mercado de Abastos – und coolem Design im Innern – werden jeden Tag leckere Meeresfrüchte, Hamburger und verschiedene (Tapas-)Menüs zubereitet.

Ameas 4, Praza de Abastos, T 654 01 59 37, abastosdouspuntocero.com, So geschl., €–€€

Ein Prost auf Ana

5 **A Curtidoría:** Stilvolles Restaurant in einer ehemaligen Altstadt-Gerberei. Und in der Küche steht Ana Portals. Sie kocht leckere Reisgerichte mit Herzmuscheln, *pulpo* (Seekrake), zartes Kalbsfleisch, raffinierte Omelettes und bietet auch knackige Salate. Wer möchte, bekommt auch Glutenfreies auf den Teller. Anspruchsvolle Weinkarte, günstige Menüs.

Conga 2, T 981 55 43 42, acurtidoria.com, Mittags menüs ab 12, €–€€

Hamburger de Luxe

6 **Lume:** »Anfangs war ich ein Pitbull, heute bin ich die Mutter meines Teams«, sagt Köchin Lucía Freitas. Sie hat kürzlich für ihren Japan-Burger aus galicischen Rindfleisch, Cheddar und Shisho-Kraut ihren ersten Gastropreis gewonnen.

Rúa de Ameas 2, luciafreitas.es/es/lume, Di geschl., €–€€

Erde, die uns dies gebracht

7 **Terra Nosa:** Unsere Erde heißt die Taverne. Und Koch Chito Mallón ist so berühmt wie bodenständig. Bei den Anwohnern in der Neustadt beliebt: bezahlbare und beachtliche Auswahl an deftigen Suppen, Muschel-Pilz-Pfannen, Fleischgerichten, Nachtischen.

Nova de Abaixo 5, T 981 59 73 54, restauranteterranosa.com, Sa, So geschl., €–€€

Polbo, por favor

8 **O Dezaséis:** Es heißt schon was, wenn in einem Restaurant in Santiago die meisten Gäste Nachbarn sind. Das hier ist Galicien pur, sehr *galego*, sogar die Speisekarte ist in reiner Regionalsprache geschrieben. Und so heißt die Seekrake *pulpo* hier *polbo*, der Schinken *jamón* wird zu *xamón*. Dazu gibt es eine Riesen-Auswahl an süffigen Landweinen, vor allem in Weiß.

San Pedro 16, dezaseis.com, T 981 57 76 33, So geschl., €

Kastilien meets Galicien

9 **Langrina:** *Langrina* heißt ›traumhaft‹ und traumhaft ist die Lage nahe der Kathedrale ebenso wie das Essen. Man sitzt draußen auf der ruhigen Terrasse oder drinnen in einem der Speisesäle und bekommt galicische Kost, darunter Meeresfrüchte wie Herzmuscheln und den angeblich besten *pulpo* (Seekrake) der Stadt sowie günstige Tapas. Die Besitzer kommen übrigens ursprünglich aus dem Bierzo-Gebiet am Jakobsweg in Kastilien. Draußen hängt auch eine Speisekarte auf Deutsch.

La Troya 10, T 981 94 35 69, fb.com/langrina.restaurante, €–€€

Super preiswert

10 **Casa Manolo:** Mitten im Zentrum von Santiago gibt es hier eine sehr

Lieblingsort

Designer-Café

A Cantina do Gaiás ist ein Designer-Restaurant mitten in Eisenmans ›Kulturstadt‹ außerhalb Santiagos. Entworfen hat es der Architekt José Antonio mit viel Licht und Effekten. Das Menü ist sehr gut und preiswert obendrein. Ein wunderbarer Ort in einem seit 2013 mit einem endgültigen Baustopp belegten Albtraum aus Granit. Denn die Kulturstadt selbst, auf Galicisch **Ciudad de la Cultura** **20**, bietet neben geschwungenen Granitbaukörpern eine riesige Baugrube (A Cantina do Gaiás, Monte Gaiás s/n, cidadedacultura.gal/es/blog/restaurante-cafeteria-en-el-museo-gaias, tgl. 8–20 Uhr, €/€€).

preiswerte und ordentliche Auswahl an Fisch und Fleisch. Das hat sich längst herumgesprochen und daher ist die Casa Manolo spätestens ab 13.30 Uhr sehr gut besucht. Auch Studenten kommen oft hierher.

Plaza Cervantes s/n, T 981 58 29 50, casamanolo.es, €

Café-Klassiker

11 **Derby:** Mit seinem Jugendstildekor ist das Derby immer einen Besuch wert. Und die geschäftigen Kellner in Uniform geben sich betont stilvoll.

Orfas 20, an der Praza de Galicia

Ex-Casino

12 **Café Casino:** Plüsch, alte Sessel – das Interieur wirkt filmreif, und manche lesen hier stundenlang in Büchern aus Papier. Auf der Terrasse wiederum lassen sich wunderbar die Mönche, Pilger und Touristen beobachten, die sich im Wallfahrtsort tummeln.

Vilar 35, tgl. 9–22.30 Uhr

Sargadelos-Keramik entsteht in der gleichnamigen Fabrik westlich von Ribadeo.

Einkaufen

Kunsthandwerk vom Gagatstein bis zu Spitzendecken gibt es vor allem in den Geschäften der zentralen Gassen **Rúa Nova** und **Rúa Vilar.**

Leckere Kuchen

1 **Ébano:** Konditorei, u. a. mit den nahrhaften Santiago-Kuchen *(tarta de Santiago)* mit seinem charakteristischen ausgepudertem Jakobskreuz.

Vilar 77, pasteleriaebano.es

Süß und sündhaft

2 **Pecados de Compostela:** Bunter Laden voller Bonbons und anderer ›Sünden‹ *(pecados).* Passend zu den Todsünden gibt es sieben Themenbereiche. Der faule blaue Montag bietet beispielsweise etwas, um den Blutzucker zu steigern.

Cantón do Tourel 5, pecadosdecompostela.com, So geschl.

Schützende Keramik

3 **Sargadelos:** Die Teetassen haben es sogar schon in einen Kultfilm von Pedro Almodóvar geschafft (»Die Haut, in der ich wohne«). Kunterbunte Keramik aus der berühmten Fabrik im Norden Galiciens. Besonders beliebt sind die farbenfrohen Schutzamulette in Form eines Fisches, einer Hand oder eines Labyrinths. Sie schützen gegen den bösen Blick und vieles mehr.

Nova 16, in der Altstadt

Kaufhaus-Gigant

4 **Centro Comercial Compostela:** Kaufhausgigant südöstlich der Altstadt und des Bahnhofs.

Restollal 50

Bestes vom Schneider

5 **Adolfo Domínguez:** Schöne Mode aus Galicien, teuer und elegant. Adolfo Domínguez ist einer der Superstars unter den spanischen Modemachern. Begonnen hat er in seinem Geburtsort Ourense.

República de El Salvador 13, adolfodominguez.com

Für sie und ihn

6 **Zara:** Mode für Frauen und Männer aus der Schneiderfabrik in A Coruña, sogar etwas preiswerter als in Deutschland. Der Gründer und Multimilliardär Amancio Ortega ist übrigens der mit Abstand reichste Spanier.

Praza de Galicia, Ecke Montero Ríos

Bewegen

Aufs Kathedralendach

1 **Cubiertas de la Catedral:** Direkt links neben dem Haupteingang zur Kathedrale an der Praza Obradoiro kann man sich in einem mit dem Schild »Cubiertas de la Catedral« ausgewiesenen Büro für den Besuch des Kathedralendachs anmelden. Zur 30 m hoch gelegenen Aussicht führen 84 Stufen, also besser feste Schuhe mitnehmen, auch für die Trittsicherheit oben. Die Aussicht auf die Dächer der Altstadt ist einfach fantastisch. Führungen auf Englisch und Spanisch.

Praza Obradoiro s/n, Reservierung T 902 55 78 12, Tickets im Büro vor Ort oder unter visitas.catedraldesantiago.es, 12 €, ermäßigt 10 €

Wir müssen reden

2 **Cursos Internacionales:** Sprachkurse mit Kulturprogramm bietet die Uni von Santiago zwischen Mai und Oktober an. Sie dauern rund zehn Tage und beinhalten neben Grammatik-Paukerei beispielsweise Tapa-Touren, Museumsbesuche und mehr.

Universidade de Santiago de Compostela, Av. das Ciencias s/n, Chalet Nr. 2, Campus Universitario Sur, T 981 59 70 35, usc.es

Ausgehen

Keltenkult

1 **A Casa das Crechas:** Eine der angesagtesten Kneipen in der Altstadt von Santiago, mit Spiegeln und Fotos an den Steinwänden. Folkmusik, am Wochenende geht es ausgesprochen lebhaft zu. Oft Livemusik ab 22.30 Uhr.

Via Sacra 3, Ecke Acibechería, fb.com/casadascrechas, Di–So 17.30–3 Uhr

Jazz live

2 **Borriquita de Belém:** In dieser Jazzbar gibt es zur Livemusik Wein vom Fass, Mojitos und Gin Tonic.

San Paio de Antealtares 22, borriquitadebelem.blogspot.com, Livemusik ab 22 Uhr

Morgens früh um 6

3 **Ruta:** Rumba, Salsa und Modern Sound gibt es erst ab 3 Uhr in der Nacht. Das Ruta ist die In-Disco der Studenten.

Pérez Constanti 4, südlich der Praza de Galicia, Do–So 3–6 Uhr

Höhlenartig

4 **Paraíso Perdido:** Im ›Verlorenen Paradies‹ trifft sich die Szene Santiagos: günstiges Bier, gute Stimmung. Die Kneipe ist übrigens Teil des Krimis »Muschelmord« (s. S. 250).

San Paio de Antealtares 3, Do–So 20–24 Uhr

Angesagt

5 **Modus Vivendi:** Eine Institution in Santiago de Compostela, fast wie die Kathedrale. Alternative holzgetäfelte Kellerbar, in der manchmal sogar die Garagen-Bands der Stadt die Rockgitarre schwingen.

Praza de Feixóo 1, fb.com/pubmodusvivendi, tgl. 18–4 Uhr

Ende? Offen

6 Momo: Gute Cocktails gibt es im geräumigen Momo südöstlich des Markts. Die Bar ist schon seit Jahrzehnten ein Klassiker für Studenten.

Virxe da Cerca 23, pubmomo.com, 16–4 Uhr

Künstlertreff

7 Recantos: Geräumige, geschickt ausgeleuchtete Bar mitten im Zentrum mit großer Auswahl an Zeitungen und Zeitschriften, einem Raucher- und einem großen Nichtraucher-Bereich. Es kommen vor allem Studenten und Lebenskünstler hierher – und ab und zu die Lokaljournalisten, die sich über den letzten Kracher aus dem Rathaus unterhalten.

San Miguel dos Agros 2, auf Facebook, tgl. ab 10 Uhr

Vorhang auf

8 Teatro Principal: Theater und Film in einem Gebäude aus dem 19. Jh. Die Vorstellungen laufen längst nicht mehr nur auf Spanisch, sondern vermehrt auch auf Galicisch. Und sonntags um 12 Uhr tritt traditionell die Blaskapelle der Stadt auf.

Nova 21, T 981 54 23 47, compostelacultura.gal

Dirigenten aus Nordwest

9 Auditorio de Galicia: Das Programm bekommt man auch beim Tourismusamt. Die angesagte Truppe der Real Filharmonía de Galicia tritt in diesem hypermodernen Auditorium auf.

Av. do Burgo das Nacións s/n, T 981 57 10 26, compostelacultura.gal

Feiern

- **Kultursommer:** Jakob zu Ehren gibt es vom 17. bis zum 31. Juli zahlreiche kulturelle Veranstaltungen, feierliche Umzüge, Theater und Trachten. Musikalisches Highlight ist das Festival der Weltmusik zwischen dem 22. und 26. Juli, in der Nacht vom 24. auf den 25. Juli Feuerwerk auf dem Obradoiro-Platz: Der 25. Juli ist der Tag des Apostels. Im Infoamt liegen die entsprechenden aktuellen Kulturprogramme aus.

Infos

- **Oficina de Turismo:** Vilar 33, T 981 58 40 81, santiagoturismo.com (sehr gutes Portal mit vielen Infos auch auf Deutsch), tgl. 9–21 Uhr. Infos zur Stadt Santiago. Weitere Infostellen des Fremdenverkehrsamts am Flughafen, Bahnhof und Busbahnhof.
- **Oficina de Turismo de Galicia:** Vilar 30–32, T 902 33 20 10, Mo–Fr 10–20, Sa 11–14, 17–19, So 11–14 Uhr, Infos zur Region Galicien.
- **Pilgerinformation:** Carretas 33, oficinadelperegrino.com, tgl. 9–21, im Winter 10–19 Uhr.
- **Flughafen:** Der Aeropuerto Rosalía de Castro liegt 13 km östlich des Zentrums, T 913 21 10 00. Am häufigsten fliegt Iberia. Direktflüge von/nach Frankfurt/München mit Lufthansa und von/nach Memmingen mit Eurowings. Das Busunternehmen Freire (empresafreire.com) pendelt für rund 2 € zwischen dem Flughafen und dem zentralen Busbahnhof, so spart man sich das teure Taxi.
- **Bahnhof:** Hórreo s/n, T 902 32 03 20. Nach A Coruña stdl. (30 Min.), stdl. über Pontevedra nach Vigo, 6 x tgl. nach Ourense, 1 x tgl. nach León und Burgos, fast stdl. nach Madrid (3–4 Std.).
- **Busbahnhof:** San Caetano s/n, T 981 54 24 16. Bus Nr. 10 verkehrt zwischen der Estación de Autobuses und der zentralen Praza de Galicia. Busse fahren stdl. nach A Coruña, Pontevedra und Noia, außerdem 7 x tgl. nach Lugo. Monobus (monobus.es/es) fährt tgl. um 9 und um 10 Uhr über Muros und Cee nach Finisterre/Fisterra an der galicischen Todesküste. Von dort fahren die letzten Busse um 16.45 und um 19 Uhr zurück nach Santiago.

Zugabe
Schade, Antonio

Wie ein Stararchitekt an seinem Großprojekt verzweifelte

Antonio Maroño Cal (*1965 in A Coruña) ist ein berühmter Mann. Der Vorsitzende der galicischen Architektenkammer war Leiter des ehrgeizigsten Bauprojekts in Santiago seit dem Bau der Kathedrale: der hochmodernen und ziemlich stalinistisch grau anmutenden Kulturstadt Ciudad de la Cultura. Da steht er also vor seinem Bauplan, schwärmt vom Grundriss der Jakobsmuschel und von dem hochmodernen Ensemble aus Granit, entworfen von dem US-Stararchitekten Peter Eisenman. Ein Wurf sollte das werden wie das Guggenheim in Bilbao. Doch schon damals ist er genervt von den Regierungswechseln und vom Geldmangel durch die Baukrise im ganzen Land. Ständig habe es Änderungsvorschläge gegeben und schließlich sei ein definitiver Baustopp verhängt worden. Nachdem bereits 300 Mio. Euro investiert worden waren. Einige Lesungen und Ausstellungen finden in der unvollendeten Kulturstadt zwar statt. Doch der ganz große Traum ist geplatzt. Antonio resümiert: »Am Ende habe ich mich gefühlt wie ein Bauherr zwischen Hochzeit und Scheidung.« ■

Die Nordküste Galiciens

Wo einst das Ende der Welt war — die Stadt A Coruña ist fantastisch. Und vor allem entlang der Todesküste sind die vielen Fischerdörfer ganz frei von Selfie-Tourismus und Souvenirkitsch.

Eintauchen

Seite 127

A Coruña

Die ›gläserne Stadt‹ ist weltoffen, berühmt für den römischen Leuchtturm, die Mode rund um die Marke Zara, die schönen Glasveranden und den Fußballverein Deportivo.

Seite 133

Museum für Meerestiere

Meeresspinnen, Zahnbrassen und größere Fische in einem Becken mit 4,5 Mio. l Wasser. Das Meeresmuseum von A Coruña ist super. Und das mit Abstand beste in ganz Nordspanien. Auch die Filmplakate von der Nautilus sind klasse.

Wie kann eine Todesküste so lebendig sein?

Seite 143

Betanzos

Schmucke kleine Stadt mit Arkadengängen, die flüssigste Tortilla Spaniens und ein um 1900 gebauter, abgedrehter Freizeitpark. Crazy.

Seite 147

San Andrés de Teixido

Viele besuchen das Pilgerziel. Wer nicht lebendig hierherkommt, muss es postmortal in Tiergestalt tun.

Seite 151

Malpica

Der Hafen dieses Fischerortes ist einer der schönsten Galiciens.

Seite 154
Costa da Morte

Wandern an der malerischen Costa da Morte von Laxe nach Traba. Vor allem für Familien ist dieser Ausflug geeignet.

Seite 155
Camariñas

Süßer Fischerort mit alter Tradition. Hier arbeiten vereinzelt noch Spitzenklöpplerinnen, die über Jahrzehnte das Einkommen der Anwohner gesichert haben.

Seite 156
Muxía

Wo einst die Ölpest durch das Tankerunglück der Prestige wütete, ist wieder Ruhe eingekehrt. Muxía ist berühmt für sein Steinsegel aus Granit an der Küste. Es soll zu dem Boot gehören, mit dem einst der Leichnam des Apostels Jakob kam.

&

Seite 156
Fisterra ✪

Das Ende der Welt lag genau hier, dachten einst die Pilger. Noch heute besuchen sie von Santiago aus diesen malerischen Ort, den viele als letzte Station des Jakobswegs ansehen. Im dazugehörigen Leuchtturm kann man übernachten.

Leuchttürme regen zum Träumen an? Es gibt noch viele jenseits von Fisterra.

An der Todesküste haften die Entenmuscheln. Diese *percebes* gelten als Delikatesse, doch ihre Ernte an den Felsen ist bei Flut lebensgefährlich.

erleben

Am Ende der Welt

A

An Spaniens Westzipfel glaubten sich die Pilger des Mittelalters am ›Ende der Welt‹, und wer die bizarren Riffe der Todesküste an den nördlichen fjordartigen Rías Altas Galiciens gesehen hat, wird dies nachfühlen können. Eine Augenweide sind die kleinen Fischerdörfer, während die weltoffene ›gläserne Stadt‹ A Coruña viel urbanes Leben ausstrahlt. Hier an den Buchten der Rías Altas ist Galicien noch viel echter als an den Rías Baixas mit so beliebten Urlaubsorten wie Baiona und vor allem Sanxenxo. Das Wasser ist kühler, dafür locken Steilklippen, wunderbare Aussichtspunkte *(miradores)* und echtes Fischerleben. Vor allem an der Costa da Morte, der Todesküste mit archaischen Fischerorten wie Malpica und Corme. Während sich die Südbuchten eher zum Baden eignen, sind hier im Norden Küstenwanderungen angesagt, etwa von Laxe nach Traba (s. Tour S. 154). Auch zum Essen sind die Ortschaften ein Ereignis. Nicht so sehr in Fisterra, dem sogenannten Ende der Welt, wo vor allem im Hochsommer extrem viele Besucher hinkommen, sondern eher in den anderen Fischerorten. Auch Spanier aus Andalusien, der Extremadura und Kastilien wissen zu schätzen, dass hier an den Häfen Meeresfrüchte und Fische so frisch zu haben sind wie sonst nirgendwo im Land. Die Miesmuschelflöße liegen zwar an der Südküste Galiciens, doch hier wachsen an den Riffen die wertvollen Entenmuscheln, für die man in Madrid den doppelten Preis zahlen würde. Besonderen Spaß macht es hier am sogenannten Ende der Welt, einmal in den Markthallen die Fischauktionen zu beobachten, wenn Seeteufel, Seezunge und Thunfisch unter den Hammer kommen. Die größte Fischbörse liegt allerdings nicht hier an der Atlantikküste, sondern Hunderte Kilometer entfernt in der Hauptstadt Madrid.

O

ORIENTIERUNG

spain.info: Das Internetportal von Turespaña bietet nützliche Infos zu den wichtigsten Orten der Nordküste. Auch auf Deutsch.
Fremdenverkehrsämter: Zentrale Anlaufstellen an diesem Abschnitt sind A Coruña und Betanzos.
Verkehr: Über Madrid oder Barcelona kann man A Coruña mit Iberia anfliegen. Der Flughafen liegt südlich des Zentrums. Mehrmals pendeln Busse zwischen Santiago und A Coruña.

A Coruña

C2

Auf die Hauptstadt der gleichnamigen Provinz Galiciens zuzusteuern mag auf den ersten Blick wenig ermunternd wirken. Allzu funktional und kastenartig sind die Gebäude des Neustadtrings aus dem Boden gestampft. Doch ist erst einmal das Zentrum der Hafenmetropole erreicht, verbessert sich die Laune schlagartig. Originell auf einer Halbinsel gelegen und vom Atlantik umspült, liegt die Altstadt von A Coruña (La Coruña) zwischen Hafen und Stränden. Ihr Wahrzeichen ist der Herkulesturm, der schon seit 2000 Jahren in bester Lage auf einem Kap vor der Stadt Wache hält. Bei einem Hafenspaziergang wird deutlich, warum die fast 245 000 Bewohner von A Coruña ihren Wohnort die ›gläserne Stadt‹ nennen: Denn die *galerías* – verglaste, weiß gestrichene Holzvorbauten aus dem 19. Jh. – sind hier so zahlreich und charakteristisch wie nirgendwo sonst in Spanien. Und wer die Open-Air-Konzerte im Feiermonat August erlebt, versteht diesen Slogan sofort: »In Santiago wird gebetet, in Vigo gearbeitet und in A Coruña gelebt.«

Fleischersfrau verjagt Drake

Auch wenn schon die Phönizier und Römer die Hafenstadt kannten, wirklich berühmt machte sie erst das Jahr 1588, als die ›unbesiegbare‹ spanische Armada von hier aus zur Invasion gegen England aufbrach – und am Ärmelkanal geradewegs in die Katastrophe segelte. Schon wenige Monate später kam der

Hummer, Jakobsmuscheln und Seeteufel im Überfluss: Die besten Märkte der Stadt liegen an den Plätzen Lugo und San Agustín.

Rückschlag und die englische Flotte unter Sir Francis Drake zerstörte mit ihren Kanonen große Teile der Altstadt. Allerdings organisierten sich die Bewohner zum erfolgreichen Widerstand, der eine Eroberung verhinderte. Dabei ging eine Metzgerin namens María Pita besonders energisch gegen die bewaffneten Mannen des Ex-Piraten vor. So energisch, dass später der Rathausplatz und das Stadtfest im August nach ihr benannt wurden.

A Coruña lebte schon im 19. Jh. nicht schlecht von dem traditionellen Hafen und der Konservenindustrie. Auch die örtliche – noch heute betriebene – Tabakfabrik trug seit Mitte des letzten Jahrhunderts zum Wohlstand bei. Hier kam es zu den ersten proletarischen Streiks in Galicien. Inzwischen profitiert die Stadt nicht mehr nur von Schiff- und Maschinenbau, Eisen- und chemischer Industrie, sondern auch zunehmend vom Tourismus und den sehr angesagten Modehäusern, unter denen Zara das erfolgreichste ist (s. Tour S. 138).

Bummel vom Hafen ins Zentrum

A Coruña besteht aus mehreren attraktiven Vierteln. An die Hafenpromenade schließt sich nordöstlich die Altstadt an. Den Rathausplatz María Pita und die südlichen Altstadtgassen säumen Fischertavernen, kleine Läden und Cafés, in denen Domino das Spiel der Spiele ist. Wenige Schritte weiter westlich liegen die sauberen Stadtstrände Orzán und Riazor vor schmucklosen Betonhäusern mit Meerblick.

Strände und alten Hafen trennen an der engsten Stelle der Halbinsel kaum 500 m. Nördlich der Strände liegen attraktive Museen und der Herkulesturm, das Wahrzeichen der Stadt. Genau dort, wo »der Wind pfeift, solange A Coruña existiert« (Pablo Picasso).

Der **Alte Hafen** ❶ mit seinen farbenfrohen Fischerbooten ist ein beliebter Treffpunkt und eignet sich für den Beginn der Stadtvisite. Kaum ein Stadtprospekt, der nicht die typischen, lichten Glasveranden *(galerías)* an der Avenida de la Marina abbildet und Coruña als ›gläserne Stadt‹ beschreibt. Denn die weiß gestrichene Häuserfront mit ihren *galerías* bildet gerade hier ein fast homogenes Bild. Fast alle dieser verglasten Balkonhäuser entstanden in den Jahren 1870 bis 1884. Die Bewohner hinter den Veranden gehen vor allem am späten Nachmittag gerne in den gegenüberliegenden Méndez-Núñez-Gärten mit Pavillon, Jugendstil-Kiosk und Palmen spazieren. Vom Hafen aus führt die lang gezogene Promenade Paseo Marítimo rund um die Halbinsel und ist ein schöner Spazierweg.

Bevor es weiter zur Altstadt geht, lohnt ein Bummel durch die schmalen Gassen Riego de Agua und Franja mit ihren Restaurants und Bars, wo die fangfrischen Muscheln und Seekraken teils zu Spottpreisen über die Theke gehen. Diese Gassen führen geradewegs auf den Hauptplatz **María Pita** ❷ zu, den das neoklassizistische **Rathaus** (Ayuntamiento) mit seinem kupferglänzenden Dach dominiert. Die Stadtoberen haben in den letzten Jahren mehr getan als so manche ihrer Kollegen in Nordspanien. Einstige Müllhalden an den Klippen machten einer schmucken Promenade Platz, gigantische Tiefgaragen dämmten das Verkehrschaos ein und moderne Museen ziehen immer mehr Gäste an.

Das **Museo de Bellas Artes** ❿ ist im preisgekrönten Prachtbau des Architekten Manuel Gallego Jorreto untergebracht. Er besteht vorwiegend aus Aluminium und Glas und bezieht auch ein ehemaliges Kapuzinerkloster mit ein (s. S. 132).

Platz des Humors

Auf dem Platz **San Agustín** ❸ mit seiner funktionalen Markthalle im Hintergrund sind die Figuren von Snoopy, Asterix und auch dem Brille tragenden Journalisten, Poeten und Dramaturgen Alvaro Cunqueiro (1911–81) auf einer Steinbank zu sehen. Im Volksmund heißt die Praza San Agustín daher auch ›Platz des Humors‹. Cunqueiro übrigens ist bei Schulkindern vor Ort der Knaller fürs Selfie. Eines seiner wichtigsten Werke (bei uns schlicht ignoriert) ist ein Buch über die galicischen Legenden rund um das Meer *(fábulas y leyendas del mar)*.

Die Altstadt

Nur wenige Schritte nordöstlich des Rathausplatzes ist die Altstadt *(ciudad vieja)* erreicht. Sie liegt auf einer Anhöhe mit zahlreichen krummen Gassen, verschwiegenen Plätzen und kleinen Abteikirchen. Zu den kleinen Altstadtkirchen gehört die dreischiffige **Iglesia de Santiago** ❹ (Parrote 1, Mo–Fr 8–13, 17.30–19, Sa/So 10–13, 16.30–19 Uhr, Eintritt frei). Sie diente schon 1162 den Jakobspilgern und ist damit das älteste Gotteshaus der Stadt. Im Bogenfeld der Hauptfassade der nur 36 x 18 m großen Kirche ist der hl. Jakob hoch zu Ross mit gezücktem Schwert zu sehen. Vor allem Engländer, die auf dem Seeweg nach A Coruña kommen, um von dort nach Santiago zu pilgern, besuchen die Kirche.

Die ebenfalls romanische Kirche **Santa María del Campo** ❺ (Plaza Santa María 1, Di–Fr 10–13, 17–19, Sa 10–13 Uhr, Eintritt frei) erhebt sich an der höchsten Stelle der Altstadt. Seeleute haben für ihre Finanzierung gesorgt, und seit 1256 ist das noch ganz im romanischen Stil erhaltene Portal mit der Anbetung der Heiligen Drei Könige zu sehen. Ansonsten ist sie im Stil der Gotik erbaut. Vor der Kirche auf dem stillen Platz steht ein für Galicien so typisches Steinkreuz mit Themen der Kreuzigung. Und in der Umgebung gibt es ein paar kleine Tavernen und Cafés.

Ebenfalls eine Oase ist der Garten **Jardín de San Carlos** ❻, in dem ein Denkmal an General John Moore erinnert. 1809 half der Brite, die Stadt gegen die Franzosen zu verteidigen, während A Coruña noch gut 200 Jahre zuvor von Francis Drake unter englischer Flagge fast in Schutt und Asche gelegt worden wäre. Der um 1843 angelegte romantische Stadtgarten bietet eine weite Sicht auf den Hafen, dümpelnde Boote und die gewaltigen Stahlarme der Verladekräne. Zwischen den groben Steinen an der Promenade und dem Wasser hausen so einige hagere, sehr zähe Katzen. Auch Reste der Stadtmauer und das vorgelagerte Castillo de San Antón liegen vom San-Carlos-Garten aus im Blickfeld.

Einst Verteidigungsburg und Gefängnis, beherbergt das **Castillo de**

S

SEX MIT KRAKE

Galicien hat eine ganz eigene Version von Aimée und Jaguar. Wir schreiben das Jahr 1901. Ort: Nur 90 m vom Platz des Humors entfernt in der Kirche San Xurxo. Dort haben damals die Lehrerinnen Marcela und Elisa geheiratet. Als erstes lesbisches Paar in der Kirchengeschichte. Eine verkleidet als Mann. Als das raus kam, brachte die »Voz de Galicia« das Thema als Titelstory samt Hochzeitsbild. Was ein Skandal! Die beiden flohen per Schiff über den Atlantik nach Argentinien. Und der Film dazu (»Elisa und Marcela«) von Isabel Coixet war 2019 ein Hit auf der Berlinale. Samt Sexszene mit Seekrake.

Parque dos Menhires
Punta de Adormideras
Punta Herminia
Paseo dos Menhires
Playa de S. Amaro
Paseo Marítimo
Area Deportiva la Torre (Sportplätze)
Cementeri
Municipal
Av. de Navarra
Orillamar
La Torre
Ctra. de la Torre
Faro
Vereda del Polvorín
Santo Tomás
8
Herkulesturm
Ronda de Monte Alto
Av. de Hércules
Angel Rebollo
Muro
Adelaida
Punta de Orzán
12
Breogán
Matadero
13
Paseo Alcalde Francisco Vázquez
Ensenada del Orzan
0
200
400 m

Ria de
A Coruña
Capitanía Marítima
Jachthafen
Paseo Marítimo
ALTSTADT
(Ciudad vieja)
Maestranza
Paseo del Parrote
Trav. de Orillamar
Orillamar
Marconi
Atocha
S. José
S. Juan
Atocha Baja
Millan Astray
S. María
Damos
Ntra. Sra. del Rosario
Cap. Troncoso
Paseo Marítimo
Plaza de España
La Torre
Silvari
Ayuntamiento
Puerta Real
Paseo de la Dársena
Disciplina
Varela
Juan XXIII
Mercado de San Agustín
Pl. S. Agustín
Av. Montoto
Dársena
de la Marina
Glasveranden
Hospital San Roque
Panaderas
Florida
Riego de Agua
Zalaeta
S. Nicolas
Bailén
Barrera
Av. de la Marina
Matadero
Cordonería
Orzán
Corralón
Torreiro
La Galera
Real
Kongress-palast
Filmax
Sol
P. de Orzán
Juan Canalejo
Gral. Mola
Olmos
Provisional
Xardíns de
Av. de Pedro Barrié de la Maza
San Andrés
Nueva
Alta
Estrella
Cantón Grande
Playa del Orzán
S. Catalina
Alférez
Frachthafen
Cordelería
Cdte. Fontanes
Durán Loriga
Cantón Pequeño
Méndez Nuñez
Alameda
Rosaleda
Juana de Vega
Playa de Riazor
Plaza de Pontevedra
Plaza de Lugo
F. Compostela
P. Gómez
T. Herrera
F. G. Fontán
Av. Linares Rivas Sánchez Bergua
F. Mariño
Bahnhof San Cristobal, Corte Inglés, Flughafen

A Coruña Legende zu Cityplan S. 130/131

Ansehen
1 Alter Hafen
2 Platz María Pita
3 Platz San Agustín
4 Kirche Santiago
5 Kirche Santa María del Campo
6 Jardín de San Carlos
7 Castillo de San Antón
8 Torre de Hércules
9 Aufzug Ascensor Panorámico
10 Museo de Bellas Artes
11 Museo Arqueolóxico e Histórico
12 Aquárium Finisterre
13 Domus, Casa del Hombre
14 Casa de las Sciencias

Schlafen
1 NH Collection
2 Riazor
3 Sercotel
4 Alborán
5 Pazo do Souto

Essen
1 El 10
2 Taberna O Secreto
3 Rey del Jamón
4 Mesón do Pulpo
5 Malte
6 Il Piccolino
7 Café La Barra

Einkaufen
1 Casa Claudio
2 Adolfo Domínguez
3 Bershka
4 Kina Fernández
5 Purificación García
6 Verino
7 Zara für Frauen
8 Zara für Männer

Bewegen
1 Escuela Surf Bastiagueiro
2 Tour Nocturno Ciudad Vieja
3 Estadio de Riazor

Ausgehen
1 Filloa
2 Sala Mardigras
3 Playa Club

San Antón 7 heute das auf Archäologie spezialisierte **Museo Arqueolóxico e Histórico** 11 (s. S. 133).

Blick auf Stadt und Meer

Weltältester Leuchtturm
Der Leuchtturm **Torre de Hércules** 8 ist das Wahrzeichen der Stadt aus der Römerzeit. Als er um das Jahr 100 n. Chr. entstand, erreichten die Wärter die 50 m Höhe noch über eine breite Außenrampe, die 242 Stufen im Innern des Faro gibt es erst seit dem Jahr 1785. Von oben reicht der Blick nicht ganz so weit, doch bietet die Leuchtturmspitze eine gute Übersicht über die anfahrenden Schiffe.

Av. de Navarra s/n, Juni–Sept. tgl. 10–19.45, sonst 10–17.30 Uhr, Eintritt 3 €, Mo frei

Panorama-Aufzug
Der **Ascensor Panorámico** 9 ist eine überdimensionale Glaskugel auf Schienen für gut 15 Passagiere, die 100 m von der westlichen Meerespromenade steil hoch zum Park San Pedro fährt. Von oben hat man einen wunderbaren Blick auf die Bucht von A Coruña und den Herkulesturm. An der oberen Station gibt es ein Restaurant, Spielplätze und viel Grünfläche für ein Picknick.

Paseo Marítimo s/n, Sommer Di–So 11–21, sonst 11–19 Uhr, pro Fahrt 3 €

Museen

In moderner Hülle
10 **Museo de Bellas Artes:** Das Kunstmuseum der Stadt ist im preisgekrönten Bau des Architekten Manuel Gallego Jor-

reto untergebracht. Er besteht vorwiegend aus Aluminium und Glas und bezieht ein ehemaliges Kapuzinerkloster ein. Zu sehen sind neben romanischen Skulpturen vor allem europäische Malerei des 16. bis 19. Jh., darunter Werke von Goya, Velázquez, van Dyck und Rubens.

Zalaeta s/n, museobelasartescoruna.xunta.gal, Di–Fr 10–20, Sa 10–14, 16.30–20, So 10–14 Uhr, Eintritt 2,40 €, Sa nachmittags, So Eintritt frei

Schmuck von gestern

⓫ Museo Arqueolóxico e Histórico: Zu den interessantesten Funden im archäologischen Museum zählen keltische, suebische und westgotische Halsketten und Werkzeuge. Auch einige Fundstücke und Dokumente aus der Zeit der Attacke Francis Drakes auf die Metropole (1589) sind hier ausgestellt.

Paseo de Parrote s/n, Museum Juli–Aug. Di–Sa 10–21, So 10–15, sonst Di–Sa 10–19.30, So 10–14.30 Uhr, Eintritt 2 €

Spaniens bestes Aquarium

⓬ Aquárium Finisterre: Im Museum für Meerestiere kann man Rochen und Haie aus nächster Nähe beobachten. Hier leben viele der meist grau und rötlich gefärbten Tiere des Atlantiks, von der Meeresspinne bis zur Zahnbrasse, vom Butt bis zur Seekrake. Im Humboldt-Saal schwimmt dagegen die farbenfrohe Unterwasserwelt der Karibik. Die größten Fische tummeln sich in der ›Nautilus‹, einem 4,5-Mio.-Liter-Becken. In dem modernen Museum erklingen verschiedene Möwenstimmen per Mausklick, Entenmuscheln lassen sich heranzoomen, zu sehen sind auch Fossilien, versteinerte Meereslebewesen, etwa ein 150 Mio. Jahre alter Ichthyosaurus. Besonders Kinder haben hier Spaß. Fünfjährige steuern in einem Becken Transport- und Polizeischiffe fern. Noch mehr Begeisterung kommt am Außenbecken auf, wo sich von der niederländischen Küste stammende Seehunde tummeln. Ein paar Meter weiter ist eine norwegische Harpune ausgestellt. Mit solchem Gerät gingen galicische Fischer noch bis zum Walfangverbot 1982 auf ihre waghalsigen Jagdfahrten. Man erfährt in dem lichten Bau auch etwas über die Geschwindigkeit der Meerestiere: So schafft ein Schwertfisch 95 km/h, ein Thunfisch 75 km/h, ein Delfin nur 55 km/h, doch die wirkliche ›lahme Ente‹ ist die Grundel mit 1 km/h. Nicht viel schneller sind die Besucher unterwegs, die sich für den interessanten Rundgang gut drei Stunden Zeit nehmen sollten. Zur Verschnaufpause laden Außenterrassen mit Strandblick ein sowie ein Tapa-Restaurant, das neben Stangenbrot und Tortilla mit Paprika und Meersalz garnierte Seekraken-Häppchen *(pulpo)* bietet. Die bislang meistbesuchte Sonderausstellung hieß übrigens Sexo Azul. Dabei ging es darum, wie Unterwassertiere tanzen, sich parfumieren und sogar die Rollen tauschen. Alles nur für Sex im Blauen.

Paseo Alcalde Francisco Vázquez 34, coruna.gal/mc2/es, Mo–Fr 10–19, Sa und So 11–20 Uhr, Eintritt 10 €

M

DA WAR MAGIE IM SPIEGEL

Der ungewöhnliche Name des alten Leuchtturms **Torre de Hércules ❽** geht auf eine Legende zurück, nach der Herkules dort drei Tage und Nächte lang gegen den Giganten Gerion gekämpft haben soll. Als er den riesigen Tyrannen schließlich besiegte, nutzte der Grieche Gerions Schädel als Fundament für den Leuchtturm und stellte an seine Spitze einen magischen Spiegel. Dieser reflektierte das Licht einer Kerze so weit, dass es den Seefahrern noch in den fernen Ländern des Orients Orientierung gab.

Hörbarer Herzschlag

⑬ Domus – La Casa del Hombre: Schon von Weitem fällt das Themenmuseum auf, dessen rosa Granitfassade der Japaner Arata Isozaki Anfang der 1990er-Jahre als ›windgefülltes Segel‹ entwarf. In den interaktiv eingerichteten Ausstellungsräumen dreht sich alles um den Menschen, von der Identität des Einzelnen über die Bevölkerungsentwicklung bis zu den Organen, etwa in Form eines überdimensionalen Herzens inklusive hörbarem Pochen. Das Gesicht der ›Mona Lisa‹ von Leonardo da Vinci setzt sich aus 10 062 Porträtfotos aus 110 Ländern zusammen.

Santa Teresa 1, coruna.gal/mc2/es, Mo–Fr 10–19, Sa/So 11–19 Uhr, Eintritt 2 €

Pendel und Planetarium

⑭ Casa de las Ciencias: Das moderne Wissenschaftsmuseum steht schon seit 1983 am anderen Ende des Stadtzentrums im Parque de Santa Margarita, eine stadtplanerische Meisterleistung. Um ein Foucaultsches Pendel herum ist auf mehreren Stockwerken die Welt der Technik und Naturwissenschaften ausgestellt. Gäste können das Planetarium besuchen oder Musik am Computer komponieren.

Parque Santa Margarita s/n, coruna.gal/mc2/es, Mo–Fr 10–19, Sa/So 11–19 Uhr, Eintritt 2 €

Schlafen

Günstige Hostals liegen am Paseo de Ronda westlich des Fußballstadions Riazor.

Luxus pur

1 NH Collection: Langweiliger Kasten mit fünf Sternen und allem Luxus inklusive Pool und Tennisplätzen. Ein besonderes Plus: Viele der Zimmer haben Hafenblick.

Paseo del Parrote s/n, T 981 20 54 00, nh-hotels.de, €€€

Was für ein Arsch: Botero-Statue ›Römischer Soldat‹ vor dem Domus

Mit Meerblick

2 **Riazor:** Mittelklassehotel mit Garage und Blick auf den Strand. Rampen für Rollstuhlfahrer. Ganz in der Nähe des Stadtstrands. Der Internetzugang ist gratis, TV auch mit ausländischen Kanälen.

Av. Pedro Barrié de la Maza 29, T 981 25 34 00, riazorhotel.com, €–€€

Cooles Design

3 **Sercotel Blue Coruña:** Designerhotel mit Dachterrasse und Parkgarage, ebenfalls wenige Schritte zu Strand und Hafen, dafür aber etwas günstiger als das Riazor.

Juana de Vega 7, T 902 14 15 15, hotelblue coruna.com, €–€€

Ohne Schnickschnack

4 **Alborán:** Einfache Zimmer, zum Teil mit schmalen Balkonen, mit Bad und TV, günstig direkt im Fußgängerbereich gelegen, mit Aufzug und gutem Preis-Leistungs-Verhältnis.

Riego de Agua 14, T 981 22 65 79, hostalal boran.es, €

Idylle außerhalb

5 **Pazo do Souto:** Restauriertes Steinhaus mitten auf dem Land, mit eigener Kapelle, schönem Blumengarten, sieben Zimmern und fünf Suiten. Hunde sind auch willkommen.

Torre 1, Sísama-Carballo, 33 km von A Coruña und 2,5 km von Carballo entfernt, T 981 75 60 65, pazodosouto.com, €–€€

Essen

Rund um die zentrale **Plaza de María Pita** gibt es zahlreiche Tavernen, die sich auf Seekrake *(pulpo)*, Tapas-Häppchen oder auch Meeresfrüchte spezialisiert haben. Besonders zahlreich sind die *bares* und *mesones* in den Gassen Franja, Olmos und Barrera. Anders als in Santiago gehen hier vor allem die Bewohner selbst essen.

Seeteufel vom Feinsten

1 **El 10:** Warum gibt es so ein Restaurant nicht bei mir zu Hause? Seit über 30 Jahren verwöhnt Koch Narciso die Nachbarn im Innenraum und auf der Außenterrasse mit frisch zubereiteten Fischen und Meeresfrüchten. Der Rape (Seeteufel) ist eine Delikatesse.

Pl. de España 8, T 981 20 71 53, marisqueria el10.es, nur mittags ab 13 Uhr, €–€€

In-Treff

2 **Taberna O Secreto:** Deftige *raciones* und guter Rotwein sind hier besonders gefragt. So geheim, wie der Name suggeriert, ist das Secreto aber schon lange nicht mehr. Dafür ist die Taverne einfach zu gut.

Alameda 18, T 981 91 60 10, tabernaosecre to.com, Mo, So geschl., €–€€

Himmel voller Schinken

3 **El Rey del Jamón:** Hier hängen die Schinkenkeulen von der Wand, und zwar in allen Preisklassen, ob teurer Ibérico oder günstigerer Serrano. Die *bocadillos* und *raciones* sind preiswert, das Ambiente lebhaft.

Franja 45, Mo geschl., sonst durchgehend ab 10 Uhr, Tel. 981 22 74 85, €–€€

Im Reich der Krake

4 **Mesón do Pulpo:** Seekrake auf Holztellern mit Meersalz und rotem Paprikapulver, nicht zu hart, aber noch mit Biss – so gut wie hier findet man den *pulpo al feira* selten. Es gibt auch leckere gebratene *chipirones* (kleine Tintenfische) und von Herbst bis ins Frühjahr frische *mejillones* Miesmuscheln.

Franja 9, So geschl., €–€€

Lust auf Malz?

5 **Malte:** Unglaublich. Wir sind hier nicht in Deutschland. Und trotzdem steht auf dem Portal der Taverne, Malz sei ein »Leitmotiv«. Aha. Die Bar im Altstadtkern bietet jede Menge gute und auch internationale Biere, vor allem malzige Sorten. Es muss ja

nicht immer Estrella Galicia sein. Auch die Tapas und das Mittagsmenü sind lecker.
Galera 47, T 981 20 57 51, cervezotecamalte.com, Mo–Mi mittags geschl., €

Va bene
6 **Il Piccolino:** Heller, ansprechender Italiener im Kiez der Stadt, spezialisiert auf Meeresfrüchte-Pasta, Steaks und Salate und natürlich Pizza. Als Dessert sind Panna cotta und Tiramisu empfehlenswert.
Franja 8, Mo geschl., T 981 22 19 00, €

Traditionscafé
7 **La Barra:** Das urig eingerichtete La Barra ist das beliebteste Café der Stadt, ähnlich wie das legendäre Derby in Santiago de Compostela. Und war das schon in analogen Zeiten. WLAN gibt es trotzdem.
Juan XXIII 10, tgl., wenn die Besitzer in Stimmung sind, €

Einkaufen

Feine Kost
1 **Casa Claudio:** Delikatessenladen mit spanischer Feinkost, Cognacs, Weinen etc.
San Andrés 113

Die Falte ist schön
2 **Adolfo Domínguez:** Einst eher peppig, heute hochpreisige, elegante Mode einer der führenden Marken Spaniens. Adolfo kreierte einst den Werbeslogan »La arruga es bella«.
Juana de Vega 6, adolfodominguez.com

Young Fashion
3 **Bershka:** Schuhe und Klamotten für ein Zielpublikum unter 30 Jahren aus der Inditex-Kette Amancio Ortegas, zu der auch Zara gehört.
Plaza de Lugo, bershka.com

Für Sie von ihr
4 **Kina Fernández:** Kina Fernández (*1947) ist die einzige Frau in der berühmten galicischen Modewelt, die sogar international Erfolg hat. Sie sorgt für Catwalk-Trends und oft satte Farben auf der wichtigen Cibeles Fashion Week in Madrid.
Real 58, kinafernandez.es

Hauch von Luxus
5 **Purificación García:** Klare Linie, gutes Design, Accessoires und für alle Geschlechter trendige Kollektionen, wenn auch bei uns kaum bekannt.
Fonseca 7, purificaciongarcia.com

Unisex
6 **Verino:** Anzüge und Abendkleider, immer hochwertig, mit einem Hang zum Klassischen ohne viel Experiment. Auch Design von Uhren und kurioserweise Weine gehören zur Kollektion. Er schneidert seine Mode in der südlichen Provinz Ourense. In seiner Geburtsstadt ließ er sie nach einer Zwischenstation in Paris schon Anfang der 80er-Jahre Prêt-à-Porter herstellen. Und plötzlich hatten alle Frauen der Kleinstadt einen Job.
Real 73, robertoverino.com

Mode für Señoras und Kids
7 **Zara:** Mal riesengroße Sonnenbrillen, hippe Shirts und Tops, mal modern, dann wieder Retro und möglichst immer im Trend. Und immer im Blick: die Konkurrenz aus Italien. Bei den ständig neuen Kollektionen ist Inditex mit dem Flaggschiff Zara wahrlich keine Wohltat für die Umwelt. Nahe A Coruña steht das Hauptwerk der Firma aber als ein wichtiger Wirtschaftszweig für die Stadt und die Region.
Juana de Vega 3, zara.es

Mode für Männer
8 **Zara:** Immer sehr wertkonservativ, ob Socken, Sackos oder Gürtel. Zara bietet Aktuelles für Kerle, die auf Umhängetaschen stehen, schwarze Lackschuhe und klassische Anzüge.
Real 16, zara.es

Bewegen

Surfen am Stadtstrand

1 Escuela de Surf Bastiagueiro: Ganz nah am Stadtstrand Riazor gelegen, sind die Ausbilder aber vor allem am Strand Bastiagueiro in Aktion. Besonders für Anfänger ist das die beste Playa, um Surfen zu lernen. Die jüngsten Teilnehmer sind 6 Jahre alt. Dazu kommen Surf-Camps und diverse Ausflüge. Im Angebot ist auch Paddlesurf. Surfbrett ausleihen kostet pro Tag 15 €, auch Neoprenanzüge gibt es hier in allen Größen.

Don Bosco 3, T 637 97 24 05, basesurf camp.com

Nachtführung

2 Tour Nocturno Ciudad Vieja: Etwa 1,5 Std. dauert die kostenlose Führung mit historischen Themen durch die abends erleuchtete Altstadt.

Freitags, Juni–Aug. um 21.30, sonst um 20.30 Uhr. Anmeldung (ab drei Personen) beim Infoamt am María-Pita-Platz oder unter T 981 92 30 93. Sprachen: Englisch oder Spanisch

Fußball

3 Estadio de Riazor: Das Fußballstadion von A Coruña liegt gleich am Riazor-Strand und ist mit knapp 35 000 Plätzen Heimstätte von Deportivo La Coruña. Karten gibt es an den Schaltern vor Spielbeginn. Nicht wundern, wenn es sich erst kurz vor Anpfiff füllt. Das liegt an der schönen Strandpromenade!

Am Riazor-Strand, rcdeportivo.es

Ausgehen

Ein beliebter Streifzug zwischen **Plaza María Pita, Hafen** und **Plaza San Agustín.** Nach Mitternacht geht es weiter Richtung **Orzán-Strand** zu den Lokalen in der lebhaften Gasse Pasadizo de Orzán.

Die Strände Matadero und Santa Cristina sind Surfer-Highlights.

Dem schließt sich ein Bummel am Strand oder entlang der Promenade Richtung Fußballstadion **Estadio de Riazor** an. Davor liegen die beliebten Discos Playa Club und Ola Green. Voll wird es gegen 3 Uhr morgens.

Jazz

1 Filloa: Geräumige Jazzbar, ab und zu Liveauftritte.

Orzán 31, 21–4 Uhr, jazzfilloa.com

Blues & Rock

2 Sala Mardigras: Stimmungsvolle, dunkle Bar, oft Livebands.

Travesía de la Torre 8, ab 22 Uhr, salamar digras.com

Tanzen weit nach Mitternacht

3 Playa Club: Restaurant, Café, Clubhaus und Disco in einem.

Playa Riazor s/n, Do–Sa 3–6 Uhr, playaclub. ocionorte.com

TOUR
In der Stadt der Modeschöpfer

Mit einem galicischen Model durch A Coruñas Boutiquen

Was an ihrer Geburtsstadt attraktiv ist und warum man dort so gut shoppen gehen kann, verrät uns Estíbaliz Pereira Rabade. Das landesweit beliebte und erfolgreiche Model aus der Hafenstadt A Coruña war sogar schon Miss Spanien. Folgen Sie unserem Streifzug mit ihr durch Boutiquen.

Viele halten Barcelona für die Stadt der Mode, in Wahrheit ist es A Coruña.

»Glauben Sie mir«, strahlt Estíbaliz, »ich erkenne sofort, ob jemand aus A Coruña ist – am Gang, auch an der Art sich zu kleiden. Wir sind in der Modestadt Nordspaniens.« Die junge Galicierin weiß, wovon sie redet. Schon mit 16 hat sie im Black Label am Santa-Catalina-Platz Kunden beraten, später Modedesign studiert und sich dann vor ein paar Jahren bei der Endrunde zur Wahl der Miss España völlig unerwartet gegen zwei bildhübsche Andalusierinnen durchgesetzt. Wohlgemerkt, der letzten Galicierin ist das 1975 gelungen.

Estíbaliz, die sich vor Aufträgen kaum retten konnte, arbeitet weiterhin als Model. Umso schöner, dass sie sich Zeit nimmt, mit mir die besten Läden in A Coruña zu erkunden. Treffpunkt ist der zentrale **María-Pita-Platz.**

Models und Modeschöpfer

Sie ist pünktlich wie auf dem Laufsteg und bringt auch gleich auf den Punkt, warum ihr Shoppen in A Coruña so viel Spaß macht: »Die Stadt ist so klein, dass man überallhin leicht zu Fuß kommt. Und sie ist groß in Sachen Mode.« Da ist etwas dran, zumal hier der Modezar des Landes lebt, Amancio Ortega, der reichste Spanier überhaupt. Wir machen uns auf Entdeckungstour und neben der Modekönigin mit den Mandelaugen komme

Infos

C 2

Cityplan: S. 130/131

Start: Plaza de María Pita

Ziel: Plaza de Lugo

Boutiquen: s. Einkaufen S. 136

La Barra 7: s. S. 136

Kreative Pause: Café La Barra, Riego de Agua 33, Mo–Sa 8–1, So 11–1 Uhr

ich mir mit meinem Gang irgendwie belanglos vor. Egal, wir gehen direkt dorthin, wo die Modeläden am häufigsten sind und das Shoppen besonders viel Spaß macht: in die Gegenden rund um die Straße Real und rund um die Plaza de Lugo.

Galiciens Modemarken

Beginnen wir mit der **Calle Real.** In der Nummer 16 treffen wir gleich wieder auf Spaniens reichsten Mann: Hier befindet sich die Männermode-Filiale der Marke **Zara** 8. International mag dieses Label am bekanntesten sein, doch Ortega hat durchaus Konkurrenten in der eigenen Region. Und die haben sich mit ihren Läden in der unmittelbaren Nachbarschaft niedergelassen. Im Haus mit der Nummer 58 residiert die feminine, sinnliche Haute Couture von **Kina Fernández** 4 und Nummer 73 ist die Adresse des Pragmatikers **Verino** 6. Die Namen klingen. Es sind vor allem im eigenen Land sehr anerkannte Designer. Und alle, wirklich alle stammen aus Galicien. Bevor die Shoppingtour weitergeht, stellen wir uns erst einmal in einer Seitengasse an eine der Bartheken und reden bei einer kleinen *caña* (Glas Bier) und einem *agua mineral* darüber, warum galicisches Modedesign eigentlich so erfolgreich ist.

Der Erfolg der Moda Galega

Estíbaliz staunt bis heute darüber, wie sich vor Ort die Mode zu einem echten Renner hat entwickeln können: Hier im äußersten Nordwesten Spaniens, sagt sie, haben die Couturiers der regionalen Wirtschaft schon vor Jahrzehnten Impulse gegeben. Ausgerechnet in einer der ärmsten Gegenden Spaniens entwickelte sich seit den 1980er-Jahren eine Branche, die bald die ganze Welt erobern sollte. Viele der neuen Macher der Textilindustrie waren zu Francos Zeiten nach Paris und Buenos Aires ausgewandert, wo sie sich hatten ausbilden und inspirieren lassen. So auch Roberto Verino. Der Mann aus dem Hinterland Galiciens begann nach einem Aufenthalt in Paris, in der tiefen, damals stark heruntergekommenen Provinz Ourense erschwingliche Kleidungsstücke für Galicierinnen zu kreieren. Prompt verdiente nahezu jede Frau in dem bettelarmen Städtchen Verín das erste Geld ihres Lebens als Näherin bei der Firma Verinos.

Die Galicier sammelten Erfahrungen im Ausland. Und bauten dann zu Hause ihre Modelabels auf.

Schöne Falten und ein bekannter Hosenkavalier
Auch sein Kollege Adolfo Domínguez kam nach Paris, damals noch zum Studium. Später übernahm er den Modeladen seiner Eltern in der Stadt Ourense. Er machte sich selbstständig und setzte schon früh auf einen weniger rustikalen, schlichten Stil mit maßgeschneiderten Designerstücken für die Señora. »Die Falte ist schön«, erklärte er vor laufender Kamera, stellte die besten Werbefachleute ein und prompt trug halb Spanien Hosen aus Leinenstoff. Und als dann noch seine zartrosa Hemden von Don Johnson in »Miami Vice« getragen wurden, war der Durchbruch perfekt.

Damit ging es los und im Windschatten brachten andere Umjubeltes auf den Laufsteg: Pili Carrera spezialisiert sich seither auf schicke Kindermode, Alba Conde mag flippig Modernes und Jungstar Alba Cardalda Sportlich-Legeres. Keine Frage: Wer seine Kreationen derzeit von der hoch gewachsenen, rehäugigen Estíbaliz mit ihren Traummaßen präsentieren lässt, erhöht die Marktanteile. Vor keinem von ihnen hat Model Estíbaliz einen solchen Respekt wie vor Amancio Ortega, diesem scheuen, gewitzten Geschäftsmann, der inzwischen nur noch im Hintergrund agiert. In A Coruña trug er zu Francos Zeiten Hemden aus. Und heute beschäftigt seine Firma Zigtausende Arbeiter in 73 Ländern. Massimo Dutti, Bershka, Stradivarius, Oysho und Pull and Bear, alle diese Marken gehören ihm. Und vor allem Zara.

Der ›Hosenkavalier‹, wie man ihn hierzulande schon betitelt, baute ohne Uniabschluss und ohne namhafte Ausbildung das mächtigste Modeimperium Spaniens auf und besitzt laut Forbes derzeit über 70 Milliarden Euro. Sein Hauptwerk liegt in Artzeixo ganz in der Nähe von A Coruña und seine Firma Inditex hat Umsätze, die sich mit denen der Modegiganten H & M und GAP messen lassen. Bei ihm kleiden sich Königstöchter und Hafenarbeiter ein. Sein Erfolg, meint Model Estíbaliz, hat einen ganz einfachen Grund: »Er bietet eben für alle alles an, und das besonders günstig.« Das wird es sein. Wir haben ausgetrunken. Weiter gehts.

Boutiquen an der Markthalle
Auf dem Weg zur nahen Straße **Calle Juana de Vega** erzählt die Galicierin, was sie selbst am liebsten trägt:

Shoppen in der modernsten Stadt Galiciens

»Ich habe meinen Stil im Alltag kaum geändert, seit ich Miss España geworden bin. Bei Zara kaufe ich genauso gern wie bei Hugo Boss. Auch ganz einfache Sachen, denn abheben möchte ich wirklich nicht.« In Nummer 3 residiert **Zara für Frauen** 7 und in der Nummer 6 **Adolfo Domínguez** 2. Hier übrigens kauft sie gern Schuhe mit flachen Absätzen, »schon wegen meiner Größe (1,81 m)«.

Dann geht es zu der Hauptattraktion, der **Plaza de Lugo.** In der Markthalle östlich des Stadtkerns wird noch immer Fisch angeboten. Doch ist sie vor ein paar Jahren auch für die Modelabels modernisiert worden. Mit viel Stahl und Glas. Einer der angesagtesten Läden vor allem für die U-30er ist hier das **Bershka** 3. Und an der Ecke Fonseca/Plaza de Lugo residiert **Purificación García** 5, der galicische Shootingstar mit den etwas teureren Topkreationen.

Typisch Mann, werde ich nach dieser Tour durch die Läden langsam ungeduldig. Puh: »Vamos a tomar un café!« Die alteingesessene Café-Bar **La Barra** 7 ist seit Generationen ein beliebter Treff der Stadtbewohner, die hier Domino spielen oder einfach nur die Tageszeitung »Voz de Galicia« lesen. Ex-Miss España findet ihre Stadt nicht nur wegen der Mode so lebenswert, sagt sie und nippt am Café con Leche: »Weißt du, geh mal in Madrid einen Kaffee trinken, da bezahlst du glatt das Doppelte.« Stimmt, der Milchkaffee ist günstig und das Ambiente des altehrwürdigen Cafés sollte man sich nicht entgehen lassen. Zum Abschluss verrät uns die Schönheit noch ein Geheimnis: Sie muss als Model natürlich sehr auf ihre Linie achten, isst aber »entschieden zu gerne *pulpo* (Seekrake)«. Und deshalb empfiehlt sie, nach einer ausgedehnten Shoppingtour unbedingt eine der Tavernen und Pulperías in den Gassen Franja und Galera zu probieren.

Wer viel läuft, muss auch essen, witzelt sie, und dann verschwindet Estíbaliz Pereira zum nächsten Termin. »*Adiós guapa*«, rufe ich ihr noch nach, »und danke für die Tour!«

Z

ZOFF UM EINE VILLA

Schon die Schlagzeilen haben es in sich: »Urenkel des Diktators protestiert gegen Enteignung«, »Bürgermeister befürchtet Plünderung durch Franco-Erben«, »Staat übernimmt nach Gerichtsurteil die Villa Meirás«. Was war passiert? Einst gehörte der schmucke **Pazo de Meirás** in Sada, 15 km östlich von A Coruña, der Familie der berühmten Schriftstellerin Emilia Pardo Bazán. Doch 1938 ließ sich Diktator Franco, geboren im nahen Ferrol, die Villa schenken. So jedenfalls hieß es offiziell. Denn eine Schenkungsurkunde tauchte nie auf. In Wahrheit ließ der Diktator die damaligen Bewohner enteignen. Als ein Gericht zu dem Urteil kam, die Villa gehöre deshalb in Staatsbesitz, legten Francos Erben Beschwerde ein, schlossen regelmäßig das Haupttor ab, entwendeten ein paar superteure Kronleuchter und versuchten sogar, dass Anwesen für 8 Mio. € zu verkaufen. Was sie laut richterlichem Beschluss gar nicht durften. Seit 2023 ist der Spuk vorbei, die Enkel haben aufgegeben. Am Wochenende kann man online einen Besuch reservieren unter pazodemeiras.sada.gal. Eintritt frei

Feiern

- **Nuestra Señora del Carmen:** 16. Juli, Prozessionen der Fischer durch die Stadt und auf dem Wasser, denn Carmen ist ihre Schutzheilige.
- **Noite da Queima (San Juan):** 23. Juni. Bei dem Feuerspektakel werden am Orzán-Strand selbst gebaute Karikatur-Puppen aus Holz und Pappmaschee abgebrannt.
- **Stadtfest María Pita:** 1. Augusthälfte. Die Stadt feiert ihre Heldin María Pita mit Feuerwerk, Kunsthandwerksläden und Konzerten u. a. am Strand. Das Coliseo wird in dieser Zeit zur Hauptbühne. Die eingeladenen Musikstars wie der Popmusiker Alejandro Sanz kosten die Stadtverwaltung jedes Jahr rund 800 000 €. Es ist vor allem bei Jugendlichen das mit großem Abstand beliebteste Stadtfest Galiciens.

Infos

- **Oficina de Turismo:** Plaza María Pita s/n, T 981 18 43 44, turismocoruna.com. Hier gibt es auch Infos zur günstigen Coruña-Card für Museen sowie zu diversen kostenlosen Führungen durch die Stadt. Und die gut gemachte Website bietet auf Spanisch und Englisch neben dem aktuellen Kulturprogramm beliebte Rezepte von Köchen der Stadt zum Nachkochen.
- **Verkehr:** Aktuelle Abfahrtszeiten stehen in der Tageszeitung »Voz de Galicia«, die in allen Bars ausliegt. Parken: In den Parkhäusern oder auch zwischen den Museen Domus und Meeresmuseum dort, wo die Linien weiß gestrichelt sind. Blau dagegen gilt für Zeitparken, gelb für striktes Parkverbot.
- **Flug:** Aeropuerto A Coruña, 9 km südlich des Zentrums, T 981 18 72 00. Nach Madrid und Barcelona tgl. Busse pendeln zwischen Innenstadt und Aeropuerto.
- **Bahn:** Estación de Trenes, Joaquín Planelles Riera s/n, renfe.es. Mehrmals tgl. in alle größeren Städte Galiciens sowie nach Pamplona, Bilbao und Barcelona.
- **Bus:** Caballeros s/n, T 981 23 90 99. Stdl. nach Santiago und zu den Orten der Umgebung wie Sada und Betanzos. Zum Bahnhof fahren ab Plaza de Pontevedra der Stadtbus Nr. 4, ab der Plaza España die Linien 5 und 5 A. Zum Herkulesturm nimmt man Bus 3, 3 A. Die nostalgische

Paseo-Marítimo-Straßenbahn ab dem alten Hafen ist inzwischen leider nicht mehr in Betrieb.

- **Schiff:** vom Hafen (Dársena de la Marina) stdl. zum Strand Santa Cristina.
- **Taxi:** T 981 28 77 77.

Ría Bentazos C2

Kenner Galiciens schätzen die raue Küstenlandschaft im äußersten Norden, die wegen ihrer vielen fjordartigen Meereseinbuchtungen **Rías Altas** (Obere Flussmündungen) genannt wird. In Punta Carboeira vereinen sich die beiden Zwillings-Rías von Ares und Betanzos, mit ihrer hochherrschaftlichen und legendenumwobenen Landschaft. Ihre ruhigen und großzügigen Gewässer umspülen einige der beliebtesten Strände der Rías Altas, an denen relaxtes Sonnenbaden ein Hochgenuss ist und unzählige Wassersportarten möglich sind. Eher ritterlich geht es in der Adelsstadt Betanzos zu, mythisch in San Andrés de Teixido, wo dem Volksmund nach Tote in Tiergestalt unterwegs sind. Dahinter ragt die Serra da Capelada auf, die Wildpferde durchstreifen.

Betanzos C2

Eingerahmt von den Flüssen Mendo und Mandeo liegt das Stadtzentrum da wie eine mittelalterliche Filmkulisse. Die alten Herrenhäuser, Stadtmauerreste, Paläste und Arkadengänge formen sich zu einem Ganzen, das die 12 000 Einwohner stolz die ›Stadt der Ritter‹ *(ciudad dos cabaleiros)* nennen. Reiche Adelsgeschlechter kontrollierten von Betanzos aus die Umgebung, und wer wie Graf Fernán Pérez de Andrade dazugehörte, ließ sich standesgemäß bestatten. Der Graf stiftete im 14. Jh. die gotische Klosterkirche **San Francisco** am Platz Fernán Pérez de Andrade und verfügte, dass nach seinem Tod ein Sarkophag unter der Empore des Gotteshauses aufgestellt werde – verordnet, vollbracht. Er zeigt den Grafen als Liegefigur in Ritterrüstung, getragen von Eber und Bär, Tieren, die der Machtmensch zu Lebzeiten besonders gern erlegte. Ebenfalls gotisch geprägt sind die **Iglesia Santa María do Azogue** am Platz Fernán Pérez de Andrade und die **Iglesia de Santiago** am Platz A Constitución gegenüber dem Rathaus.

Surrealer Themenpark

So titelte unlängst Spaniens renommierte »El País«. Tatsächlich sind die Zeppeline aus Zement und die Fantasiegestalten eine Kuriosität für sich, die man am besten innerhalb der Woche an einem Vormittag besichtigt. Verbunden mit diesem Themenpark ist ein weiterer berühmter Sohn der Stadt: Juan García Naveira (1849–1933) war Weltenbummler. Um 1900 ließ der steinreiche Händler außerhalb des Zentrums einen verspielten ›Zeitvertreibs-Park‹ **Parque O Pasatempo** errichten.

W

GALICISCHE WEINE

Der Viño da Terra de Betanzos hat relativ viel Säure im Vergleich zu den ausgewogeneren Weißweinen aus Südgalicien. Daher nutzen die etwas weinverliebteren Galicier den Betanzos-Wein auch eher zum Abschmecken von Saucen. Die besten Weine bekommt man also hier hoch im Norden nicht in der Bodega, sondern im Supermarkt. In südlicheren Orten wie Cambados ist das genau umgekehrt.

In diesem ließ der Visionär und Volkspädagoge antike Mythen, biblische Legenden, Päpste, Schriftsteller, ein Mädchen mit Telefonhörer in der Hand, exotische Tiere, Zeppeline, Höhlen, Teiche und Aussichtspunkte aus einem damals völlig neuartigen Material entstehen: aus Zement. Schnell bekam der Park den Spitznamen Güell-Park Galiciens, in Anlehnung an den von Gaudí errichteten Park in Barcelona. Doch in der Folgezeit verfiel der Parque, die 265 Figuren bröckelten vor sich hin und im Spanischen Bürgerkrieg in den 1930er-Jahren dienten sie den Rekruten Francos sogar als Zielscheibe für Schießübungen.

Die Restaurierung des Parks hat dem endgültigen Verfall inzwischen zwar Einhalt gebieten können, doch sie hat ihm mit dem neuen Betonvorplatz und den langen Gittergängen wahrlich nicht gut getan. Geschmackloser geht es kaum noch! Auch die Statue des Gründers stand einst im Park, schmückt heute aber die zentrale Praza dos Irmáns García Naveira. An jedem 16. August wird dieser Hauptplatz zur Schaubühne eines kuriosen Festes. In der Nacht lassen die Einwohner den ›größten Papierglobus der Welt‹ (Eigenwerbung) in den Himmel steigen.

Av. de Fraga Iribarne, bis 2026 wegen Renovierungsarbeiten zumeist geschl.

Schlafen

Alles im Kasten

Hotel Garelos: Schickes, modern eingerichtetes Hotel mit 22 funktionalen Zimmern, Garage und Internetzugang.

Alfonso IX 8, T 981 77 59 30, hotelgarelos.com, €

Essen

Gute, preiswerte Tapas bieten vor allem die Lokale in der Gasse **Travesía do Progreso.**

Gastro-Liebling

A Casilla: Deftige Küche wie Kutteln mit Kichererbsen, Seehecht und die populäre, gerade eben gare Tortilla de Betanzos. Als Abschluss hausgemachten Pudding *(flan).* Mit so etwas haben die Besitzer den Gastropreis von Lalín gewonnen und sind heute die Lieblinge von Kulinaria-Journalisten aus Madrid, die zu oft bei Sterneköchen zu Gast waren.

Castilla 90 (Parkplatz), T 981 77 01 61, fb.com/restaurantelacasilla, Mo geschl., €–€€

Einkaufen

Frisch vom Markt

Mercado: An den Marktständen unter freiem Himmel gibt es ausschließlich Fisch, Fleisch und regionales Gemüse.

Auf dem Platz Irmáns García Naveira, Di, Do, Sa 9–14 Uhr

Feiern

- **Feira Franca Medieval:** Mittelalterfest am zweiten Juli-Wochenende mit Theater, Ritterspielen im ausgesprochen mittelalterlich wirkenden Stadtkern. Auch viele Besucher kommen in Verkleidung zu diesem Anlass.
- **Fiestas de San Roque y Santa María del Azorge:** 14.–25. Aug. Seit dem Jahr 1814 steigt am 16. Aug. ein riesiger Papierballon gen Himmel.

S

SURFERPARADIES

Die gut 35 km zwischen Cedeira und El Ferrol sind bei Surfern für den hohen Wellengang an zahlreichen Stränden berühmt. Ein Eldorado für Surfer, keine Frage. Auf ein Bad sollte man wegen der teils starken Strömung besser verzichten.

Fiesta schon seit dem Jahr 1219: Feira Franca in Betanzos

- **Os Caneiros:** Am 18. und 24. Aug. lassen die Bewohner von Betanzos bei den Romerías de Os Caneiros auf dem Río Mandeo bunt geschmückte Schiffe zu Wasser.
- **Festa do Mosto:** 28./29. Sept. Bei diesem fröhlichen Weinfest wird ein Rotwein unter die Leute gebracht, den der spanische Weinpapst José Peñín wahrscheinlich niemals in seinem jährlich erscheinenden Nachschlagewerk »Guía Peñín« empfehlen würde.

Infos

- **Oficina de Turismo:** Praza de Galicia 1, T 981 77 66 66, betanzos.es.
- **Bus:** Zum 24 km entfernten A Coruña fahren Busse mehrmals tgl. ab dem Platz Irmáns García Naveira, nach Santiago etwas seltener.

Pontedeume C2

Das 9000-Einwohner-Städtchen wirkt ein bisschen wie die kleine Schwester von Betanzos. Eine Brücke *(ponte)* führt über den Fluss Eume in die **Altstadt** von Pontedeume. Hier ließ das Adelsgeschlecht der Andrade im 13. Jh. einen Verteidigungsturm bauen, der noch heute über die hübschen Arkadenhäuser des verkehrsberuhigten Zentrums wacht. In den urigen Gassen Real, Dos Freires und Virtudes lohnt eine kleine Pause, bevor man zu den umliegenden Highlights geht.

Einkaufen

Alltagsmarkt

Mercado: Der Straßenmarkt in Pontedeume läuft am Samstag. Ein guter

Termin für den Besuch des Städtchens. Mitten im Zentrum werden dann Kartoffeln, Tomaten, Flechtkörbe, Gummijacken, Holzlöffel, Quietscheenten und alles, was es schon in den 1970er-Jahren hier gab, feilgeboten.

San Miguel, San Xoán und Monfero C/D2

Von Pontedeume aus auf der N-651 nach Süden weist kurz vor Campolongo ein Schild zu der kleinen romanischen Kirche **San Miguel de Breamo** (1187). Die nur wenige Kilometer lange Anfahrt lohnt sich vor allem wegen des Panoramas. Und am 8. Mai sowie am 29. September wegen der Wallfahrten zu Ehren des Heiligen.

Auf der LC-152 wiederum geht es 12 km am Eume-Fluss entlang bis zu den Ruinen des Klosters **San Xoán de Caaveiro.** Der besonders schöne Ausflug führt durch den geschützten Naturpark Fragas de Eume. Vorbei an Eichen, Stechpalmen und Birken geht es bis zu einem Parkplatz und von dort zehn Minuten zu Fuß zu den efeuüberwucherten Ruinen von 934. Die Gräber, der Glockenturm (12. Jh.) und das Wappen über dem Torbogen wurden 1999 restauriert.

Noch verfallener zeigt sich das von Pontedeume 20 km entfernte Kloster **Monfero** (ausgeschildert). Zisterzienser haben es im Hochmittelalter gegründet und bis zur Enteignung 1834 geführt. Danach verrottete die große Anlage zu einem gespenstisch-morbiden Komplex, der aber allmählich wieder hergerichtet wird. Das romanische Monasterio hatte der berühmte Escorial-Architekt Juan de Herrera im 16. Jh. im Renaissance-Stil erneuert. Und war dabei nicht kleinlich. Allein das Hauptschiff ist 65 m lang.

El Ferrol C1

Auf dem Weg nach Norden liegt der Marinehafen El Ferrol. Noch bis 2024 galt El Ferrol (ca. 64 000 Einw.) als wenig attraktive Stadt, einmal abgesehen vom Marinemuseum **Museo Naval** (Rúa dos Irmandiños, s/n, Mo geschl.) mit seinen Fregatten und Schiffskanonen. Mitten im Zentrum verrotteten die Kasernen der Stadt, in der Diktator Franco einst zur Welt kam. Selbst zwei schrottreife Fahrzeuge des Zirkus Arlequín räumte keiner weg. Doch nun werden direkt neben dem historischen Viertel Magdalena 100 ha Militärgrundstücke in Shops, Wohnhäuser und Touristenattraktionen umgewandelt. Ein Paradies für Stadtplaner. Ferrol, so scheint es, verwandelt sich gerade in eine Art Bilbao Galiciens.

Umgebung von Ferrol C1

Nördlich der Hafenstadt El Ferrol wohnen seit jeher nur wenige Menschen. Zu stürmisch ist die See und zu unruhig das Wetter an der rauen Felsküste. Grünes, welliges Hügelland, Maisfelder und kleine Siedlungen an der gezackten Küstenlinie prägen das Bild. Die langen Strände sind dem Atlantik recht ungeschützt ausgeliefert, was Surfer freut und Baden gefährlich macht. An manchen Abenden machen ausgedehnte Strandspaziergänge hier besonders viel Spaß. Einen ganz anderen Spaß leisten sich derzeit übrigens die Anwohner von **Narón**, wenige Kilometer nordöstlich von Ferrol. Weil hier die Bewohner zu dick waren, wollten sie sich kollektiv einer Schlankheitskur unterziehen. Nur der örtliche Metzger mit seinen 120 kg macht dabei nicht mit: s. Zugabe S. 159.

Infos

- **Oficina de Turismo:** Praza Cela s/n, T 981 31 11 79.

Serra da Capelada

D1

Am Fuß der bis zu 620 m hohen Steilküste Serra da Capelada reihen sich mehrere hübsche Fischerorte aneinander. In der kargen Landschaft kann zwischen Pinien und seltenen Distelarten plötzlich eine Gruppe von Wildpferden auftauchen. Am vierten Sonntag im Juni werden sie jedes Jahr für ein lokales Rodeo in einen Pferch getrieben (Rapa das Bestas, s. S. 280), danach aber wieder entlassen. Das ganze Jahr über ungestört leben die Seevögel, die sich in den hiesigen Felswänden und auf den vorgelagerten Inselchen einnisten.

Cedeira

D1

Der Fischerort Cedeira (4500 Einw.) bildet in der rauen Umgebung eine große Ausnahme, denn seine beiden Hausstrände Magdalena und Area Longa an der weiten Bucht liegen vergleichsweise windgeschützt. Nur im August wird es voll, wenn vor allem spanische Familien zum mehrwöchigen Urlaub kommen und die Atmosphäre auf der schönen Promenade zwischen den kleinen Booten und Tavernen genießen. Erst recht seit die hier 1995 geborene Teilnehmerin am Eurovision Song Contest, Irene Caruncho, von Cedeira schwärmt.

Cedeira lebt vor allem vom Fischfang und dem Verkauf von Meeresfrüchten aus der gleichnamigen Bucht. Darunter Entenmuscheln *(percebes)*, Hummer, Meeresspinnen und seit Kurzem auch robuste Pazifische Austern *(Crassostrea gigas)*. Sie sind größer als die in Galicien sehr beliebten Europäischen Austern *(Ostrea edulis)*.

Schlafen

In Strandnähe

Chelsea: Wenige Schritte bis zum Strand, alle Zimmer mit Bad und TV und manche mit Blick auf den Platz. Auch ein paar saubere Apartments mit Küche für den längeren Aufenthalt bieten die Betreiber an.

Praza Sagrado Corazón 9, T 981 48 23 40, hostalchelsea.es, €

Zelte & Bungalows

Valdoviños: Relativ schattiger und sauberer Campingplatz. Bietet auch Bungalows für zwei bis sieben Personen.

Ctra. Ferrol-Cedeira, km 13, T 981 48 70 76, campingvaldovino.com, Juni–Sept., Zelten, Bungalows €

Essen

Was ein Hecht

Brisa: Außer Entrecôte gibt es schmackhaften Thunfisch *(atún)*, marinierten Hering *(arenque marinada)* und leckeren Seehecht *(merluza a la cazuela)*. Günstige Tagesgerichte.

Mariñeiro 6, T 981 482 085, €–€€

San Andrés de Teixido

D1

Auf dem Weg durch die abwechslungsreiche Gegend führt eine Straße zu der Kirche San Andrés de Teixido (während der Gottesdienste geöffnet). Sie thront hoch über dem Meer und ist zwischen August und November das ungewöhnliche Ziel vieler Pilger. Termine für wichtige Wallfahrten sind der 8. August und der 29. September. Ein galicisches Sprichwort verrät den Grund: »Ao San Andrés de Teixido vai de morto, o que no foi de vivo« (Wer nicht als Lebender nach San Andrés pilgert, muss es als Toter tun). Christus, heißt es, habe San Andrés etwas aus dem Schatten Santiagos heben wollen, indem er diese Order aussprach.

Tatsächlich ist San Andrés, einmal abgesehen von O Corpiño bei Lalín, nach Santiago Galiciens wichtigster Wallfahrtsort geworden. Mancher Pilger nimmt noch heute die Seele eines Toten im Bus mit, löst entsprechend zwei Fahrkarten und überlässt dem Verstorbenen den Fensterplatz. Kein Witz. Denn andernfalls, so heißt es, müssen die Seelen Tiergestalt annehmen und nach San Andrés krabbeln und kriechen. Am sichersten bewahrt ein Besuch zu Lebzeiten vor einem solchen Schicksal. Also bitte nicht auf Käfer und Schnecken treten, es wäre grauenvoll!

Ortigueira D1

Die Statuen der Dudelsackspieler in dem kleinen, leicht verbauten Hafenort Ortigueira (7000 Einw.) weisen schon darauf hin: Es ist eine Hochburg der Folkmusik. Im Juli steigt dort die Keltenparty Festival Internacional del Mundo Celta (festivaldeortigueira.com). Die Fans reisen aus Schottland, Irland und sogar Kanada an.

17 km nördlich über die AC 862 befindet sich die bei Wanderern hochbeliebte Klippenlandschaft **Acantilados de Loiba.** Dort steht eine Bank mit Aussicht. Die Galegos sagen, das sei der schönste Sitzplatz der Welt.

Beliebter Drehort für Regisseure: Acantilados de Loiba nahe Ortigueira

Schlafen

Bei Tere und Pedro

Lamacido: Das Landhaus ist ein Traum für Familien: Rund um das schöne Steinhaus leben Kühe, Küken und Kaninchen. Die Zimmer sind gut, es gibt einen kreisrunden Pool, Pingpong, Schaukeln, eine Gemeinschaftsküche und vor allem sehr sympathische Besitzer: Tere und Pedro. Aldea Lamacido, 15339 Loiba, wenige Kilometer nordwestlich von Ortigueira, T 635 95 17 19, lamacido.com, €–€€

Punta de Estaca de Bares

D/E1

Auf dem Weg (C-642) nach Viveiro zweigt eine Straße zu der Landzunge Estaca de Bares ab, dem nördlichsten Zipfel Galiciens. Vor der windumtosten, steilen Felsküste liegt die **Insel Coelleira,** wo zur Zugzeit Sturmtaucher, Seeschwalben, Pfuhlschnepfen und Basstölpel Station machen. Daher ist der Ort besonders bei Ornithologen beliebt. Ein attraktives Ziel ist der kleine Ort **Bares** (auch O Porto de Bares) mit seinem wunderschönen, halbrund geschwungenen und relativ windstillen Strand.

Viveiro

E1

Bei einem abendlichen Spaziergang entlang der schönen, verglasten Häuserfassade an der breiten Uferpromenade kommt das Ambiente von Viveiro besonders zur Geltung. Stimmungsvoll sind auch die zentralen Gassen in dem Küstenstädtchen an einem Hügel. Seine 15 000 Bewohner glauben sich nicht zu Unrecht in dem lebendigsten Ort weit und breit. Und Viveiro bezeichnen sie als *»la ciudad que siempre ríe«* (die Stadt, die immer lacht). Berühmt, weil sehr aufwendig, ist die Prozession während der Karwoche, die an der romanischen Kirche **Santa María del Campo** (Irmans Vilar Ponte s/n) beginnt. Nördlich davon liegt der **Konvent Concepción Franciscana** aus dem Jahr 1701. Gleich gegenüber entstand 1925 die Gruta de Lourdes, eine Reproduktion der Grotte in Südfrankreich, in der die Gläubigen Wachsfiguren für die gewünschte Heilung aufhängen. Sehenswert sind auch die Reste der Stadtmauer mit dem alten Tor **Puerta de Carlos V.** (Travesía de la Marina s/n, 1548). Eine steile Straße führt von Viveiro aus auf den **Monte de San Roque.** In 357 m Höhe steht hier, umgeben von Picknickbänken, die kleine Kapelle San Roque, wo am 15./16. Aug. ein Patronatsfest steigt. Ganzjährig bietet sich von hier aus ein weiter Blick auf Viveiro und die Bucht. Zum Baden eignet sich östlich von Viveiro der Strand Praia de Area, ausgezeichnet mit der blauen Umweltflagge.

Fábrica de Cerámica Sargadelos

E1

14 km östlich von Viveiro liegt in Sargadelos die gleichnamige Keramikfabrik, in deren Laden nicht nur edle und farbenfrohe Teller und Tassen ausliegen, sondern auch kleine Amulette gegen böse Geister. Um den Hals gehängt, bieten sie Schutz vor Liebeskummer, nervigen Kollegen, herabstürzenden Blumenkübeln und selbstredend dem bösen Blick. Verkaufsschlager ist die *figa* (schmale Hand). Sie hilft gegen jede Form der Hinterhältigkeit und soll den

Träger sogar vor Gruselträumen von der Exfrau bewahren. Traditionell verwendet Galiciens Ober- und Mittelschicht Keramik aus Sargadelos, während in einfachen Haushalten vor allem die beige glasierte Keramik aus Buño steht. Rund 150 € kosten z. B. die originellen, in satten Grundfarben lasierten Kopfkrüge, die den Maler Picasso oder auch die Dichterin Rosalía de Castro darstellen. Zur Fabrik gehört ein kleines Museum und ein Laden.

Ctra. Sargadelos s/n, sargadelos.com, Mo–Fr 8.30–12.30, 14.30–17.30 Uhr, Eintritt frei; Museum tgl. 10.30–14.30 Uhr, Eintritt 3 €

Schlafen

Hotelito Rural

Pazo da Trave: ›Kleines Landhaus‹ nennen die Besitzer ihre Villa. Tatsächlich ist es ein stilvolles Landhaus mit Turm aus dem 15. Jh., schönem Schwimmbad und Tennisplatz. Gute Wahl, auch für Familien.

Galdo s/n, gut 3 km außerhalb, T 982 59 81 63, pazodatrave.com, €€

Ego ist auch mal okay

Hotel Ego: Toller Blick von der Terrasse und den meisten Zimmern aus auf die Strandbucht. Noch ein Plus ist der Swimmingpool.

Ctra. N-642, hotelego.es, T 982 56 09 87, ca. 4 km nordöstlich von Viveiro direkt über dem Strand Area, €€

Günstiger geht nicht

Hotel Vila: In der Altstadt. Zwölf einfache, helle Zimmer. Das Hotel ist sehr günstig.

Nicolás Cora Montenegro 57, T 982 56 13 31, hotel-vila.es, €

Essen

Zahlreiche Tavernen gibt es in den Gassen rund um die **Rúa Melitón Cortiña.**

Strahlt ohne Stern

Nito: Wozu eigentlich Michelin-Sterne? Koch Nito überzeugt auch so, sein Restaurant ist in ganz Galicien für die gute Küche berühmt. Und Gäste kommen vom Radfahrer bis zum Ex-Premier Rajoy. Neben Steinbutt und Seehecht *à la galega* gibt es Entenmuscheln und ausgezeichnetes Fleisch aus der Region, alles mit Meerblick. Günstige Mittagsgerichte.

Am Area-Strand, T 982 56 09 87, €€

In der Pulpería

O Muro: Wunderbar in der Taverne sind der *pulpo* (Seekrake) und auch andere Tapas aus der Region. Dazu einfache Weine und oft viel Betrieb.

Margarita Pardo de Cela 28, T 982 56 08 23, €–€€

Bewegen

Kajak & Wandern

Roq Sport: Wanderungen im Inland ab 8 €, Kajak auf den Gewässern ab rund 20 € inklusive Ausrüstung. Dazu Paddlesurf, Kletterkurse, Sommercamps und vieles mehr.

Estacada 3, T 646 51 46 02, roqsport.com

Feiern

- **Karwoche:** Spanienweit berühmte Prozession ab der Kirche Santa María del Campo.
- **Festa da Empanada:** Pasteten-Fest Ende Mai in Cervo, 15 km südöstlich von Viveiro.
- **Resurrection Fest:** Metal, Rock und Hardcore-Punk Anfang Juli: resurrectionfest.es.
- **San Roque:** Das feuchtfröhliche Patronatsfest am 15./16. Aug. rund um die Kapelle Capilla de San Roque.
- **Feira do Bonito:** Thunfischfest am Hafen von Burela 25 km östlich von Viveiro

am 1. Wochenende im August. Den Bonito gibt es gekocht, gebraten, gegrillt in Rationen für die Gäste. Dudelsackmusik inbegriffen.

Infos

- **Oficina de Turismo:** Av. Ramón Canosa, T 982 56 08 79, viveiro.es.
- **Bahn:** westlich von Viveiros Zentrums, tgl. 2–3 x Verbindungen nach Ferrol und Ribadeo.
- **Bus:** Busbahnhof östlich der Porta de Carlos V., nachmittags 1 x nach Lugo und Ribadeo.

Costa da Morte

A/B 2/3

An der Todesküste liegen authentische Fischerorte, deren Bewohner seit Jahrhunderten gegen Wind und Wetter kämpfen. Einst zogen die *pescadores* auf Walfang, heute ernten sie an den scharfen Riffen vor allem Entenmuscheln. An den Felsen sieht man vereinzelt noch Spuren der Havarie des Tankers »Prestige«. Baden ist wieder möglich, doch Vorsicht ist bei den oft gefährlichen Brandungen geboten!

Die Costa da Morte (Todesküste) ist eine wilde Landschaft mit hohen spitzen Klippen, vorgelagerten Inseln, badegefährlichen Buchten und muschelreichen Felsvorsprüngen. Den Heimatkundler Otero Pedrayo (1888–1975) erinnerten die schroffen, vom stürmischen Atlantik ausgewaschenen Granitfelsen gar an ›riesenhafte Zyklopen‹. Dazwischen liegen kleine, hübsche und äußerst lebendige Fischerdörfer mit ein paar Kneipen, einer Hafenmole, einer Halle für Fischversteigerungen und der obligaten Kirche mit Bootsmodellen gleich neben dem Kruzifix. Die Fischer leben hauptsächlich von den Meeresfrüchten, mit denen der Küstenabschnitt gesegnet ist. Leuchttürme wiesen schon vor aberhundert Jahren den Weg an der gefährlichen Küste – immer schon konnte eine Fahrt durch die Ría de Corme y Laxe oder entlang dem Kap San Adrián die letzte sein. Kreuze am Meer und Matrosenfriedhöfe künden von den zahlreichen Katastrophen, die sich am äußersten Rand Galiciens ereignet haben.

Malpica

B2

›Pikst nicht gut‹, so heißt der Name des Ortes übersetzt. Klingt düster wie die Schwarzwälder Dorfnamen Strick und Notschrei. Schiffsmeldungen von tödlichen Unfällen auf dem Meer sind hier auch häufig. Doch im Januar 2019 war am Hafen die Stimmung endlich mal super: Bei einem Lottogewinn hatte ein Anwohner 82 291 € eingefahren. So viel Geld verdient ein Fischer in fünf Jahren nicht.

Malpica gehört mit seinen 8500 Einwohnern und den vorgelagerten Islas Sisargas zu den größeren Orten in der Umgebung. Die **Sisargas-Inseln** sind ein Vogelparadies für bedrohte Arten wie die Iberische Trottellumme, deshalb sind sie für Besucher nicht zugänglich. Ganz anders ist das mit den **Fischertavernen am Hafen** von Malpica (s. Lieblingsort S. 152), das wie ein Horn in den Atlantik ragt. Dort gibt es das Frischeste vom Frischen, ob Entenmuscheln, Barsch oder Seeteufel. Malpicas kastenförmige, nicht gerade architekturpreisverdächtige Häuser umgeben die kleine Landkirche **San Juan de Malpica,** in der neben so einigen Heiligenbildern auch Fischerbootminiaturen an der Wand hängen. Gottes Segen ist bei harten Arbeit ge-

Lieblingsort

Wo die Möwen auf die Fischerboote warten

Malpica lebt vom Meer. In den frühen, nebligen Morgenstunden machen sich die Fischer mit Baguettes in der Sporttasche und einem kleinen Tresterschnaps im Magen vom **Puerto de Malpica** 📍 B 2, dem Hafen, auf zur Fahrt. Den Fisch nehmen Stunden später die Frauen entgegen. Die Männer arbeiten auf dem Meer, die Frauen an Land. So war das immer hier. Die Fischerboote dümpeln oft dutzendweise farbenfroh im Hafenbecken. Ein Ort, an dem Palma de Mallorca und Sevilla gefühlt 10 000 Meilen entfernt sind.

fragt, so stürmisch ist die See. Über eine Stichstraße geht es zum windumtosten **Kap San Adrián** mit seiner gleichnamigen kleinen Kapelle. Von hier aus bietet sich vor allem in den Abendstunden ein fantastischer Blick auf Malpica.

Schlafen

Familiär

Casa da Sebe: Emilio Rojo führt westlich von Malpica eines der attraktivsten Landhäuser weit und breit. Er weiß sehr viel über die Gegend und seine Gäste kommen immer wieder gern hierher zurück. Toll ist der Blick auf die Sisargas-Inseln und es gibt einen schönen Garten mit Pool.

In Barizo, T 981 72 06 55, casadasebe.net, €–€€. Für knapp 300 € pro Tag vermieten die Besitzer im Januar und Februar schon mal das ganze Haus (16 Plätze)

Corme

B2

Zu den Orten an der Todesküste gehört neben Laxe und Traba (s. S. 154) auch die kleine Siedlung Corme. Am äußersten nördlichen Ende des Hafens führt eine unscheinbare Straße durch einen Tunnel zu dem idyllischen Leuchtturm des Rotundo-Kaps. Hier erinnern zwei windumtoste, weiß getünchte Steinkreuze an die schweren Unglücke früherer Jahre. Die Bewohner leben vom Fischfang vor den gefährlichen Klippen am Atlantik. Mehr noch als Dorsch und Kabeljau bringen Entenmuscheln ein. Sie sind in Spanien eine Delikatesse. Der Teil, den man essen kann, saugt sich am Felsen fest. Er sieht aus wie ein Schlauch in Miniaturform, unter dem sich das zarte, salzige Muskelfleisch verbirgt. Daran schließt die krallenförmige, harte Schale an, die Nahrung aus dem

IST DAS DONALD TRUMP?

I

Der Fischerort Corme ist selten in den Medien. Ganz anders das 18 km südöstlich gelegene, verschlafene Kaff Cabana de Bergantiños. Zumindest im Jahr 2018. Eine Journalistin der »Voz de Galicia« hatte das Foto von einer dortigen Bäuerin namens Dolores Leis Antelo (*1954) veröffentlicht. Diese Haare, dieses Kinn, diese orangene Haut. Viele sahen darin eine frappierende Ähnlichkeit mit Trump. Das Bild ging wie ein Lauffeuer durch die sozialen Netzwerke. Der Spiegel titelte gar: Viva Donaldores. Die Bäuerin dazu trocken: »Mit dem hab ich nichts zu tun. Und narzisstisch bin ich auch nicht«.

Wasser filtert. In den Bars und Häusern rund um den Hafen werden die Entenmuscheln nur knapp drei Minuten in Salzwasser mit etwas Lorbeer gekocht und häufig mit Kartoffeln (bestreut mit rotem Paprikapulver) gereicht. Vor allem beim Entenmuschelfest im Juli biegen sich die Verkaufsstände am geräumigen Hafenplatz. Doch die Ernte ist riskant, bei Flut sogar lebensgefährlich.

Feiern

- **Fiesta del Percebe:** Fest zu Ehren der Entenmuschel *(percebe)*, einer der teuersten Meeresfrüchte Galiciens (1 kg kostet bis zu 270 €, Miesmuscheln rund 5 €). Termin ist je nach Wetter an einem der Samstage im Juli. Bei dem Hafenfest von Corme werden etwa 1400 kg des delikaten, frischen Meerestiers serviert, dazu Kartoffeln, Seekraken und trockener galicischer Weißwein. Die Gäste zahlen pro Teller nur rund 25 €.

TOUR
Traumweg an der Todesküste für Groß und Klein

Küstenwanderung von Laxe nach Traba

Infos

B 2

Start/Ziel: Laxe

Strecke/Dauer: 8 km, 2 Std.
Schwierigkeitsgrad: leicht

Anfahrt: von Norden aus über die AC 429, von Süden über die AC 433

Die wunderschöne Tour an der malerischen Costa da Morte (›Todesküste‹) führt vom Fischernest Laxe zur Lagune von Traba und zurück. Sie lohnt sich vor allem für Sonnenanbeter und Vogelfans. Und das Beste daran: Der Weg ist so attraktiv wie einfach zu laufen, auch mit der ganzen Familie, so die Kleinen keinen Kinderwagen mehr brauchen. Der Weg ist fast ganz naturbelassen und man sieht außer einem Aussichtspunkt für Vögel weit und breit kaum ein Gebäude. Also: Badehose und Handtücher einpacken, genug Wasser, etwas zu essen.

In **Laxe** geht es ab der Meerespromenade über die PR-G 70 bis zum Vorort Punta Insua mit seiner kleinen **Kapelle Santa Rosa.** Von dort aus führt ein Bretterweg mit Kordelgeländern südlich bis **Alto de Cal de Costa** und weiter über den Surferstrand **Playa de Soeste** und über den winzigen **Arnado-Strand** bis zum Picknickplatz **Campo de Almozarro.** Von dort aus sind schon die ersten Dünen des fast 3 km langen Sandstrands von **Traba** zu sehen. Dann führt der Weg durch Dünen bis hin zur Lagune **Lagoa de Traba.** Vogelliebhaber sehen hier je nach Saison Wasserrallen, Teichrohrsänger und Seeregenpfeifer. Wer nach der Rückkehr Hunger hat: In Laxe gibt es einfache und ziemlich gute Fischrestaurants, wo es neben Seekraken *(pulpo)* auch Jakobsmuscheln gibt.

Dolmen de Dombate/ Castro A Cida

B2

Die Gegend zwischen Corme und Camariñas ist landwirtschaftlich geprägt, die vereinzelten Siedlungen sind weit weniger reich als im südlichen Teil Galiciens und die nahen Riffe der Todesküste nur etwas für knallharte Überlebenskünstler. Ein paar schwere Granitbrocken, ein paar Eukalyptusbäume – nur wenige Besucher verirren sich hierher.

Zu entdecken gibt es aber schon etwas, mal ganz abgesehen vom authentischen Lebensstil der Bewohner. 5 km hinter Ponteceso geht es links Richtung Baio zurück in die Steinzeit: und zwar zu dem 4500 Jahre alten **Dolmen de Dombate.** Dieser als Grabkammer errichtete ›Felsentisch‹ (so die Übersetzung des keltischen Wortes *dolmen*) gehört zu den ganz wenigen Spuren aus der Megalithzeit in Galicien.

Wesentlich jünger ist der 500 m entfernte **Castro A Cidá de Borneiro,** eine vermutlich schon im 6. Jh. v. Chr. errichtete Keltensiedlung. Die Grundmauern entstanden noch früher als die der berühmten Siedlung Santa Tegra bei A Guarda an der portugiesischen Grenze. Am 24. Juli feiern die Anwohner am Castro mit historischen Kostümen ein kleines Volksfest.

Camariñas

A2

Weniger gefährlich als die *percebeiros* im nördlichen Corme leben an der Todesküste in dem kaum verbauten Küstenort mit kleinem Hausstrand die heute noch vereinzelt tätigen Spitzenklöpplerinnen. Knapp 4 km nordwestlich leuchtet der **Faro am Cabo Vilán** 40 Seemeilen weit hinaus auf den Atlantik. Versteckte kleine Strände, ein **Friedhof englischer Matrosen** und ein **Forschungszentrum für Windenergie** liegen in der direkten Umgebung des wildromantischen Kaps, wo Wanderfalken und Kormorane nur selten aufgescheucht werden. Eine paar kleine Buchten liegen weiter südlich Richtung Muxía, so die verschwiegene Area Blanca.

Museen

Spitzenmäßig geklöppelt

Museo do Encaixe: Weil das Handwerk der Spitzenklöpplerinnen allmählich auszusterben droht, zeigt das Museum über 900 Muster und Spitzenstücke teils noch aus dem 17. Jh.

Praza de Insuela 57, mecam.net, Sommer Di–Sa 11–14, 17–20 Uhr, 2 €

Deutscher Robinson Crusoe

Museo del Alemán: Das Museum widmet sich dem deutschen Einsiedler und Künstler Manfred Gnädinger aus Böhringen. Er wohnte seit 1962 im nahen Camelle am Atlantik in einer selbst gebauten Behausung ohne Strom, Wasser und Rasierapparat. Allein, umgeben von Skulpturen und Zeichnungen. Bis er 2002, vier Tage nach dem Schiffsunglück der Prestige, tot aufgefunden wurde. Das auslaufende Öl hatte sein Heim zerstört. Alle nennen ihn bis heute »Man, el alemán«.

Zum Besuch anmelden unter T 981 71 02 24, mandecamelle.com

Schlafen

Am Hafen

Puerto Arnela: Rustikales Fischerdorfhotel, vom Balkon der Zimmer 301 und 302 ein schöner Blick auf den Hafen. Mit Restaurant.

Praza do Carmen 20, T 981 73 72 40, hotelpuertoarnela.com, €

Muxía

A2

Die 1500 Einwohner von Muxía wohnen an der weiten windigen Camariñas-Bucht, wo schon vor 800 Jahren Mönche lebten und sich von den ortsüblichen *caldeiradas* ernährten: Fischplatten mit Kartoffeln. In den Gassen und am Hafen gibt es sie bis heute frisch zubereitet. Auf einer Landzunge etwas außerhalb liegt seit dem 17. Jh. eines der berühmtesten Heiligtümer Galiciens: das **Santuario de Nosa Señora da Barca,** ›unserer Frau vom Boot‹ (Rúa Marina 17). Der Legende nach soll hier die Gottesmutter mit einem Steinschiff gelandet sein, um dem Apostel Jakob bei seiner Missionstätigkeit zu helfen. Nahe der Wallfahrtskirche liegt ein 9 m breiter, stellenweise nur 30 cm dicker Stein *(pedra de abalar).* In ihm sieht der Volksglaube das Segel des wunderlichen Schiffes.

Bis Dezember 1978 konnten Besucher versuchen, den gewaltigen Stein zum Wackeln zu bringen, um so einen Wunsch frei zu haben, was schwer genug war. Eine heftige Sturmwelle war dann aber auch die letzte, die an dem ›Segel‹ rüttelte. Sie verschob den 1000-Kilo-Stein an eine Stelle, wo ihn seither niemand mehr zum Wackeln gebracht hat. Bis jetzt. Denn in naher Zukunft sollen lokale Techniker den kleinen Koloss mit Kränen und Kordeln an seine ursprüngliche Stelle verschieben. Für rund 15 000 €! Wer danach eine Abkühlung braucht: Zum Baden eignet sich der Dünenstrand **Lago.** Er liegt attraktiv in einer kleinen Bucht nur etwa 5 km von dem Ort Muxía entfernt.

Schlafen

Prestige-Parador

Parador de Muxía: 14 000 m^2 eingebettet in die Natur. Dazu eine ausgetüftelte, ökologische Technik. Der jüngste Parador Galiciens bietet seit 2020 insgesamt 62 Zimmer, Spa und Restaurant. Es ist das größte öffentliche Gebäude an der Todesküste, kann aber in Sachen Charme mit dem im südlichen Baiona nicht mithalten. Auch weil sich die Bauphase (25 Mio. € teuer) über viele, viele Jahre hinzog, nennen die Galicier ihn ›Prestige-Parador‹.

Von Muxías Zentrum aus ausgeschildert, parador.es, €€–€€€

Zelten

Camping Lago Mar: Dieser Platz ist schattig und gut gelegen. Es gibt auch einige preiswerte Bungalows und einen Pool.

Oberhalb des Lago-Strands, T 981 75 06 28, campinglagomar.es, €

Infos

- **Oficina de Turismo:** Casa de Cultura, T 981 74 25 63, concellomuxia.com.

Feiern

- **Romería:** Wallfahrt und Tanz um das ›Felssegel‹ Pedra da abalar am ersten Wochenende nach dem 8. Sept. Dann sieht man hier auch die traditionellen *gaítas* (Dudelsäcke).

Fisterra/ Finisterre

A3

Fisterra ist der berühmteste Ort an der Todesküste. Kelten, Römer und mittelalterliche Pilger vermuteten hier das Ende (lat. *finis)* der Welt *(terra).* Wer das 3,5 km entfernte Kap mit seinem Leuchtturm besucht, wähnt sich tatsäch-

1000 Mal geknipst: Fisterra im Abendlicht

lich am äußersten Rand der Erdscheibe. Allerdings: Das nördlich davon gelegene, weit weniger frequentierte Touriñan-Kap ist in Wirklichkeit der westlichste Zipfel Spaniens, auch wenn das in vielen Büchern ganz anders steht. Im Ort Finisterre erwarten einen zahlreiche, nicht ganz preiswerte Fischrestaurants. Ein kleiner Spaziergang lohnt sich entlang dem Hafen zur romanischen Kirche Santa María das Areas. Sie ist das letzte Gotteshaus am Jakobsweg. Am nördlichen Hafenrand liegt die Schutzanlage **San Carlos.** Darin klärt ein kleines **Fischereimuseum** (Di–So 11–13.30, 16.30–19 Uhr, Eintritt 3 €) über diverse Fangmethoden, die besten Fischsorten und die schlimmsten Schiffsunglücke auf. Einmal übrigens holten die Bewohner aus einem gesunkenen Schiff Kondensmilch, die sie nicht kannten. Sie wunderten sich daraufhin, dass die ›weiße Farbe‹ so mäßig an den Häuserwänden haftete. Es hatte geregnet. Zum Baden eignen sich mehrere Sandstrände zwischen Fisterra und Corcubión. Rund 10 km nördlich liegt der etwas abgeschiedenere Strand **Praia do Rostro.**

Schlafen

Im Leuchtturm

O Semáforo: Von den fünf Zimmern in der einstigen Wetterstation bietet sich ein grandioser Blick auf den Ozean. Eines der attraktivsten *casas rurales* (ländliche Gästehäuser) der Region. Auch im angeschlossenen Restaurant sitzen die Gäste wunderbar wie ein Faro-Wärter. Besser lange vorher buchen, vor allem im Hochsommer.

Ctra. do Faro s/n, T 981 72 58 09, hotelsemaforodefisterra.com, €€

Die Ruhe selbst

Mar da Ardora: Hotel im Kastenstil der 60er mit Blick auf die Küste von Fisterra,

K

DER DEN KICKER ERFAND

Der Dichter Alejandro Campos (1919–2007) aus Fisterra hat sich 1937 ein ganz besonderes Patent gesichert. Im Spanischen Bürgerkrieg kam er wegen einer Bombe der deutschen Legion Condor an den Beinen verletzt ins Krankenhaus. Der damals 17-Jährige konnte vorübergehend statt Fußball nur Ping Pong spielen. Dabei kam ihm die Kombi-Idee: Tischfußball. Liebe Kicker-Fans: Das dürfte die einzige Bombe der Deutschen Wehrmacht gewesen sein, die jemals etwas Positives hervorbrachte, oder?

Sonnenuntergang inklusive. Spa mit Pool, Whirlpool, Garten und netten Besitzern. In der Hauptsaison deutlich günstiger als üblich.

T 667 641 304, hotelmardaardora.com, gutes Frühstücksbüfett, €€

Zeltplätze

Camping Ruta de Finisterre: Großer und ordentlicher Platz in fußläufiger Entfernung zum Strand.

Zwischen Fisterra und Corcubión, T 981 74 63 02, rutafinisterre.com, Juni–Mitte Sept., €

Essen

Einfache Tavernen reihen sich am **Hafen** sowie entlang der nahe gelegenen **Strände Langosteira** und **O Sardineiro.**

Innen hui

Don Percebe: Hier haben galicische Freunde von mir schon ihr Hochzeitsessen zelebriert, nach der Trauung durch den Bürgermeister im so berühmten Leuchtturm Faro de Fisterra. Neben Entenmuscheln *(percebes)* gibt es in dem renommierten Restaurant auch deliziöse Schwertmuscheln *(navajas)* und vieles mehr aus dem Atlantischen Ozean. Dazu eine gute Weinauswahl, vor allem Weißweine aus Südgalicien.

Ctra. del Faro s/n, T 981 74 05 12, 25 €

Fischt frischen Rotbarsch

Tira do Cordel: (auch: Baixa Mar) María Carmen kocht im alten Steinhaus beim Strand Langosteiro so nah am Meer, dass sie die Meeresfrüchte und Fische praktisch mit einer Leine herausziehen könnte (Tira del Cordel). Ein Gedicht sind die gebratenen *robalizas* (kleine Wolfsbarsche).

San Roque 2, T 981 74 06 97, tiradocordel.com, So abends und Mo geschl., €€

Bewegen

Bootstour

Cruceros Fisterra: Bietet mittags und auch zum Sonnenuntergang 1,5-stündige Bootsfahrten ab dem Hafen von Fisterra an. Für größere Gruppen sogar eine Wermut-Tour (Viaxe do Vermut Lodeiros).

Puerto Marinero de Fisterra, crucerosfisterra.gal, rund 15 € pro Person

Feiern

- **San Juan:** In der Johannisnacht am 24. Juni tobt der Bär an den umliegenden Stränden. Lagerfeuer und viel Musik.
- **Longueirón:** Piraten-Party am ersten Sa im Aug. mit Schwertmuscheln *(navajas)*.
- **Fin do Camiño:** Folkmusik am dritten Aug.-Wochenende.
- **Carmen:** 8.–10. Sept. Umzüge zu Ehren der Schutzheiligen der Fischer.

Infos

- **Oficina de Turismo:** Real 2, T 981 74 07 81, concellofisterra.com.

Zugabe
Der Metzger macht nicht mit

Während Narón kollektiv abnimmt

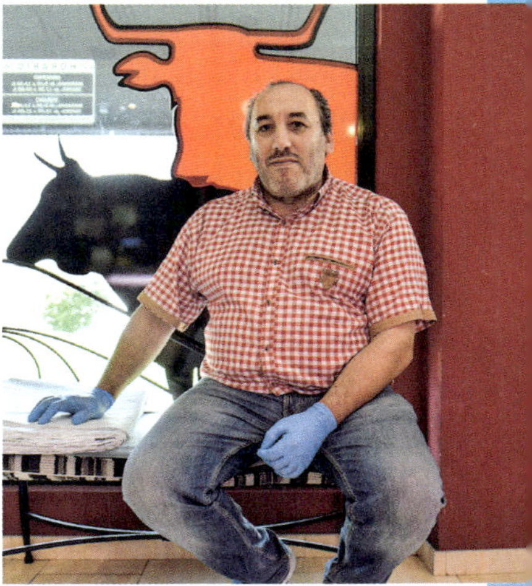

Er verdient gut, obwohl seine Nachbarn gerade wenig Fleisch essen. Selbst Restaurants aus Madrid sind Kunden.

Die 40 000 Einwohner von Narón nördlich von A Coruña waren viel zu fett. Jeder zweite, befand der dortige Arzt Dr. Carlos Piñeiro im Jahr 2018, bekam kaum noch die Schuhe zu oder schaffte es zur Geburtstagsparty der Nichte. Grund: Churrasco, Grillabende mit Lamm, fette Hähnchen, herzhafte Würstchen. Deshalb brachte der Mediziner einen einzigartigen Plan heraus: 100 000 kg sollten die Anwohner in zwei Jahren verlieren, nicht nur mit Diäten, sondern vor allem mit Sport. Auch Bürgermeisterin Marián Ferreiro machte mit. Die Restaurants servierten leichten Seelachs, die Joggingtouren durch den Wald filmten die TV-Sender aus ganz Europa, selbst »Spiegel Online« berichtete. Und manche Anwohner posierten mit Kopfsalat vor den Reportern von »El País«. Titelthema: Vorher, nachher. Der Arzt aus dem Gesundheitszentrum Naróns schaffte Beachtliches: 41 300 kg brachten seine Schwergewichte schon nach ein paar Monaten weniger auf die Waage, einschließlich der Kinder. Und als ich vor Ort mit einer Bibliothekarin und einer Krankenschwester der Stadtklinik ins Gespräch komme, sind beide voll des Lobes für diese Aktion.

Einer allerdings schüttelt den Kopf: der gut gelaunte Fleischer Carlos aus der örtlichen Metzgerei La Despensa de las Delicias. Ihn habe ich zum Abschluss der Visite in Narón besucht, um zu erfahren, wie sich die Abnehm-Aktion auf seinen Umsatz auswirkt.

> »Ich wiege 120 kg, was dagegen?«

Er versichert mir: Seine Kunden kommen von überall her, der guten Fleischqualität wegen. Auch aus Spaniens Hauptstadt. Und als ich ihn frage, ob er denn selbst abgenommen habe, lacht Carlos laut auf. Denn in dem Moment guckt seine schlanke Frau um die Ecke. Carlos sagt: »Ich wiege 120 kg. Na und? Fleisch ist das halbe Leben.« Nach dem Fotoshooting schenkt er mir vier handgemachte Schweinewürste mit ordentlich Knoblauch drin. Und verabschiedet sich mit den Worten, als wäre er der Chefredakteur von BEEF: »Leider lecker.« ■

Die Westküste Galiciens

Charme des Atlantiks — jenseits des Pilgerwegs war die Küstenlandschaft schon für die Wikinger attraktiv. Die Rías Baixas locken mit attraktiven Stränden, Keramik, Langusten und Spaniens bestem Weißwein.

Seite 163

Carnota

Hier steht ein 35 m langer Maisspeicher, genannt Hórreo. Und nur wenige Kilometer entfernt töpfert Nacho in seiner Werkstatt kuriose Keramik, darunter Fabelwesen.

Seite 164

Muros

Einer der schönsten Fischerorte in Südgalicien mit attraktivem Strand.

Seite 165

Noia

Rätselhaft sind die Grabsteine der Mittelalterkirche Santa María A Nova.

Cíes-Inseln: die Vögel in Massen, fast wie bei Hitchcock

Eintauchen

Seite 169

Padrón

Padrón ist Hauptstadt der Pfefferschoten und war einst Wohnort der besten galicischen Literaten. Ein Museum ist der Dichterin Rosalía del Castro gewidmet, ein anderes dem Literaturnobelpreisträger Camilo José Cela. Dass dort auch Loks stehen, hat einen besonderen Grund.

Seite 172

Cambados

Der frühere Kokainhandel hier ist Thema einer beliebten TV-Serie geworden. Und der Weißwein der Umgebung der Star beim Stadtfest Anfang August.

Seite 174

O Grove

Dies wiederum ist Galiciens Hauptstadt der Meeresfrüchte. Und in der Markthalle kann man sich das Eingekaufte zubereiten lassen.

Seite 176

A Lanzada

7 km Sandstrand: A Lanzada ist berühmt. Um Mitternacht bei Vollmond kommen angeblich weise Frauen und helfen bei Kinderwunsch.

Seite 177

Pontevedra ✪

Die Provinzhauptstadt ist ein schöner Ausgangspunkt für Touren durch Galicien. Beeindruckend ist das Provinzmuseum mit keltischen Schätzen und moderner Kunst. Und rund um den Leña-Platz locken urige Tavernen mit ihren Tapas.

&

Seite 188

Cíes-Inseln ✪

Die Hafenstadt Vigo ist Ausgangspunkt für einen Besuch der Cíes-Inseln.

Seite 192

Baiona

Hier landete das erste Schiff von Kolumbus nach der Rückkehr aus Amerika.

Das Wegekreuz von Hío ist ein echtes Kunstwerk der Steinmetze.

Sie nennen sich *meigas* und verstehen sich als keltische Druidinnen. So einige leben nach wie vor in Galicien. Für die katholische Kirche sind sie schlichtweg Hexen.

erleben

Meer und Mariscos

D

Die Westküste ist bei Urlaubern besonders beliebt, denn die Wassertemperaturen im Sommer sind wärmer als an der Nordküste. Es gibt viele Sportmöglichkeiten und Orte wie Muros, Noia, Padrón und Pontevedra mit jeweils wunderschönem Altstadtkern. Und es macht Spaß, die Rías entlangzufahren und an den Buchten so manchen kleinen, relativ wenig besuchten Strand zu entdecken. Meer und Mariscos, das sind auch die Gründe, warum die Rías Baixas auch bei Spaniern so beliebt sind. Gerade wer aus Zentralspanien kommt, liebt die frische Brise der Atlantikküste und freut sich über Langusten und Hummer, die in der Hauptstadt Spaniens weniger frisch, dafür aber umso teurer sind. Tatsächlich ist Westgalicien europaweit der wohl beste Ort, Meeresfrüchte zu essen. In der Hafenstadt Vigo gibt es sogar eine ganze Austerngasse, wo die Delikatesse kaum teurer ist als bei uns Pommes mit Mayo. Und weil dazu am besten Weißwein passt, liegt hier an der Küste auch gleich der Hauptort des Vino Blanco: Cambados. Ein echtes Highlight in landschaftlicher Hinsicht sind die Cíes-Inseln vor Cangas und Vigo. Sie gehören zum Nationalpark Islas Atlánticas und eignen sich wunderbar zum Wandern auf relativ einfachen Pfaden. Optische Blickfänger sind die Leuchttürme hier. Und auch Vogelliebhaber kommen auf ihre Kosten, denn auf den Inseln lebt neben Kormoranen und Fischreihern die größte Gelbfußmöwen-Kolonie ganz Spaniens. Und noch ein Tipp zum Schluss. Wer gerne Shoppen geht oder ein Geschenk für zu Hause braucht, sollte meinen alten Freund Nacho mal besuchen. Sein Keramikladen nahe Carnota bietet nicht nur wunderbare Fabelwesen, auch die Aussicht auf die Bucht ist genial.

O

ORIENTIERUNG

turgalicia.gal: Gutes Portal über die gesamte Region Galicien.
Fremdenverkehrsämter: Am besten sind die Oficinas de Turismo in Pontevedra und Vigo.
Verkehr: Die nächsten Flughäfen liegen in Santiago, Vigo und im portugiesischen Porto. Pontevedra eignet sich wegen der günstigen zentralen Lage besonders gut als Aufenthaltsort. An den Küstenstraßen kann es vor allem im August ziemlich voll werden, daher ist je nach Reiseziel eine Teilstrecke über die gut ausgebaute Autobahn sinnvoll.

Carnota 📍A3

Von der rauen Klippenküste bei Fisterra aus wird die Landschaft in Richtung Santiago immer sanfter. Man kommt an kleinen Orten vorbei wie Cee (Cocido-Eintopffest am 15. Aug.) und Corcubión. Sie liegen auf dem Weg nach Carnota mit seinem langen Strand und seinem **Maisspeicher,** der so lang ist, dass er dem Strand offenbar Konkurrenz machen will. Dieser *hórreo* aus dem Jahr 1768 ist – statt die üblichen rund 3 m – ganze 35 m lang und steht auf 22 Stelzenpaaren. Solche Vorratskammern gibt es überall in diversen Spielarten (horreosdegalicia.com/estilos). Sie haben anders als in Asturien keinen quadratischen, sondern einen rechteckigen Grundriss. Wie dort soll die Bauweise auf Stelzen den Inhalt vor Fäulnis und Nagetieren schützen. Mais wird in den Bauten erst seit dem 16. Jh. luftgetrocknet, doch sollen ihre Vorläufer schon in keltischer Zeit errichtet worden sein. Und so kommt es auch, dass das oft ziegelgedeckte Dach neben dem christlichen Kreuz eine pyramidenförmige *fica* schmückt: das keltische Symbol für Fruchtbarkeit.

Schlafen

Was für ein Wasserfall

Casa de Santa Uxia: Das Landhaus mit Garten hat einen direkten Zugang zum Stausee von Xallas. Ganz in der Nähe stürzt der Río aus 80 m hinab und mündet im Atlantik. Beste Aussicht auf die Küste bietet die Plattform Miradoiro de Ézaro. Und im gleichnamigen Strandort gibt es ein paar ordentliche Restaurants,

Wissenschaftler haben entdeckt: Der 50 km nördlich gelegene hórreo in Araño ist sogar 37,05 m lang, aber weniger schön als dieser.

B

GALICIENS BUCHTEN

Als Gott die Erde in sechs Tagen erschuf, so erzählen Grundschullehrer ihren Kindern mit einem Augenzwinkern schon in Klasse 1, nahm er sich am siebten erschöpft eine Auszeit und stützte sich an der Westküste Galiciens auf. Seine Finger gruben sich dabei in den Küstenstrich und hinterließen fünf Buchten: die Rías Baixas. Mit ihren schönen Stränden sind diese Rías längst beliebte Urlaubsziele geworden. Auch bei denen, die sich das Entstehen von Landschaftsformen ganz anders vorstellen …

darunter das Mar e Terra. Das Haus selbst führt eine etwas reservierte ältere Dame allein, seit die Tochter und der kochende Schwiegersohn das Weite gesucht haben.
Lugar de Santa Uxía s/n, 15151 Ézaro, Dumbría, T 671 63 03 65, casadesantauxia.es, €–€€

Einkaufen

Keramik kurios

Nacho Porto: Nacho stellt aus Ton Fabelwesen aus der galicischen Sagenwelt her, daneben Porzellantassen und Krüge für Wein und Handyhalter mit natürlichem Soundverstärker. Von hier aus hat er einen tollen Blick über den Carnota-Strand. Einst kam er als Aussteiger und zeigt die Geschichte seiner Arbeit in einem Film auch auf Deutsch. Heute gehört er zu den erfolgreichsten Handwerkern Nordwestspaniens und arbeitet auch mit der Lokalregierung zusammen.
In Cornido wenige km nördlich von Carnota auf dem Berg Pindo (ausgeschildert), T 981 76 25 00, nachoporto.com, tgl. Mo–Fr 10–14, 16–20 Uhr

Ría de Muros y Noia

A3/4

Die Ría von Muros und Noia schneidet sich, wie auch die anderen Meereseinbuchtungen der Rías Baixas, von Südwesten nach Nordosten durch grauen Granitfelsen und bildet eine Hufeisenform. Am nördlichen Rand der Ría liegt Muros, an ihrem entgegengesetzten Ende der Ort Noia.

Muros

A3

Muros (2800 Einw.) ist einer der schönsten Fischerorte an den südgalicischen Meeresbuchten. Unter den Arkadengängen der gotischen und barocken Granithäuser beobachten die Anwohner den Betrieb am Hafen. Und in der denkmalgeschützten Altstadt dahinter führen schmale Gassen – mit Namen wie ›Geduld‹, ›Schmerz‹, ›Bitternis‹ oder ›Gesundheit‹ – zu kleinen Plätzen, Kapellen, Wegkreuzen *(cruceiros)* und zu der spätgotischen Pfarrkirche **San Pedro.** Vor ihr traf sich im Hochmittelalter der Stadtrat. In der Kirche fällt heute ein Weihwasserkessel auf, in dem sich ein kurios verdrehtes Schlangenmotiv befindet. Eine noch etwas ältere gotische Kirche ist **Virxe do Camiño** (14. Jh.) am Ortsausgang Richtung Noia. Von ihrer Holzdecke baumeln kleine Boote, mit denen die Fischer die ›Heilige des Weges‹ *(virxe do camiño)* um ihren Segen bei der Arbeit bitten. Nach der Arbeit treffen sie sich oft in den einfachen Tavernen an der Avenida da Marina am Hafen oder in der Gasse Pescadería (›Fischladen‹), um einen Kräuterschnaps zu trinken und den Frauen nachzuschauen. Grund haben sie: Die *señoras* von Muros gelten als die schönsten Galiciens. Doch Miss Spanien sind bislang zwei andere geworden: Olga Fernández Perez aus Cangas und Estíbaliz Pereira aus A Coruña. Nicht in Muros selbst, sondern wenige Kilometer außerhalb liegen mehrere feinsandige Strände, z. B. die windgeschützte **Praia de San Francisco** in 3 km Entfernung (mit Duschen) oder der Nudistenstrand **Ancoradoiro.** Im Hochsommer zieht das türkisblaue Wasser viele Badegäste an.

Schlafen

Klösterlich

Padres Franciscanos: Trotz Strandnähe herrscht im Franziskanerkonvent die Ruhe selbst. Nur im Sommer öffnen die Mönche die 25 Zimmer im oberen Stockwerk des Kreuzgangs für Gäste. Im Klostergarten haben die *padres* einen guten Campingplatz eingerichtet (Juni–Sept.). Die Einnahmen aus dem Betrieb tragen zum Erhalt des Konvents aus dem 17. Jh. bei.

In Louro, etwa 4 km westlich von Muros, T 881 02 89 26 campingsanfrancisco.com, €

Essen

Aus der Region

Esmorga: Auf einer Anhöhe mit Meerblick gibt es in dem preiswerten Restaurant u. a. Paella, Empanada-Pasteten, Tortilla, dazu Ribeiro-Weißweine (Tipp: Pazo do Mar) und leckere Nachtische.

Cabo 50, T 981 82 65 28, restauranteaesmorga.com, am Ortsausgang von Muros Richtung Louro, €–€€

Feiern

- **Virgen del Carmen:** 16. Juli, Meeresprozession zu Ehren der Schutzheiligen der Fischer.
- **Gran Prix de Carrilanas:** Am dritten Wochenende im Juli dreht sich in dem westlich an der C-50 gelegenen Ort Esteiro alles um handgemachte, motorlose Holzwagen.
- **San Pedro:** 29. Juli. Mit Feuerwerk und Pasteten-Wettbewerb.

Infos

- **Oficina de Turismo:** Curro da Praza 1, T 981 82 60 50, muros.gal.
- **Bus:** Station an der Av. de Castelao s/n. Monobus-Busse fast stündl. über Noia nach Santiago, Fisterra-Busse mehrmals tgl. nach A Coruña.
- **Boot:** Ab dem Hafen gibt es einstündige Bootstouren von Cruceros Costa Viva zu den Muschelflößen, Ticket 14 €, Kinder 5 €.

Noia

B3

Mit dem 30 km entfernten Muros teilt sich Noia (7000 Einw.) eine der schönsten Buchten Galiciens, die Ría de Muros e Noia. Der Name der Kleinstadt am Río Tambre, so will es die Legende, leitet sich von Noah ab, der demnach nicht in Armenien, sondern hier gestrandet sein soll. Kein Zufall also, dass sich seine Arche im Stadtwappen wiederfindet. Nach Noah – das gehört nicht mehr ins Reich der Legenden – steuerten zahlreiche Pilger aus England, Schottland, Irland und Holland den inzwischen versandeten Hafen an. Auf dem Weg nach Santiago. Und weil auch Noia einige hübsche Paläste und Kirchen hat, nannten sie den Ort nicht nur ›Schlüssel zu Galicien‹, sondern auch ›kleines Santiago‹.

Noia ist in zwei Bereiche aufgeteilt: die **Altstadt** mit Tavernen wie der Tasca Típica nahe San Martiño, die in einem der schmucken Paläste aus dem Mittelalter untergebracht ist, und die sich nordwestlich anschließende Gartenanlage **Jardínes Felipe de Castro** und das Stadtviertel **O Calveiro,** das vor allem für seine Kneipen und Musikbars berühmt ist. Südwestlich an der C-550 Richtung Ribeira liegen mehrere attraktive **Strände.**

Hells Bells

Dem Beinamen alle Ehre macht die spätgotische Wehrkirche **San Martiño.** Ihr Portal mit den zwölf Aposteln und den musizierenden Ältesten ist gekonnt dem Pórtico de la Gloria in Santiago de Compostela nachempfunden. Mit dem kleinen Unterschied: Angucken kostet nichts. Kurioserweise fehlt einer der beiden Glockentürme des Gotteshauses. Es heißt, da habe der Teufel den Baumeister verwirrt (s. u.).

Plaza Tapal s/n, unregelmäßig geöffnet

Zunftzeichen

Beeindruckend ist in Noia vor allem der Friedhof der Kirche **Santa María a Nova** aus der ersten Hälfte des 14. Jh. Rätsel geben die rund 500 Grabsteine aus dem Mittelalter auf, die teilweise im Innern der Kirche ausgestellt sind. Statt Namen tragen sie Zunftzeichen und geometrische Bilder. Es heißt, die Friedhofserde habe man per Schiff aus dem Heiligen Land importiert.

Escultor Ferreiro s/n, Mo–Fr 10.30– 13.30, 17.30–20 (im Winter 16–18), Sa und So 11–13.30 Uhr

H

HORROR-SCHOCK FÜR DEN REGISSEUR

Die Legende, nach der der Teufel den Baumeister der Wehrkirche San Martiño verwirrte, inspirierte den Regisseur Claudio Guerín. Der Andalusier drehte 1973 hier vor Ort den Film »La Campana del Infierno« (»Die Glocke der Hölle«, Version auf Deutsch: »Ein Toter lacht als letzter«). Tragisch daran: Bei den Dreharbeiten verlor Guerín auf dem Kirchendach das Gleichgewicht, stürzte und starb. Der Vater von Javier Bardem, Juan Antonio, brachte den Film schließlich zu Ende. Er galt seinerzeit als der beste Horrorschocker der Iberischen Halbinsel.

Schlafen

Flussidylle

Pesquería del Tambre: Traumhaft um ein ehemaliges E-Werk gelegenes Jugendstil-Hotel mit vier Häusern und 16 Zimmern am Fluss Tambre. Dort gibt es morgens zum Plätschern des Wassers frisch gepressten Orangensaft und später im angeschlossenen Restaurant La Central (€€) frischen Fisch, Fleisch und auch rein vegetarische Gerichte. Sehr ruhig gelegen, die Betreiber organisieren auf Wunsch Reitausflüge, Angel- und Kajaktouren.

Santa María de Roo s/n, 9,4 km nördlich von Noia über die AC 543, T 981 76 93 46, pesqueriadeltambre.es, €–€€

Familiär

Casa do Torno: Ländliches Gästehaus, von jungen Besitzern geführt, 1 km südlich oberhalb von Noia, mit Meerblick. Ein panoramareicher Spazierweg führt bis ins Ortszentrum von Noia.

Lugar do Torno 1, T 981 84 20 74, casadotorno.es, €

Zelten am Meer

Camping Punta Batuda: Die gepflegte Anlage liegt direkt am Meer und ist eine der besten weit und breit.

5 km südlich von Noia Richtung Ribeira in Miñortos, nahe dem Gaviotas-Strand (Playa Hornada), T 981 76 65 42, puntabatuda.com, €

Kuss für die Küste. Ein galicischer Regierungsbeschluss von 2014 besagt: Neu bauen geht nur ab mindestens 500 m vom Meer entfernt.

Essen

Fisch beim Schmied

Ferrador: Heißt wörtlich Schmied, bietet aber Fisch und Meeresfrüchte von Calamares bis zur Jakobsmuschel sowie leckere Tapas. Und das schon seit vielen Jahren in familiärer Hand. Entsprechend viele Sterne gibt es in den Online-Rezensionen.

Costa do Ferrador 11, tgl. geöffnet und zentral gelegen, T 981 82 00 80, €

Urig

Tasca Típica: Nahe der Kirche San Martiño liegt diese alteingesessene Altstadt-Taverne in einem Palast aus dem Mittelalter. Nicht gerade Cocina de Luxe, aber vor allem für den kleinen Hunger zwischendurch findet man hier genau die richtigen Tapas und Pinxos. Nur im August ist es hier brechend voll.

Cantón 15, T 981 82 18 42, €

Feiern

- **San Bartolomeu:** 24.–28. Aug., Das Patronatsfest mit Folklore und einem kulinarischen Pasteten-Wettbewerb. Organisiert wird es vom örtlichen Fischerverband Colectivo de Mariscadoras da Confraria de Pescadores.

Infos

- **Oficina de Turismo:** Alameda s/n, T 981 84 21 00, nur Juli–Sept.
- **Bus:** Der Busbahnhof liegt gegenüber der Alameda an der Hafenmole von Noia,

6 x tgl. nach Santiago de Compostela und Muros.

Halbinsel Serra do Barbanza A3/4

Von Noia führt die C-550 einmal rund um die Halbinsel der Serra do Barbanza. Eine schöne Fahrt, die immer wieder an mehr und weniger versteckten Sandbuchten vorbeiführt. 5 km südlich des Badeorts Porto do Son taucht der **Castro de Baroña** auf, eine formvollendet auf einem Felsvorsprung gelegene Keltensiedlung, deren Bewohner von oben vor 2000 Jahren eine gute Aussicht auf den halbrunden Strand im Süden hatten. Noch gut erkennbar sind die Eingangsbereiche des Mauerrings und die typischen runden Grundrisse der Hütten.

Hinter dem Leuchtturm der Halbinsel am Cabo Corrubedo erstreckt sich nach Süden hin der größte Dünenstrand Galiciens, **Dunas de Corrubedo.** Die fast 1 km lange und 15 m hohe Wanderdüne formt mit den Lagunas de Vixán eine attraktive Einheit an den galicischen Rías Baixas. Sie zu besuchen ist dank des Holzlattenweges auch für Rollstuhl-Piloten leicht. Die Lagunen sind Brutplatz für über 100 Vogelarten, darunter Seeregenpfeifer, Baumfalken und die kleinen Bluthänflinge namens Pardillo (heißt wie die Rebsorte).

Im Osten liegt an der LC-303 der **Dolmen de Axeitos** (auch: Pedra do Mouro). Der ca. 4500 Jahre alte Megalithbau ist eines der seltenen prähistorischen Zeugnisse an der galicischen Atlantikküste und besitzt eine immerhin 4,5 x 3,5 m große Steinplatte. Weitere Dolmen befinden sich eher im Landesinnern der Region.

Ganz im Hier und Heute lebt der Thunfisch-Hafen **Ribeira** (Santa Uxia). An der schnörkellosen Fischerstadt beginnt die Arousa-Bucht, in der Miesmuschelflöße im seichten Wasser dümpeln. Das nährstoffreiche Wasser eignet sich bestens für die Zucht der *mejillones* (Miesmuscheln), die an Seilen unter den Flößen zur vollen Größe heranwachsen.

Essen

Neues Design

Bar Do Porto: David Chipperfield ist verliebt in den Ort Corrubedo. Doch als der britische Architekt nach Covid seine Lieblingsbar Do Porto besuchen wollte, war sie verwaist. Dem Gewinner des Pritzker-Preises kamen fast die Tränen. Mit Hilfe seiner Tochter Celine hat er sie gerettet, und daraus die wohl kultigste Hafenkneipe Galiciens gemacht.

Torreira 4, Corrubedo, @bardoportocorrubedo, Mo geschl., €–€€

Monte Tahume A4

Einer der schönsten und dabei eher unbekannten Aussichtspunkte in Galicien ist der Gipfel des 242 m hohen Berges Monte Tahume auf der Halbinsel Serra do Barbanza. Von hier aus bietet sich eine wunderbare Sicht auf die galicische Küste. Mein Kumpel Nacho aus Pontevedra (s. S. 268) hat mich einst dort hingebracht.

Gut ausgeschildert war er zur Zeit meiner Recherche nicht, daher hier vorsichtshalber eine genaue Beschreibung: Von Santa Eugenia de Riveira fährt man Richtung Corrubedo. Auf dem Weg dorthin sieht man rechter Hand ein Ausflugslokal und die Straße biegt nach Espiñerido ab. Man folgt ihr ca. 5 km bis zur Beschilderung des nun noch 3,2 km entfernten Monte Tahume (GPS: 42°36'229"N, 09°02'717"W).

Padrón

B3

Wenn der Verwalter der kleinen **Santiago-Kirche** am Flussufer so richtig in Stimmung ist, erzählt er die Legende noch mal: Am Hafen des römischen Iria Flavia sei das Boot mit dem enthaupteten Leichnam des Apostels Jakob gelandet. So sei der Heilige in das Land zurückgekehrt, in dem er einst missioniert habe. Das Boot, weiß der Mann, wurde an einem säulenartigen Stein *(pedrón)* festgebunden. Zum Beweis öffnet er am Hauptaltar zwei Holztüren und unter dem Altar kommt der Findling zum Vorschein. Aus *pedrón* wurde Padrón, aus Padrón aber nicht das Zentrum der Pilgerfahrt, obwohl ein Einsiedler das Grab des Apostels im 9. Jh. ganz in der Nähe fand. Zu gefährlich nah an der Küste lag der Ort, und weil die Kirchenväter mit den Überfällen struppiger Wikinger schlechte Erfahrungen gemacht hatten, verlegten sie das Pilgerzentrum kurzerhand etwas weiter ins Inland – und nannten es Santiago de Compostela.

Nicht als Anlandungsplatz für den Apostel ist die Kleinstadt Padrón (4000 Einw.) spanienweit bekannt. Ein galicischer Refrain verrät, wofür: »*Os pementos de Padrón, uns pican, outros non*« (Paprikaschoten aus Padrón, einige nicht scharf, andere schon). Anfang August feiern die Bewohner zu Ehren der Schote sogar ein Erntefest. Dabei werden die kurz angebratenen Früchte wie ›kulinarisches Roulette‹ serviert, denn wie gesagt: Einige sind sehr scharf!

Auch große Literaten brachten der kleinen Stadt Ruhm ein. Literaturnobelpreisträger Camilo José Cela (1916–2002) kam hier zur Welt und schrieb so packende – auch ins Deutsche übersetzte – Romane wie »Mazurka für zwei Tote« über den brutal geführten Spanischen Bürgerkrieg im galicischen Hinterland.

S

SCHNAPSIDEE

Der Spirituosenhersteller **Galicia Original Drinks,** bekannt für seinen Gin Nordés, hat 2019 einen neuen Likör herausgebracht: Licor de Pimientos de Padrón. Phosphorfarben und mit leichtem Pfefferschoten-Geschmack. Was kommt als Nächstes? Der Spiritus Pulpo de Pontevedra?

Museen

Literatur und Loks

Museo Camilo José Cela: Das Museum am Stadtausgang Richtung Santiago zeigt neben Manuskriptfragmenten und Gemälden viele Flaschen mit illustren Autogrammen. Der Romancier hatte andere Künstler immer wieder zum Wein eingeladen und sich von ihnen die Etiketten unterzeichnen lassen. So kam mit der Zeit eine kuriose Sammlung zustande. Celas Großvater leitete übrigens das Eisenbahnunternehmen West Galicia, das die erste Bahnlinie zwischen Santiago und Vilagarcia de Arousa installierte. Deshalb zeigt das Haus weitere Ausstellungsstücke rund um die Lokomotive.

Santa María 22, fundacioncela.gal, Führungen auf Spanisch und Englisch Juli, Aug. Mo–Fr 10–20, sonst 10–14 Uhr, Eintritt 3 €

Galiciens berühmteste Dichterin

Casa Museo Rosalía de Castro: Schon früh machte Galiciens berühmteste Dichterin Rosalía de Castro (1837–85) Padrón zu ihrer Wahlheimat. Sie kam als Halbwaise in einem Krankenhaus in Santiago zur Welt und hat nie einen Hehl daraus gemacht: Ihr Vater war Pfarrer. Ihr Wohnhaus beherbergt heute das Casa Museo Rosalía de Castro. Das Anwesen ist noch weitgehend so erhalten wie zu

W

WILDE WIKINGER

Der erste Sonntag im August ist in **Catoira** 📍 B 4 an der Bucht Ría de Arousa am Atlantik wild bis ungestüm. Nachgestellt wird die Landung von Wikingern, die in einem formvollendet gebauten Schiff angerudert kommen. Ob bei der anschließenden mit Plastikschwertern ausgefochtenen Schlacht die in Felle gehüllten, Hörnerhelme tragenden Heiden oder die Kreuzritter siegen, bleibt das Geheimnis der Organisatoren. Schauplatz der kriegerischen Auseinandersetzung ist die Festungsruine Torres del Oeste. Erzbischof Gelmírez ließ sie im 12. Jh. zum Schutz des Hafens der damals wichtigen Stadt Padrón errichten. Als Tribüne mit hervorragender Sicht auf das Spektakel dient die lange Betonbrücke über den Fluss, während die neue Autobahnbrücke in der Nähe das historische Ambiente deutlich belastet … Es lohnt sich allerdings, bereits lange vor elf Uhr da zu sein und keine teure Kleidung anzuziehen – Rotweinspritzer sind bei dem Gemetzel unvermeidlich. Inzwischen stellen nicht mehr nur Studenten aus Santiago die Wikinger dar. Denn seit das galicische Catoira mit Frederikssund auf der dänischen Insel Seeland unweit von Kopenhagen eine Städtepartnerschaft eingegangen ist, verbergen sich auch schon mal echte Nordmänner unter den Helmen. Die Galicierinnen jedenfalls sind begeistert (s. Zugabe S. 195).

Lebzeiten der Autorin. »An den Ufern des Sar« ist ihr letztes und wohl bestes Werk. Die Lyrikerin, die fast ausschließlich in galicischer Sprache schrieb, der sie so zu neuem Leben verhalf, thematisiert Trauer und Einsamkeit im Land der zurückgelassenen Frauen, deren Männer nach Lateinamerika emigriert waren. Einen ihrer Gedichtbände nannte sie entsprechend »Witwen der Lebenden« (Viudas de vivos). Nachdem man Rosalía de Castro auf dem örtlichen Friedhof Adina bestattet hatte, kam es Jahrzehnte später zum Eklat: Die Regierung in Santiago ließ den Leichnam in den ›Pantheon illustrer galicischer Persönlichkeiten‹ in der galicischen Hauptstadt überführen. Ein Bewohner soll daraufhin bei der Stadtverwaltung in Santiago angefragt haben, ob man nach dem Leichnam des Apostels Jakob und der Dichterin Rosalía jetzt jeden Toten aus Padrón stehlen wolle.

A Matanza s/n, rosalia.gal, Juli–Sept. Di–Sa 10–14, 16–20, So 10–13.30, sonst Di–Sa 10–13.30, 16–19 Uhr, Eintritt 2 €

Essen

Auf dich, Königin

Chef Rivera: Foie gras in Armagnac und geschmorter Seeteufel *(rape)* sind in dem preisgekrönten Restaurant nicht teuer. Aber gut. Neben den Untertanen aus Padrón kommen auch schon mal die Monarchen aus Madrid. Zu sehen ist auf der Website auch ein Bild aus dem Jahr 1986, auf dem der ziemlich ordinäre Literaturstar Cela neben der wohlerzogenen Königin Sofía speist. Hach ja …

Enlace Parque 7, T 981 81 04 13, chefrivera.com, außer im Aug. So abends, Mo geschl., €€

Scharfe Schote

O Pementeiro: Gemütliche Taverne mit vielen Tapas und *raciones*, darunter Pfefferschoten, denen man von außen nicht ansieht, wie scharf sie sind. Vorsichtshalber ein großes Glas Bier dazubestellen.

Del Castro 3, €

Feiern

- **Festa do Salmón:** 25 km südwestlich von Padrón feiert die Kleinstadt A Estrada am dritten Sonntag im Mai das Lachsfest. An dem Fest beteiligen sich die Restaurants des Ortes und der Umgebung. Und das sehr gerne, denn es kommen bis zu 12 000 Besucher. Siehe auch die Webseite festadosalmon.com.

Ría Arousa

A/B4

Entlang der Buchten Ría de Arousa und Ría de Pontevedra erwarten den Besucher die wärmsten Badestrände, die beliebtesten Urlaubsorte und manch schmucker Altstadtkern. Und schließlich hat das Wildpferdetreiben nirgends so viel Tradition wie im unmittelbaren Hinterland der galicischen Westküste. Vor allem im Ferienmonat August wird es hier voll, besonders an den Stränden. Wer kann, sollte auf Juli oder September ausweichen.

Die Arousa-Insel

B4

Hinter der brummenden Hafenstadt **Vilagarcia de Arousa** und dem Fischerort **Vilanova de Arousa** mit seinem hübschen Stadtkern führt eine lange Brücke zu der vorgelagerten Insel **Illa de Arousa.** Die zahlreichen Strände und der (einigermaßen saubere) Campingplatz des 6 km langen Inselchens locken von Juli bis September viele Besucher an. Wild Campen ist streng verboten. Verboten war auch der Schmuggel mit Kokain und Hasch, aber gerade der florierte auf der Insel noch bis vor gar nicht langer Zeit.

Schlafen

Vamos a la Praia

Camping Salinas: Der Platz mit Bar, Kinderspielplatz und kleinem Supermarkt liegt direkt und wunderschön am Strand Xestelas (galicisch Praia statt Playa) und ist relativ sauber.

Praia de Xestelas s/n, salinascamping.com, €

Feiern

- **Muschelfeste auf der Insel Illa de Arousa:** Ende Juli/Anfang Aug. ›Miesmuschelfest‹, die Fiesta del Mejillón, Ende Juli steigt dann das ›Schwertmuschelfest‹, die Fiesta de la Navaja, und Ende August die Fiesta de la Almeja Roja, das ›Venusmuschelfest‹.

Für seine Lage erstaunlich wenig besucht: Die Arousa-Insel ist vor allem bei den Anwohnern beliebt.

C

COCAINE COAST

Berühmt ist Cambados seit der Kultserie »Fariña – Cocaine Coast« (Amazon Prime). Sie handelt von dem sympathisch-schmierigen, oberlippenbärtigen Sito Miñanco (*1955) aus Cambados. Der Mann mit dem etwas bürgerlichen Namen José Ramón Prado Bugallo handelte mit Koks aus Kolumbien wie kein Zweiter. Bis der Sohn eines Fischers 2018 der Polizei ins Netz ging. In der Serie stellt ihn der Schauspieler Javier Rey dar. Die Frankfurter Rundschau jubelte unlängst, »Fariña« (wörtlich Mehl) sei so ziemlich das Beste, was das spanische Fernsehen jemals hervorgebracht hat. Das gleichnamige Buch zum Film hat der Journalist Nacho Carretero (*1981, A Coruña) verfasst. Und der freut sich diebisch. Denn sein in höchstem Maße realer Schmuggler-Thriller verdrängte vorübergehend den spanischen Bestseller »Victus« von Albert Sánchez Piñol von Platz 1 der meistverkauften Libros im Land.

Infos

- **Oficina de Turismo:** Av. de Arousa s/n, ailladearousa.com.

Cambados

B4

Der kleine Ort Cambados (5500 Einw.) ist seit der Kultserie »Fariña« aus dem Jahr 2018 weltberühmt. Vor allem aber ist er das Zentrum des Albariño-Anbaus. Die Rebe wird zu einem sehr guten Weißwein gekeltert, einem Hauswein vieler Spanier. Mönche aus Cluny hatten die Traube angeblich hierhergebracht. Und an jedem ersten Augustsonntag ist der *vino blanco* schon seit 1952 Mittelpunkt des ältesten Weinfests Galiciens.

Cambados besteht aus drei Ortsteilen: Fefiñáns, Cambados und Santo Tomé. Überall stehen prächtige Adelshäuser mit üppig gestalteten Wappen an den Frontseiten. Der **Fefiñáns-Platz** direkt neben der Kirche **San Benito** aus dem 18. Jh. ist lupenrein gefegt, die Weinhandlungen edel und auch ein burgähnliches Adelshaus mit zinnenbekrönten Türmen steht dort. Bauen ließ es José Pardo de Figueroa, der im 17. Jh. einen überaus exotischen Job bekam: Der Mann wurde spanischer Botschafter am russischen Zarenhof. Das Gutshaus **Pazo Bazán** wiederum gehörte im 19. Jh. der coruñensischen Autorin Emilia Pardo Bazán, die mit ihrem verwegenen Buch »Mutter Natur« die Gemüter ihrer Zeitgenossen zum Kochen brachte: Sie beschrieb als Erste das Tabuthema Inzucht. Der Pazo ist inzwischen ein ansehnlicher Parador geworden.

Der Palast **Santo Tomé** des Marquis von Montesacro zeigt zum Meer hin. Wie alle größeren barocken Adelshäuser besitzt der Bau eine eigene Hauskapelle. Woher nur all dieser Luxus? Nicht nur ältere Paläste, auch modernere Bauten zeugen vom Reichtum von Cambados. Von der Kita bis zur Schule ist alles hochmodern und bestens in Schuss. Ursache hierfür ist zum einen – na klar – der in Spanien heißgeliebte Weißwein. Zum anderen aber auch der Schmuggel. Noch bis weit in die 1990er-Jahre blühte der Handel mit gefälschten Zigaretten und harten Drogen. Bis aus Madrid gesteuerte Razzien dem Spuk vorerst ein Ende bereiteten. Vor allem der damals noch blutjunge Staatsanwalt Baltasar Garzón machte damals auf sich aufmerksam.

Gern ließ er sich auf Schmugglerbooten inmitten der heißen Ware fotografieren und arbeitete so an seinem Ruf als unerbittlicher und strenger Kämpfer für die gerechte Sache.

Der Ort bekommt mittlerweile reihenweise Besuch von Serienfans, und zwar der Kultserie »Fariña – Cocaine Coast« (s. S. 172). Auf der Suche nach verruchten Gangstern auf Fischerbooten und vor Maisspeichern, wie mir Cristina von der Bazán-Bodega erzählte. Und die sehen beim Besuch statt Drogenbossen dann doch eher tolle Bauwerke.

Zu den ältesten gehört der Turm **Torre San Sardoniño,** der vor dem Hafen auf einer kleinen Insel steht und im 10. Jh. als Leuchtturm fungierte. Gut 500 Jahre später entstand gleich in der Nähe die heute morbid-schöne Ruine der Kirche **Santa Mariña de Dozo.** An der Hauptkapelle und der Sakristei sind noch Spuren verblasster spät gotischer Wandgemälde zu erkennen. Zwischen den zugigen Gemäuern und Gewölbebögen liegt mitten im ruinösen Gotteshaus der romantische Friedhof von Cambados.

Schlafen

In Emilias Palast

Parador de Cambados: Noble Unterkunft im großbürgerlichen Anwesen der einstigen Kultautorin Emilia Pardo Bazán mit drei Sternen, geräumigen, ruhigen Zimmern, Tennisplatz und Garten. Dabei etwas in die Jahre gekommen. Da er aber einer der beliebtesten Paradores Galiciens ist, besser vorher reservieren.

Paseo da Calzada s/n, T 986 54 22 50, parador.es, €€

Die Ruhe selbst

Pazo Carrasqueira: Traumhaft ruhige Finca mitten im Albariño-Weintal Salnés, Pool plus Weinlokal *(bodega),* da fühlt man sich schnell wohl.

in Sisán-Ribadumia, knapp 3 km von Cambados entfernt, T 986 71 00 32, pazocarrasqueira.es, DZ mit Halbpension €€

Einfach und gut

A Marina: Schlicht, aber zentral gelegen und mit ordentlichen und sauberen Zimmern, alle mit TV.

Os Pazos 6, T 986 52 01 08, hotelamarina.es, €

Essen

Star der Meeresfrüchte

Ribadomar: Das Restaurant von Manuel Ribadomar ist landesweit berühmt für Fisch und Schalentiere aus der Arousa-Bucht, im Herbst aber auch für exzellentes Rebhuhn.

Valle Inclán 17, T 986 54 36 79, ribadomar.es, So–Do abends geschl., €€€

Leckeres in bester Lage

Lume de Leña: Eins der schönen Tapa-Restaurants mit Außenterrasse auf dem zentralen Platz. Die junge Chefin Elvira Romey verfügt über eine sehr gute Weinauswahl.

Praza das Rodas 6, €

Einkaufen

Bodegas

Agro de Bazán: Neben den zahlreichen Bodegas im Zentrum lohnt sich ein Besuch des Weinguts Agro de Bazán in Treomedo. In dem Bau, den Weinfelder umgeben, wird neben anderen der gehaltvolle Gran-Bazán-Weißwein gekeltert. Die Betreiber sind häufig auf der ProWein in Düsseldorf präsent.

Lugar de Tremoedo 46, Vilanova de Arousa, 5 km nordöstlich von Cambados, T 986 55 55 62, bodegasgranbazan.com

Einer der schönsten Friedhöfe am Atlantik: Cementerio de Cambados

Feiern

- **Festa do Viño Albariño:** Erstes Aug.-Wochenende, mit viel Wein, Konzerten und Feuerwerk zu Ehren des besten Weißweins der Region. Gut besucht!

Infos

- **Oficina de Turismo:** Ptaza. do Concello s/n, T 986 52 07 86, www.cambados.es.
- **Bus:** 10 x tgl. nach Pontevedra, 5 x tgl. nach Padrón.

O Grove / Isla A Toxa B4

So wie Cambados als Hauptstadt des Albariño-Weins gilt **O Grove** als die Hauptstadt der *mariscos*, der Meeresfrüchte. Und auch O Grove lässt es sich nicht nehmen, deshalb ein großes Fest zu feiern: das Fest der Meeresfrüchte im Oktober. Bei Ebbe sieht man viele der rund 10 000 Bewohner bei der Ernte der Herz- und Venusmuscheln. Sie waren schon immer ein Garant dafür, dass die Anwohner gut leben. Dem Fischerort mit seinen umliegenden Stränden ist die kleine Insel **A Toxa** (La Toja) vorgelagert, die schon seit 1909 eine Brücke mit dem Festland verbindet. A Toxa besitzt ein Thermalbad, ein Grandhotel, Spielkasinos, zahlreiche Souvenirstände und eine ganz mit Jakobsmuscheln ausgeschmückte Kapelle, die angeblich meistfotografierte Nordspaniens. Die Insel war der Vorreiter des modernen Tourismus und der aus Galicien stammende Schnulzensänger Julio Iglesias verhalf ihr mit seinen Besuchen immer wieder zu sommerlichem Glamour. Wobei das nichts mit Klatschmedien zu tun hat. Eine Boulevardzeitung wie die Bild hat es in Spanien nie gegeben. Bis auf ein paar Monate, als ausgerechnet der Verlag Springer selbst es vergeblich mit dem Blatt Claro versuchte. Während A Toxa im Sommer dem Rummel ausgesprochen betuchter Gäste ausgesetzt ist, geht es in O Grove weitaus familiärer zu. Der mit seiner Kastenarchitektur etwas verbaute Ort ist auch bei deutschen Sprachschülern beliebt.

Nicht nur für Kinder

Eine Attraktion ist das 5 km westlich in der Nähe von Rebodero gelegene **Acuario de O Grove.** Das zweitgrößte Aquarium der Region nach dem in A Coruña liegt im Norden der Halbinsel. 15 000 Meerestiere sind in den 18 Becken zu sehen. Vorbildlich an dem Museum sind die Haltung der Tiere und die moderne Solarstromanlage. Die Betreiber organisieren auch Katamaranfahrten entlang der Bucht.

Punta Moreiras s/n, T 986 73 23 27, acuariodogrove.es, tgl. 10.30–20.30 Uhr, im Winter nur Sa, So, 15 €, Kinder 11 €, unter 4 Jahren gratis

Schlafen

Planschen erlaubt

Mirador Cons da Garda: Ferienanlage mit Pool und Minigolf.

Area 33, San Vicente de O Grove, 6 km südwestlich von O Grove, T 986 73 84 93, hotelconsdagarda.com, €

Essen

Am **Hafen** sind die Restaurants touristischer und teurer als im Ortskern.

Ganze Kochtöpfe

Paraíso del Marisco: In dem ›Paradies der Meeresfrüchte‹ sind selbige erschwinglich. Das hat sogar schon die Redaktion von »Der halbe Kochtopf« (kabel1) beim Dreh vor Ort erlebt. Spezialität ist u. a. Seehecht mit Venusmuscheln *(merluza con almejas).* Ein Menü ist preiswert zu haben (besonders günstig: die Tagesmenüs) und auch die Weinauswahl lässt nichts zu wünschen übrig.

Teniente Domínguez 52, in der Nähe der A-Toxa-Brücke, T 986 73 21 53, €–€€

Einkaufen

Gekauftes frisch zubereitet

Cocina de Mercado: In der Markthalle am Hafen, dem Mercado Municipal, Seeteufel, Pfefferschoten und Fleisch aus der Region einzukaufen, macht Spaß (s. S. 296). Besonders schön: Das Ecklokal Cocina de Mercado mit Tischen und Stühlen bereitet hier das Eingekaufte frisch zu, sogar eine Meeresfrüchte-Paella für nur 15 €. Und keine Angst vor Sprachbarrieren. Mit Fingerzeig versteht man sich schon.

Praza do Corgo s/n, Di–So 10–15 Uhr

Bewegen

Mem Böötche

Cruceros Peregrin: eine 75-minütige Bootstour zu den nahe gelegenen Miesmuschelflößen. Los geht es am Hafen von O Grove. Inkl. einem Teller Muscheln plus einfachem Weißwein. Manche füttern sogar die Möwen mit den Miesmuscheln. Sehr fotogen.

T 986 73 00 32, crucerospelegrin.com, 18 €, Kinder 9 €

Feiern

- **Festa do Marisco:** Am zweiten Okt.-Wochenende stehen Meeresfrüchte im Mittelpunkt dieses beliebten Festes. Zum Essen dazu gibt es Wein, Tanz und Musik.

Infos

- **Oficina de Turismo:** Praza do Corgo s/n, T 986 73 14 15, turismogrove.es.
- **Bus:** am Hafen, stdl. nach Pontevedra, mehrmals tgl. nach Santiago.
- **Schiff:** Unregelmäßige Verbindungen nach Ribeira und Cambados.

Ría de Pontevedra

Praia A Lanzada A/B4

Südlich von O Grove geht es Richtung Sanxenxo entlang feinsandiger Strandbuchten zu der 7 km langen Praia A Lanzada. Hier ist das Wasser etwas kühler und die Strömungen weiter draußen sind nicht ganz ungefährlich, da die Sandbucht am Übergang zur Ría de Pontevedra sich noch zum Atlantik öffnet. Der mit der blauen Umweltflagge ausgezeichnete Strand macht seinem Ruf als bestbesuchter Strand Galiciens im Hochsommer alle Ehre. Ein ehemaliger Fluglandeplatz dient als Parkplatz. Auch Windsurfer fühlen sich hier wohl. Dabei war und ist er nicht nur tagsüber interessant. An Mitternacht zum Sonntag – bei Vollmond und nur in Monaten ohne ›r‹ – versuchten Galicierinnen hier früher, schwanger zu werden: Dazu hockten sie sich in das Wasser und warteten neun Wogen ab, bevor sie sich wieder abtrockneten. Als besonders geeigneter Termin galt die Mitternacht zum Johannistag (am 24. Juni). Mag der Brauch auch heidnischen Ursprungs sein, in der Kapelle **Santa María de A Lanzada** am östlichen Ende des Strandes findet am letzten Sonntag im August heute noch immer die ›Wallfahrt der neun Wogen‹ statt. Es heißt, selbst Managerinnen aus Vigo und Santiago seien erst kürzlich nachts beim ›Baden‹ gesehen worden …

Sanxenxo und Poio B4

Sanxenxo ist so sehr mit Apartments und Hotels übersät, dass es schon in den 1970er-Jahren völlig zu Recht den Beinamen ›Marbella Galiciens‹ bekam. Grund für die vielen Besucher – vor allem aus Madrid – sind die warmen Wassertemperaturen, die Strände, der schöne Jachthafen mit seiner Segelschule und das beachtliche Angebot an Diskotheken, das an Wochenenden die Kids aus der nahen Provinzhauptstadt Pontevedra gleich busweise anzieht. Denn dort, sagen sie, sei nicht halb so viel los.

Die kaum besiedelte, 5 km lange **Isla de Ons** ist vor allem außerhalb der Saison ein ruhiger Ort mit kleinen Sandstränden zwischen den Felsen, einem Leuchtturm, der Felsformation Buraco do Inferno (Höllenhöhle) und Tavernen an der Anlegestelle. Hier und an der südlichen **Isla de Onceta** gibt es einige Seevogelkolonien. Der östlich gelegene Fischerort **Combarro** mit seinem neuen Jachthafen ist vor allem wegen seiner Maisspeicher direkt am Wasser und der winzigen Gassen einen Besuch wert. 2 km entfernt liegt das Benediktinerkloster **Poio** (17. Jh.), in dessen Kirche die Barmherzigen Brüder samstags das Dankgebet an die hl. María singen. In dem angeschlossenen Gebäude ist eine Unterkunft im Stil einer Jugendherberge eingerichtet.

War Kolumbus Galicier?

Und noch für etwas anderes ist das Nest Poio berühmt: für Mammutbäume und ein Kolumbushaus. Hier stammt lokalen Wissenschaftlern zufolge Christoph Kolumbus her, und nicht aus Genua. Es gibt sogar ein kleines Museum aus Glas und Stahl gleich hinter seinem ›Geburtshaus‹: die **Casa Museo de Colón.** Die Idee unterstützte in den 60er-Jahren ein einflussreicher US-Professor namens Mc Enroy aus Princeton. Er überzeugte sogar den US-Senat davon. Und der schickte 1992 zur 500-Jahres-Feier der Entdeckung Amerikas 500 Mammutbäume nach Poio. Ein Waldbrand hat die 100 m hohen Redwoodtrees später teils zerstört. Und was sind die Beweise für die These? Ein Handschriftvergleich soll belegen, dass hinter Kolumbus der lokale Graf Pedro Madruga aus Soutomaior steckt, dessen Burg knapp 20 km südöstlich gelegen bis heute erhalten ist. Ein anderer Beweis: ein verknittertes Schwarzweißfoto aus dem Jahr 1917. Von einem längst verschollenen Wegkreuz aus dem Spätmittelalter. Aufschrift: »Juan Colón R«. Spötter sagen, das R könnte für *ridículo* stehen, für lächerlich.

Porto Santo, Praza Cristobál Colón s/n, Juni–Dez. 10–14 Uhr, T 986 87 31 96

Schlafen

Blick aufs Meer

Rotilio: Ein großer Kasten gleich am Hafen in zentraler Lage. Die Zimmer mit Balkon haben teils einen tollen Blick auf den Strand und die Fischerboote. Funktional und praktisch eingerichtet.

Av. do Porto s/n, Sanxenxo, T 986 72 02 00, hotelrotilio.com, €€, in der Nebensaison €

Mit leichtem Gepäck

Casa do Sear: Schon 1591 errichtetes Bilderbuch-Landhaus lokaler Grafen. Heute eine stilvolle Casa Rural mit Garten, Innenhof und auf Wunsch Massage. Wichtig für Familien mit schwerem Gepäck: Alles für die Kleinen ist vorhanden und gratis, vom Wickeltisch bis zum Kinderbett, von der Badeente bis zum Brettspiel.

Sear 17, Bordóns, Areas, Sanxenxo, T 667 51 50 54, €€

Bei den Mönchen

Monasterio de Poio: Etwas Rummel auf dem Flur sollte einem in dieser preiswerten, jugendherbergsartigen Unterkunft mit über 200 schlichten Zimmern direkt neben einem Kloster nichts ausmachen. Die dortigen Benediktinermönche sind übrigens nicht selten mit gregorianischen Gesängen zu hören. Und haben eine Bibliothek mit rund 150 000 teils uralten Büchern, darunter eine mehrsprachige Bibel aus dem Jahr 1657.

4 km vor Pontevedra, T 986 77 00 00, monasteriodepoio.es, €

Essen

Mejillones mit Meerblick

O Peirao: In der Hochsaison höllisch gut besucht, ansonsten ein Traum. Das Fischrestaurant mit Meerblick liegt direkt im Ortskern von Combarro. Super in den Monaten mit ›r‹ sind die Miesmuscheln *(mejillones)*.

A Rúa do Mar 6, Combarro, T 986 77 23 76, €€–€€€

Infos

- **Fähren:** von Sanxenxo etwa 4 x tgl. zur Ons-Insel.

Pontevedra ✪ B4

Dieselskandal? Verkehrslimit? Alles schon viel zu oft gehört? Beim Forum Smart City in Paris war das unlängst wieder Thema. Und vor allem die Bürgermeister von Paris und Madrid lobten Pontevedra in höchsten Tönen. Wegen

Lieblingsort

Ein Platz für die Sinne

Einen schöneren Platz als die **Praza da Leña** ⑤ in **Pontevedra** zu finden ist wirklich nicht leicht. Die arkadengeschmückten kleinen Stadtpalais bilden den Rahmen und mitten auf der Plaza steht ein kleines barockes Wegkreuz. Und schließlich sind die Tavernen einfach klasse, in denen es leckere Tapas aus der Region gibt. Einfach gegen 14 Uhr vorbeikommen, auf einen der Terrassenstühle setzen und das Leben genießen.

der vorbildlichen Verkehrspolitik. Als erste Stadt Nordspaniens hat sie vor Jahrzehnten das Zentrum für den Autoverkehr gesperrt.

Beste Luft seither im Stadtkern. Nur: Besucher kommen trotzdem wenige. Kurios eigentlich, denn die kleine, charmante Stadt ist ein besonders attraktiver Aufenthaltsort. Gleichzeitig dient sie als Ausgangspunkt für Exkursionen aller Art, ob nach Santiago, an die schönen Strände der Morrazo-Halbinsel oder nach Süden zur portugiesischen Grenze. Ganz anders als die brummende Hafenstadt Vigo ist Pontevedra mit seinen kaum 70 000 Einwohnern zudem eher eine ruhige Kleinstadt. Und dennoch Provinzhauptstadt der Region. Das Alter gab ihr den Vortritt – vor Santiago de Compostela! Zwar hatten die Römer sie namensstiftend Pontis Veteris (alte Brücke) genannt, doch stuften die legendenverliebten Bewohner das Datum ihrer Entstehung nochmals um zahlreiche Jahrhunderte zurück. Womit auch der Name der Praza do Teucro zu tun hat.

Die Altstadt

Die Griechen waren es. Im Trojanischen Krieg soll ihr Held Teukros nach seinen Irrfahrten über das Meer den Ort um 1200 v. Chr. gegründet haben. Und damit das auch jeder glaubt, heißt einer der schönsten Plätze in der Altstadt **Praza do Teucro** ❶. Seine Orangenbäume geben ihm ein beinahe mediterranes Flair. Der Platz liegt mitten im Zentrum, das weit über die Region Galicien hinaus als besonders schön gilt. Herausgeputzte Adelshäuser, kleine, mit Platanen bepflanzte Plätze, weiß gestrichene Balkone aus Holz und Arkadengänge aus grauem Granit sorgen genauso dafür wie so manches kuriose Bauwerk. Die morbid-melancholisch wirkende Ruine der Kirche **Santo Domingo** ❷ (Paseo de Montero Ríos s/n, Di–So 10–14, 17–20 Uhr) steht am nördlichen Rand der Alameda. Sie entstand im 14. Jh. und ist seither derart verfallen, dass nur noch die fünf Apsiden mit ihren hohen, glaslosen Fenstern zu sehen sind. Im Schatten der zugigen Mauern ist ein Teil der archäologischen Abteilung des hervorragenden Provinzmuseums von Pontevedra untergebracht (s. S. 182).

Form einer Jakobsmuschel

In weit besserem Zustand zeigt sich die schmale barocke Kirche Peregrina. Antonio Souto legte den hohen Bau der **Peregrina-Kirche** ❸ mit schlanken Türmen 1778 mit dem originellen Grundriss einer Jakobsmuschel an. Was später sogar den US-Stararchitekt Peter Eisenman für die Stadt der Kulturen in Santiago inspirierte. Passend dazu ist im Kircheninnern die Darstellung der Maria als Pilgerin *(peregrina)* zu sehen. Sie ist nicht nur Schutzheilige, sondern auch ›Festheilige‹ der Stadt: Während der Fiesta de la Peregrina im August gibt es ihr zu Ehren Rock- und Keltenmusik im Fußballstadion, einen Stierkampf in Galiciens einziger stilechter Arena, Schauspielkunst im Teatro Principal und zahlreiche Kulturveranstaltungen in den modernen Stadtanlagen auf der anderen Seite des Río Lérez. Nur wenige Schritte von der Peregrina-Kirche entfernt liegen an der weiten zentralen Praza da Herrería kleine Gartenanlagen, Terrassen und die schwerfällige frühgotische Kirche **San Francisco** ❹ mit ihrer großen Rosette, Holzdecke und Chor mit drei eckigen Apsiden. Sie wacht über die kleinen Gassen mit ihren Tavernen und Plätzen. Vor allem hier zeigt sich, wie gut der abwesende Autoverkehr wirkt: wenn das Jugendorchester mal wieder ein Open-Air-Konzert gibt. Nur zwei Gehminuten entfernt liegt der wohl

Pontevedra

Ansehen

- ❶ Praza do Teucro
- ❷ Santo Domingo
- ❸ La Peregrina
- ❹ San Francisco
- ❺ Praza da Leña
- ❻ Edificio García Flórez
- ❼ Edificio Castro Monteagudo
- ❽ Sexto Edificio

Schlafen

- 1 Parador Casa do Barón
- 2 Granja O Castelo
- 3 Madrid
- 4 Casa de Cris

Essen

- 1 Eirado da Leña
- 2 Alameda
- 3 Veiga Mariña
- 4 Veracruz

Einkaufen

- 1 Mercado

Ausgehen

- 1 Discoteca Tropicana
- 2 Teatro Principal

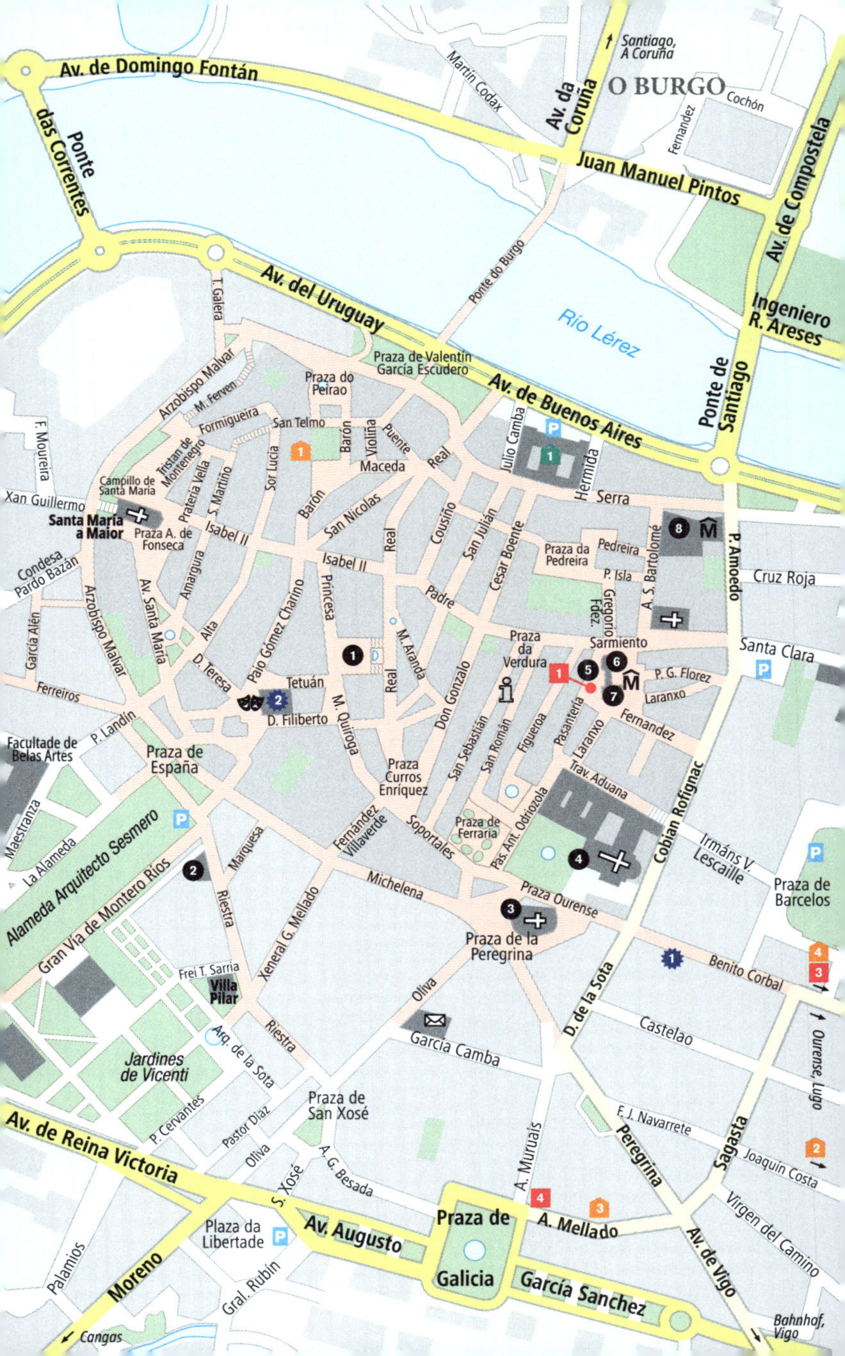
Av. de Domingo Fontán
Santiago, A Coruña
O BURGO
Martín Codax
Av. da Coruña
Cochón
Fernandez
Juan Manuel Pintos
Av. de Compostela
Ponte das Correntes
Av. del Uruguay
Ponte do Burgo
Río Lérez
Ingeniero R. Areses
Ponte de Santiago
T. Galera
Praza de Valentín García Escudero
Av. de Buenos Aires
Arzobispo Malvar
M. Ferven
Praza do Peirao
Formigueira
San Telmo
Barón
Violina
Puente
Julio Camba
Hermida
F. Moureira
Tristan de Montenegro
Sor Lucía
Maceda
Real
Campillo de Santa María
Xan Guillermo
Santa María a Maior
Praza A. de Fonseca
Prateria Vella
S. Martiño
Isabel II
Barón
San Nicolás
Cousiño
San Julián
Serra
Cesar Boente
Praza da Pedreira
Pedreira
A. S. Bartolomé
P. Amoedo
Condesa Pardo Bazán
Amargura
Isabel II
Princesa
Real
Padre
P. Isla
Gregorio Fdez.
Cruz Roja
García Alén
Arzobispo Malvar
Av. Santa María
Alta
Paio Gómez Chariño
M. Aranda
Praza da Verdura
Sarmiento
Santa Clara
D. Teresa
Tetuán
Real
Don Gonzalo
P. G. Florez
Laranxo
Ferreiros
D. Filiberto
M. Quiroga
Figueroa
Pasantería
Laranxo
Fernandez
P. Landín
Facultade de Belas Artes
Praza de España
San Sebastián
San Román
Praza Curros Enríquez
Trav. Aduana
Cobian Rofignac
Maestranza
La Alameda
Alameda Arquitecto Sesmero
Marquesa
Fernández Villaverde
Soportales
Praza de Ferraría
Pas. Ant. Odriozola
Irmáns V. Lescaille
Praza de Barcelos
Gran Vía de Montero Ríos
Riestra
Xeneral G. Mellado
Michelena
Praza Ourense
Praza de la Peregrina
Benito Corbal
Frei T. Sarria
Villa Pilar
Oliva
D. de la Sota
Castelao
Ourense, Lugo
Arq. de la Sota
Riestra
García Camba
Jardines de Vicenti
Praza de San Xosé
A. Muruais
F. J. Navarrete
Peregrina
Sagasta
Joaquín Costa
P. Cervantes
Pastor Díaz
Oliva
S. Xosé
A. G. Besada
Virgen del Camino
Av. de Reina Victoria
Av. Augusto
Praza de Galicia
A. Mellado
Av. de Vigo
Plaza da Libertade
Palamios
Moreno
Gral. Rubín
García Sanchez
Cangas
Bahnhof, Vigo

schönste Platz Pontevedras: die **Praza da Leña** ❺ (s. Lieblingsort S. 178).

Peregrina-Kirche: Plaza de la Peregrina, geöffnet zu den Gottesdiensten; **Jardines de Casto San Pedro:** Mo–Sa 8–13, 17.30–21 Uhr

Museen

Rundgang im Provinzmuseum

❻ Edificio García Flórez und ❼ Edificio Castro Monteagudo: An der Praza da Leña (s. S. 178) mitten in der Altstadt von Pontevedra stehen zwei der insgesamt sechs Gebäude, in denen das Provinzmuseum der Stadt eingerichtet ist – die kleinen durch eine Granitbrücke miteinander verbundenen Stadtpalais Castro Monteagudo und García Florez. Sie sind das Herz des schönsten Provinzmuseums Galiciens (Museo Provincial). Einen Einblick in die Seele Galiciens bekomme man hier, schrieb einmal ein amerikanischer Journalist. Und das ist nicht übertrieben. Der Besuch beginnt in der Villa Castro Monteagudo, die schon 1929 als Museum eröffnet wurde und im 18. Jh. aus reinem Granit entstand. Sogleich geht es um die Frühgeschichte der Region, denn in Saal C im Erdgeschoss ist hinter schweren Gittern 5000 Jahre alter Keltenschmuck ausgestellt, darunter Haarspangen und Ketten aus purem Gold. Archäologen fanden sie bei Ausgrabungen der Keltensiedlungen Santa Tegra und Catoira. Silberschätze wiederum sind in Saal D zu sehen: hübscher Schmuck aus dem Iran, China und Portugal. Die Region spielte in Seefahrt und Handel eine große Rolle, was im Nebengebäude García Flórez sehr anschaulich wird. Eine schmale Treppe führt im Palais García Flórez direkt hinunter in die nachgebaute Kajüte des Kapitäns Méndez Nuñez, der 1824 in Vigo zur Welt kam und 1869 hier in Pontevedra verstarb. Mit seiner Fregatte Numancia bombardierte der Galicier drei Jahre vor seinem Tod erfolglos die ehemalige spanische Kolonie Peru. Als das Boot seinen Dienst quittierte, machte man aus den Stahlwänden kurzerhand jede Menge Rasierklingen. Ein Modell des Bootes ist in Saal M aufgestellt, ein anderes zeigt die Gallega, die wahrscheinlich in Pontevedra konstruiert wurde und als Santa María eines der Schiffe von Kolumbus auf dem Weg nach Amerika war. In Saal L ist das Wohnzimmer des Kapitäns nachgebaut, mit Teppichen und Möbeln ganz im viktorianischen Stil. Es mag verwundern, dass sich das Museum so mit der Seefahrt beschäftigt, doch noch bis ins 19. Jh. war Pontevedra mit dem Meer verbunden und eine Stadt der *marineros,* der Seemänner. Im modernen Edificio García Flórez ist darüber hinaus ein Sammelsurium galicischen Kulturguts zu sehen, z. B. Kupferplatten zum Druck von Pilgerdokumenten, Keramik aus Sargadelos in Weiß und Kobaltblau, romanische Heiligenbildchen und eine Küche im Obergeschoss mit ziemlich großem Kamin.

Praza da Leña s/n, museo.depo.gal, Sommer Di–Sa 11–13.30, 17–20, sonst Di–Sa 9–13, 16.30–20, So 11–13/14 Uhr, Eintritt frei

Modern Art im Sexto Edificio

❽ Sexto Edificio: Im 10 000 m² großen Sexto Edificio, einem weiteren Gebäude des Provinzmuseums, sind die Werke des bedeutenden galicischen Intellektuellen Alfonso Daniel Castelao ausgestellt. Niemand symbolisiert den regionalen galicischen Stolz so sehr wie dieser Politiker, Maler und Schriftsteller, der 1886 in Rianxo zur Welt kam. Zu sehen sind hier seine bissigen politischen Plakate gegen Konservative, Monarchen und Kapitalisten, vor allem aber die Zeichnungen vom galicischen Landleben, deren Stil an Francisco Goya erinnert. Castelao porträtierte das Elend auf dem Land, fette Unternehmer, betende Witwen und das Grauen des Bürgerkriegs. Heute zitieren ihn alle Parteien im Parlament von Santiago und

Angesagteste Tapas der Stadt: Koch im Restaurant Eirado da Leña

in keinem Museum nimmt sein Werk so viel Raum ein wie hier.

Padre Amoedo Carballo, 3, museo.depo.gal, Sommer Di–Sa 11–13.30, 17–20, sonst Di–Sa 9–13, 16.30–20, So 11–13/14 Uhr, Eintritt: frei

Schlafen

Herrschaftlich

1 **Casa do Barón:** Beliebte Namen für spanische Edelherbergen sind Duque, Conde und wie in diesem Fall Barón. Denn was Fürst, Graf oder eben Baron heißt, muss ja edel sein. Auch hier trifft das zu. Ansprechend der Drei-Sterne-Parador in einem Adelshaus aus dem 16. Jh. Hinter dicken Mauern sind die Zimmer besonders ruhig, der Service ist einwandfrei und die Lage relativ zentral.

Barón 19, T 986 85 58 00, parador.es, €€

Mit Reitstall

2 **Granja O Castelo:** Mitten im Grünen gelegen, mit einem besonderen Plus: Im Angebot sind Reiten mit den Pferden der Besitzer, Tennis und Fahrradverleih.

16 km südöstlich über die C-531 in Pontecaldelas, T 986 42 59 37, ocastelo.es, €–€€

Funktional

3 **Madrid:** Sauberes Hotel am Altstadtrand, die Zimmereinrichtung ist schlicht. Dafür hat es aber eine günstige Lage und ist nicht teuer.

Andrés Mellado 5, T 986 86 51 80, hotelmadrid.org, €

Wohnen bei Cris

4 **O Casal de Cris:** Die Mutter eines Sohnes und mutige Einzelkämpferin, führt in der Ortschaft Tenorio wenige Kilometer östlich von Pontevedra eines der schönsten Landhäuser Galiciens. Zwischen Steineichen und Orangenbäumen,

S

SPEICHERPLATZ

Pedre und Figueroa sind zwei kleine Bergnester im spanischen Hinterland. Die Familien dort kamen im 18. Jh. auf eine ungewöhnliche Idee: Sie legten ihre **Granit-Maisspeicher** *(horreós)* auf Stelzen direkt nebeneinander an. Und zwar an der jeweiligen Barockkirche, wo normalerweise der Festplatz steht. Der simple Grund: Schnelle Warenauslieferung an die vorbeiziehenden Händler auf dem Weg zur Küste. Die beiden Orte liegen rund 30 km östlich von Pontevedra, erreichbar über die N541 nahe Cerdedo.

mit großem Swimmingpool, Tennisplatz und Blick auf das alte Kloster San Pedro. Und Platz im Garten zum Grillen. Auch der Hund Thor ist süß. Wenige Zimmer, und sehr beliebt. Daher besser früh buchen via E-Mail.

Mobil: 629 801 438, reservas@ocasaldecris.es, GPS: 42°27'53.1"N, 8°33'00.7" W, ocasaldecris.es, €

Essen

Lebhafte Tapa-Bars liegen in den **Gassen Figueroa** und **San Sebastián** nahe dem Provinzmuseum sowie in der **Straße San Nicolás** wenige Meter vom Parador entfernt. Auch rund um das **Theater** (Teatro Principal) gibt es viel Auswahl.

Nachos Gourmetküche

1 **Eirado da Leña:** Koch Nacho ist so gut, dass ihn die Regierung schon oft als Repräsentanten der galicischen Küche nach Tokio, Paris und Düsseldorf geschickt hat. Doch dem Mann ist das nicht zu Kopf gestiegen (s. S. 268). Seine Küche ist kreativ, von der hausgemachten Foie gras bis zu Fischkreationen und Fleisch wie etwa Spanferkel *(cochinillo)* aus dem Ofen. Auch die Nachtische sind köstlich (sagt meine Tochter Marie). Nacho hat zunächst eine Ausbildung zum Konditor gemacht und gehört heute dem einflussreichen Verband Novebiz der jungen galicischen Köche an. 2020 erhielt er den Gastropreis Galiciens und einen Michelin-Stern. Übrigens: Im Restaurant A Casa do Lado nebenan gibt es einfachere und günstigere Tapas.

Praza da Leña 3, T 986 86 02 25, oeirado.com, So abends und Mo geschl., €€€

Platzhirsch

2 **Alameda:** Beliebtes Lokal für Fisch, Meeresfrüchte sowie Wild- und Kalbfleisch. Vor allem die Anwohner kommen gern hierher und bestellen vorab schon mal marinierten Wolfsbarsch oder selbstgemachte Chips mit Blauschimmelkäse.

Alameda 10, T 986 85 74 12, restaurantealameda10.com, €€–€€€

Druiden-Charme

3 **Veiga Mariña:** 12 km östlich von Pontevedra: 300 Jahre alte Gemäuer, ein Kessel aus der Urzeit, drumherum Meisspeicher und Mischwald pur. Dazu ein Pool und ein gutes Restaurant auf mehrere Räume verteilt. Im Hinterland von Pontevedra ist dieses Restaurant-Landhaus eine Augenweide. Am Herd bereitet der Koch eine wunderbare Cazuela aus Langusten und Pulpo sowie Fleisch vom Feinsten zu. Die stilvoll möblierten Zimmer heißen Eisen und Feuer. Und die Anfahrt ist wegen der steilen, engen Wege am Ende ein Abenteuer. Das ist es. Das ist Galicien.

Rascaderia 6, A Xesteira, Tenorio, Cotobade, T 986 74 31 27, Übernachten €, Essen €€

Handwerker-Taverne

4 **Veracruz:** An den Granitwänden hängen Schiefertafeln mit dem Angebot an

Tapas und Weinen aus eigenem Anbau. Der Essraum ist bis auf den hochmodernen Flachbildschirm mit seinen einfachen Holztischen und Stühlen etwa so funktional wie ein galicisches Kulturzentrum in Deutschland. Es gibt u. a. Hackfleischbällchen *(albóndigas)*, Calamares, freitags und samstags oft auch Seekrake *(pulpo)* und herrliche kleine Tintenfische *(chipirones)*. Die Tapas sind großzügig und immer frisch zubereitet, das Publikum ist meist relativ jung. Ein Teller *chipirones* mit einer *caña* (Glas Bier) kostet nur rund 10 €. Es liegt etwas ab vom Schuss, lohnt aber den Weg.

Andrés Muruais 13, T 986 21 20 75, So abends geschl., €

Einkaufen

Haupteinkaufsmeile für Mode, Schuhe und Bücher ist die verkehrsreiche **Calle de Michelena** am Altstadtrand von Pontevedra.

Frisches vom Fischer

1 **Mercado:** In der Markthalle nahe dem Fluss werden jede Menge Gemüse, Fleisch und vor allem Fisch und Meeresfrüchte verkauft. Wer das Angebot beim deutschen Discouter kennt, bekommt hier eine Reizüberflutung. Auch montags ist der Markt geöffnet, doch weil die Fischer sonntags nicht arbeiten, ist an den Ständen nicht viel los.

Serra 4 / Plaza de Abastos, Mo–Sa zwischen 9 und 14 Uhr

Ausgehen

Auf dem **Herrería-Platz** und in den Seitengassen ist viel los. An den Wochenenden fahren Nachtbusse zu den Discos des Urlaubsorts **Sanxenxo,** der Pontevedra in Sachen Nightlife um Längen schlägt.

Un pasito patrás, María

1 **Discoteca Tropicana:** Das Tropicana ist eine relativ neue Salsa-Disco im Zentrum von Pontevedra. Klasse für Fans von Salsa, Merengue, Rumba und Son. Und Ricky Martins Zähltakte Un, dos, tres.

de Benito Corbal 14, discotecatropicanapontevedra.negocio.site, Mi–So 23.59–6 Uhr, Eintritt ab 10 €

Nix als Theater

2 **Teatro Principal:** Sehr angesehen und für Spanisch sprechende Theaterfans ein Muss. Hier laufen Kracher wie »Die Irrfahrten des Odysseus« oder »Der Possenreißer«. *Puro teatro* also.

Kartenreservierung unter T 986 85 19 32

Feiern

- **Romería de San Benitiño de Lérez:** 11. Juli. Wallfahrt zu Ehren des Heiligen, dessen Wunder Geschwüre und Pickel entfernen.
- **La Peregrina:** aufwendiges Stadtfest vor allem am zweiten Sonntag im Aug., mit Konzerten und – Stierkampf. Pontevedra ist die einzig verbliebene Stadt in Galicien, in der noch Stierkämpfe stattfinden.
- **Feira Franca:** tolles Mittelalterfest am ersten Sept.-Wochenende mit Ritterturnieren, Umzügen und Fressgelagen.

Infos

- **Oficina de Turismo:** Praza da Verdura s/n, T 986 09 08 90, visit-pontevedra.com.
- **Bahnhof:** Praza da Estación s/n, T 902 320 320. Tgl. nach Santiago und Vigo.
- **Busbahnhof:** Rúa da Estación s/n, T 986 85 24 08. 12 x tgl. nach Cangas und Sanxenxo, stdl. nach Vigo und Santiago (90 Min. Fahrzeit).

Lieblingsort

Meeresbrise und weiter Blick auf die Cíes-Inseln

Knallrot ist der Leuchtturm **Faro de Punta Robaleira** am **Cabo de Home** A/B 5 und die Sicht auf die Cíes-Inseln einfach genial. Ein wunderbarer Ort, um die Natur zu genießen und die kleinen Fischerboote vorbeifahren zu sehen. Von der Ortschaft Donón rund 5 km westlich von Cangas aus führt die Piste PO-1006 dorthin.

Morazzo-Halbinsel

B5

Entlang der Morrazo-Halbinsel gibt es einsame kleine Buchten an, die in der Nebensaison oft nahezu menschenleer sind. Wer die Autobahn Richtung Vigo ignoriert, wird auf dem Küstenweg (60 km) entlang der Morrazo-Halbinsel (Península de Morrazo) nicht nur mit einer schönen Landschaft rund um den Leuchtturm am **Kap Home** (Cabo de Home, s. S. 186) belohnt, sondern auch mit den umliegenden attraktiven Stränden. Südlich von Marín liegt auf dem Weg zum leuchtturmbewachten Kap Udra die feinsandige **Praia de Aguete** mit kleinem Jachthafen und Restaurant sowie weiter zum Kap hin eine kleine Pferderanch *(picadero)*.

In dem kleinen Örtchen **Hío** steht gegenüber dem romanischen Portal der Kirche San Andrés das eindrucksvollste Wegkreuz ganz Spaniens: Es zeigt im oberen Teil die Kreuzabnahme. Ein Steinmetz aus Pontevedra fertigte es im 19. Jh. aus nur drei Granitblöcken. So filigran fallen die *cruceiros* normalerweise nicht aus, die an zahlreichen Weggabelungen schon seit dem 13. Jh. aufgestellt worden sind. Sie waren als Wegweiser für die vielen Pilger bestimmt und sind mit Marien- und Christusfiguren geschmückt. Doch umhüllt die Kreuze nicht nur der häufige galicische Nebel, sondern auch ein gewisser Schauer. Denn sie sollten die Hexen vertreiben, die gerade in dieser Gegend ihre Rituale vollzogen. Und wenn es in der unmittelbaren Umgebung des Kreuzes nach Wachs roch, fürchteten die Wanderer den baldigen Tod.

2 km von Hío entfernt liegt der Nudistenstrand **Nerga** vor dem romantischen Cabo de Home. Vom Kap zweigt eine Stichstraße ab zur Praia de Melide. Durch Kiefernwald geht es hoch über dem Meer eine kurze Strecke bis zu drei Leuchttürmen und einem winzigen groben Sandstrand. Davor liegen die Cíes-Inseln: Idylle pur (s. Tour S. 188).

Cangas

B5

Als Wohnort so mancher Hexe gilt seit Jahrhunderten der Fischerhafen Cangas. Der hübsche Ort bietet weite Sicht auf Vigo, allerdings ist der Durchgangsverkehr zu den westlichen Stränden enorm. Türkische Piraten hatten 1619 die Bewohner überfallen und dabei gemeuchelt und vergewaltigt. Einige Frauen sollen darauf den Verstand verloren haben. Die Inquisition verurteilte sie im Anschluss als Hexen und behielt überdies ihr Vermögen ein. Das **Haus der Richter** ist im 3 km entfernten Ort **Coiro** zu sehen (Boubeta Nr. 20). Die Fassade schmückt noch das Wappen der Inquisition mit Feder, Kreuz und Schwert: die Waffen im Kampf gegen den vermeintlich bösen Zauber.

Schlafen

Campen an der Bucht

Playa Liméns: Campingplatz mit Dusche, Restaurant und Bar am gleichnamigen Strand. Mit Blick auf die Ría de Vigo und die Cíes-Inseln. Ziemlich gut besucht, vor allem in der Nebensaison. Es gibt auch Bungalows für bis zu vier Personen.
T 986 30 46 45, campinglimens.com, €

Essen

Goldene Muschel

Casa Simón: Mit eigener Austernzucht. Der Koch bekam als Preis aus Santiago:

TOUR
Wandern im Reich der Gelbfußmöwen

Besuch der Cíes-Inseln mit der Fähre ✪

Die Illas Cíes (433 ha) gehören zum Nationalpark Islas Atlánticas und sind per Fähre ab Vigo in 45 Minuten erreichbar. Auf dem naturbelassenen Archipel lebt die größte Gelbfußmöwen-Kolonie der gesamten spanischen Küste. Der Tagesausflug lohnt zum Spazierengehen und Baden. Hotels gibt es natürlich nicht, wohl aber einen kleinen Campingplatz.

Der schönste Film zu dieser Gegend: »Montags zur Sonne«, mit Javier Bardem aus dem Jahr 2002.

Die Illa do Norte (Agudo) und die Illa do Faro (Medio) sind durch eine wunderschöne, 1200 m lange Sandbank verbunden, die zu den schönsten Galiciens zählt. Am Infohäuschen neben Fährstation und Bar-Restaurant gibt es Karten mit den Wegen zu den Stränden, Aussichtspunkten und Leuchttürmen. Keine Verbindung besteht zur südlichen kleinen Illa do Sur (San Martiño), damit die dortigen Kormorane, Fischreiher und Lummen ganz unter sich bleiben können.

Zum Monte Faro (rot)

Von der **Anlegestelle** *(muelle)* sind es zu Fuß 7 km zum **Monte Faro.** Vorbei geht es an dem wunderschönen **Rodas-Strand** zum 175 m hoch gelegenen Leuchtturm. Einen schöneren Aufstieg gibt es wohl kaum in ganz Galicien, daher ist der Weg im Hochsommer sehr beliebt und in den Monaten Juni und Sep-

tember viel attraktiver. Von oben sieht man die Wellen brechen. Auf halbem Weg zweigt der Weg als Alternative zum Leuchtturm **Faro da Porta** ab, der weniger hoch liegt und daher noch leichter erreichbar ist. Von dort hat man einen schönen Blick auf die komplett naturbelassene Insel San Martiño.

Infos

A 5

Start: Fähre ab Vigo (45 Min.)

Strecke: zum Monte Faro 7 km; zum Faro do Peito 5,5 km

Fähre: alle 30 Min. ab Vigo (schnellste Überfahrt), mehrmals tgl. ab Baiona, mittags ab Cangas. An Ostern sowie Sa/So und im Aug. sind die Überfahrten besonders beliebt, die Zahl der täglichen Besucher darf 2200 nicht übersteigen, deshalb sollte man besser vormittags um 9 Uhr kommen. Online (auf Spanisch) gibt es Tickets für das Boot, siehe auch mardeons.es

Alto do Príncipe und Monte Agudo (schwarz)

Auch auf der Nordseite ist die Cíes-Insel attraktiv. Von der Anlegestelle sind es nur 3 km zum **Alto do Príncipe,** einer Anhöhe mit toller Aussicht auf den Atlantik. Etwas weiter, also 5,5 km, ist die Tour zum nördlichsten Leuchtturm **Faro do Peito** am Monte Agudo, vorbei am **Figueiras-Strand.**

Auf dem granithaltigen Boden dieser Insel wachsen Pinien, Efeu und Schleifenblumen (Iberis Procumbens), durch die Luft fliegen Harlekin-Schmetterlinge, Kormorane und eben auch die Gelbfußmöwen. Es sind über 18 000 Paare. Das ist weltweit einmalig und löst einen leichten Hitchcock-Effekt aus.

Bloß keine Kamera rumliegen lassen

Nie Kamera oder Handy unbeobachtet liegen lassen! Die Möwen sind geschickt und neugierig, sie schnappen sich so manche Miesmuschel (Foto). Eine von ihnen hat sogar einmal eine GoPro-Kamera gestohlen und zum Rundflug angesetzt. Der Besitzer bekam das teure Ding übrigens zurück. Die Möwe hatte es unsanft am selben Ort wieder fallen lassen. Die verwackelten Bilder waren vorübergehend ein Hit auf YouTube.

Vigo: nach so viel Küste endlich wieder Großstadtfeeling

Platz 1 für die ›goldene Entenmuschel‹. Mit Außenterrasse.
Balea 2,1 km Richtung Aldán, T 986 30 00 16, Mo geschl., €€

Coole Strandbar
Chiringo Castiñeira: Am Strand wenige Kilometer nordwestlich von Cangas gelegene Strandbar mit Tapas und Getränken.
Lugar Pintens 151, im Sommer tgl., chiringo-castineiras.negocio.site, €€

Feiern

- **Festas do Cristo:** letzter So im Aug. Patronatsfest mit Kirmes und Feuerwerk.

Infos

- **Info-Häuschen:** im Sommer an der Meerespromenade, cangas.gal.
- **Bus:** Haltestelle an der Hafenmole. Nach Vigo und Pontevedra 10–12 x tgl.
- **Schiff:** alle 30 Min. nach Vigo, mittags zu den Cíes-Inseln, Karten neben dem Infohäuschen an der Estación Marítima.

Vigo

B5

In der Großstadt Vigo (300 000 Einw.) dreht sich (fast) alles um Fischerei und Fußball. So ausufernd übrigens, dass der Bürgermeister inzwischen ständig seinen Lieblingsslogan wiederholt: Vigo, Ciudad sin Limites (Vigo, Stadt ohne Grenzen). Die Hafenmetropole arbeitet hart. Sie besitzt den größten Fischereihafen Spaniens, dazu eine beachtliche Automobil- und Werftindustrie, aber auch den Fußballclub Celta de Vigo, der Deportivo La Coruña aus dem Norden gern die Stirn bietet. Die Vereine ›lieben‹ sich ungefähr so wie die Revierrivalen Schalke und Dortmund. Die Werft war Szenerie eines der erfolgreichsten Filme in Spanien: »Montags in der Sonne« (»Los Lunes al Sol«): Die Dramakomödie über die Krise der Schiffsindustrie wurde mit vier Oscars ausgezeichnet. Und der in Vigo geborene und gestorbene Schriftsteller Domingo Villar (1971–2022) erhielt für seinen Kriminalroman »Strand der Ertrunkenen« viel Lob. Besuch von Touristen aus dem Ausland bekommt Vigo nur selten, obwohl der nahe Strand Samil und die vorgelagerten Cíes-Inseln touristische Pluspunkte sind. Auch das alte Fischerviertel **Berbés** hat so einigen Charme. Hier, oberhalb des Hafenbeckens, liegt der Secondhand-Markt **A Pedra,** von dem die berühmte Austerngasse **Rúa da Pescadería** abzweigt. Nirgendwo gibt es die *ostras* so frisch wie hier an den Ständen vor den Restaurants.

Einen Eindruck von der Größe der Stadt vermittelt der Blick von der hoch gelegenen Befestigungsanlage **Castillo de Castro** (17. Jh.). Für Badefans: Im Süden liegt Vigos gut besuchter Hausstrand Samil mit der 3 km langen Meerpromenade. Dahinter folgt die kleinere **Praia O Bao.** Anfahrt: Von Vigos Zentrum aus über die Praza de América der Avenida. de Castelao folgen.

Schlafen

Meerblick

Cercotel Bahía de Vigo: Eines der besten Häuser mitten im Zentrum und mit Meerblick. Hunde sind willkommen. Mit Ladestation für E-Autos.

Av. Cánovas del Castillo 24, T 986 22 67 00, hotelbahiadevigo.com, €€

Am Kirchplatz

La Nueva Colegiata: Schlichte Zimmer, aber preiswert, gepflegt und sehr günstig gelegen. Die Unterkunft ist in einem historischen Gebäude eingerichtet.

Praza da Igrexa 3, T 986 22 09 52 10, €

Essen

Tapa-Bars liegen in der Altstadt u. a. in den **Gassen Real** und **Cesteiros.** Neben dem **Markt A Pedra** gibt es Open-Air-Stände mit frischen Austern.

13 Menüs

Asador Soriano: Lust auf ein galicisches Rib-Eye-Steak? Oder auf Seeteufel mit Langostinos? Es gibt die sagenhafte Auswahl von 13 Menüs. Eins davon für Kinder (günstig), mit Minz- oder Schokoladeneis als drittem Gang.

Chans 2, 6 km östlich des Zentrums, asadorsoriano.com, So abends geschl., €€€

Junges Ambiente

A Fonda do Sopapo: Urige Taverne in der Nähe des Marktes mit frischen Tapas und jungem Ambiente. Großartig ist auch die Terrasse.

Praza da Pedra 9, T 658 476 083, Mo geschl., €

Muy galego

Puerta del Atlántico: Funktionales Restaurant gegenüber der Fátima-Kirche, in dem sich die Gäste durch die ganze Palette galicischer Köstlichkeiten essen, ohne angesichts der Rechnung bleich zu werden.

Vía Norte 60, T 986 47 00 20, So abends, Mo geschl., €

Einkaufen

Weine und mehr

El Buen Vivir: Beste Weine aus Galicien vom Mencía bis zum Ribeiro sind nicht das Einzige, was diesen ersten Weinshop der Hafenmetropole Vigo ausmacht. In dem gut geführten Etablissement dürfen die

Besucher auch die Küche mieten, dort kochen und Freunde einladen. Einfach mal die sympathische Besitzerin Pilar nach den Details fragen. Sie hilft ganz bestimmt gerne weiter. Auf Deutsch heißt der Laden: Das gute Leben.

Alfonso XIII 31, nahe dem Bahnhof, T 986 43 57 59, Sa nur vormittags

Ausgehen

Im **Berbés-Viertel** sowie rund um die **Calle Lepanto** (in Bahnhofsnähe) geht das Nachtleben los, in den Discos am Strand **Samil** klingt es dann vor allem an den Wochenenden sehr spät aus.

Legendär

Iguana Club: 1990 gaben die Devil Dogs mit Rockmusik das Eröffnungskonzert, seither sind hier Bands wie Los Planetas, Sex Museum und Mano Negra aufgetreten. Konzerte beginnen um 22 oder 24 Uhr, Preis zwischen 10 und 20 €.

Churruca 14, facebook.com/laiguanaclub

B

KUNSTVOLLE BLUMENTEPPICHE

Die Fronleichnamsprozession in Baiona schreitet während Corpus Cristi in den Altstadtgassen der Stadt über kunstvoll angefertigte Blumenteppiche. In der Nacht zuvor malen die Frauen des Ortes mit Kreide Muster auf den Asphalt und gestalten sie dann mit Blüten, Kieseln und Sand zu Bildern wie Tauben und Girlanden. Kistenweise Blütenblätter sind dazu nötig, die eine ganze Woche lang vorher gezupft werden. Noch aufwendiger sind die Blumenteppiche nur noch in Ponteareas, gut 25 km von Vigo entfernt.

Bewegen

Abtauchen

Buceo Atlantis: Kurse und Tauchexkursionen in der Vigo-Bucht.

Puerto Deportivo Punta Lagoa, buceo.net

Infos

- **Oficina de Turismo:** Cánovas del Castillo 3, Estación Marítima de Ría, Local 4, T 986 22 47 57, turismodevigo.org.
- **Verkehr:** Abfahrtszeiten in der Lokalzeitung »Faro de Vigo«.
- **Flug:** Av. del Aeropuerto s/n, 10 km entfernt, T 986 27 05 50. Inlandsflüge sowie nach Paris.
- **Bahn:** Urzaiz, Urzaiz s/n, T 902 320 320, renfe.es. Per Schnellzug vom Typ S121 geht es mit Stopp Santiago de Compostela ins 150 km entfernte A Coruña (Fahrtdauer 80 Min., Preis rund 18 €). Nahverkehrszüge rollen ab der Estación Vigo Guixar, Arenal s/n in Hafennähe.
- **Fähre:** Estación Marítima, As Avenidas s/n, T 986 43 77 77. Sommers 4 x tgl. zu den Cíes-Inseln (Fahrzeit 45 Min.), ganzjährig alle 30 Min. nach Cangas.

Baiona

A/B5

1. März 1493: Die Karavelle »La Pinta« läuft im Hafen von Baiona ein. Das erste der drei Schiffe von Christoph Kolumbus bringt eine sagenhafte Nachricht mit, die bald in ganz Europa kursiert: die Entdeckung der Neuen Welt (Amerika). An das Ereignis erinnert nicht nur das Mittelalterfest am 1. März am Hafen, sondern auch der Nachbau der »Pinta« am Hausstrand Ribeira.

Längst hat sich Baiona (10 000 Einw.) von einer Hafenstadt zu einem

Der Parador von Baiona ist in einer alten Wehranlage untergebracht. Ritterlicher wohnen geht kaum.

der beliebtesten Badeorte entwickelt. Milde Wassertemperaturen an den umliegenden Stränden, der Parador innerhalb des meerumspülten Mauerrings des **Castillo de Monterreal** (Spaziergang auf der Mauer tgl. 10–20 Uhr) und der schmucke Altstadtkern ziehen im Sommer viele Gäste an. Über der Stadt thront die romanische Kirche **Santa María,** um die sich einige Wegkreuze gruppieren. Das interessanteste aber liegt östlich davon auf der **Praza Santísima Trinidade:** Der *cruceiro* aus dem 15. Jh. ist in einem kunstvollen Renaissance-Baldachin eingefasst. Weniger geschmackvoll ist die 15 m hohe Statue **Virxe da Roca** (ausgeschildert) auf dem Berg A Grova. In der ›Jungfrau des Felsens‹ aus weißem Marmor und Beton führen Treppenstufen hinauf zu einem Schiff, das die Heilige in der rechten Hand hält: Das Steinboot dient als Aussichtsplattform.

Schlafen

In der Wehranlage

Parador de Baiona: auch Conde de Gondomar genannt, über 100 komfortable Zimmer innerhalb der Wehrmauer der historischen Burg. Mit großem Pool, Sauna und Garage. Der Parador de Baiona ist der größte seiner Art in ganz Nordwestspanien und sicher einer der attraktivsten, schon wegen der Aussicht und auch wegen des ausgesprochen guten Restaurants.
Castello de Monte Real, T 986 35 50 00, parador.es, €€€

Pazo-Patina

Pazo de Mendoza: Moderne Zimmer, die ihren historischen Charme aber nicht ganz verloren haben. In der alten, arkadengeschmückten Villa im Stadtkern fühlt man sich sofort pudelwohl.

Z

ZIRKUS, ZIRKUS

In Oias Vorort Mougás residiert die berühmte Zirkustruppe **La Fiesta Escénica.** Markenzeichen sind ihre coolen Roboter-Eisbären, die sogar schon in New York auftraten, siehe lafiestaescenica.com.

Elduayen 1, T 986 38 50 14, pazodemendoza.com, €€

Klein wie Kajütten

Carabela la Pinta: In der Preisklasse vor Ort auf jeden Fall die erste Wahl, wobei die Zimmer etwas klein sind. Mit WLAN-Gemeinschaftsraum, TV und Internetanschluss in den Zimmern.
Carabela la Pinta s/n, T 986 35 51 07, hotelcarabelapinta.com, €–€€

Essen

Zahlreiche preiswerte Tavernen liegen in der Altstadtstraße **Ventura Misa.**

Köstliches aus dem Topf

El Candil: Gehobene Küche mitten in der Altstadt, auf tagesfrischen Fisch und leckere Pilzpfannen spezialisiert. Ganz besonders auch auf Wildgerichte, worüber man sich angesichts der Geweihe an der Wand nicht weiter wundert. Zu empfehlen ist beispielsweise: Wildschwein mit Ziegenkäse, Foie und Dijon-Senf *(solomillo de jabalí con queso de cabra, foie y mostaza de Dijon).* Ein Gedicht!
San Juan 46, T 986 35 74 93, €€–€€€

Feiern

- **Arribada de la carabela Pinta:** 1. März. Das Stadtfest im Stil des Mittelalters erinnert an die Rückkehr des ersten Kolumbus-Schiffs nach der Entdeckung Amerikas.
- **Rapa das Bestas:** Das Wildpferdetreiben findet in den Bergen von Baiona und Oia statt: am letzten Sonntag im Mai und an den ersten zwei Sonntagen im Juni.
- **Corpus Cristi:** Mai/Juni, der Weg der Fronleichnams-Prozession führt über in der Nacht zuvor von Hand arrangierte Blumenteppiche in den Altstadtgassen.
- **Virgen de la Anunciada:** Patronatsfest am ersten Sonntag im Aug. mit Feuerwerk und Rockkonzerten.

Infos

- **Oficina de Turismo:** Paseo de Ribeira s/n, T 986 68 70 67.
- **Bus:** Es gibt halbstündliche Verbindungen nach Vigo, 2 x tgl. fährt der Bus nach A Guarda.
- **Schiff:** ab der Hafenmole mehrmals tgl. zu den Cíes-Inseln.

Oia

A5

Kloster mit Meerblick

Das **Kloster von Oia** ist eine große ehemalige Zisterzienser-Anlage unmittelbar am Atlantik. Und für die damaligen Mönche war es ein Kuriosum, lagen doch die meisten Monasterien weit versteckt im Inland. Mönchszellen mit Meerblick sozusagen. Die 3000 Bewohner der Umgebung leben gut, freuen sich über die Pilger, die auf dem Portugiesischen Jakobsweg hier vorbeikommen, und lieben auch die Wildpferde auf dem Berg A Groba. Und wer es sich leisten kann, geht schon mal in die luxuriöse **Therme Talaso Atlántico** mit Sauna, Hamman und Massage (talasoatlantico.com).

Zugabe
Der Kuss der Wikinger

Wie ein Foto aus Galicien die Runde machte

Es gab einmal eine Zeit, da war die Nikon FE2 das Maß aller Dinge, die Filmrollen von Fuji höchst gefragt, doch die Ansprüche der Redaktionen ähnlich wie heute. 1991 entstand dieses Foto beim Wikingerfest in Catoira. Und tauchte erst Wochen später im Entwicklerbad im Labor der Uni Gießen wieder auf. Mein Dozent, der Herr Friedrich, war hauptberuflich Fotograf der »Bildzeitung«. Meine Fotos fand er durchweg feige. »Tobias, geh so nah dran, als würdest du deine Freundin küssen!«. Dann hat er das Bild hier gesehen. Und mich das einzige Mal gelobt. Die Berliner »taz «brachte es unter der Rubrik ›Der Augenblick‹. Die beiden Studenten aus Santiago hatten es bei sich in der Wohnheimküche hängen. Und der Herr Friedrich, glaube ich im Nachhinein, hat mir damals mehr beigebracht als all diese C4-Professoren zusammen. ■

Galiciens Inland

Im Schatten des Camino — wo manche Klöster bereits leer stehen, der Wein plötzlich rot wird und die Stille schon mal ein Schuss durchbricht. Touren durch das Inland Galiciens sind etwas für echte Individualisten.

Seite 199

A Guardia

A Guardia am Fluss Miño bewacht die Grenze zu Portugal, ist Hauptstadt der Langusten. Und weiter oben liegt die spektakuläre Keltensiedlung Santa Tegra.

Seite 204

Tui

Die Stadt hat eine robuste Kathedrale. Kein Wunder, denn Grenzkriege mit Portugal und Überfälle der Sarazenen machten ihr einst schwer zu schaffen. Heute ist die kleine Stadt die Ruhe selbst. Durch die Gassen zu laufen macht richtig Spaß.

Tui ist hier kein Touristikunternehmen, sondern ein Erlebnis.

Eintauchen

Seite 209

Ribadavia

Die Stadt hat eine lange jüdische Tradition. Besucher lieben die Thermen hier und die Bootsausflüge auf dem Fluss.

Seite 210

Ourense

Gegründet haben die Römer diese Stadt wegen der Bäder und des vielen Goldes *(oro)*. Heute ist die Provinzhauptstadt im Landesinnern ein guter Ausgangspunkt für einen Besuch von Klöstern und den Bodegas in der Umgebung. Östlich der Stadt liegt das einzige Skigebiet ganz Nordwestspaniens.

Seite 220

Ribeira Sacra ✪

Den Fluss Sil umgeben Weinfelder. Er selbst eignet sich für eine Bootstour.

Seite 222

Kloster Oseira

In dem berühmten Kloster schrieb ein großer britischer Autor einst seine Parodie auf das Werk eines Spaniers. Titel: »Monsignore Quichote«. Alte Fotos beweisen, dass er sich bestens mit den Mönchen verstand.

Seite 223

Lalín

Dass die Stadt genau im Zentrum von Galicien liegt, beweist ein bronzenes Schwein bei Kilometer 0. Hier schneidert Florentino Männermode, ist Flussbaden angesagt und das kulinarische Cocido-Fest über Spaniens Grenzen hinaus bekannt.

&

Seite 227

Lugo

Die vollständig erhaltene römische Stadtmauer ist heute ein Joggingpfad und steht unter dem Schutz der UNESCO. Zu den Attraktionen zählen die Römischen Thermen etwas außerhalb. Und ganz in der Nähe liegt ein schöner Tierpark.

Das Eselrennen in Escairón ist ein Highlight im Hinterland.

Für Galicier ist keineswegs Santiago de Compostela der wichtigste Wallfahrtsort, sondern O Corpiño nahe Lalín. Dort soll Kindern die Mutter Gottes erschienen sein.

erleben

Jenseits der Pilgerströme

D

Das Inland Galiciens lässt sich am besten ab A Guarda entlang dem Miño-Fluss und dann über Ribadavia bis Ourense erkunden. Viel Natur und wenig Tourismus prägen es. Und auch die beiden Provinzhauptstädte im Landesinneren – Ourense mit seinem schönen Altstadtkern und Lugo mit seiner Römermauer und seiner Kathedrale – sind einen Besuch wert. Beeindruckend sind die vielen Klöster im Landesinneren, darunter Oseira, wo Graham Greene ein ganzes Buch schrieb. Oder Carboeiro, wo Enrique Iglesias einen Sommerhit aufführte. Manche dieser Monasterios sind bereits ausgestorben, andere florieren als Unterkünfte, umgeben von Wäldern und Weinfeldern. Ein besonderes Highlight ist eine Bootstour auf dem Fluss Sil östlich von Ourense, wo Galiciens bester Rotwein entsteht, dessen Rebstöcke dort direkt am Flussufer wachsen. Und in Richtung Norden nach Lugo geht es durch Galiciens Inland in ein Gebiet, das ein Eldorado für Entdecker ist. Kurios ist ein Eselrennen, bei dem kaum ein Reiter durchs Ziel kommt. Ebenso beachtlich ist das Rathaus der Stadt Lalín, das ein berühmtes Madrider Architektenbüro im Stil einer Keltensiedlung geformt hat. Dort und in der Umgebung gibt es schöne Bademöglichkeiten im Fluss, günstige, sehr gute Restaurants und mit dem Schneider Florentino echte Mode für Männer. Und noch in einem weiteren Punkt ist das Inland Galiciens unschlagbar: Südlich von Ourense liegen Hochburgen des Karnevals, die mit den Festen in Cádiz und auf Teneriffa locker mithalten können. Nur sind sie mit den furchterregenden Masken und den wilden Tänzen etwa so unterschiedlich wie rheinischer Karneval und die allemannische Fastnacht.

O

ORIENTIERUNG

turgalicia.gal: Das ausführliche Portal informiert zu ganz Galicien.
mediorural.xunta.gal: Infos zu den Naturschutzgebieten (in Castellano und Galego).
Fremdenverkehrsämter: Am besten sind die Oficinas de Turismo in den Provinzhauptstädten Ourense (s. S. 214) und Lugo (s. S. 233).
Verkehr: Die nächsten Flughäfen befinden sich in Santiago, Vigo und in der portugiesischen Stadt Porto. Von spanischer Seite aus gibt es gute Busverbindungen in die Provinzstädte Ourense und Lugo, aber auch nach Lalín.

Am Fluss Miño

A–C5/6

Wenige Besucher verirren sich in diese Gegend am Río Miño zwischen der Flussmündung und Ourense, dabei sind die mittelalterlichen Klöster und entlegenen Städte mit ihrem recht altmodischen Charme so anziehend. Und das Meer ist in einer guten Autostunde ja auch wieder erreicht. Ein zusätzliches Plus, über das sich Touristen freuen: Es gibt attraktive Unterkünfte bei Winzern, in Pfarrhäusern, in Thermalhotels und auch in schmucken Landhäusern, den sogenannten Casas Rurales. Und wer vor Ort ist und mit den Leuten ins Gespräch kommt, lernt die Galicier von ihrer herzlichsten Art kennen. Ein echtes Highlight ist die Keltensiedlung Santa Tegra (s. Tour S. 202).

A Guarda

A6

Hauptstadt der Langusten

A Guarda (Die Wächterin, 6400 Einw.) ist ein guter Ausgangspunkt für eine Tour mit dem Auto durch das Landesinnere Galiciens, wobei das Meer nie sehr weit entfernt ist. Das sehen viele Spanier so, die hier ihren Augusturlaub planen. Und unlängst kam auch ein echter Überraschungsgast: Ein Bronzesultanshuhn aus der Sahara hatte sich hier mitten im Ortskern auf einer Hafenmauer niedergelassen. Der kaum 22 cm große Kranichvogel machte sofort Schlagzeilen, sogar Ornithologen aus Madrid waren vor Ort. Und ließen ihn schließlich wieder abreisen.

Die Stadt liegt direkt am Río Miño, dem Grenzfluss zu Portugal, und hat längst alle Grenzstreitigkeiten mit dem Nachbarn hinter sich. Heute widmet sie

La Guardia ist für Fans von Langusten ein Muss – und für einen Trip ins Inland ein guter Ausgangspunkt.

M

MIÑO

Er entspringt weit im Nordosten und ist hier bei der Mündung in den Atlantik extrem breit, wenn auch so flach, dass keine Frachtschiffe darauf fahren können. Die Römer dachten einst, wenn sie diesen riesigen Fluss überquerten, würden sie für immer das Gedächtnis verlieren.

sich am Hafen mit seinen farbenfrohen Fischerhäusern ganz dem Handel mit Steinbutt, Seeteufel, Wolfsbarsch und Entenmuscheln. Berühmt ist der südlichste Ort Galiciens aber vor allem für seine *langostas* und so heißt er auch ›Hauptstadt der Langusten‹. Die Delikatesse steht auf fast jeder Speisekarte in den Hafenrestaurants.

Der ebenfalls sehr attraktive Strand bei A Guarda heißt **Camposancos** und liegt geschützt von Pinien an der Flussmündung des Miño, des größten Flusses von Galicien. Weitere *playas,* beispielsweise **Area Grande, Fedorento** und **Aldramán,** findet man in Richtung Baiona. 8 km weiter nordöstlich liegt der schöne Wanderweg zu den Picón-Mühlen (s. Tour S. 201).

Schlafen

Klösterlich

Convento de San Benito: Hat den Charme eines Paradors, ist aber in privater Hand. Im verschachtelten Innern des einstigen Benediktinerklosters aus dem 16. Jh. sind knarrende Holztreppen, Heiligenstatuen und Antiquitäten allgegenwärtig. Die Zimmer sind klein, aber ganz gut ausgestattet. Und zum Hafen sind es zu Fuß rund 17 Sekunden. Nur im Monat August sollte man die Unterkunft besser lange vorher reservieren.

Praza San Benito s/n, T 986 61 11 66, hotelsanbenito.es, €€

Essen

Am **Hafen** von A Guarda liegen einige Restaurants, die sich auf Meeresfrüchte spezialisiert haben. Die Köstlichkeiten sind nicht ganz billig und wer sich lieber preiswert satt essen möchte, findet nur wenige Kilometer Richtung Tui ganz ordentliche Fernfahrerrestaurants, die preiswerte Menüs inklusive Wein anbieten.

Solide Küche

Os Remos: Nahe dem Hafen von A Guarda neben dem Kloster San Benito gelegen. Das Os Remos ist genau das Richtige für Liebhaber von Langusten und anderen Meeresfrüchten. Im Sommer hat die große Außenterrasse geöffnet, wobei viele Einheimische dennoch drinnen essen. Die Besitzer sind super und das Essen nicht so überteuert wie in den Tavernen direkt am Hafen.

Praza de San Benito 11 / Rua do Porto, T 986 61 37 31,@osremos Di, So geschl., €€

Feiern

- **Weinfest:** 5 km nördlich von A Guarda steigt in O Rosal am dritten Juli-Wochenende das gleichnamige Weißweinfest. O Rosal ist eine anerkannte Weinsorte vom Typ D.O. Rías Baixas, der Vino Blanco entsteht vor allem aus der wertvollen Albariño-Traube.

Infos

- **Oficina de Turismo:** im Kulturzentrum an der Av. Portugal s/n, T 986 61 18 50, turismoaguarda.es. Hier gibt es auch Karten von der Umgebung.

TOUR
Wer hat die schönsten Wassermühlen im Land?

Wanderweg Muíños do Picón e do Folón

Infos

A 6

Start/Ziel: A Ponte das Pena

Strecke/Dauer: 4,5 km, 2 Std.

Schwierigkeitsgrad: mittel

Anfahrt: über die PO 552 bis San Miguel de Tabagón, von dort ausgeschildert

Die schönsten Wassermühlen hat Galicien. Keine Frage. Und zwar genau hier. Der attraktive Rundwanderweg führt vorbei an insgesamt 67 historischen kleinen Wassermühlen im Schatten von Pinien und Eukalyptus. Sie entstanden zwischen dem 12. und dem 17. Jh., waren zu Beginn im Besitz der Kirche und zermalmten Mais und Korn zu Mehl. Das Wasser stammt vom Fluss Folón. Noch bis 1925 waren diese Mühlen im Einsatz, bis auch in dieser Gegend Strom verlegt wurde. Danach verrotteten sie zu Ruinen, bis in den 1990er-Jahren ein Historiker auf diese spektakuläre Ansammlung aufmerksam wurde. Dann machte das Lokalfernsehen erste Reportagen zu diesem ethnologischen Schatz. Und heute sind sie liebevoll restauriert und stehen unter dem Schutz der galicischen Regierung.

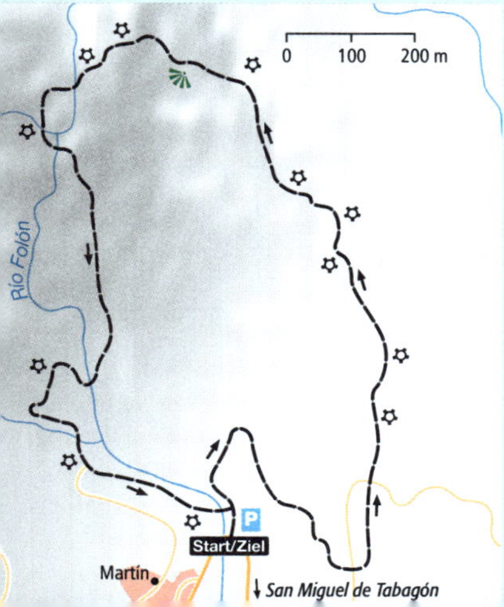

Vom **Parkplatz** aus, wo die erste und noch voll funktionsfähige Mühle inzwischen als Infobüro dient, geht es durch schattigen Wald die alten Maultierpfade steil hoch bis zu diesen **Muíños,** von wo sich ein weiter Blick auf die Miño-Flussmündung und auf die umgebende Gemeinde O Rosal bis hinüber zum südlich gelegenen Nachbarland Portugal eröffnet. Der inzwischen sehr gut ausgeschilderte Rundweg mit der Nummer PR-G-94 ist für Reiter und Radfahrer übrigens viel zu steil. Einfache Sportschuhe reichen für den Weg normalerweise aus und etwas Proviant ist auch sinnvoll. Nur nach Regengüssen ist der Pfad an manchen Stellen relativ rutschig und daher nur mit gutem Schuhwerk zu empfehlen.

TOUR
Aus der Sicht der Kelten

Ausflug zum Castro de Santa Tegra

Infos

A 6

Start: ab A Guarda

Strecke: 3 km auf den Berg (ausgeschildert)

Museo Arqueológico de Santa Tegra: aguarda.com, Di–So 11–17 Uhr, Zufahrt und Eintritt 5 €

Von **A Guarda** geht es hoch zur Keltensiedlung Castro de Santa Tegra. Von dort bietet sich der wohl spektakulärste Ausblick ganz Galiciens, mit Sicht auf das Landesinnere, auf A Guarda, das angrenzende Portugal und den Atlantik.

Waldarbeiter, die im Jahr 1913 einen Forstweg anlegten und zufällig auf Steinmauern stießen, entdeckten diese fantastische historische Anlage. Erstaunlich ist ihre Lage. Keltiberische Stämme errichteten diese Siedlung bewusst nicht in A Guarda, sondern strategisch günstiger auf dem angrenzenden, heute pinienbewachsenen Berg Santa Tegra (kastilisch: Santa Tecla). Die Steine und das Essen hinaufzuschleppen muss eine ungeheure Anstrengung gewesen sein, doch Sicherheit ging offenbar vor. Die Bewohner sahen den Feind früh und konnten entsprechend gut reagieren. Wer heute das Castro besucht, übernachtet gerade in der Hauptsaison im Hochsommer am besten in A Guarda oder in der Nähe. Morgens um 9.30 Uhr hat man die Aussicht fast für sich allein und kann ungestört zwischen den Grundmauern herumlaufen. Der Weg ist gut ausgeschildert und man ist mit dem Wagen in einer Viertelstunde oben.

Geniale Sicht damals wie heute

Aus immerhin 340 m Höhe sahen die Kelten Schiffe an der Miño-Mündung und auf dem Atlantik, blickten nach Süden bis zum heutigen Portugal, nach Norden in die

Rundbauten ohne Dorfplatz

Sierra A Groba und nach Nordosten in das fruchtbare Tal O Rosal, das heute für spritzige, leichte Weiß- und Roséweine bekannt ist.

Im 7. Jh. v. Chr. begannen sie mit dem Bau der ersten von insgesamt über 1000 Rundhäusern des **Castro de Santa Tegra,** die sie bis in die römische Zeit (ca. bis 1. Jh. n. Chr.) bewohnten. Danach, als friedlichere Zeiten anbrachen, zog es die Kelten an bequemere Plätze direkt am Wasser. Santa Tegra ist noch heute eine der wichtigsten Keltensiedlungen des Landes. Die dicht an dicht liegenden Grundmauern der hüttenartigen Häuser sind ausgesprochen gut erhalten. Archäologen haben die Ergänzungen der Mauern durch schmale, helle Steintafeln sichtbar gemacht und gleichzeitig versucht, zwei komplette Rundhäuser zu rekonstruieren. Mit ihren Strohdächern erinnern sie stark an die *pallozas* der ostgalicischen Bergregionen Ancares und Courel. Ob die Hütten aber wirklich so ausgesehen haben, bleibt reine Spekulation. Noch älter sind einige steinzeitliche Felsbilder (Petroglyphen), die neben den Resten keltischer, aber auch römischer Zeugnisse im **Archäologischen Museum** auf dem Gipfel ausgestellt sind.

An dem ›heidnischen Ort‹ bauten Christen im Mittelalter eine Einsiedelei (erneuert im 15. Jh.) und widmeten sie der Santa Tegra. Sie ist für die Linderung von Kopfschmerzen zuständig. In der zweiten Augustwoche gibt es daher von A Guarda aus eine (sehr schweißtreibende) Wallfahrt über einen Fußweg zu dem kleinen Heiligtum.

Grabsteine und Waffen des höchstgelegenen Castros Galiciens

Das Museum zeigt zudem Eisenwerkzeuge, Grabsteine, Münzen aus der Zeit des Augustus und einen keltischen Schwertknauf aus Gold. Bis 1965 gab es einen bronzenen Herkules, doch ist die römische Statue gestohlen und angeblich in die Dominikanische Republik verkauft worden. Im Museum sind gelegentlich auch Fotos aus der Zeit kurz nach der Entdeckung ausgestellt. Denn nach dem Fund der Waldarbeiter machte sich ein Archäologe namens Ignacio Calvo Sánchez schon 1914 an die Grabungsarbeiten, was er für die Nachwelt fotografisch festhalten ließ.

Tipp: Mit dem Auto ist der Besuch der Bergspitze ganzjährig über die kostenpflichtige, sehr kurvige Straße möglich.

Tui

B5

Heute ist Tui (16 000 Einw.) ein friedlicher, erdbebensicherer und ausgesprochen attraktiver Ort. Doch das war nicht immer so: Im 9. Jh. ruderten Wikinger und Sarazenen den Miño hinauf, um zu plündern. Doch die Stadt Tui zeigte sich wehrhaft, eine Einnahme war ausgeschlossen. Den mutigen Bewohnern blieb indes keine lange Atempause. Denn kaum hatte sich im 11. Jh. Portugal von Kastilien-León getrennt und zu einem eigenständigen Königreich gemausert, wandelte sich der Miño zum umkämpften Grenzfluss zwischen Tui und der gegenüberliegenden Stadt Valença do Minho in Portugal. Die Kämpfe führten dazu, dass die Kathedrale der galicischen Bischofsstadt immer mehr einer Befestigungsanlage glich. Zusätzlich sorgte eine Naturkatastrophe für eine noch robustere Statik: 1755 erschütterte ein Erdbeben Tui und weite Bereiche an der westiberischen Atlantikküste bis hinunter nach Lissabon. Zahlreiche Stützpfeiler halten seither das Gotteshaus zusammen.

Die etwas abgeschiedene Lage am Miño (portugiesisch: Minho) macht Tui zu einem charmanten Ort ohne allzu viel sommerlichen Rummel. Die Stadt treibt Handel mit Portugal und setzt inzwischen auch auf touristische Infrastruktur. Zu den Sportangeboten gehören Rafting und Wandern auf den Monte Alioa (s. Tour S. 205) und Angeln, zu den lokalen Köstlichkeiten Glasaale *(angulas)* und Mandelplätzchen in Fischform *(pececitos)* direkt aus dem Nonnenkloster. Die schmalen, von Treppen durchsetzten Gassen rund um die zinnenbewehrte Kathedrale laden zu Spaziergängen ein. Auf krummem Pflaster geht es vorbei an Kneipen und Kirchen, an mancher Häuserruine und einem großen Schild über einem der Rundbögen. Es zeigt eine knorrige Frauengestalt in einem Baum. Die Aufschrift lautet: »Hexen gibt es in Tui schon.« Auf Anfrage meinte der hier lebende Pfarrer Ramón Vidal Lafuente: »Wer würde das Schild schon abhängen wollen: In Tui glauben viele Menschen noch an außergewöhnliche Kräfte.« Und nach einer kleinen Pause fügte er hinzu: »Aber im Grunde ist dieser Aberglaube schlimmer als Big Brother und die Psychoanalyse.« Sein Vorgesetzter, der Bischof von Tui, wacht indes über die Geschicke der imposanten Kathedrale.

In der Altstadt

Glanzwerk galicischer Gotik

Das bedeutendste Gebäude in der Altstadt von Tui ist die **Catedral de Santa María** (Plaza de San Fernando s/n, tgl. 10–13, 16–19 Uhr, Eintritt Museen 4 €). Ihr dreischiffig angelegter Querhaus-Grundriss orientiert sich an dem der Kathedrale von Santiago. Das Nordportal mit den doppelten Blendarkaden entstand schon im 12. Jh., doch das recht monumentale Hauptportal an der Westfassade schufen die Baumeister erst im frühen 13. Jh. Unter den Archivolten haben die Steinmetze zahlreiche Skulpturen von Königen, Propheten, Aposteln und Moses zu einem Glanzwerk galicischer Gotik vereint. Das Bogenfeld im Portal (Tympanon) zeigt Herodes, die Verkündigung, Maria im Kindbett und die Heiligen Drei Könige, darüber ist die Silhouette von Jerusalem zu erkennen. Einhelliges Urteil der Fachwelt: herausragend. Zwei Museen gehören zum Komplex. Im **Kathedralenmuseum** in der Kapelle Santa Catalina umfassen die sakralen Kunstwerke auch einen aus einer Kokosnuss geschnitzten Messkelch, der im 15. Jh. nach der Entdeckung Amerikas nach Spanien kam.

TOUR
Grün auf Granit im ersten Naturpark Galiciens

Wandern mit Panorama: Monte Aloia

Infos

B5

Start/Ziel: Refugio Miguel Regueira

Strecke/Dauer: 8,9 km, 3 Std.
Schwierigkeitsgrad: leicht

Anfahrt: von Tui auf der PO-340

8 km nördlich der Bischofsstadt Tui liegt der 746 ha große Naturpark Monte Aloia. Der Weg mit weitem Panorama führt vorbei an keltischen Häuserresten und einem pittoresken Forsthaus aus den 20er-Jahren des letzten Jahrhunderts. In diesem ältesten Naturpark Galiciens sehen Sie mit etwas Glück sogar kleinwüchsige Wildpferde, die in dieser Gegend besonders viel unterwegs sind und einmal im Jahr zum Rodeo antreten. Zwischen Stechpalmen, Kastanienbäumen und Sträuchern leben hier auch elf Salamanderarten, darunter der Feuersalamander, sowie einige Fledermäuse. Zu den Vögeln zählen Rebhühner, Auerhähne und deutlich hörbar der Kuckuck.

Der leichte Weg führt von Nord nach Süd und beginnt an der Berghütte **Refugio Miguel Regueira.** Von dort geht es den Wanderweg PR-G 1 entlang nach Süden durch Pinien- und Eukalyptusbaumbestände mit teils weiter Sicht auf die Bucht von Vigo und die Städtchen Tui und Baiona. Ganz oben auf dem Berg **Monte Aloia,** Naturpark seit 1978, reicht die Sicht in 630 m Höhe sogar über den Fluss Miño bis hin nach Portugal. Der Weg ist für Wanderer, aber auch für Reiter und Radfahrer geeignet. Wer hoch zu Ross durch den Naturpark will, kann sich beispielsweise beim Reiseunternehmen Verde Azul in Tui anmelden (verdeazul.es, T 986 60 32 87). Dort gibt es auch einen Fahrradverleih (gute Mountainbikes) sowie Angebote für Rafting, Kajakfahren und Stand-up-Paddling. Das wird auch Paddling-Star Sonni Hönscheid interessieren.

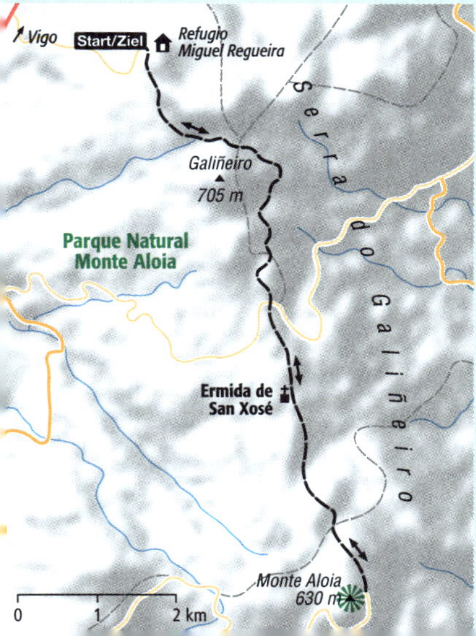

Läge Tui am nördlichen Jakobsweg, die Stadt wäre weltberühmt.

Dem Museumsbesuch schließt sich die Besichtigung des äußerst schiefen Kreuzgangs und des Wehrturms an, von dem sich ein weiter Blick über Tui bietet. Das **Diözesanmuseum** gegenüber dem romanischen Nordportal wiederum beherbergt u. a. einen bronzenen Keltenhelm, Waffen und einen römischen Marmorsarkophag.

Kapelle der Seefahrer

Im Schatten der Kathedrale liegt flusswärts die **Capilla de San Telmo** (unregelmäßig geöffnet), die Kapelle des Schutzheiligen der Seefahrer. Der portugiesisch beeinflusste Zuckerbäcker-Barockbau stehe im krassen Gegensatz zu der Strenge des hier Ruhenden, behaupten viele, die es dann ungeprüft abschreiben: In der Kapelle liege der gnadenlose Hexenjäger Diego de Torquemada begraben, seines Zeichens Großinquisitor unter den Katholischen Königen. Würde das stimmen, hätten seine Verfolgungen im 16. Jh. kaum etwas gebracht, denn geben soll es Hexen in Tui ja noch immer. Allerdings: Die Pointe ist zu schön, um wahr zu sein, denn es handelt sich um einen Namensvetter.

Schlafen

Luxus am Fluss

San Telmo: Vier-Sterne-Neubau in bester Lage mit Blick auf Tui und die portugiesische Grenzstadt Valença, mit schönem Pool im Garten und Tennisplatz. Manche der Zimmer sind etwas klein, aber alle gut ausgestattet. Und der Service ist erstklassig.

T 986 60 03 00, parador.es, €€

Liebenswert

O Buxo: Das attraktive Landhaus der sympathischen Señora Esperanza liegt

5 km Richtung A Guarda in der kleinen Ortschaft Currás: preiswert, ruhig gelegen, mit Garten, Terrasse, Bibliothek, geschmackvoll eingerichteter Küche (Frühstück mit Selbstbedienung) und ziemlich verschmusten Hofhunden.

Barrio Cruceiro 3, Currás, T 986 63 35 03, €–€€

Im Pfarrhaus

Rectoral de Areas: Gut geführtes Gästehaus (ehem. Pfarrhaus von 1688) gleich neben der kleinen Kirche. Schöne Zimmer, guter Service, aber nahe an der Straße. Eine Plage können die Mücken sein.

In Areas 3,5 km Richtung A Guarda, T 617 39 59 29, rectoralareas.com, €

Essen

Einige Tapa-Bars gibt es nahe der **Kathedrale.** Wer portugiesisch essen gehen will, überquert die Brücke nach Valença: Um die **Verteidigungsanlage** herum gibt es ein paar einfache Restaurants.

Viel Fisch

O Novo Cabalo Furado: Haben Sie schon einmal Glasaale *(angulas)* oder Neunaugen *(lampreas)* probiert? In Tui sind sie die lokale Spezialität. Aber in dem steinalten Haus gegenüber der Kathedrale gibt es alternativ auch sehr schmackhafte Flussforellen und Fleischgerichte.

Praza do Concello, T 644 12 75 28, Mi mittags und So–Do abends geschl., €€

Himmlische Lage

El Cielo: Café-Bar direkt am Pavillon mit ausgesprochen netter Bedienung.

Calvo Sotelo 28, T 633 44 31 51, tgl.

Einkaufen

Im portugiesischen **Valença** auf der anderen Seite des Flusses decken sich die Galicier gern in den zahlreichen Geschäften und auf dem turbulenten Markt am Donnerstag mit preiswerten Bademänteln, Handtüchern, Tischdecken und Teppichen ein. Beliebt sind ebenfalls Portwein und relativ preiswertes Fotomaterial.

Frische Ware

Mercado: An der zentralen Straße Calvo Sotelo ist schon seit 1679 jeden Donnerstag portugiesisch-galicischer Markt.

Calvo Sotelo, vormittags

Mandelplätzchen

Monjas de Clausura: Die Nonnen verkaufen *pececitos*, kleine Mandelplätzchen in Fischform.

Monxas s/n

Bewegen

Die Oficina de Turismo (s. u.) gibt Infos zu Rafting und Angeln.

Rafting

Arrepions: Einer von mehreren guten Anbietern für Rafting auf dem Miño. Daneben sind auch Hydrospeed, Wandertouren und Klettern im Programm.

Av. de la Concordia 31, arrepions.com

Feiern

- **Patronatsfest:** In der Woche nach Ostern, mit Verzehr von Glasaalen, Volkstänzen und keltischer Livemusik.
- **Fest der Kastanie:** Im Nov. (mit variablen Terminen).

Infos

- **Oficina de Turismo:** Paza San Fernando s/n, T 667 41 84 05, tui.gal.
- **Bahn:** 3 x tgl. ab dem zentralen Bahnhof nach Vigo. 3 km Richtung Vigo liegt der

Bahnhof Guillarei: von hier aus u. a. 7 x tgl. nach Ribadavia und Ourense. Die Bahnstrecke dorthin (entlang dem Miño-Ufer) ist die wohl schönste ganz Galiciens. Bis Ribadavia ist man rund 1 Std. unterwegs. • **Bus:** ab Haltestelle an der Straße Calvo Sotelo stdl. nach A Guarda und Vigo.

Valença do Minho/ Salvaterra B5/6

Ein Abstecher von Tui nach Portugal führt in die massiv wirkende, von einer Mauer umringten Festungsstadt **Valença do Minho** (17. Jh.). Sie ist von Tui aus über eine von Gustave Eiffel konstruierte Eisenbrücke, per Fähre oder über eine moderne Brücke schnell erreicht. Innerhalb der massiven Stadtmauern haben sich zahlreiche Geschäfte vor allem auf Tuchwaren spezialisiert. Fährt man am Miño-Fluss entlang Richtung Ourense, taucht nach 15 km **Salvaterra** auf. Der kleine Ort mit großer Festungsanlage mitten in Rebenfeldern gilt als Hauptstadt des Condado-Weins (Albariño-Traube). Und der macht ähnlich wie der weiter westlich angebaute Weißwein O Rosal einem guten Rheinhessen durchaus Konkurrenz. Entsprechend gibt es in Salvaterra über ein Dutzend Bodegas mit so schönen Namen wie Adegas, Fillaboa und Señorío de Sobral.

Mondariz Balneario B5

Die kleinste Gemeinde Spaniens

Rund 40 km nordöstlich von Tui befindet sich der wohl berühmteste Thermalort Galiciens. Das wunderbar idyllisch gelegene Mondariz Balneario entstand 1862, als der heilwasserreiche Brunnen erstmals aus dem Boden sprudelte. Bald speiste diese *fuente troncoso* das neue Grandhotel, dort badete die aristokratische und künstlerische High Society Galiciens. Der Karikaturist Alfonso Castelao kam, ebenso die Dichterin Emilia Pardo Bazán. Staatschef Primo de Rivera ließ in dem Nass sogar schon mal seine Ministerrunden tagen. Doch 1973 brannte das Gebäude ab und der Ort mit seinen kaum 600 Einwohnern verfiel. Inzwischen ersetzt das Hotel Tryp Mondariz das ehemalige Balneario und sorgt wieder für einen gewissen Aufschwung am sauberen Río Tea. Neben dem Heilwasser zeichnet den Ort aber noch etwas anderes aus: Seine Bewohner leben in der kleinsten Gemeinde Spaniens. Da wo nicht etwa Drachen im Wald leben, sondern sich Fuchs und Hase Gute Nacht sagen. Ganz in der Nähe veranstalten die Anwohner in Cotobade im Januar noch immer einen Wettbewerb der Fuchsjagd *(concursos de caza del zorro)*. An dem nehmen jedes Jahr Hunderte Jäger aus ganz Spanien teil. Und immer mehr Aktivisten der Tierschutzpartei PACMA, die dagegen protestieren.

Mondariz kann man übrigens auch von den Turmspitzen der südwestlich gelegenen Burg **Castillo Sobroso** (Di–Fr 10–13, 16–19, Sa, So 11–14, 16–19 Uhr, Eintritt 1 €) sehen. Im 15. Jh. hatten Bruderschaften *(irmandiños)* die Burg bei ihren letztlich vergeblichen Volksaufständen gegen den Adel stark beschädigt, zu einer Zeit, als an eine Französische Revolution noch gar nicht zu denken war. Die Gemächer, die Falltür und der Turm innerhalb der hohen Mauern sind inzwischen wieder sorgfältig restauriert. Die Burg dient immer wieder als Ausstellungsforum für lokale Künstler.

Schlafen

Wellness auch für Kids

Hotel Tryp Mondariz: Mit Pool, Golfplatz sowie Sauna und vielen Extras. In dem Viersternehotel kann man sich in rustikal-historischem Ambiente so richtig verwöhnen lassen. Und für Kinder zwischen drei und zwölf Jahren gibt es zusätzlich gratis einen über 120 m² großen Spielbereich samt Pool und Hüpfburg. Name: Mondariz Kids.

Av. Enrique Peinador s/n, T 986 65 61 56, balneariomondariz.es, €€

Bewegen

Thermalbad

Mondariz Balneario: Thermalbad mit modernen Einrichtungen und diversen Anwendungen von Hydromassage bis zu diversen Dampfbädern.

Av. Ernique Peinador s/n, T 986 65 61 56 balneariomondariz.es

Ribadavia

C5

Kaum 4000 Einwohner hat die Stadt. Ein verschlafenes Nest, spezialisiert auf die Herstellung von Wein und Särgen. In dem es schon ein Megaereignis ist, wenn ein reicher Händler einen Fußballplatz finanziert. Mit Kunstrasen.

Bei der Porta Nova zwischen Praza Maior und dem Miño-Zufluss Avia liegt noch das bis heute hervorragend erhaltene **Judenviertel** von Ribadavia. Dessen Bewohner vor allem als Winzer arbeiteten – bis ein Dekret der Katholischen Könige sie 1492 vertrieb. Geblieben sind die mittelalterlichen Häuser und Gassen rund um die Synagoge sowie der florierende Handel mit dem Ribeiro-Wein. Benediktinermönche aus den nahen Klöstern Oseira und San Clodio hatten die Trauben schon im 12. Jh. in der unmittelbaren Umgebung angepflanzt. Am letzten Augustwochenende jedes Jahres gehen die Anwohner an ihre Verkleidungskoffer. Beim Geschichtsfest *(Festa da Istoria)* zeigen sie, wie sich die Juden im Spätmittelalter kleideten, und erinnern so mit Tanz und Spaß an die lange Tradition des Ortes. Diese behandelt auch das kleine **Museo Etnológico** in der Straße Rúa Santiago 10 (Di–Sa 10–16 Uhr, Eintritt frei). Mit wunderbaren historischen Fotos von Tänzerinnen und Hochzeiten.

Die denkmalgeschützte Kleinstadt am Avia erkundet man am besten von der zentralen **Praza Maior** aus. In der **Burgruine** finden im Sommer unter freiem Himmel Theateraufführungen statt. Die von Maltesern gegründete romanische Kirche **Sant Xoan** (12. Jh.) zeigt sich noch im Originalzustand. Und manche der Kragsteine am Dach des gotischen Konvents **Santo Domingo** stellen – wie sollte es anders sein – Zechbrüder und Weinfässer dar.

Schlafen

Fit for Fun

Arnoia: Das ruhig gelegene, modern eingerichtete Thermalhotel am Miño-Fluss bietet einige sportliche Attraktionen: Ausritte, Bootfahren, Fahrradtouren, Schwimmbad und Sauna.

Vila Termal 1, Arnoia, 1,3 km außerhalb von Ribadavia, T 988 49 24 00, caldaria.es/arnoia, €€

LOLAS LISTE

Lola Touza und ihre Schwestern Amparo und Julia aus Ribadavia haben 1941 rund 500 Juden vor dem Holocaust gerettet. Indem sie sie per Zug nach Portugal schmuggelten, wo sie mit dem Schiff nach Amerika übersetzten. Lola gilt seither als Schindler Galiciens.

Wohnen beim Winzer

Casal de Armán: Rustikale Zimmer in einem Landhaus mitten im Ribeiro-Weingebiet. Mit toller Aussicht und wunderbarer Bodega. Tipp: Im Restaurant zum Menü den Weißwein Eira dos Mouros aus der Treixadura-Traube bestellen.
O Cotiño, San Andrés, rund 6 km nordöstlich von Ribadavia, T 680 97 97 63, casaldearman.net, €–€€

Haus am Platz

Plaza: Das Hostal mit elf Zimmern ist zentral gelegen, hat freundliches Personal und ist für seinen Preis durchaus akzeptabel.
Praza Maior 15, T 988 47 05 76, €

Essen

Filmreif

Bar O Papuxa: Dies ist eine der ältesten Tavernen der Stadt. Sie liegt mitten im Judenviertel und ist mit ihren Weinfässern, den karierten Tischdecken, dem Ofen und den guten Tapas einfach sehr urig und sehr einladend. Auch für Filmemacher. Hier spielte eine Szene aus dem düsteren Drama »A Esmorga« (2016) nach einer Novelle des galicischen Autors Eduardo Blanco Amor (siehe Trailer auf YouTube).
Porta Nova de Arriba s/n, €

Sehr galicisch

Plaza: In dem Restaurant des gleichnamigen Hotels wird eine einfache, preiswerte Regionalküche serviert, vom saftigen Braten bis zur zartgekochten Seekrake. Dazu schmeckt der süffige Ribeiro-Weißwein.
Praza Maior 15, T 988 47 05 76, €

Feiern

- **Mostra Internacional de Teatro:** Theaterfestival mit zahlreichen Aufführungen auch unter freiem Himmel in der zweiten Julihälfte.
- **Feria do Viño do Ribeiro:** Weinmesse rund um den Ribeiro Ende April, Anfang Mai.
- **Festa da Istoria:** Geschichtsfest am letzten Samstag im Aug.
- **Virgen del Portal:** Patronatsfest Mitte September zu Ehren der Schutzpatronin des Ribeiro.

Infos

- **Oficina de Turismo:** Praza Maior 7, turismoribadavia.com.
- **Bahn:** 7 x tgl. nach Ourense und Vigo, 4 x nach Leiro.

Ourense

D5

Für den Charme der kleineren Städte Ribadavia und Tui ist die Provinzhauptstadt Ourense (100 000 Einw.) etwas zu groß geraten. Dafür ist sie älter. Bereits die Römer schätzten die strategische Lage. Die schöne Altstadt umgibt ein Ring so praktischer wie unansehnlicher Hochhäuser, deren Bewohner zum Teil aber einen herrlichen Blick auf den Stadtkern haben.

Gold und Schwefel

Römische Kundschafter bewogen vor 2000 Jahren zwei Argumente, hier eine Stadt zu gründen und die siebenbogige, 370 m lange Ponte Vello (im 13. Jh. erneuert) über den Miño zu bauen: Goldminen und Thermalquellen. Die Vorzüge der Gegend um Ourense, das kostbare Edelmetall und das 67 °C heiße Schwefelwasser sprachen sich bis zu Kaiser Augustus herum. Aus *aurum* (Gold) wurde Ourense, doch kaum hatten germanische Stämme die Römer aus ganz Spanien vertrieben, versank die ›Goldene‹ mehr und mehr in Bedeutungslosigkeit. Und dies, obwohl die Sueben sie vorübergehend sogar zur Königsresidenz gemacht hatten. Seit Beginn des 19. Jh. war die Provinzhauptstadt ähnlich wie das nördlich gelegene Lugo zudem von erheblicher Arbeitslosigkeit und Emigration betroffen. Intellektuelle rund um den berühmten Schriftsteller Curros Enríquez (1851–1908), die Ourense den Spitznamen ›das Athen Galiciens‹ einbrachten, machten gerade die wirtschaftliche Not im galicischen Hinterland zum Thema.

Heute sieht mancher Besucher aus Dortmund, Frankfurt und Zürich den Namen seiner Stadt in Neonschrift über einer hiesigen Bartür blinken. Denn das bis weit in die 1970er-Jahre verdiente Geld investierten Galicier nach ihrer Rückkehr in die Heimat nicht selten erfolgreich in eine Gastwirtschaft. Mit bestem Ribeiro-Weißwein aus der Region.

Der Staat der Zirkuskinder

Zu dieser Zeit machten in Ourense einige Straßenkinder als Gangs die Hinterhöfe unsicher. Ein Jesuitenpater schuf Abhilfe: Er gab ihnen eine Unterkunft und gründete mit ihnen wenige Kilometer südlich der Stadt den Kinderstaat Bemposta: mit Zirkuszelt, einer eigenen Währung und Bürgermeister im Teenie-Alter. Die Jungs machten landesweit kurz nach ›Staatsgründung‹ Furore, als sie die spanischen Hockey-Jugendmeisterschaften gewannen. 20 Jahre später (2024) hat einer der damaligen Jungs, Bartolomé Pinal, das ›Wrack einer Utopie‹ gekauft und will daraus ein Ausbildungszentrum machen.

So arm wie in den 1970er-Jahren ist die Stadt heute längst nicht mehr. Subventionen, ein moderner Industriepark und schließlich die Mode sorgten für neuen Schwung. Vor allem die Krea-

Für die Römer war Ourense Gold wert. Für die Bewohner Madrids ist die Stadt ein Provinzkaff. Souvenirshops gibt es auch keine. Dafür aber viel Sonne und wunderbare Ausflugsziele.

tionen des Ourenser Modedesigners Adolfo Dominguez (bekannt für seine Bemerkung »die Falte ist schön«) sind für die Beschäftigungszahlen der Stadt heute einfach ›Gold‹ wert.

In der Altstadt

Der arkadengesäumte Hauptplatz **Praza Maior** ist das Herzstück von Ourense. In den umliegenden, engen, gelegentlich steilen Gassen liegen etliche kleine Shops und hervorragende Tapa-Bars. Gleich am Platz befindet sich das zum Teil verglaste und beste Museum der Stadt: das **Museo Arqueolóxico Provincial.** Wenige Schritte von der Praza Maior entfernt liegt an der Praza do Trigo die **Kathedrale San Martiño** (11–14.30, 16–19, So 13–15 Uhr, Eintritt 8 €) mit Stilformen von der Romanik bis zum Barock. Nach 1188 entstand an der Westfront das Paradiestor (Pórtico del Paraíso) als eine gekonnte Nachbildung des Pórtico de la Gloria in Santiago. Im etwas düsteren Innern fasziniert zunächst das vergoldete Dekor der barocken Capilla del Santo Cristo mit der ausgemergelten gotischen Christusfigur. Bart und Haare, munkelt man hier, seien nicht nur echt, sie würden sogar nachwachsen. Na ja. Sehenswert sind aber auch der spätgotische Hochaltar von Cornelis de Holanda (1521) sowie das kleine **Diözesanmuseum** mit dem Kirchenschatz (s. u.). Am Südwestrand der Altstadt liegen etwas versteckt die **As Burgas-Quellen** aus noch römischer Zeit. An den drei *fuentes* sind noch die von Römern eingemeißelten Danksagungen an das schwefelhaltige Nass zu sehen. Die berühmten, fast 70 °C heißen Burgas-Quellen sehen nicht besonders spektakulär aus, sie gleichen im Grunde schlichten Brunnen. Beachtlicher ist dagegen der Kreuzgang des Klosters **San Francisco** (Lorenzo Fernández s/n, geöffnet zu den Gottesdiensten, Eintritt frei) oberhalb der Altstadt. Die immerhin 120 Kapitelle stammen aus dem 14. Jh. und machen den *claustro* zu einem der interessantesten Galiciens. Keiner der kunstvoll gemeißelten Säulenabschlüsse gleicht dem anderen.

W

WAU, EINE WAHL

González Pérez Jácome ist Gründer der liberalen Partei Democracia Ourensana, Chef des privaten Senders Auria-TV und Bürgermeister. Manchmal muss er merkwürdige Dinge regeln. So hatte ein Anwohner aus dem Viertel O Couto bei der Landeswahl 2019 für erhebliche Warteschlangen gesorgt, weil sein Hund den Wahlschein gefressen hatte. Die Stimme war damit ungültig. Und in Madrid lachten die vom Staatsfernsehen RTVE lautstark darüber: Ach ja, diese Galicier …

Museen

Bestes städtisches Museum

Museo Arqueolóxico Provincial: In dem ehemaligen Bischofspalast sind prähistorische, römische und mittelalterliche Funde aus der Umgebung untergebracht, darunter auch Wandbilder umliegender Kirchen. Besonders wertvoll sind aber die Funde aus den Keltendörfern der Umgebung, darunter Äxte, Armringe und Steinköpfe.

Escaleiras de Santa María Nai, 1 (Praza Maior), musarqourense.xunta.gal/gl, Di–Sa 9.30–14.30, 15–21 Uhr, So nur vormittags, Eintritt frei

Diözesanmuseum

Museo da Catedral: Ausgestellt ist neben einem Hirtenstab aus Elfenbein und maurischen Schachfiguren aus Bergkristall das älteste in Galicien gedruckte Buch, der »Misal Auriense de Monterrei« (1494).

In der Kathedrale, Di–Sa 10–13.30, 16–19 Uhr, Eintritt 1 €

Schlafen

Historisches Flair

Pazo de Bentraces: Das schöne Landhaus mit allem Komfort und Pool war im 15. Jh. ein bischöflicher Sommersitz. Heute ist die Unterkunft mit dem betont plüschig-galicischen Stil auch für Hochzeitspaare der gehobenen Schicht eine Attraktion.

5 km südlich von Ourense an der N-540 in Bentraces (Barbadás), T 988 38 33 81, pazodebentraces.com, €€

Who let the dog out

Zarampallo: Das Hotel mitten im Zentrum hat nette Besitzer und bietet freien Internetzugang in den relativ frisch renovierten Zimmern. Hunde sind erlaubt. Preisermäßigung für Gäste im nahen Parkhaus Concordia.

Hermanos Villar 19, T 988 23 00 08, zarampallo.es, in der ersten Julihälfte geschl., €

Essen

Zahlreiche Restaurants befinden sich in der zentralen Gasse **San Miguel** und der Umgebung. Schöne, stilvolle Cafés findet man in der Straße **Coronel Ceano.**

Gastrobar

Casablanca: In der früheren beliebten Disco servieren die Betreiber heute mittags und abends leckere Tapas und gute Weine.

Praza das Mercedes 8, T 640 92 01 27, Facebook: Casablanca_OURENSE, tgl., €€

Aus eigener Destille

San Miguel: Traditionelle und innovative galicische Küche zu gehobenen Preisen. Die Auswahl der Speisen ist ebenso groß wie die der verschiedenen hausgemachten Orujo-Tresterschnäpse, darunter der reine Aguadiente, der Licor Café und der gelbe, ziemlich süße Hierbas aus Kräutern. Sehr günstige Mittagsmenüs.

San Miguel 12, T 988 23 60 06, sanmiguelourense.es, So abends, Mo geschl., €–€€

Tapas y más

Porta da Aira: Von allen Altersklassen frequentiertes, preiswertes Bar-Restaurant mit galicischen Käsesorten, Tortillas und Solomillo.

Rúa Viriato 10, T 988 60 17 56, auf Facebook, Mo geschl., €€

Einkaufen

Konditoreien, Model- und Antiquitätenläden liegen rund um den **San Lázaro-Park** und in den Straßen **Calvo Sotelo** und **Habana.**

Modisch

Adolfo Dominguez: Gekonnt designte Damenmode vom berühmten, gleichnamigen Sohn der Stadt.

Habana 56

Ausgehen

In der **Calle Santo Domingo** und um die **Kathedrale** gibt es zahlreiche Bars und Tavernen, zu später Stunde geht es in der Straße **Valle Inclán** weiter.

Keltisch

Miudiño: In dem Pub aus Stein und Holz nahe der Kathedrale spielen oft Livebands irischen und galicischen Folk.

Arcediagos 13, fb.com/omiudino, tgl. ab 15 Uhr, Ende offen

Thermen in Ourense: nicht nur mitten in der Stadt, auch in der Natur

Bewegen

Klettern und mehr

Aventurocio: Breites Angebot von Wandertouren über Kletterkurse, Rafting und Bogenschießen.

Av. de Buenos Aires 19, T 988 61 89 20

Skilifte & Dudelsack

Estación de Manzaneda: 75 km östlich von Ourense liegt bei Pobra da Trives die einzige Skistation Galiciens mit Pisten von insgesamt rund 15 km Länge. Daher bevorzugen die meisten Spanier die Pyrenäen. Und weil es im Sommer in Galiciens Bergwelt so gar nicht schneit, gibt es dort in luftiger Höhe am ersten Augustsonntag einen Wettbewerb der Dudelsackspieler, den Campeonato Celtibérico de Bandas de Gaíta.

Infos zu den Pisten: manzaneda.info, Infos zum Gaíta-Event: concellodemanzaneda.es

Feiern

- **Os Maios:** Tanz und Gesang begrüßen am 3. Mai den Frühling.
- **Fiestas de Ourense:** Stadtfest mit Konzerten, Sport und Blumenschmuck in der zweiten Junihälfte.
- **El Magosto:** Am 11. Nov., dem Tag des Schutzpatrons der Stadt San Martiño (St. Martin), ziehen die Bewohner in die Berge der Umgebung, um Kastanien *(magostos)* zu rösten und den neuen Wein zu probieren. Danach geht es dann im Zentrum feuchtfröhlich weiter.

Infos

- **Oficina de Turismo:** Burgas 12, T 988 36 60 64, turismodeourense.gal.
- **Bahn:** Avenida Marín s/n, T 902 32 03 20, Regionalverbindungen sowie mehr-

mals tgl. mit dem Avant in knapp 40 Minuten nach Santiago de Compostela (100 km entfernt). Die Hochgeschwindigkeitsstrecke nach Madrid ist noch immer im Bau.

- **Bus:** Estación de autobuses, Carretera Vigo-Madrid 1, T 988 21 60 27. Mehrmals täglich gute Verbindungen innerhalb Galiciens. Bis Santiago braucht man u. a. mit der Gesellschaft Monobus knapp 2 Std., dafür ist das Ticket etwas günstiger.

Umgebung von Ourense C/D5/6

Carballiño D4

25 km nördlich von Ourense liegt die Kleinstadt Carballiño mit ihren Thermalquellen und der hübschen Fußgängerzone. Das Krakenfest dort gehört zu den Top-Fiestas in Galicien! Die Einwohner sorgen dabei auf dem Hauptplatz für einen XXL-Holzteller, auf den satte 500 kg Pulpo passen. Die Festa do Pulpo findet in der ersten Augusthälfte statt. Inklusive Blasmusik, T-Shirt-Verkauf und Krakenständen allerorten.

Kloster San Salvador C5

28 km südlich der Provinzhauptstadt Ourense und wenige Kilometer westlich des schönen Ortes Allariz mit seinem kleinen Puppenmuseum Museo de Juguete liegt das Mosteiro San Salvador, das sich mit zahlreichen Klöstern Spaniens den Namen teilt, allerdings erstaunlich groß angelegt ist. Zeitweilig lebten hier über 1000 Benediktinermönche, doch aus ihrer Zeit stammt nur noch die mozarabische Kapelle San Miguel. Kloster und Klosterkirche entstanden im 16. und 17. Jh.

An der N-540 bei Celanova, Führungen April–Okt. Di–Sa stdl. 11–18, So, Fei 11.30, 13, 16, 17, 18, Nov.–März Mo–Sa stdl. 11–17, So, Fei 11.30, 13, 16, 17 Uhr, Eintritt 4 €

Santa Comba de Bande C6

Nach weiteren 20 km vom Mosteiro San Salvador aus liegt die Kirche Santa Comba de Bande am Stausee Embalse das Conchas. Für Architekturfans ist das kleine, gut restaurierte Bauwerk ein echtes Highlight, denn es entstand weit vor der Epoche der Romanik.

Die westgotische Kirche mit ihrem Grundriss eines griechischen Kreuzes aus dem 7. Jh. entstand 200 Jahre später neu, nachdem Mauren sie zuvor bei ihren Feldzügen in Schutt und Asche gelegt hatten. Im Innern tragen zwei Säulenpaare mit korinthischen Kapitellen die Hufeisenbögen. Benannt ist die Kirche nach der französischen Märtyrerin Kolumba von Sens.

Xinzo de Limia C6

43 km südlich der Provinzhauptstadt Ourense liegt der kleine Durchgangsort mit 7000 Anwohnern wie zeitversetzt in einer fruchtbaren Landschaft am Río Limia. Er heißt auch ›Fluss des Vergessens‹, denn der Legende nach vergaßen die römischen Legionäre beim Überqueren von Süden aus ihren Namen und ihre Herkunft.

Heute ist Xinzo de Limia neben der Schweinezucht spanienweit für seine Kartoffeln berühmt, die unter dem Qualitätssiegel »*Patatas de Galicia*« sogar im fernen Andalusien in die Markthallen

K

KARNEVAL IN SÜDGALICIEN

Ausgerechnet im Hinterland der entlegenen Provinz Ourense liegen die Hochburgen des galicischen Karnevals. Wer dort ist, sollte die sogenannten *entroidos* (›Umzüge‹) nicht verpassen. Im Ort **Verín** sind am Karnevalssonntag kunstvoll maskierte *cigarróns* mit Peitschen und Mehlsäcken unterwegs, in **Xinzo de Limia** tanzen die *pantallas* am Dienstag danach wilde Tänze mit luftgefüllten Schweinsblasen, und im Ort **Laza** treiben es die Jecken an Rosenmontag auf die Spitze: Sie dreschen mit Stechginster aufeinander ein und werfen Klumpen aus Erde und wild gewordenen Ameisen in die kreischende Menge. Selbstverständlich verabschieden die Bewohner der urigen Orte den Winter auch entspannt: mit schönen Essgelagen in den Tavernen und open air. Die Stars sind Empanada- Pasteten, Seekraken und lokaler Weißwein. Infos und Bilder zum Karneval in Laza, Verín und Xinzo s. spanien-reise-magazin.de/kunst-und-kultur/feste/karneval-in-galicien.html.

gelangen. Richtig voll wird es rund um die Pfarrkirche mit ihrem romanischen Portal nur einmal im Jahr: beim Karnevalsfest *entroido* (s. o.).

Kloster San Pedro de Rocas

D4

Einfach süß, dieses winzige Felskloster 22 km östlich von Ourense. Das älteste Kloster Galiciens (seit 573) mit Namen Heiliger Petrus vom Fels liegt mitten in der Weingegend Ribeira Sacra und ist direkt in den Stein eingebaut, das gelebte Gegenteil gewaltiger späterer Protzanlagen wie das von Samos oder Santo Estevo mit drei Kreuzgängen. Eine steile Treppe führt hinauf auf den Glockengiebel (12. Jh.). Weiter unten sind alte Steingräber der Mönche sichtbar. Praktisch auch: Das Wasser der nahen Quelle Fuente de San Bielto soll gegen Warzen helfen.

Direkt neben dem steinalten Felsbau steht als Kontrast ein gut eingerichtetes **Museum** (Centro de Interpretación). Darin erklären Benediktiner-Figuren in Comicblasen alles vom lokalen Wein bis zum Waffelhändler. Auch Fotos zeigen diese *barquilleiros.* Die Waffelverkäufer waren im 19. Jh. die Stars galicischer Kinder, die deren *galetas finas (barquillos)* liebten. Viele Händler kamen aus der hiesigen Gegend und verdienten ihr Geld in Madrid. Übrigens stehen sie sogar heute noch mit ihren karierten Kappen im Retiropark der spanischen Hauptstadt. Ihre Verkaufsbehälter in Form einer Gasflasche machen durch einen roulettartigen Kreiselaufsatz ein metallisches Geräusch. Der Sound des Süßen sozusagen. Herrlich bemalt, sind sie ebenfalls im Museum zu sehen.

Ab Ourense über die OU 536 nach Osten, Fahrtzeit 30 Min. Museum Centro de Interpretación de San Roca: tgl. 10.30–13.45, 16.30–18.30 Uhr, Eintritt frei

Verín

D6

Einen leicht melancholischen Charme vermittelt die Kleinstadt im Schatten der Festungsanlage Monterrei aus dem 15. Jh. 70 km südlich von Ourense. Von dort, vor allem vom Aussichtsturm **Torre de las Damas,** bietet sich eine weite Sicht auf Verín und die sattgrüne Umgebung.

Für Fans von gutem Wein ist Galiciens Inland ideal.

Verín vermarktet durch seine ergiebigen **Wasserquellen Sousas** und **Cabareiroá** ein gutes Trinkwasser, sozusagen das Selters von Galicien. Auch in Sachen Mode ist Verín stark: Hier schneidert Modezar Roberto Verino, ein international anerkannter Designer. Allerdings hat die Wirtschaftskrise in Spanien auch diesen Provinzort erreicht, und so stehen einige Häuser inzwischen leer. Die Einwohnerzahl beträgt nur noch rund 14 000. Doch Galegos sind sehr erfinderisch.

Weil das beliebte Mineralwasser wegen der internationalen Konkurrenz weniger einbringt, keltern inzwischen mehr als ein Dutzend Winzer den galicischen Weißwein Monterrei. Sie produzieren aus den Trauben Tempranillo, Bastardo und Mencía bereits über 1 Mio. l pro Jahr. Unter ihnen auch der über die Region hinaus berühmte Modemacher Verino selbst, der natürlich ordentlich die Werbetrommel rührt.

Einkaufen

Modische Weine

La Bodega Gargalo: Bodega mit weißen Flachdachbauten zwischen Weinfeldern, gegründet von Modestar Roberto Verino. Vor allem gute Monterrei-Weißweine, Weinflaschen teilweise aus Steingut in Bügeleisenform.

Castelo 59, T 988 59 02 03, gargalo.es

Monforte de Lemos

D/E4

Oberhalb der Kleinstadt (20 000 Einw.) 40 km nordöstlich von Ourense thront mit seinem 30 m hohen Wachturm schon seit 500 Jahren der **Palacio Condal**. Von hier aus konnten die Grafen von Monforte weit über die Sierra, die Weinberge und Flusstäler sehen, für deren Erkundung die Stadt am Río Cabe ein idealer Ausgangspunkt ist. Monforte ist ein wichtiger Bahn-Verkehrsknotenpunkt, aber sicher kein gut besuchtes Urlaubsziel – obwohl die Stadt doch einiges zu bieten hat.

Die reichen Grafen stifteten im 16. Jh. u. a. das **Colegio de Nuestra Señora de la Antigua** (auch: Colegio de la Compañía), das in seinem strengen Renaissance-Stil wie das Monasterio de Oseira als ›Escorial Galiciens‹ gilt, als Anspielung auf die gigantische Klosteranlage westlich von Madrid. Highlight sind die Originalbilder von El Greco, darunter ein düsteres Porträt von Franz von Assisi (Mo geschl.). Das **Convento de las Clarisas de Monforte** (am rechten Ufer des Río Cabe, Mo–Fr 9.30–14, 16–19, Sa, So 9–15 Uhr) wiederum besticht durch seine Sammlung von Sakralkunst (17. Jh.). Zu den über 200 Kunstgegenständen zählen auch einige makaber anmutende Reliquien. In der Fußgängerzone schließlich gehen die Spezialitäten Monfortes über die Theke und kommen auf die Tische der Restaurants: Flussforellen, Pilzgerichte, Wild, Eintöpfe und Fleischklößchen.

Auch als Weinort ist Monforte de Lemos bekannt, u. a. wegen der Nähe zur fruchtbaren **Ribeira Sacra** (s. Tour S. 220). Die Mönche des Klosters San Vicente del Pino bauten im Verlauf des 16. Jh sogar einen unterirdischen, 10 m hohen **Weinkeller** mit Kuppeldach. Erst 2013 hat ihn ein Anwohner im Stadtviertel Barrio de Piñeira wiederentdeckt. Wer heute Lust auf einen Drink hat: Der **Kiosk** am Fluss Cabe gleich neben der Holzbrücke ist bei Sonnenuntergang ein Knaller. An einen der Tische setzen, ein Bier bestellen, die Enten beobachten und alles ist gut!

Schlafen

Besser als der Parador

Hotel Cardenal: Die Vorteile des Hotels gegenüber dem örtlichen Parador sind die schöne Lage am Fluss und zugleich im Zentrum nahe den Bars und Tavernen sowie die moderne Einrichtung. Die Zimmer 206, 207, 208 zeigen zum Wasser hin. Mit ordentlichem Restaurant (Mittagsmenü €) und schönem Frühstücksraum. Auch der Service ist klasse.

Hortas (Huertas) 36, T 982 09 05 68, hotelcardenal.es, €€

Am Fluss

El Escondite Inglés: 15 km südwestlich von Monforte am Fluss Cabe gelenes Landhaus mit drei Gästezimmern. Ein Traum.

A Famulia 70, Espasantes Pantón, T 638 31 15 82, @escondite_ingles_residence, €€

Feiern

- **Fiestas Patronales:** Um den 15. Aug. steigt dieses Stadtfest mit großem kulturellem Programm. Auf der offiziellen Website von Monforte de Lemos (s. u.: Oficina de Turismo) findet man dann das komplette jeweils aktuelle Angebot. Vor allem die Konzerte, die im Rahmen der Feierlichkeiten stattfinden, sind beliebt.

Infos

- **Oficina de Turismo:** beim Colegio de Nuestra Señora de la Antigua, T 982 40 47 15, monfortedelemos.es.
- **Bahn:** Praza da Estación s/n, T 982 40 24 96, bis zu 7 x tgl. nach Ourense, 5 x tgl. nach Lugo und 1 x nachmittags nach Santiago.
- **Bus:** San Pedro s/n, T 982 40 26 94, 2 x tgl. nach Santiago und Ourense.

San Estevo de Ribas de Sil

D5

Nicht weit von Monforte de Lemos liegt das schönste Kloster der Umgebung, das romanisch-gotische Monasterio de Ribas de Sil über der Ribeira-Sacra-Schlucht (s. Tour S. 220).

Schlafen

Klösterlich wohnen

Parador de Santo Estevo: Im Kloster Ribas de Sil herrscht Luxus pur. Er liegt oberhalb des Flusses Sil. Das Monasterium mit drei Kreuzgängen ist modern eingerichtet und ruhig gelegen. Und Küchenchef José Ramón Rodriguez de Río versteht seinen Job. Bachforellen und gutes Rindfleisch zum Rotwein aus der Ribeira Sacra gehören zu den Spezialitäten. Nicht wenige behaupten, dieser Parador sei der schönste der gesamten staatlichen Hotelkette.

T 988 01 01 10, parador.es, €€€

Parque Natural O Courel

E4

Ein attraktiver Ausflug führt in das nahezu menschenleere Naturschutzgebiet O Courel 50 km östlich von Monforte de Lemos. Innerhalb der 21 000 ha zwischen den Kantabrischen Kordilleren und dem Río Sil schrauben sich die Straßen an so manchem verlassenen Dorf vorbei. Ein idealer Ort also für Wildschweine, Wölfe, Marder und Hermeline,

Für viele die Top-Unterkunft Galiciens: Das Kloster von San Estevo de Ribas de Sil liegt so schön wie kaum ein anderes in Spanien. Und so ist es trotz der Größe oft ausgebucht.

TOUR

Ein Heiliges Ufer, Trauben am Fluss, eine ganz entlegene Gegend

Ribeira Sacra: Bootstour über den Río Sil

Woher der Name Heiliges Ufer (Ribeira Sacra) stammt? Wahrscheinlich von den vielen Klöstern in der Umgebung.

Bizarre Granitformationen am Ufer des Sil, von Maurenköpfen bis zu Ungeheuerfratzen. Dann die vielen Benediktinerklöster hier, teils wildromantisch gelegen und verlassen. Die Nachfolger der Mönche ernten die Trauben am Sil-Ufer aber noch heute. Und dieses Ufer ist heilig. Zumindest heißt das gesamte Weingebiet rund um den Sil Heiliges Ufer: Ribeira Sacra. Wer sich das alles vom Wasser aus ansehen möchte, kann natürlich an der Anlegestelle Embarcadero de Santo Estevo so einen TK nehmen, einen Touristen-Katamaran. Doch uriger ist das überdachte kleine weiße Schiff der Bodega Algueira. Und wer eine Bootstour mit dem Winzer unternimmt, erfährt natürlich auch viel über Wein. Zum Probieren ist auch was da.

Sonne und Schatten am Sil

Der Sil, der sich während der Bootstour von seiner schönsten Seite zeigt, ist die natürliche Lebensader der nordspanischen Gegend. Man erreicht den Fluss, indem man von **Monforte de Lemos** aus vorbei am Weingut **Adega Algueira** zur Anlegestelle **Embarcadero Brandán** fährt. Der Fluss entspringt in Kantabrien und mündet nach 230 km in den größeren Río Miño. Wer genau hinsieht: An den steilen Granithängen wachsen kleinwüchsi-

Infos

D/E 4/5

Start/Ziel: Monforte de Lemos

Strecke/Dauer: hin und zurück ca. 40 km, 1 Tag

Boot Brandán der Bodega Algueira: ab Embarcadero Brandán 4 x tgl., ade gaalgueira.com, 15 € inkl. Glas Weißwein an Bord, 1,5 Std., kombinierbar mit Bodegabesuch.

Anfahrt mit dem Auto: Von Monforte nach Doade, dort die LU-903 vorbei am Club Fluvial de Doade über die Brücke des Sils auf die andere Seite. Bloß nicht am Club Fluvial die Straße halb zuparken (sonst kommt der Abschleppdienst).

Essen: Restaurant O Casteló, Rúa Franco s/n, Algueira, nur mittags, Mi geschl., €–€€

ge Reben bis direkt hinunter ans Wasser. Um sie zu ernten, müssen die Besitzer mit dem Boot anfahren. Von oben herunterklettern wäre mordsgefährlich. Der Fluss trennt die Provinz Ourense von der nördlicheren Provinz Lugo. Vor allem direkt an den Flusshängen des Sil ist die Wärme entscheidend für den Wein. Auf der Südseite knallt die Sonne. Deshalb wachsen die Trauben hier mit dicker dunkler Schale gegen den Sonnenbrand: Mencilla, Merenzao, Tempranillo sowie die lokale und robuste Traube Brancellao. An der schattigeren Nordseite wiederum reifen Weißweintrauben wie Godello, Doña Blanca und Treixadura.

Das beste Klima Galiciens

Wer das besonders gut weiß, sind die Bootsbetreiber: das Winzerpaar Ana und Fernando González. Hier im Osten, sagt Fernando, ist es trocken, das Meer weit weg und die Temperaturen sehr warm. Schon die Römer wussten vor 2000 Jahren: Bei Astorga mag die wichtigste Goldmine liegen, in Ourense die besten Thermalquellen, aber hier am Sil, da ist das beste Klima für den Weinanbau. »Die wussten schon: Höhenlagen von 400 bis 500 m, Durchschnittstemperaturen von 13 °C, dazu Granit und Schiefer, das ist top für die Reben«. Bei der Bootstour zählt vor allem die schöne Aussicht aufs Ufer. Doch wer später noch seine Bodega besucht, erfährt sehr bezeichnende Zahlen: Auf gerade einmal 2500 ha erstreckt sich das Weingebiet. Zum Vergleich: Das Rioja-Anbaugebiet ist über 60 000 ha groß. Deshalb gibt es den Wein der Ribeira Sacra auch nur hier. Und ganz sicher nicht bei uns beim Discounter um die Ecke. Allerdings: Den Rotwein Peza do Rei (100 % Mencilla) hat sogar Barack Obama schon mal getrunken. Einer seiner politischen Berater war gebürtiger Galicier.

Ein Kreuzgang?

Wer nach 1,5 Std. wieder an der Anlegestelle ankommt, sollte sich vor der Rückfahrt noch das schöne **Kloster Santo Estevo de Ribas de Sil** ansehen. Die Anlage hat nicht einen Kreuzgang, sondern gleich drei. Und von den einstigen Mönchszellen war der Blick auf den Sil einfach genial. Genau wie heute. Deshalb hat die spanische Hotelkette Paradores das Monasterio längst übernommen. Viele halten ihn für den schönsten im ganzen Land. Der entlegenste in Galicien ist er auf jeden Fall.

Prost heißt *salud* oder *chin chin*. Aber bitte nicht zu Japanern sagen: *Chin chin* bedeutet dort u. a. Penis.

M

VON DER MITTE AUS

Weil Lalín zentral liegt, laufen die Recherchen fürs Buch von hier aus. Die Anwohner sind längst meine Freunde. Und im Radio Voz de Lalín war ich auch schon. Thema: ein Deutscher in Lalín. Das muss man sich auf Mallorca mal vorstellen …

die hier zwischen Eiben, Stechpalmen und Steineichen so gut wie unbehelligt leben. Entsprechend ist das touristische Angebot ganz bewusst gering gehalten. Einer der wenigen Orte mit kleinem Supermarkt und Restaurant ist **Folgoso do Courel.** Nur ein paar Kilometer östlich liegt das Schutzgebiet Devesa da Rogueira bei dem Ort **Moreda.** Das Info-Häuschen Aula da Naturaleza ist Ausgangspunkt für eine halbtägige Wanderung auf den Berggipfel, von dem man das sattgrüne Courel-Gebiet überblicken kann. In einem alten Steinofen im Ort Moreda backen die sympathische Bäuerin Dolores und ihr Mann frisches Brot für das Frühstück ihres Gästehauses Devesa da Rogueira. »Glauben Sie ja nicht, Sie seien der erste Journalist hier«, erklärt Dolores. Wie sich herausstellt, war vor wenigen Jahren das galicische Fernsehen da. Recherchеauftrag: Filmen, wie einer der letzten galicischen Orte an das Stromnetz angeschlossen wird.

Schlafen und Essen

Idyllisch

Casa da Aire: Denkmalgeschütztes Landhaus mitten im Schutzgebiet O Courel. Ein Highlight für Wanderer und Naturliebhaber und sehr ruhig.

In der Ortschaft Froxán, T 982 19 96 73, Übernachten €, Mittag-/Abendessen €–€€

Kloster Oseira D4

Graham Greene (1904-1991) war begeistert. Der britische Romancier und Ritter der Ehrenlegion sah 30 km nördlich der Stadt Ourense das älteste und größte Zisterzienserkloster der Provinz, das Mosteiro de Oseira. Und blieb. Hier schrieb er in Zimmer 14 eine sagenhaft schöne Parodie auf Cervantes Ritterroman. Titel: »Monsignore Quijote« (1982). Darin ist Don Quijote ein durchgeknallter Geistlicher, Sancho Panza ein gerissener, linker Ortsvorsteher und das Pferd Rosinante ein Seat 600.

Mehrere Monate verbrachte er für den Roman hinter den dicken Mauern. Und hat sich, wie mir Pater Antonio erzählte, mit den Geistlichen sehr gut verstanden. Davon zeugen auch Fotos in der fantastischen historischen Bibliothek, die den Schriftsteller in hohem Alter bei späteren Besuchen zeigen (nicht in der Visite enthalten). Das Buch gibt es auf Deutsch nur noch im Antiquariat. Ein Großbrand verschonte nur die Kirche (12. Jh.), das Klostergebäude entstand im 16. Jh. völlig neu. Heute führen Benediktinermönche durch die Anlage aus dem Übergang zwischen Renaissance und Barock und weisen darauf hin: Die Figur einer der Heiligen trägt echtes Haar. Das Kloster heißt wörtlich ›Knochen‹ und im Volksmund wegen der enormen Ausmaße ›Escorial Galiciens‹. Es bietet auch eine Herberge für Pilger auf dem Weg Camino de la Plata nach Santiago. Die übrigens versorgen sich gerne in den beiden nahen Tavernen mit Tapas, Bier und günstigen Mittagsmenüs.

mosteirodeoseira.org, Anmeldung: T 988 28 20 04, nur mit Führung März–Okt. Mo–Sa 10.30–12, 15.30–17, So 12.45–15.30, 17–18.30 Uhr, 4 €, Zimmer sind für Ruhesuchende und

Nachwuchsautoren buchbar. Besser möglichst lange im Vorfeld anfragen

Lalín

C4

Die Kleinstadt Lalín kennen bislang wenige außerhalb Spaniens. Dabei liegt Lalín genau im Zentrum von Galicien und trägt eine Woche vor Karneval rund um den Valentinstag ein Schlachtfest Feira do Cocido aus, inklusive karibisch anmutender Straßenumzüge. Da kommen rund 60 000 Besucher – dreimal so viele, wie Lalín Einwohner hat. Auch sonst ist die Stadt bei Spaniern beliebt, obwohl man ihr die Baukrise der letzten Jahre durchaus ansieht. Modebewusste Männer besuchen die Läden des Schneiders Florentino, Kunstliebhaber das romanische Kloster **Carboeiro** 22 km nordwestlich, dessen Inneres schon Stars wie Enrique Iglesias und der angesagte Dudelsackspieler Carlos Nuñez als Bühne nutzten.

Auch der Honig der südlichen Serra do Candán ist legendär. Und allein Diego im Zentrum ist ein Grund für den Besuch. Diego López hat schon mit 25 Jahren den galicischen Gastropreis gewonnen. Und dabei sogar den baskischen Kochstar Martín Berasategui überzeugt: mit seiner Kreation Austern in Rinderbrühe, die schon mal in seinem Restaurant **La Molinera** auf den Tisch kommt (s. S. 224).

Beim **Kilometerstein 0,** der die Mitte Galiciens markieren soll, steht symbolträchtig und in Lebensgröße ein Schwein aus Bronze gegenüber der Kirche. Und blickt auf die Cafés, den neuen Spielplatz und die bunten Regenschirme als Sonnenschutz für Spaziergänger. Für Architekturfans spannend: Das hellblaue Rathaus **Ayuntamiento de Lalín** ist das kurioseste der gesamten Region Galicien, entworfen von Stararchitekt Emilio Tuñón aus Madrid in der Rundform einer nahe gelegenen Keltensiedlung, des Castro de Doade. Selbst der Aufzug darin ist rund (lalin.gal).

Umgebung von Lalín

C3/4

Iglesias & Exorzismus

Die Edeljuwelen unter den Kirchen rund um Lalín sind die von Carboeiro, O Corpiño und Vilatuxe. **Carboeiro** war einst ein florierendes Kloster, dessen Kirche am Deza-Fluss liebevoll restauriert wurde und mit ihrem Rosettenfenster und dem gewaltig wirkenden Innenraum ein Highlight der romanischen Architektur Galiciens darstellt. Fand auch Popsänger Enrique Iglesias, der hier im Innenraum zu seinem Song »Noche y de Día« abtanzte, siehe YouTube. **Nuestra Señora de O Corpiño** wiederum ist so etwas wie Galiciens Fatima. Hier soll Kindern die heilige Mutter Gottes erschienen sein, als sie im 8. Jh. einen Einsiedler tot auffanden. Heute zählt das Gotteshaus unter Leitung von Don José zu den erfolgreichsten ganz Nordspaniens. Die Messen wochentags um 18 Uhr sind bis auf den letzten Platz besetzt. 150 000 Spanier besuchen den Ort pro Jahr, viele in Hoffnung auf Wunderheilung. Und der Geistliche hat einen ungewöhnlichen Job: Er ist gelernter Exorzist, also Teufelsaustreiber (s. S. 276).

In **Vilatuxe** wiederum befinden sich in der Pfarrkirche Soutolongo wunderschöne Wandgemälde aus dem Jahr 1567. Lange nahm keiner Notiz von den farbenfroh gemalten Figuren vom Heiligen bis zum Hund, da sie hinter einem Altar versteckt waren. Und selbst viele Anwohner aus der Umgebung haben bis heute keine Ahnung von der Schönheit im Innern. Von außen sieht dieses Gotteshaus aus wie jede andere Landkirche.

Mosteiro de Carboeiro: Di–So 11–14.30, 16.30–19 Uhr, Sommer auch Mo; **Igrexa O Corpiño:** tgl. 11–14, 16–20 Uhr; **Igrexa de Soutolongo:** nur offen vor, während und nach der 13-Uhr-Messe am Sonntag

Museum

Reise in Galiciens Vergangenheit

Museo Casa do Patrón: Klassenzimmer von damals, altes Zahnarztbesteck und Schusterwerkzeug, dazu ein 300 Jahre alter Webstuhl. Das alles und viel mehr zeigt das im Familienbetrieb geführte Ethnologische Museum von Lalín auf 2000 m^2, verteilt auf drei Häuser in einem kleinen Dorf 8 km südlich des Zentrums. Gegründet hat es der Banker und Poet Manuel Blanco Villar, der nach dem Tod der Eltern in den 90ern die Leidenschaft am Sammeln historischer Dinge entwickelte. Zudem gibt es den Nachbau eines Keltenhauses und ein Restaurant mit Spezialitäten wie Kastanien mit Wurst *(castañas con chorizo)* und auch Kabeljau *(bacalao a la gallega)*. Und im Shop handgemalte Miniaturschweine, angefertigt von der Tochter des Gründers.

Codeseda 7, Di–So 10–14, 16–19 Uhr, museocasadopatron.com

M

EINFACH MITKICKEN

Bei vielen Festen im Hinterland Galiciens läuft das Fußballspiel *Casados contra Solteiros,* also Verheiratete gegen Ledige. Hab da auch schon mitgemacht. Einfach mal in den Kneipen nach dem nächsten Termin fragen, dann Turnschuhe oder Fußballschuhe an und los geht's. Und später mit den Jungs ein Bier trinken. Spanischkenntnisse egal, Hauptsache der Urlaub macht richtig Spaß.

Schlafen

Liebling der Pilger

Hotel Palacio: Sehr zentral gelegenes Zweisternehotel mit gutem angeschlossenem Restaurant. Und weil viele Pilger auf dem Silberweg und dem Winterweg hier vorbeikommen, haben manche der 33 Zimmer auch eine kleine Kochnische.

Matemático Rodríguez 10, T 986 78 00 00, hotelelpalacio.es, €

Waldhäuser

Cabañas da Ulla: Öko ist hier Trumpf. Die Cabañas da Ulla sind fünf farbenfrohe, voll eingerichtete Holzhäuschen nördlich des Klosters O Corpiño – mit Campingplatz, Pool und Bar, perfekt für zwei Personen.

T 981 19 00 82, cabanasdaulla.com, €–€€

Essen

Austern in Rinderbrühe

La Molinera: Galiciens Starkoch Diego López hat mit Austern in Rinderbrühe unlängst den Gastropreis der Region gewonnen. Ein toller Gesprächspartner. Und ein Mann, der mit Kroketten, Fisch und Churrasco jeden überzeugt. Sein Restaurant liegt neben der Markthalle von Lalín.

Rosalía de Castro 17, fb.com/restaurantela molinera, Mi geschl., €€

König Krake

Km0: In diesem Restaurant gibt es die wohl besten Pulpogerichte der Stadt. Das wissen auch die Einheimischen zu schätzen und kommen gerne hierher. Keine Speisekarte, dafür ein wunderbares Ambiente.

Av. Buenos Aires 96, 21–1 Uhr, €

Frisch ans Werk geht Diego López in seinem Restaurant La Molinera.

Grill am Gleis

A Estación: Gleich neben dem Bahnhof von Lalín gelegenes Restaurant mit Namen »Der Bahnhof«. Die humorvolle Kellnerin aus der Ribeira Sacra serviert gute Fischsuppen, Churrasco vom Grill und ordentliche Weine. Gut für alle, die nach dem Besuch des Patrón-Museums oder einem Ausritt Hunger bekommen.

Rúa A Estación 48, wenige Kilometer südlich des Zentrums, €

Manuels Café

Jácome: Die Bar wirkt wie jede andere. Doch Barkeeper Manuel ist eine Fundgrube. Er kennt sich wie kaum ein anderer aus in Galicien. Und serviert hervorragenden Café Doble mit kleinem Croissant und der Lokalzeitung gratis dazu. Schon morgens um 7 Uhr. Nur sonntags macht die Café-Bar schon mal später auf und schließt am Nachmittag.

Alcalde Ferreiro 11, nahe dem Hauptplatz

Einkaufen

Outlet für Männer

Florentino: Es gibt sicher berühmtere galicische Schneider, wie den steinreichen Amancio Ortega (Zara). Doch wer als Mann mal außergewöhnliches Design tragen will: Florentino Cachado kann casual und klassisch. Seine Modeläden liegen ausschließlich in Spanien und Lateinamerika. Er sagt: »Wir Galicier sind erfolgreiche Modedesigner. Doch gelernt haben wir als junge Männer alle in Paris.« Tipp: Diese Adresse hier im Zentrum Lalíns ansteuern (Outlet), da gibt es die Ware deutlich günstiger als im Internet!

Pintor Laxeiro 20, florentino.com

Riese in der Kleinstadt

Mercadona: 2024 hat dieser Gigant unter Spaniens Supermärkten eine 6000 m^2

große Filiale in Lalín eröffnet: Viele Anwohner freuen sich als Verkäufer und Fahrer über den Neuen.

Rúa Trigueiriza 21, mercadona.es

100 % Käse

Anzuxoa: Der Händler gehört zu den berühmtesten Käseproduzenten Galiciens. Die Besitzer zeigen in der Anlage neben ihrem Landhaus Pazo de Anzuxoa auch gerne, wie sie die Sorten Tetilla und Arzúa Ulloa – beide mit geschützter Herkunftsbezeichnung (DOP) – aus der Milch der Rassekühe Rubia Gallega herstellen. Kostprobe inbegriffen. Das Landwirtschaftsministerium in Madrid hat Anzuxoa 2019 sogar mit dem Preis für den besten gereiften Kuhmilchkäse ausgezeichnet.

Lácteos Anzuxoa, rund 10 km nordwestlich des Zentrums von Lalín, Madriñan 2, lacteosanzuxao.com

Bewegen

In Quellwasser gebadet

Praia Fluvial: Flussbad unterhalb der Quelle des Deza-Flusses. Glasklares, aber sehr kaltes Wasser. Sonnige Liegewiese und Schattenplätze. Auch für Kinder geeignet. Mit Toiletten, Schaukel und kleinem Kiosk.

10 km südwestlich von Lalín Richtung Vilatuxe (zunächst dem Patrón-Museum folgen, dann ausgeschildert)

Gratis-Pool

Piscina Municipal de Rodeiro: In dem kleinen Ort Rodeiro 16 km östlich von Lalín auf dem Weg zum beliebten Aussichtsberg Monte Faro gibt es ein schönes Freibad inklusive Kinderbecken. Wer nach dem Schwimmen hungrig ist: Die Bar Esmorga gegenüber an der Rúa A bietet ab 14 Uhr ein sehr gutes *menú del día* (Mittagsmenü) an.

Rúa da Piscina (Rúa A 52), im Sommer tgl. 10–21, Sa, So 13.30–21 Uhr, Eintritt frei

Pura Raza Gallega

Club Hípico Juan Oliveira: Reiten auf gezähmten Wildpferden. Einstündiger Ausritt 10 €, Reitstunde 25 €. Schon für Kinder ab sechs Jahren geeignet. Besser vorher anrufen, ob ein Reitlehrer Zeit hat. Die Betreiber arbeiten auch mit dem nahen Heim für Menschen mit Behinderungen zusammen.

Lugar de Mouriscade, Vilanova, Lalín, T (Marta) 628 57 98 98

Feiern

- **Feira do Cocido:** Eine Woche vor Karneval, mit Umzügen, dem deftigen Lokalgericht Cocido auf Basis von Schweinefleisch, Chorizos und Kartoffeln und Auftritten von Musikern in der Kulturhalle. Das Fest hat 2020 vom Tourismusministerium in Madrid das Siegel »Fest von internationalem Interesse« bekommen, was bis dato zwölf Festen Galiciens gelang, darunter dem Weinfest in Cambados, dem Wikingerfest in Catoira und dem Karneval in Xinzo de Limia.

Antas de Ulla D3/4

Der kleine Ort 23 km nordöstlich von Lalín an der Nationalstraße N640 nach Lugo wirkt bei der Durchfahrt wie jedes andere Straßenkaff. Bekannt sind die Bewohner galicienweit allerdings als gute Bäcker und gute Schwimmer. Entsprechend gibt es gleich mehrere Bäder. Und ganz in der Nähe die Quelle des Río Ulla sowie die kleine Burg **Fortaleza de Amarante** in dem gleichnamigen, fast ausgestorbenen Ort. Sie hat einen runden dicken Turm und über dem Eingang einen Maisspeicher. Solange sie im Privatbesitz ist, darf sie aber keiner besuchen. Doch der örtliche Bürgermeister arbeitet

Lugo hat die weltweit einzige noch intakte römische Stadtmauer.

dran. Mit Nachdruck. Denn sein kleiner Ort hat viel zu wenige Gäste. Einen Besuch wert ist auf jeden Fall **As Canteiras,** eine Restaurantanlage im Wald versteckt, gebaut aus Glas, Holz und Granit.

Essen

Über Keltenmauern gebaut

As Canteiras: Ein Restaurant der besonderen Art: Erbaut über einem ehemaligen Castro der Kelten, ist die Anlage sehr ruhig gelegen. Draußen gibt es Tische und Sessel zum Essen und Herumflätzen, ein Trampolin und einen kleinen Teich. In der Küche steht Victor mit seinen Jungs und zaubert für die Gäste Fisch und Fleisch vom Feinsten. Unbedingt vorbestellen. Vor allem am Sonntag, wenn die gut gekleideten Galicier ab 14 Uhr zum Familiengelage eintreffen. Klasse ist auch die kreisrunde Bar mit den historischen Bildern in Schwarzweiß. Schöner Bier trinken geht kaum.

Vilane, von Lalín aus kurz vor der Tankstelle vor dem Ortseingang von Antas de Ulla rechts dem Schild »Restaurante« folgen, T 982 19 40 93, ascanteiras.com, Mo geschl., Di–Do, So nur mittags, Fr, Sa auch abends ab 21 Uhr geöffnet, €€€

Lugo

E3

Im Jahr 2000 erfüllte sich endlich ein lang ersehnter Traum der Lugueños: Die UNESCO nahm ihre vollständig erhaltene römische Stadtmauer in die Liste des Welterbes auf. Die *muralla* umrundet die gesamte Altstadt. Und auch wenn sie an manchen Stellen immer wieder bröckelt, sie steht. Als die Römer sie im 3. Jh. n. Chr. errichteten, sollte sie ein wichtiges Bollwerk des Imperiums sein: Die Baumeister ließen sie 8–12 m hoch und 4,5–7 m breit anlegen; 85 halbrunde Tür-

Lugo

Ansehen
1 Porta de Santiago
2 Kathedrale Santa María
3 Praza Maior
4 Praza de Campo
5 Römische Thermen / Hotel Balneario de Lugo
6 Zoo Marcelle
7 Museo Provincial
8 Musikmuseum

Schlafen
1 Pazo de Vilabade
2 Méndez Núñez
3 Alba

Essen
1 España
2 Bulló Xantar
3 Outes

Einkaufen
1 Markt
2 Keramikdorf Bonxe

Ausgehen
1 Anagrama
2 Medievo

me verstärkten den Ring. Und die Länge beträgt 2266 m. Doch so hervorragend die Statik, so gering war der der Nutzen. Im 5. Jh. kamen die Sueben und im 8. Jh. die Mauren. Sie mussten die Mauern gar nicht erst schleifen, sie nutzten gleich die zehn Stadttore, um Lugo einzunehmen. Ernsthafte Gefahr drohte dem Bauwerk im Grunde erst in den 1930er-Jahren. Pläne tauchten auf, sie bei der Stadterweiterung niederzureißen. Doch die Lugenser verteidigten ihren Schutzwall, der sie selbst nie hatte wirklich verteidigen können. Und so heißt es in Lugo (80 000 Einw.) auch, die *muralla* schütze allenfalls vor winterlicher Kälte – und vor allzu modernem Zeitgeist. Auch wenn die Lokalzeitung Progresso heißt, Fortschritt (elprogreso.es). Der Name Lugo könnte übrigens vom keltischen ›Lug‹ stammen, was so viel heißt wie ›heiliger Berg‹. Sicher ist das nicht, doch liegt die oft in Nebel gehüllte Stadt am Miño tatsächlich immerhin fast 500 m über dem Meeresspiegel. Damit ist die Geburtsstadt des Schauspielers Luis Tosar (Cell 211) nicht nur Galiciens ärmste, sondern auch höchste Provinzhauptstadt. Und auch die älteste, wie das sehr attraktive ethnologische Museum Museo Provincial zeigt (s. S. 231).

Die Altstadt

Das Tor nach Lugo

Als Ausgangspunkt für eine Stadtvisite bietet sich das Jakobstor an, die **Porta de Santiago** 1 der Stadtmauer. Über dem Bogen begrüßt die Besucher das Bildnis des Apostels als Maurentöter. Von hier aus geht es entweder eine Rampe hoch zum empfehlenswerten Rundweg auf der Stadtmauer oder geradewegs hinein in Lugos Kathedrale Santa María.

Der Bischof und sein Wolf

Ihre Baugeschichte reicht vom 12. Jh. bis zum Ende des 18. Jh., als die heutige **Kathedrale Santa María** 2 ihre strenge klassizistische Fassade bekam. Der Figurenschmuck an dieser Hauptfassade zeigt neben den Evangelisten auch einen Bischof namens Froilán, den kurioserweise ein Wolf begleitet. Die Legende will, dass die Bestie des Bischofs Esel fraß und zur Strafe die Bücherlast selber tragen musste.

Um Jahrhunderte zurückversetzt fühlt man sich beim Betrachten des romanischen, eisenbeschlagenen Nordportals, in dessen Tympanon Christus in einem mandelförmigen Heiligen-

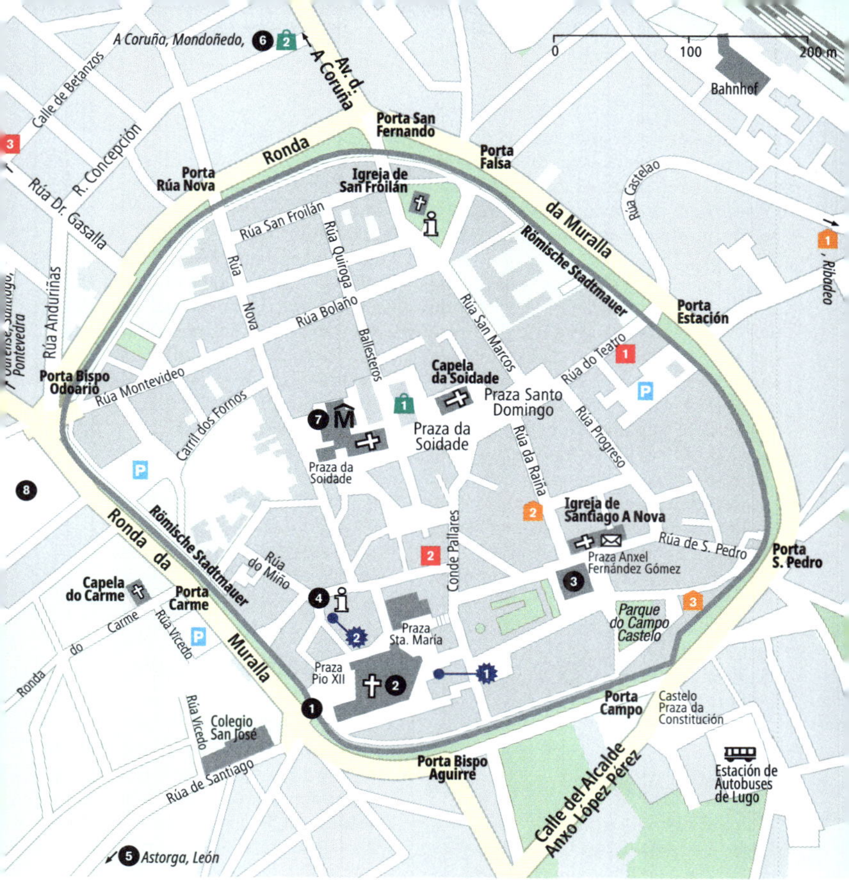

schein *(mandorla)* abgebildet ist. In der barocken Capilla Nosa Señora dos Ollos Grandes verehren die Gläubigen Lugos Schutzpatronin, die wunderliche ›Madonna mit den großen Augen‹. Die wuchtige Kapelle entstand 1726 als Werk von Fernando Casas y Novoa, der die Obradoiro-Fassade der Kathedrale von Santiago de Compostela gestaltete und hier auch den Kreuzgang entwarf. Gut 200 Jahre zuvor ließ ein anderer Künstler, Cornelis de Holanda, fast sieben Jahre an einer großen Altarwand schnitzen. Sie wich später der opulenten, spätbarock überfrachteten Hauptkapelle und wurde an die Portalwände des Querhauses verlegt.

Praza Santa María s/n, tgl. 8–20.30 Uhr, Eintritt frei

Historisches im Römerrund

Entlang dem Bischofspalast geht es mitten in die Altstadt mit ihren zahlreichen Tavernen und Restaurants und zum Rokoko-Rathaus mit seinem Uhrenturm an der mit viel Grün aufgelockerten **Praza Maior** ❸, laut Stadtpoet Luis Pimentel (1895–1958) Lugos ›Wohnzimmer‹. Der urigste Platz aber heißt **Praza de Campo** ❹. Er liegt wenige Meter nördlich der Kathedrale, umgeben von uralten, schmalen Gassen. Auf dem dreieckigen, arkadenumsäumten Platz aus Pflasterstein thront auf einem Brunnen der Dominikaner-Prediger San Vicente Ferrer (18. Jh.). Darunter speien Engel und Teufelsfratzen Wasser. Früher floss dem Vernehmen nach aber auch schon mal Wein aus den versteinerten Grimassen. Immer dann, wenn die Stadtoberen wieder einmal die Abgaben erhöht hatten und Unruhen befürchteten. Heute treffen sich Jung und Alt in den zahlreichen Bars zum leichten Valdeorras-Wein in Porzellantassen, doch schon damals, zur Zeit des Mauerbaus, war der Platz ein beliebter Treffpunkt für Legionäre, Marktfrauen und Feuerspucker. Aus römischer Zeit ist in Lugo sonst nicht viel erhalten.

Nur wenige Schritte sind es jetzt noch zum Franziskanerkonvent, in dem das **Provinzmuseum** ❼ (s. S. 231) untergebracht ist.

R

KOMM IN DEN RING

Susana Seivane ist Dudelsackspielerin. Sie stammt aus Barcelona, doch ihre Eltern zogen schon bald nach Galicien. Seit 1999 gilt sie als beste Gaita-Musikerin der Region. Alma de Buxo ist ihr größtes Erfolgsalbum. Und begleitet wird sie schon mal von dem baskischen Akkordeonstar Kepa Junquera. Auch jenseits der Bühne sorgt Susana für Schlagzeilen. Etwa in Zusammenhang mit dem Boxer Xesús Ferreiro (Cachorro). Als der am 2. Mai 2014 den Fight im spanischen Supermittelgewicht gewann, rief er Susana blutüberströmt in den Ring und machte ihr vor laufender Kamera einen Heiratsantrag. Sie gab ihm das Sí-Wort.

Baden wie die Römer

Jenseits der Stadtmauer führt eine stark restaurierte römische Brücke über den Miño-Fluss. Daneben sprudelt in den **Römischen Thermen** ❺ (Caldas de Lugo) unter dem **Hotel Balneario de Lugo** (s. S. 231) noch immer 43,8 °C heißes Nass, und das nun schon seit über 2000 Jahren. Die Bäder, antike Umkleidekabinen und auch die Rauchöfen sind auf Wunsch selbst für Nichtgäste zugänglich (tgl. 9–20 Uhr). Für Wellness ist gesorgt. Kunsthistorisch wesentlich interessanter sind allerdings die einzigartigen, vermutlich römischen Wandmalereien im 15 km entfernten Santa Eulalia de Bóveda (s. S. 233).

Römische Thermen: Mo–Sa 9–20, So 9–13 Uhr, Eintritt frei

Außerhalb der Stadt

E3

Tierpark in der Straußenfarm

10 km nordwestlich von Lugo hat ein Schuhhändler eine marode Straußenfarm in den Tierpark **Marcelle Parque Zoolóxico** ❻ verwandelt. Holländische Tierschützer von AAP liefern die Paviane, Dromedare kommen aus einem ehemaligen Zirkus, Bison und Braunbär aus einem befreundeten Zoo und die Füchse und Wildschweine aus dem Umland. Ein schöner, privat geführter Zoo, versorgt von drei Veterinären und Personal aus allen möglichen Ländern. Einzig die Führung durchs Reservat zu den Kängurus, Wölfen und Geiern (auf Spanisch) nervt. Die Monologe der Guides dauern über eine Stunde. Gut dagegen sind die Schautafeln, die Spielplätze und der kioskartige *chiringuito* mit Tischen und Bänken unter schattigen Eichen (mit WC).

Marcelle 6, San Martín de Guillar, Outeiro de Rei, marcellenatureza.com, 11–18 Uhr, Eintritt 14 €, Kinder 12 €, Reservat-Führung 4 €

Museen

Die Halsreifen der Keltinnen

7 Museo Provincial im Franziskanerkloster: Das Provinzmuseum ist in den spätmittelalterlichen Franziskanerkonvent integriert. Daher gehören zum Museum ein Kreuzgang, Speisesäle und die Küche. Der Kamin ist so groß, dass man darin nicht nur kochen, sondern auch zum Essen Platz nehmen konnte. In verschiedenen Sälen sind keltiberische Inschriftsteine, römische Fußbodenmosaike, pechschwarzer Gagat *(azabache)*, Sonnenuhren, Sargadelos-Porzellan und Gemälde galicischer Künstler ausgestellt, darunter u. a. Werke des Modernisten Arturo Souto (1901–64) und des in Lugo geborenen Xesús Corredoyra (1887–1939). Corredoyras finstere Malweise erinnert etwas an die tiefreligiösen Porträts von El Greco. Höhepunkt des Museums ist die einzigartige Sammlung keltischer Halsreifen aus Gold *(torques)* mit ihren verdickten Enden.

Plaza da Soidade s/n, comunidadermpl.gal/museos-lugo/museo-provincial, Di–Sa 10–13.30, 16–20.30, So 10–16 Uhr, Eintritt frei

Glorreiche Instrumente

8 Colección de Instrumentos Musicales: Das Musikmuseum westlich der Stadtmauer zeigt neben alten Plattenspielern und Dudelsäcken den hölzernen Nachbau der steinernen Musikinstrumente am Eingangstor der Jakobskathedrale in Santiago.

Travesia da Rúa Chantada, T 982 21 00 66, tgl. 10–18 Uhr, Eintritt frei

Schlafen

Die Ruhe selbst

1 Pazo de Vilabade: Schönes galicisches Landhaus (17. Jh.) mitten im Grünen. Die Einrichtung der Drei-Sterne-Unterkunft ist ziemlich rustikal, aber das ist in solchen Landhäusern ja Standard.

Castroverde, 22 km auf der C-630 Richtung der Ortschaft Fonsagrada, T 982 31 20 63, elpazo.com, 15. Dez.–15. März geschl., €€

Anno 1918

2 Méndez Núñez: Das komfortable Hotel (19. Jh.) liegt im Stadtzentrum und atmet viel Geschichte. Im Salon verfassten galicische Nationalisten 1918 ihre Manifeste.

Raiña 1, T 982 23 07 11, hotelmendeznunez.com, €€

Hotel über römischen Thermen

5 Hotel Balneario de Lugo: liegt gleich am Ufer des Río Miño und birgt noch Reste römischer Bäder. Hier gibt es preiswerte, einfache Zimmer (TV, Bad) mit Flussblick und auf Wunsch eine schwefelhaltige Heilwasserkur (auch für Nicht-Hotelgäste buchbar, Reservierung: balneariodelugo.com/termas-romanas).

Camiño do Balneario s/n, T 982 22 12 28, balneariodelugo.com, €€

Klein und fein

3 Alba: Zentrale Unterkunft, nah an einem Aufgang auf den römischen Stadtwall. Einige der zwölf gepflegten, kleinen Zimmer haben eine Terrasse zur Mauer hin. Die Besitzer sprechen nur Spanisch, aber mit Händen und Füßen klappt die Verständigung.

Campo Castelo 31, T 982 22 60 56, €

Essen

Rund um die **Kathedrale** und auch den **Bischofspalast** gibt es in Lugo viele preiswerte Tapa-Bars. Vor allem wer aus Santiago de Compostela kommt, merkt den Unterschied deutlich.

Am Herd: Hektor

1 España: Héctor López gehört zu den galicischen Avantgardeköchen der Grupo

Nove (https://nove.gal), die mittlerweile über zwei Dutzend Köche umfasst. Der sympathische Mann ist gern gesehener *cocinero* bei Tapa-Events in ganz Spanien, etwa in Soria und Valladolid. Sein modern eingerichtetes Restaurant bezieht Kalbfleisch aus eigener Zucht (in Recelle). Aber auch sein Steinbutt *(rodaballo)* ist klasse.

Teatro 10, T 982 242 717, restespana.es, Mo abends und So geschl., €€€

Vom Feinsten

2 **Bulló Xantar:** Bio-Starkoch Diego López serviert Seekrake *(pulpo)* mit Reis, Thunfisch mit Ofenkartoffeln und Gemüsegerichte vom Feinsten.

Rúa da Cruz 8, So abends und Do geschl., fb.com/bulloxantar, €€

Una ración de pulpo

3 **Outes:** Hier gibt es täglich typisch galicische Tapas und *raciones* wie Seekrake *(pulpo)* und Pasteten *(empanadas)* zu günstigen Preisen.

Serra de Outes 86, T 982 21 70 76, €

Mitten im Inland, trotzdem frisch: Meeresfrüchte am Abastos-Platz

Einkaufen

Einkaufsmeile innerhalb des Mauerrings ist die **Rúa Progreso,** während sich die Kunsthandwerker Lugos rund um die **Praza de España** angesiedelt haben.

Frisches vom Land

1 **Markt:** Bei Mary Paz Fisch kaufen, bei Geraldo Käse und bei Mary Carmen Früchte, das hat was.

Praza de Abastos, Di, Fr, 8–15 Uhr

Souvenirs

2 **Keramikdorf Bonxe:** Ein traditionell wichtiges Töpferdorf ist Bonxe (Bonge), terrakottafarbene Krüge und Teller.

10 km nördlich der Stadt

Ausgehen

Neben der Weinstraße **Rúa Nova** sind auch die Straßencafés an der **Praza de España** (Praza Maior) beliebt.

Cool

1 **Anagrama:** Designerbar nahe der Kathedrale, überwiegend junges Publikum.

Praza Fernando de Casas Novoa, Do–Sa 0–5.30 Uhr

Für Nachteulen

2 **Medievo:** An Wochenenden füllt sich hier nach Mitternacht die Tanzfläche im oberen Stockwerk.

Catedral 14, medievo.es, tgl. 18–3 Uhr

Feiern

- **Arde Lucus:** 4 Tage in der 2. Junihälfte. Neben Karneval und Karwoche ist das

Römerfest Arde Lucus ein Highlight unter den Stadtfesten. Mit Zirkus, Pferderennen, Theater und Markt.

- **Milagrosa:** Das Stadtteilfest vom 4. bis 10. Sept. mit Kulturprogramm.
- **San Froilán:** Patronatsfest, 4. bis 12. Okt. (Haupttag ist der 5.). Umzüge, Tanz Konzerte lokaler Musiker und Jahrmarkt. Schon seit 1754.
- **Semana Internacional de Cine de Autor:** In der zweiten Septemberhälfte steigt das Kinofestival. Vor allem Filme von Nachwuchsregisseuren sind zu sehen.

Infos

- **Oficina de Turismo:** Praza de España (auch an der zentralen Praza Maior) 27, T 982 23 13 61, lugo.gal.
- **Bahn:** Praza Conde de Fontao, T 982 22 21 41. 5 x tgl. nach A Coruña, 1 x (außer So) nach Ourense und Madrid. Nach Barcelona 3 x die Woche.
- **Bus:** Praza da Constitución, T 982 22 39 85. Verbindungen zu vielen Zielen in Galicien. Empresa Freire (empresafreire.com) fährt bis zu 10 x tgl. nach Santiago und Arriva (arriva.es) mehrmals tgl. direkt nach A Coruña. ALSA ist zuständig für weitere Fahrten, etwa nach Madrid oder León.

Umgebung von Lugo

Santa Eulalia da Bóveda

D3

Folgt man 5 km vor Lugo dem Wegweiser nach Friol, geht es weitere 10 km bis zu der kleinen, aber dafür umso berühmteren Pfarrkirche Santa Eulalia de Bóveda (Di–Fr 8.30–14.30, Sa 10–14 Uhr, Eintritt frei). Hier haben die Westgoten in grauer Vorzeit eine Kirche gebaut. Im Jahr 1926 machten Archäologen dann eine sensationelle Entdeckung: Zum Vorschein kam eine Krypta und an deren Wänden fand man farbige, gut erhaltene Malereien, geometrische Ornamente, Vögel und Girlanden, die aus der Römerzeit stammen könnten. Allerdings sind sich die Archäologen mit der Datierung der Gemälde bislang noch unsicher. Sie vermuten hinter dem geheimnisvollen Bau ein ursprünglich heidnisches Quellheiligtum.

Castro de Viladonga

E3

Castro macht Schlagzeilen

23 km nordöstlich von Lugo liegt die entlegene historische Siedlung Castro de Viladonga in einem von Kelten angelegten Wall mit gut erhaltenen Grundmauern der einstigen Häuser. Das dazugehörige moderne **Museo Castro de Viladonga** mit seinen 2000 Jahre alten Fundstücken und Schaubildern leitet der sympathische Felipe Arías. Ende 2018 sorgte dieser Castro international für Schlagzeilen. Grund: Der Archäologe Miguel Angel López, schon seit Langem berühmt durch seine Forschungen im ägyptischen Luxor, hatte hier unter der Erde einen Tank für sagenhafte 150 000 l Regenwasser entdeckt. Eine Sensation, denn von Castro-Siedlungen dachte man bisher, sie seien durch fehlendes Wasser im Areal kaum wehrhaft gewesen, schon gar nicht gegen römische Invasoren. Der Zeitung El País erklärte López, dies sei der einzig bisher bekannte Castro, dessen Bewohner auch solche Belagerungen aushalten konnten. Denn das Wasser diente ihnen nicht nur als notwendiges Getränk, sondern auch für die Fertigung von Kleidung und Waffen.

Castro frei zugänglich, Museum: Castro de Rei, tgl. 10–19 Uhr, Eintritt 2,40 €, bis 18 Jahre und ab 65 frei

Vilalba D2

34 km nördlich von Lugo liegt der Hauptort des Landstrichs Terra Chá (16 000 Einw.). Sein in Birkenblättern angeräucherter Käse San Simón ist genauso berühmt wie der alljährliche Kapaun-Markt am 21. Dezember, wenn die Händler die kastrierten Hähne als Weihnachtsschmaus anbieten. Im **Museo de Prehistoria** (Rúa Dr. Domingo Guas 2, museovilalba.org, Di–Sa 11–13.30, 17–19.30 Uhr, Eintritt frei) sind einige wenige archäologische Funde aus der Umgebung zu sehen. Die eigentliche Attraktion des Ortes ist aber der achteckige Turm der Grafen von Andrade. Darin ist der ehemals kleinste Parador Spaniens untergebracht.

Schlafen

Im Turm

Parador de Vilalba: In dem Turm aus dem 15. Jh. ist jedes der sechs Zimmer ein Traum. Einst war dieser gemütliche Parador der kleinste seiner Art in ganz Spanien, bis der moderne Anbau hinzukam, in dem die Zimmer etwas schlichter sind. Mit gutem Restaurant.

Valeriano Valdesuso s/n, T 982 51 00 11, parador.es, €€€, oft Sonderangebote

Fonsagrada F3

Es gibt diese galicischen Restaurants, da ist auch eine längere Anfahrt okay. Zum Beispiel nach Fonsagrada. Der kleine Ort (3700 Einw.) liegt 60 km östlich von Lugo nahe der Grenze zu Asturien und ist ein Etappenziel des ältesten Jakobswegs Camino Primitivo von Oviedo nach Santiago. Umgeben von Pinien, Eichen, Steckrübenfeldern und Lorbeerbüsche lohnt sich der Abstecher vor allem wegen den ganz hervorragenden, wenn auch schlicht eingerichteten **Restaurante Cantábrico** (Av. Galicia 9, T 982 34 01 35, So abends und Mo geschl.). Wer sich hier von Eva und ihrem Team verwöhnen lassen möchte: Es gibt die reinste galicische Kost, vom Bergeintopf bis zur Seekrake. Mit obligatorischem Orujo-Schnaps als Absacker. Der bei Touristen weitgehend unbekannte Ort hat auch ein kurioses Volksmuseum namens **Museo Ethnográfico** (Di–Fr 12–14, am Wochenende auch 17–19 Uhr). Mit einem Sammelsurium von bäuerlichen Holzschuhen, Emigrantenpässen, Ölschinken mit Kuhmotiven und alten Dudelsäcken.

Serra de Os Ancares E/F3/4

Rund 70 km südöstlich von Lugo liegt die Serra de Os Ancares als natürliche Barriere zwischen Galicien und Kastilien. Ganz im Osten der Provinz Lugo blieben im Schatten der fast 2000 m hohen Berge über Jahrhunderte hinweg kleine Dörfer erhalten, die teilweise sehr versteckt lagen. So versteckt, dass die Greifer Francos ihre Männer im Spanischen Bürgerkrieg (1936–39) nicht rekrutierten, weil sie keine Ahnung von der Existenz dieser *pueblos* hatten. Inzwischen sind sie bekannter denn je. Die kaum 50 Bewohner **Piornedos** beispielsweise leben heute nicht mehr abgeschieden, sondern sogar ganz gut vom Tourismus. Das haben sie

Lieblingsort

Frommer Fels

Beachtlich, was Architekten alles so geleistet haben: Die römische Mauer rund um Lugos Altstadt ist nach 2000 Jahren noch so stabil, dass die Bewohner sie als Joggingpfad nutzen. Aber auch die Natur hat ›gebaut‹: Bei Ribadeo gleichen die bizarren Strandfelsen einem gotischen Gotteshaus. Folgerichtig heißt die Sandbucht dort auch ›Kathedralenstrand‹. Die 30 m hohen Felstore sind durch Erosion entstanden. Besonders gut zu sehen ist das Naturschauspiel bei Ebbe, wenn die Besichtigung durch die spitzen ›Torbögen‹ trockenen Fußes möglich ist. Die **Praia As Catedrais** F 1 liegt 10 km westlich von **Ribadeo** (s. S. 238). Zum Schutz vor zu vielen Besuchern ist der Besuch vom 1. Juli bis 30. September nur mit vorheriger Genehmigung möglich, die man sich gratis auf ascatedrais.xunta.gal herunterladen kann.

vor allem ihren *pallozas* zu verdanken: ovale bis quadratische Steinbauten, die mit Stroh gedeckt sind und zwei Eingänge haben – einen für die Menschen und einen für das Vieh.

Jede kleine Ortschaft in der Sierra hat ihre Reize: **Becerreá** das alte Kloster Santa María de Penamaior und die nahe spitzbogige ›Teufelsbrücke‹ Pontes de Gatín, **Vilarello e Eireixa** das Anwesen der Saavedra, wo angeblich die Vorfahren von »Don Quijote«-Autor Miguel Cervantes Saavedra gelebt haben sollen. **Degrada** bietet schöne Wanderwege in der Umgebung, **Campa de Barreira** sein sommerliches Bergfest Ancares und den Brunnen der Verliebten *(fonte dos namorados):* Wer dreimal daraus trinkt, heißt es, heiratet garantiert in den nächsten zwei Jahren.

Mondoñedo

E2

Als Schmuckstück zeigt sich die so kleine wie alte Bischofsstadt Mondoñedo (7000 Einw.) mit ihren weiß getünchten, wappengeschmückten Häusern und den Köstlichkeiten in ihren Konditoreien. Würde sie auf der Urlaubsinsel Mallorca liegen, hätte der Tourismus den Charme längst plattgemacht. So dagegen ist noch jeder deutschsprachige Besucher ein Ereignis für die Anwohner. Berühmt ist die *tarta de Mondoñedo,* ein quietschsüßer, aber leckerer Mandelkuchen aus Biskuit, Blätterteig und kandierten Früchten.

Catedral de Santa María de la Asunción

Kuckucksuhr in der Kathedrale

Von kunsthistorisch hohem Rang ist die Kathedrale von Mondoñedo mit ihrem Portal aus dem 13. Jh., der gotischen Rosette und den barocken Türmen. Eine Besonderheit sind die gut erhaltenen gotischen Wandmalereien im Innern. Seit 1969 ist in der Kathedrale das größte galicische **Museum für sakrale Kunst** untergebracht. Ein Pfarrer mit dem klingenden Namen Santos San Cristobál Sebastián stellte hier damals ein kurioses Sammelsurium aus bischöflichen Schuhen, alten Schatztruhen, gregorianischen Noten, westgotischen Goldringen, chinesischen Tischchen und sogar einer Schwarzwälder Kuckucksuhr aus dem 19. Jh. zusammen. Er hatte sie eigens aus Süddeutschland mitgebracht. Bei einem Rundgang geht es durch den großen Kreuzgang zu einem Bischofsgemach (samt Hausschuhen der Kleriker) und den Ausstellungsräumen. Der Pfarrer ließ es sich nicht nehmen, auch selbst gemalte Ölbilder von Mondoñedo an die Wände zu hängen. Die sehen gar nicht so schlecht aus.

Praza de la Catedral s/n, Diözesanmuseum: nach den Messen geöffnet, wenn der Glöckner gerade Zeit und Lust hat

Schlafen

Verträumt

Montero II: Das kleine, schmucke Hotel gegenüber der Kathedrale hat TV und Telefon in den Zimmern. Es gibt eine Hochzeitssuite. Die beste Wahl im Zentrum.

Cándido Martínez 8, T 982 52 10 41, besser rechtzeitig buchen, vor allem in der Hauptsaison, €

Tolle Aussicht

Mirador de Mondoñedo: Einen herrlichen Ausblick auf Mondoñedo genießt man von den Glasveranden. Es gibt Terrassen, einen Garten, ein Schwimmbad und preiswerte Zimmer mit Bad. Und die Besitzer sind unschlagbar sympathisch. Was will man mehr?

N-634, T 982 50 73 00, €

Essen

Hummer & Hummus

Montero I: Scheußliche Lage an der Schnellstraße, ein Kasten mit den riesigen roten Buchstaben HOTEL. Und genug Platz für Hochzeitsgelage und laute Firmenpartys. Klingt erst mal nicht sehr attraktiv. Doch vor Ort ist das Montero dennoch die Top-Adresse für Fisch und Meeresfrüchte. Der Grund: Am Herd steht Javier Montero, einer der Stars unter den galicischen Köchen. Er hatte sein beliebtes, stilvolles Restaurant Tragaluz in Santiagos Altstadt aufgegeben, um hier im 1950er-Jahre-Bau seiner Vorfahren wieder am Herd zu stehen. Er bietet nicht nur Seezunge, Steinbutt und Hummer an, sondern auch Comida Especial para Vegetarianos, sprich vegetarische Gerichte.

Eladio Lorenzo 7, T 982 52 17 51, hrmontero.com, Mo, Mi, Do abends und Di geschl., Fr–So durchgehend geöffnet, €

Tapas am Platz

Mesón Os Arcos: Gute Tapa-Auswahl. Es gibt auch Fleisch vom Grill. In dem zentral gelegenen Lokal stehen nur wenige Tische. Ausgesprochen günstige Tagesmenüs.

Alfonso VII 6 / Praza Maior, T 982 50 70 12, So abends geschl., €–€€

Café-Konditorei

La Alianza: Das Café bietet Croissants und andere Köstlichkeiten aus der angegliederten Konditorei.

José Antonio 28, Mo geschl.

Einkaufen

Beim Tortenkönig

O Rei das Tartas: Wie im Café La Alianza gibt es den berühmten Mandelkuchen *tarta de Mondoñedo*. Hier sind viele Fotos von dem einstigen Gründer zu sehen, der in den 1990er-Jahren immer in kurioser Uniform und mit exzentrischem Bart durch die Gassen lief. Der Mann konnte nicht nur Kuchen, der konnte auch Marketing: Ablichten ließ sich Carlos Folgueiras mit dem damaligen spanischen König Juan Carlos genauso wie mit Schnulzensänger Julio Iglesias. Heute knipsen Besucher sein Standbild am Ortseingang.

Praza Catedral 15, oreidastartas.com

Feiern

- **Fiesta Medieval:** Mittelalterfest am zweiten Augustwochenende, an dem alle kostümiert zechen wie vor Jahrhunderten.

Infos

- **Oficina de Turismo:** Praza da Catedral s/n, T 982 50 71 77, mondonedo.net.
- **Bus:** Haltepunkte an der Praza España und vor dem Hotel Montero II. Etwa 2 x tgl. nach Lugo, Ribadeo und Viveiro.

San Martín de Mondoñedo

E1

Nördlich von Mondoñedo liegt bei dem Hafenstädtchen Foz die ehemalige Klosterkirche San Martín de Mondoñedo mitten auf dem Land. Vermutlich hat hier schon im 6. Jh. ein Bischof residiert, was bedeuten würde, dass San Martín die älteste Kathedrale Spaniens ist.

Mönche jedenfalls haben damals schon in dem Kloster gelebt, in dem auch zwei westgotische Säulen am Eingang auffallen. Das heutige Aussehen bekam die nur 27 m lange und 13 m breite Kirche im 12. Jh. Besonders auffällig sind die fantasievollen Figurenreliefs im Innern des dreischiffigen Baus, darunter nackte Musikanten und originellerweise der Kopf des Herodes auf einem Teller.

Ribadeo

F1/2

Die geradezu futuristische Brücke des Grenzorts zu Asturien (9400 Einw.) kontrastiert mit dem malerischen Hafen, dem aus Eisen und Glas konstruierten Jugendstilturm Torre de los Morenos und dem klassizistischen Rathaus an der begrünten **Praza de España.** So manche Villa erzählt von einem gewissen Luxus der einflussreichen hiesigen Bourgeoisie. Einer der Händler, Antonio Raimundo Ibáñez, veranlasste den Bau der nahen Sargadelos-Keramikfabrik (s. S. 149) und fand am 2. Februar 1809 einen grausamen Tod. Nackt an ein Pferd gebunden, trieben die Bewohner Ribadeos den Gründer der Keramikfabrik durch den Küstenort, bis er verblutete. Der Grund: Er hatte sich während der napoleonischen Besatzung als Freund der französischen Aufklärung unbeliebt gemacht. Auch manch farbenfroher Krug aus der Fabrik des ›Hochverräters‹ zerschellte an Wänden und auf Steinböden. In jener Zeit sollte das **Kastell San Domián** noch vor den napoleonischen Truppen schützen. Doch die Festung schossen nicht etwa die französischen Soldaten in Schutt und Asche. Einheimische Soldaten hatten versehentlich ein Pulverfass in die Luft gejagt. Und bis heute erinnert die Ruine daran.

Traumstrände bei Ribadeo

Der Hausstrand von Ribadeo ist etwas zu klein, um mit den westlichen Playas Richtung Foz/A Coruña konkurrieren zu können. Parallel zur Nationalstraße geht es auf der N-634 am Meer entlang nach wenigen Kilometern zur muschelförmigen und bei Surfern beliebten **Praia Os Castros** (ehemalige Keltensiedlung). Kurz darauf ist der herrliche Sandstrand, die **Praia As Catedrais,** erreicht (s. Lieblingsort S. 235). Ein gut 5 km langer Holzsteg verbindet den ›Kathedralenstrand‹ mit weiteren Stränden der Umgebung.

Schlafen

Das kleinste Hotel

Faro de Illa Pancha: In Ribadeos Leuchtturm auf einer vorgelagerten Insel mit Straßenanschluss gibt es nur zwei Ein-Zimmer-Apartments – Das ist Rekord in Spanien. Beide sind ausgestattet mit kleiner Küche inklusive Mikrowelle und Kühlschrank, Badezimmer und beide bieten eine geniale Aussicht. So mancher gönnt sich eine echte Party und reserviert gleich alle zwei Apartments. Buchen lässt sich diese Unterkunft am besten im Vorfeld über die Website.

T 604 00 42 10, faroislapancha.es, **€€€**

Feiern

- **Dudelsackfest:** am ersten Aug.-Sonntag, 5 km oberhalb der Stadt auf dem Monte de Santa Cruz beim Standbild eines Dudelsackspielers. Es wird organisiert von dem örtlichen Verein der Dudelsackspieler Amigos da Gaíta Galega, amigosdagaita.org.

Infos

- **Oficina de Turismo:** Dionisio Gamallo Cierros 7, T 981 12 86 89, ribadeo.gal.
- **Bus:** ab der Busstation an der Straße Rosalía de Castro s/n mehrmals tgl. nach Viveiro und Lugo.

Zugabe
Formel 1 der Esel

Ein Rennen der störrischen Art

Das Eselrennen Carreira de Burros tief im Landesinnern Galiciens kennt kaum jemand. Dabei ist die Gaudi grandios. Sie steigt am 1. Augustwochenende (concellodosavinao.com) um 12.30 Uhr in Escairón (📍 D 4), 20 km nordöstlich von Monforte de Lemos. Zum Sound von Salsa und Merengue versuchen die Jungs auf dem Fußballplatz, die Tiere über die Ziellinie zu bringen. Die örtlichen Esel der Rasse Fariñeiro (Mehlschlepper) sind mindestens so störrisch wie die Galicier selbst. Sagen zumindest die Andalusier. Regel: Kein Reiter darf das Tier mit dem Stock schlagen. Wer runterfällt, hat schon verloren. Das Rennen gab es schon vor dem Spanischen Bürgerkrieg und es wird begleitet von Pulpo-Ständen, Kirmes und der lokalen Blaskapelle. ■

Das Kleingedruckte

Was für ein Tier: Die Krake ist eine Delikatesse, in Plüsch gibt es sie für Kinder, und sogar Sportergebnisse sieht sie voraus.

Anreise

… mit dem Flugzeug

Lufthansa fliegt direkt von München und Frankfurt nach Santiago. Eurowings verbindet Hamburg und Stuttgart 2 x pro Woche mit Bilbao, Köln 2 x pro Woche mit Santiago de Compostela. Direktflüge von Lufthansa gibt es auch von Frankfurt und München nach Bilbao und Pamplona. Deutsche und auch lateinamerikanische Unternehmen bieten von mehreren Flughäfen Verbindungen nach Nordspanien an, oft mit Zwischenstopp. Der Flughafen in Santiago de Compostela, Aeropuerto Rosalía de Castro, liegt 12 km außerhalb des Zentrums. Auch bei Vigo und A Coruña gibt es Airports. Weitere regionale Flughäfen in Nordspanien liegen in Bilbao, Pamplona und León. Für Südgalicien bietet sich Porto an. Iberia bietet u. a. Verbindungen zum Flughafen Sondika 10 km nordöstlich von Bilbao an (Linienbusse ins Zentrum).

Der Fahrradtransport beträgt je nach Fluglinie ab 25 € pro Flug, von der Schweiz aus ab 75 CHF. In Spanien selbst werden kaum Räder vermietet.

… mit der Bahn

Bahntickets sind etwas preiswerter als ein Flug, dafür dauert die Anreise deutlich länger. Von Nord- und Mitteldeutschland reist man über Paris. Von den dortigen Ankunftsbahnhöfen Gare du Nord oder Gare de l'Est muss man mit Metro oder Taxi zum Gare d'Austerlitz wechseln. Planen Sie dafür eine gute Stunde ein. Am Austerlitz-Bahnhof startet u. a. der Hochgeschwindigkeitszug TGV zur französisch-spanischen Grenze.

Von Süddeutschland, der Schweiz oder Österreich aus führt die Strecke über Genf, Lyon, Grenoble, Toulouse und Bayonne. Genaue Abfahrtszeiten und Preise erfahren Sie im Reisebüro oder unter bahn.de, Informationen über

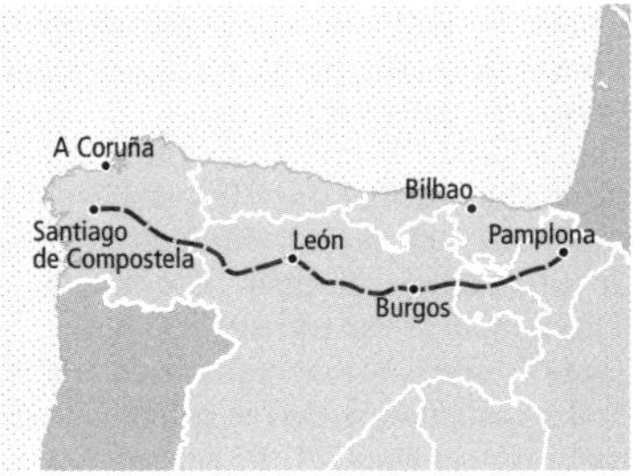

S

STECKBRIEF

Lage: Der klassische Jakobsweg verläuft rund 800 km von den Pyrenäen bis Santiago de Compostela durch fünf Regionen Spaniens: Aragón, Navarra, La Rioja, Kastilien-León und Galicien (29 500 km²).
Größe: Galicien hat 1200 km Küste.
Einwohner: 2,7 Mio.
Größte Stadt: Vigo, 300 000 Einw.
Staat und Politik: Die Regierung Galiciens, La Xunta, wacht von Santiago aus über die vier Provinzen A Coruña, Pontevedra, Lugo und Ourense. Wichtige galicische Parteien sind PP (konservativ), PSOE (sozialistisch), En Marea (linksintellektuell) und BNPG (linksnational). Die Hauptstadt im Baskenland ist Vitoria, die in Navarra Pamplona, die in La Rioja Logroño.
Jobs: Während sich die Orte am Jakobsweg schon lange auf die Jakobspilger eingestellt haben, leben die Galicier heute vor allem von Fischerei, Muschelzucht, Schiffbau und den Industriezweigen Holz, Papier und Textil. Die führende Modefirma heißt Inditex (Zara), gegründet von Amancio Ortega. Erfolg haben auch Verino und Florentino.
Vorwahl: 0034
Zeitzone: MEZ

W

WAS, WENN DER KOFFER NICHT ANKOMMT?

Vor allem Iberia fällt die logistisch einwandfreie Kofferbeförderung manchmal schwer, etwa bei Flügen über Madrid nach Santiago. Taucht das Gepäck dort auf dem Rollband nicht auf, müssen Sie in einem Büro im Erdgeschoss des Flughafens Rosalía de Castro eine Lieferadresse angeben und den Koffer beschreiben. Fehlen Kleidung, Schuhe oder gar Babysachen für den kommenden Tag, gehen Sie am besten erst einmal einkaufen. Denn die Zustellung dauert oft rund 24 Stunden. Die Fluglinie ersetzt nach Zusenden der Originalquittungen die Kosten, wobei Sie Flugdaten, Bordkarten, Ausweisnummer, Bankverbindung und vollständige Adresse angeben sollten. Adresse: Iberia, Apartado de Correos 36315, 28080 Madrid, Spanien. Übrigens: Kopien der Quittungen akzeptiert Iberia aber kurioserweise nicht.

die Weiterfahrt auf spanischen Strecken, Preise und Tickets unter renfe.es. Wer lieber mit dem Luxuszug Transcantábrico von San Sebastián nach Santiago de Compostela entlang der Atlantikküste weiterreist, speist in Parador-Restaurants und wird zwischendurch mit dem Bus in die spektakuläre Bergwelt der Picos de Europa gefahren. Die gesamte achttägige Tour kostet in der Luxusvariante pauschal pro Person und Fahrt ab 8900 €, eine sogenannte Micro-Tour von vier Tagen gibt es ab 4500 €. Infos (auch auf Deutsch) unter eltrentranscantabrico.com.

… mit dem Bus

Von zahlreichen Städten Deutschlands, Österreichs und der Schweiz starten Europabusse nach Spanien, wobei man wissen sollte: Die Fahrt ist noch um einiges anstrengender als die mit der Bahn. Von Frankfurt am Main dauert die Fahrt bis nach Burgos 22 Stunden, nach Santiago de Compostela über 30 Stunden. Weitere Ziele sind A Coruña, Astorga, Bilbao und O Grove.
Auskunft bei den Reisecentern der Deutschen Bahn oder direkt bei:
Deutsche Touring Gesellschaft
Römerhof 17
60486 Frankfurt am Main
T 069 79 03 50
eurolines.de
Von mehreren Städten der Schweiz, darunter Basel, Genf und Zürich, fährt das Unternehmen Eurolines Schweiz (euro lines.ch/de/) u. a. Bilbao und Santiago de Compostela an.

… mit dem Auto

Ohne ein bis zwei Übernachtungen ist die Anreise per Auto kaum möglich. Von Frankfurt am Main bis nach Pamplona sind es ca. 1500 km, von dort bis Santiago noch einmal gut 750 km. Etwas kürzer ist die Strecke entlang der nordspanischen Atlantikküste. Von Norddeutschland aus erreichen Autofahrer Nordspanien am schnellsten über die Route Paris, Tours, Bordeaux und Biarritz. Von Süddeutschland, Österreich und der Schweiz aus geht es über Lyon, Montpellier, Toulouse und Biarritz.

Preiswert sind die Formule-1-Hotels direkt an den französischen Autobahnausfahrten.

Vorsicht ist besonders in Frankreich vor zu schnellem Fahren geboten! Die Polizei kassiert sofort ab, je nach Speed ab rund 70 € in bar. Höchstgeschwindigkeiten in Frankreich/Spanien: Autobahn 130/120 km/h, Landstraßen 80/90 km/h, in Ortschaften je 50 km/h. In beiden Ländern fallen Autobahngebühren an. Bei der Durchfahrt durch Frankreich kommen da gut 100 € an *péage* zusammen. Parken in

Spanien: Unbedingt auf die gelben Striche auf dem Asphalt achten. Sie bedeuten absolutes Parkverbot.

Bewegen und Entschleunigen

Angeln

Schon der US-Schriftsteller und Sanfermines-Kultautor Ernest Hemingway war von den fischreichen Gewässern nördlich von Pamplona begeistert, und auch in den zahlreichen kleinen Flüssen Galiciens bestehen gute Chancen, einen Lachs oder eine Forelle an die Angel zu bekommen. Nötig ist allerdings eine Erlaubnis: Adressen der zuständigen Provinzbehörden und Angelvereine halten die Touristenbüros bereit.

Baden

Die besten Badestrände liegen an der Westküste Galiciens, den Rías Baixas. Hier sind die Temperaturen im Vergleich zu anderen Stränden an der Nordspanischen Atlantikküste am höchsten. Ein Klassiker unter den Playas ist der Strand A Lanzada (s. S. 176) nahe O Grove, der aber im Sommer heillos überlaufen ist. Ein Naturwunder ist wiederum ist der Kathedralenstrand hoch im Norden (s. S. 235). Und Nacktbaden ist u. a. an den Stränden Pragueira, Ancoradoiro und Bascuas bei Sanxenxo möglich. Besonders schön gelegen ist der Strand Nerga auf der südgalicischen Morrazo-Halbinsel. Und Flussbaden ist nahe Lalín sehr schön (s. S. 226).

Golf

Es gibt verschiedene Golfclubs in Galicien (fggolf.com), vor allem an den Rías Baixas. Der berühmteste Golfplatz liegt auf der Urlaubsinsel A Toxa nahe O Grove (latojagolf.com). Der modernste wurde im Jahr 2000 im Kurort Mondariz (balneariomondariz.es/golf/nuestro-campo) eingerichtet.

Heißluftballon

Nahe dem Rioja-Ort Haro starten Heißluftballons, buchbar ab 170 € pro Person bei globosarcoiris.com oder in der Weinbodega Muga.

Pelota

In La Rioja und vor allem in Navarras Hauptstadt Pamplona ist Pelota beliebt, eine baskische Sportart, die dem Squash sehr ähnelt, aber im Großformat. Der Ball wird mit einem löffelartigen Korbschläger *(chistera)* oder der bloßen Hand geschlagen. In der Regel spielen zwei Mannschaften à zwei Spieler. In vielen Orten steht eine große Wand, gegen die der Ball geschlagen wird. Er darf jeweils nur einmal den Boden berühren. Größere Turniere werden in Hallen ausgetragen.

Radfahren

Passionierte Radler reisen am besten mit dem eigenen Fahrrad an, denn Fahrradverleih ist selbst in den großen Städten zumeist Fehlanzeige. Der Transport von Fahrrädern ist in Zügen und bei manchen Busgesellschaften machbar: Gegen eine geringe Gebühr wird der Drahtesel in den Überlandbussen verstaut.

Leider sind in Galicien bisher kaum Radwege ausgeschildert. Empfehlenswert ist Radfahren vor allem am Miño-Fluss durch weite Weinfelder und vorbei an den steinalten Klöstern im Inland. Mountainbiker finden diverse Routen durch Galicien auf www.turismo.gal/que-facer/centros-btt. Für Radfahrer auf dem Jakobsweg sind teilweise eigene Streckenabschnitte eingerichtet – zum Schutz der Wanderer. Auch auf der alten Nationalstraße in Kastilien sind einige Biker unterwegs, wo Autos fast ausschließlich die kostenfreie Autobahn nehmen.

Reiten

In Galicien leben noch echte Wildpferde, beispielsweise in den Bergen um Sabucedo (s. S. 280). Wer selber hoch zu Ross

Galicien erkunden möchte: Es gibt auch einige Reitställe *(picadores)* hier. Fragen Sie in den Informationsämtern vor Ort nach.

Zu dem Hotel O Castelo im galicischen Ponte Caldelas bei Pontevedra gehört ein attraktiver Reitclub, der Ausritte für Anfänger und Fortgeschrittene anbietet: Granja O Castelo, O Castelo, ocastelo.es. Ein weiterer Reitstall mit Ausritten auch für Kinder gibt es nahe der galicischen Stadt Lalín (s. S. 223).

In der Rioja gibt es einen besonders schönen Reitstall in der Ortschaft Navarrete, 60 km südöstlich von Logroño. Das schweizerisch-spanische Paar Katharina und Juan Manuel organisiert günstige und gute Ausritte verschiedener Längen, auch zu der ein oder anderen Bodega (s. S. 56).

Sprachschulen

Sprachschulen gibt es sowohl in den größeren Städten am Jakobsweg als auch in Galicien: in Santiago, A Coruña und vor allem in kleinen Orten am Atlantik. Dort sind gute Institute zu finden, so in O Grove und Noia.

Die preiswerten *escuelas* sorgen nicht nur für Unterkunft, sondern auch für Ausflüge, die Kurse sind als Bildungsurlaub anerkannt. Vor allem von Juli bis September lohnen sich die Kurse, wenn die Wassertemperaturen so einladend sind, dass man sich die schwierige Grammatik vom Leib spülen kann.

Wandern

Die beste Zeit zum Wandern nicht nur auf dem Jakobsweg ist Mai/Juni und der September. Im April und im Oktober sind Regenfälle und im Gebirge Schnee ein Problem, während im Hochsommer die fast baumlose kastilische Meseta glühend heiß werden kann.

Wichtig sind leichte, bereits eingelaufene und atmungsaktive Wanderschuhe. Vor allem auf der rund sechswöchigen Tour von den Pyrenäen bis nach Santiago werden die Füße extrem beansprucht. Tipp: Nylonstrümpfe als Schutz unter die Wandersocken. Das verhindert Blasen. Gute Pflaster gegen Blasen an den Füßen sollten deshalb ebenso ins Gepäck wie Sonnenschutz, Wasserflasche, Schlafsack (im Sommer genügt einer aus Leinen), leichte Kleidung aus Mikrofaser (trocknet schnell) und Stock. Der dient notfalls auch zur Verteidigung, denn in den Dörfern gibt es Wachhunde, die ihren Job ernst nehmen …

Wassersport

An den Rías Baixas liegen die meisten der über 40 Sporthäfen und Segelschulen, so in Sanxenxo und Vigo. Windsurfen bei zum Teil starken Winden und hohem Wellengang ist an vielen galicischen Stränden möglich, u. a. in der Ría de Cedeira nördlich von El Ferrol und am lang gezogenen Lanzada-Strand bei O Grove. Richtung Malpica ist der Razo-Strand wegen der scharfen Winde ein beliebtes Surferparadies. Schlauchbootfahrten bzw. Rafting lohnt sich besonders auf dem Miño-Fluss. In Tui beispielsweise gibt es ausgezeichnete dreitägige Rafting-Kurse für Anfänger (s. S. 207). In der Bucht von Vigo werden Tauchexkursionen und Tauchkurse veranstaltet (s. S. 192).

Wellness

Schon die Römer haben die Heilquellen in Galicien zu schätzen gewusst, und Balnearios (Heilbäder) gibt es gleich mehrere. Vor allem das Balneario de Mondariz (s. S. 209) ist berühmt, denn es ist das älteste Galiciens, wunderbar abgeschieden in der Provinz Ourense gelegen und mit seinem historischen Ambiente schlichtweg am attraktivsten. Hier haben im 19. Jh. die Politiker aus Santiago gerne getagt, wenn es ihnen im Parlament zu langweilig war. Am Jakobsweg wiederum ist das Balneario in Burgos eine gute Wahl (s. S. 67).

Einreisebestimmungen

Schweizer benötigen einen gültigen Ausweis für die Ein- und Ausreise, aber auch EU-Bürger sollten den Personalausweis unbedingt dabeihaben (Banken, Kontrollen). Jedes Kind benötigt unabhängig vom Alter ein eigenes Reisedokument. Autofahrer benötigen zudem den nationalen Führerschein, Zulassungspapiere und die grüne Versicherungskarte.
Zoll: EU-Bürger dürfen Waren für den privaten Gebrauch ein- und ausführen. Die noch akzeptierten Höchstgrenzen bei Eigenbedarf liegen beispielsweise bei 800 Zigaretten und 90 l Wein. Schweizer dürfen 2 l Wein, 200 Zigaretten und Souvenirs im Wert von bis zu 200 CHF zollfrei mitnehmen.
Haustiere: Für die Mitnahme von Haustieren muss im EU-Heimtierausweis ihre Kennzeichnung durch Mikrochip oder Tätowierung und eine gültige Tollwutimpfung eingetragen sein.

Essen und Trinken

Die Varietät regionaler nordspanischer Gerichte hat es in sich. Von der Flussforelle mit Schinken aus Navarra bis zu mit Käse überbackenen Jakobsmuscheln am Atlantik, Appetitanreger gibt es in Hülle und Fülle. Wobei Seekrake und gekochter Kampfstierschwanz vielleicht eher etwas für kulinarisch Mutige ist.

Auf jeder Speisekarte Navarras: Forellen

In Navarra lieben sie *truchas a la navarra.* Es sind Bachforellen *(truchas)* aus den glasklaren, kühlen Gewässern der Pyrenäen oder Regenbogenforellen aus den lokalen Zuchtanlagen. Ihr zartes Fleisch, fanden die Köche vor Ort heraus, harmoniert bestens mit rohem luftgetrocknetem Serrano-Schinken. Und so werden die Forellen und Lachsforellen fast immer mit Schinkenscheiben eingelegt und mit Speckwürfeln, Petersilie und Knoblauch in Olivenöl goldbraun gebraten.

Fels mit Aussicht. Auf den Atlantik. Auf den wichtigsten Lieferanten für Meeresfrüchte in ganz Spanien

Wild und Gemüsesorten wie Artischocken aus Tudela und dPochas-Böhnchen aus Sangüesa gibt es im grünen Navarra reichlich. Dabei ist die Zubereitung weniger verspielt als in der benachbarten Kochhochburg Baskenland. Eintöpfen und Suppen verleihen Mangold und grüne Bohnen ihren Eigengeschmack. *Migas al pastor* ist ein herzhaftes Gericht aus gerösteten Brotwürfeln, Gewürzen und Schmalz. Auf vielen Speisekarten rund um Pamplona stehen nicht nur Lammkotteletts in scharfem Sud, sondern auch Taube in Rotwein und Rebhuhn in Schokoladensauce, außerdem geräucherte Entenschinken *(jamón de pato ahumado), tortillas* mit Stockfisch *(tortillas de bacalao)* und junge Artischocken mit Venusmuscheln *(alcachofas con almejas).*

ESSEN WIE DIE SPANIER

E

Das spanische Frühstück *(desayuno)* ist spärlich. Sieht man einmal von den Landhäusern und größeren Hotels ab, gibt es zu Toast und Konfitüre entweder Tee oder verschiedene Arten von Kaffee: *café solo* (Espresso), *café cortado* (Espresso mit einem Schuss Milch) oder *café con leche* (Milchkaffee). In den Restaurants bekommt man ab 14 Uhr dreigängige Tagesmenüs *(menu del día)* ab 12 € inklusive Wasser und/oder Wein. In den Bars und Bodegas werden auch Kleinigkeiten *(tapas)* gereicht, wie *tortilla* und belegte Baguettes. Abends öffnen die Restaurants wieder ab 20.30 Uhr. Häufig sind sie sonntags geschlossen.

Und wie es sich für Pamplona gehört, gibt es auch geschmortes Kampfstierfleisch mit Gewürznelken, Lorbeer und Weinessig *(estofado de carne de toro)*. Eine häufige Beilage ist zarter, weißer Bleichspargel *(espárrago)*, der auf dem lockeren Schwemmsandboden am Ebro heranwächst.

Als Nachtisch bieten sich gefüllte Kuchen *(bizcochos rellenos)*, Hefegebäck *(ensaimadas)* oder Käsesorten an, etwa der über Buchenholz geräucherte Schafskäse *(idiazábal)* oder der würzige *roncal.*

PREISE

P

€	bis 20 Euro
€€	20 bis 40 Euro
€€€	über 40 Euro

Die Preiskategorien beziehen sich auf den Preis für ein Hauptgericht oder Menü.

La Rioja: mehr als nur Rotweine

In der an Navarra angrenzenden Region La Rioja sind Rotbrassen *(pargos)* aus dem Ebro eine Spezialität, daneben Leberpastete *(paté de hídago)*, Lammeintopf mit Chili und Möhren *(calderete)* und gebratene Austernpilze *(setas a la plancha)*, wie man sie besonders gut in Logroño zubereitet. Viele Fisch- und Fleischgerichte bekommen auf der Speisekarte den Zusatz *a la riojana*, d. h. garniert mit roten Paprikaschoten. Die köstliche *menestra riojana* ist ein knackiges Gemüseallerlei aus Mangold, Blumenkohl, Erbsen und Karotten. Das Gemüse wird getrennt gekocht und dann mit Schinkenwürfeln kurz in Olivenöl geschwenkt. Zu Hähnchenfleisch gibt es oft eine dicke, rötliche Soße *(chilindrón)* aus Paprikaschoten, Tomaten und gebratenen Zwiebeln. Süßigkeiten heißen hier *golmajerías*. Auf der Bestsellerliste der Konditoreien stehen dabei Marzipan und die *fardalejos*, kleine Blätterteigtaschen.

Kastilien: Schinken und Spanferkel

In Nordkastilien dreht sich vieles ums Schwein. *Cochinillos* sind ausschließlich von der Muttermilch ernährte und nur wenige Wochen alte Spanferkel, die vor allem in Burgos am Stück in den Ofen kommen. Die Öfen *(asadores)* bringt Eichen- oder Pinienholz zum Glühen. So zart muss das Fleisch dem regionalen Gusto nach auf die Tonplatte kommen, dass man es mit einem stumpfen Tellerrand zerkleinern kann.

In Burgos sind auch die *morcillas* berühmt, dicke Blutwürste mit Reis. Schweinerippen kommen vom Holzkohlegrill, gelegentlich mit Waldhonig bestrichen, auf den Tisch. Auch andere Fleischsorten sind beliebt: etwa die mit Serrano-Schinken, Eiern und Weißbrot gefüllten Tauben *(pichones rellenos)*, Milchlämmer *(cordero)* mit Kichererbsen und Hühnchen in Mandel-Weinsauce *(gallina en pepitoria).* Auch der Schafskäse und die Buttertörtchen *(mantecadas)* aus Astorga sind nicht zu verachten. Den Burgos-Käse aus Kuh- und Schafsmilch gibt es als Nachtisch, oft kombiniert mit Quittenmus.

Galicien: Frisches vom Atlantik

Galiciens lange Küsten und die vielen kleinen Flüsse liefern Fisch und Meeresfrüchte fangfrisch: Krebstiere, Muscheln sowie über 90 See- und Flussfischarten. Viele Orte haben ihre jeweils eigene Spezialität: Vigo die Auster *(ostra),* Corme die Entenmuschel *(percebe)* und Pontevedra die Miesmuschel *(mejillón).*

Vieiras a la galega sind ›Jakobsmuscheln auf galicische Art‹ mit Knoblauch, Zimt und Semmelbröseln aus dem Ofen, *berberechos a la marinara* Herzmuscheln in einer schmackhaften Zwiebel-Knoblauchsauce und kurz aufgekochten Entenmuscheln *(percebes),* die mit Kartoffeln und Paprika gereicht werden. Seekraken *(pulpos),* serviert auf einem Holzteller mit etwas Salz, Olivenöl und Paprika, sind besonders beliebt, daneben aber auch Eintöpfe und deftige Gemüsesuppen *(caldo galego)* aus weißen Bohnen, Wirsing und Kartoffeln, gepökelter Vorderschinken mit Steckrübenblättern *(lacón con grelos)* sowie die berühmten *empanadas:* In den Teig dieser Pasteten aus Mais- und Weizenmehl werden Lorbeerblätter, Tomaten, Zwiebeln und Paprika eingebacken. Köstlichen Füllungen wie Thunfisch, Gepökeltes oder Muschelfleisch sind kaum Grenzen gesetzt. Auch der milde Kuhkäse *teta galega* und die Paprikaschoten aus Padrón *(pimientos de Padrón)* schmecken nicht nur den Galiciern. Unter den Süßwaren locken vor allem die Kuchen, vorneweg der berühmte Mandelkuchen *tarta de Santiago* mit dem ausgepuderten Jakobskreuz als Emblem. Besonders fein auf der Zunge zergehen *filloas de leche,* mit Eiercreme gefüllte Pfannkuchen.

Topweine aus dem Norden

Die besten Weine Spaniens, ob rot oder weiß, wachsen an den Uferhängen von Ebro, Duero, Miño und Sil. Berühmt, weil besonders stark im Export, sind die Rioja-Weine des Gebiets Rioja Alta rund um Logroño. In dem kleinen, etwas nördlich gelegenen Winzerort Haro hat sich etwa die Bodega Muga einen guten Namen gemacht. Die Rioja-Traubensorte par excellence ist auch beim dortigen Weinbauern der fruchtige Tempranillo. Seine besondere Klasse entwickelt er nach mehreren Jahren Fass- und Flaschenlagerung.

Auch das benachbarte Navarra ist für vollmundige, hochprozentige Rotweine berühmt, vor allem, wenn sie aus den Rebsorten Garnacha Tinta und Cabernet Sauvignon stammen. Aber leichter Rosé *(rosados)* wird hier ebenfalls gekeltert.

In Kastilien-León macht den Winzern aus Navarra/La Rioja vor allem das Gebiet Ribera del Duero Konkurrenz. Am Duero-Fluss südlich von Burgos ist

Diese Korken sind der Klassiker. Doch auch in der Rioja sind Glas- und Schraubverschlüsse kein Tabu mehr.

der tiefrote, langsam vergorene Único des Weinguts Vega Sicilia berühmt geworden. Weinkenner nennen den entsprechend hochpreisigen Rotwein den besten Tropfen Spaniens.

Die galicischen Rotweine auf Basis der Mencia-Traube aus dem Sil- und dem Miño-Tal werden in der Gegend Ribeira Sacra bei Ourense hergestellt. Gut sind sie, aber im Ausland kaum bekannt. Ganz anders als die Albariño-Weine und die Ribeiro-Tropfen. Zentrum des anspruchsvollen Albariño, den im Mittelalter Mönche vom Rhein *(riño)* hergebracht haben sollen, ist das kleine Anbaugebiet in Cambados bei Pontevedra mit den angesagten Bodegas Gran Bazán und Condes de Albarei. Gute Rotweine wiederum kommen aus der südostgalicischen Weingegend Ribeira Sacra.

Beliebte Tresterschnäpse

Beliebt sind bei den *galegos* die Tresterschnäpse. Ein solcher Orujo aus Traubenresten gerät in der Regel um einiges hochprozentiger als ein italienischer Grappa. Dabei handelt es sich durchaus um ›Feuerwasser‹ – flambiert ist der Orujo Hauptbestandteil des galicischen Punsches Queimada.

Magische Queimada

Nach Sonnenuntergang kann das Zelebrieren des magischen Feuerwassers losgehen, etwa so, wie es einst galicische Hexen gemacht haben sollen. Hier das Rezept: In eine feuerfeste Schale fast eine ganze Flasche Tresterschnaps gießen und mit 4 EL Zucker, der Schale einer Zitrone und ein paar Kaffeebohnen verrühren. In einen Schöpflöffel etwas Zucker mit dem übrigen Schnaps aus der Flasche geben und zum Brennen bringen. Anschließend in die Schale träufeln. Das Licht ausmachen, Queimada umrühren, Sprüche murmeln und die Flamme dann mit dem Deckel löschen. In kleinen Tonschalen heiß servieren.

Feiertage

1. Jan.: Neujahr *(Año Nuevo)*
6. Jan.: Heilige Drei Könige *(Reyes Magos)*
Karfreitag *(Viernes Santo)*
Ostermontag *(Lunes Santo)*
1. Mai: Tag der Arbeit *(Día del Trabajo)*
17. Mai: Tag der Galicischen Literatur *(Día de las Letras Gallegas)*
Fronleichnam *(Corpus Cristi)*
25. Juli: Jakobstag *(Día del apóstol Santiabo, Xacobeo)*
15. Aug.: Mariä Himmelfahrt *(Asunción)*
12. Okt.: Kolumbustag *(Día de la Hispanidad),* Nationalfeiertag
1. Nov.: Allerheiligen *(Todos los Santos)*
6. Dez.: Tag der Verfassung *(Día de la Constitución)*
8. Dez.: Tag der Unbefleckten Empfängnis *(Inmaculada Concepción)*
25. Dez.: Weihnachten *(Navidad)*

Informationsquellen

Fremdenverkehrsämter
… in Deutschland

Kurfürstendamm 180
10707 Berlin
T 030 882 65 43
berlin@tourspain.es

Myliusstr. 14
60323 Frankfurt am Main
T 069 72 50 33
frankfurt@tourspain.es

Schubertstr. 10
80336 München
T 089 530 74 60
munich@tourspain.es

… in Österreich

Walfischgasse 8
1010 Wien, T 01 512 95 80
viena@tourspain.es

… in der Schweiz
Seefeldstr. 19
8008 Zürich, T 044 253 60 50
zurich@tourspain.es

Fremdenverkehrsämter vor Ort

Jede größere Stadt am Jakobsweg und in Galicien verfügt über ein oder mehrere Ämter. Die Mitarbeiter sprechen Englisch und teilweise auch erfreulich gut Deutsch.

Infos im Internet

www.spain.info: Das offizielle Portal des Spanischen Tourismusamts mit sehr guten Infos zu Hotels, Restaurants und Sehenswertem.
www.spanien-reisemagazin.de: Aktuelle Website zu den Reisezielen Spaniens mit vielen Infos, Tipps, News, Reportagen und Bildern, u. a. zum Jakobsweg und Galicien. Auf dem Portal gibt es zudem Bildstrecken zu Galicien, Tipps zur Küche und viele Rezepte, wie das berühmte Seekraken-Rezept ›Pulpo a Feira‹.
www.pilgerreisen.de: Die Webseite des Bayerischen Pilgerbüros bietet viele Infos über angebotene Reisen auf dem Jakobsweg unter Leitung von versierten Führern.
www.lavozdegalicia.es: Sehr gutes Portal der Tageszeitung »La Voz de Galicia« mit aktuellen Nachrichten, auf Spanisch.
www.turismo.gal: Per Mausklick zu aktuellen reisepraktischen und kulturellen Infos über Galicien. Die Infos (auch auf Deutsch) sind in der Regel sehr zuverlässig.
www.lariojaturismo.com: Portal zur Region La Rioja, auch auf Deutsch.

Kinder

Zum Baden mit kleinen Kindern empfehlen sich die feinsandigen Strände in Südgalicien, z. B. in Sanxenxo und auf der Halbinsel Morrazo. Hier geht es flacher in den Atlantik als an der Nordküste, auch sind die Temperaturen ab Juli wärmer. In A Coruña lockt das tolle Meeresmuseum u. a. mit knuddeligen Seehunden und mit einem schönen Spielplatz auf dem Monte San Pedro (Glasaufzug) mit Aussicht auf den Atlantik.

Zu den Highlights am Jakobsweg gehören die Geier im Nationalpark Pyrenäen-Ordesa oder die Ritterstadt Olite mit ihren Burgtürmen sowie der etwas entlegene Dino-Park Barranco Perdido in Encina. Ein Highlight in Galicien sind die Wildpferdetreiben mit Rodeos im Mai/Juni). In Betanzos wiederum lockt der Parque de Pasatiempo Kids im Schulalter mit kuriosen Figuren und Fabelwesen aus Zement. Der Zoo Galiciens, Zoológico de A Madroa, liegt in Vigo (wo Ende Dez. die gigantische Spielzeugmesse VIGOLANDIA stattfindet), 7 km Richtung Flughafen. Auf dem 45 000 m^2 großen Gelände leben Bisons, Wildschweine und Bären (Sommer Di–So 10–21, sonst 11–14, 15.15–19 Uhr). 12 km nordwestlich von Lugo wiederum leben im Tierpark Marcelle Natureza Zebras, Schildkröten, Hasen, Wölfe und Bergziegen. Cool ist auch das Eselrennen in Escairón. Wer gehorcht da schon dem Reiter?

Klima und Reisezeit

Die klimatischen Unterschiede sind je nach Region und Monat enorm. Während zwischen Burgos und León der Werbeslogan »Alles unter der Sonne« zumindest im Sommer voll zutrifft, müsste es in Galicien heißen: ›Alles unter dem Regenschirm‹. Mitbringen müssen Sie aber keinen, es gibt sie vor Ort sehr günstig und teils sogar handgefertigt, so in der regenreichsten Stadt Spaniens, Santiago de Compostela. Doch auch in Galicien regnet es nicht ständig. Der August ist oft nahezu regenfrei, auch im Juli und September gibt es nur wenige Schauer. Statistisch heißt das: fünf Regentage im Juni und im Dezember können es schon mal 27 (!) sein. Richtig verregnet wird es

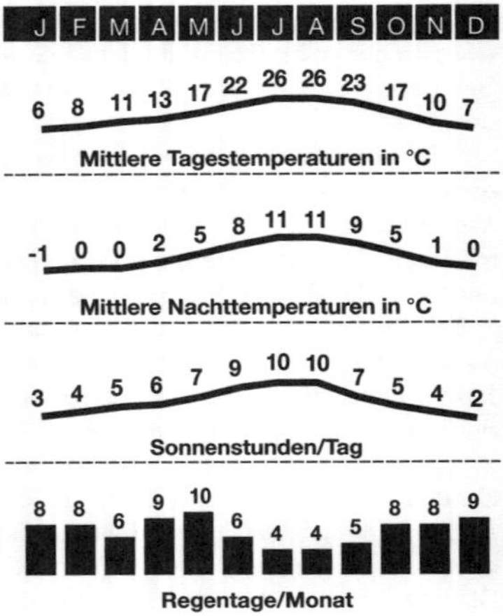

So ist das Wetter in Burgos.

also erst im Winter, doch in der Zeit ist ohnehin kaum ein Besucher vor Ort.

Vor allem die Spanier selbst lieben Galicien als sommerliches Reiseziel, gerade wegen des Klimas. Weitab von den Massenurlaubszielen am Mittelmeer genießen sie die angenehme, erfrischende Brise vom Atlantik. Manchem nordeuropäischen Besucher geht es da nicht anders. Die besten Reisemonate für den Jakobsweg und Galicien sind Ende Mai bis Ende September, wobei es im Hochsommer in der Weite der Meseta sehr heiß und dazu sehr voll werden kann. Santiago ist vor allem rund um den 25. Juli gut besucht. Dann ist es beim Jakobsfest in der kleinen Stadt oft sogar brechend voll.

Lesetipps

Büscher, Tobias: Muschelmord, Tod auf dem Jakobsweg. Krimi des Autors auf Basis von Recherchen auf dem Jakobsweg und Interviews mit Polizisten, Pilgern und Pathologen.

Coelho, Paulo: Auf dem Jakobsweg. Ziemlich mythisches Tagebuch einer Pilgerreise des Brasilianers nach Santiago de Compostela.

Herbers, Klaus: Der Jakobsweg. Ein Pilgerbuch aus dem 12. Jh. In diesem Buch ist der erste mittelalterliche Codex Calixtinus über den Jakobsweg übersetzt und kommentiert.

Van Hout, Mies: Oh, oh Oktopus. Seine wunderschönen Oktopus-Zeichnungen im Bilderbuch handeln von einer gelben, mutigen Krake, welche die Unterwasserwelt erkundet.

Kerkeling, Hape: Ich bin dann mal weg. Kerkeling lief nach einem Gehörsturz auf dem Glaubenspfad und landete Jahre später einen Bestseller. Der gleichnamige Film erschien 2015 u. a. mit der bravourösen Schauspielerin Martina Gedeck.

Lorentz, Iny: Die Pilgerin. In dem Roman entflieht eine junge Frau im Mittelalter ihrer Familie, als Mann verkleidet, in Richtung Santiago. Den gleichnamigen Film brachte 2014 Philipp Kadelbach heraus.

Nooteboom, Cees: Der Umweg nach Santiago. Der Klassiker des niederländischen Autors beschreibt in der Tat einen Umweg nach Santiago.

Prado, Miguelanxo: Ardalén. Auf 255 Seiten spielt die preisgekrönte Story des spanischen Comic-Stars Prado in einem galicischen Kaff. Dort sucht eine Frau nach Spuren ihres nach Kuba ausgewanderten Opas und trifft auf den greisen Fidel.

Rivas, Manuel: Der Bleistift des Zimmermanns. Dem Autor aus A Coruña ist mit diesem Roman eine packende schnörkellose Darstellung von Liebe, Intrigen und Bürgerkrieg in Galicien gelungen.

Reisen mit Handicap

Vor allem die galicischen Landhäuser *(casas rurales)* sind mit adäquaten Bädern und Zimmern eingerichtet. Auch die neueren Museen in Städten wie Santiago, Pamplona, Burgos und León sind für Rollstuhlfahrer leicht zugänglich. Ein Musterbeispiel hierfür ist das Museum für Moderne Kunst, MUSAC, in León. Rollstuhlfreundliche bzw. behindertengerechte Campingplätze sind in dem jährlich erscheinenden Führer des Deutschen Camping-Clubs gelistet.

Reiseplanung

Im Hochsommer ist es vor allem in Galiciens Hinterland sehr schön. Ansonsten ist besonders der August für Pilger zu heiß und für Badende vor allem in Südgalicien zu voll. Die besten Reisemonate sind Mai/Juni und September/Oktober.

Und wie durch Galicien reisen? Die beste Nordroute führt von Santiago über Fisterra nach A Coruña. Zwei bis drei Tage sollten Sie für diese Route einplanen und am besten an der Küste übernachten. Startpunkt ist die berühmte Pilgerstadt Santiago de Compostela mit der fantastischen Jakobskathedrale im Zentrum. Von hier aus führt der legendäre letzte Abschnitt der Pilger nach Fisterra (spanisch: Finisterre), dem ›Ende der Welt‹, wobei Pilger den Jakobspfad nehmen, Autofahrer stattdessen die N-542 nach Noia.

Die Kleinstadt am Wasser ist für ihre schönen Kirchen berühmt; zum Baden eignen sich eher die Strände Richtung Muros und Carnota, wo einer der längsten Maisspeicher der Region und einer der längsten Strände Nordspaniens zu den Attraktionen zählen. Die Küstenstraße ist kurvig, aber weit weniger befahren als die im Süden Galiciens. Genießen Sie in Fisterra alias Finisterre die Meeresfrüchte in den Tavernen am Hafen! Auch die Unterkünfte in und um den mystischen Ort mit dem Namen ›Ende der Welt‹ sind teils sehr schön gelegen. Von dort aus geht es entlang der Costa da Morte zu kleinen Fischerorten wie Muxía und Camariñas Richtung Malpica, wo die *marineros* abends am Hafen ihren Fang ausladen. Auch auf diesem Abschnitt gibt es schöne Unterkünfte nah am Wasser, doch wer lieber etwas mehr Nachtleben möchte, sollte nach A Coruña weiterfahren. Dort gibt es wunderbare Tapa-Bars, Modeläden, einen berühmten Fußballclub und die größten Discos der Region. Von A Coruña aus gelangen Sie über die Autobahn AP9 wieder zurück nach Santiago.

Welche Route ist die schönste durch Galiciens Süden?

Sie führt von Santiago über die Rías Baixas nach Ourense. Diese Route deckt sowohl das bekannte als auch das eher unbekannte Galicien ab. Drei bis vier Tage sollten Sie einplanen. Am schönsten wohnt man in den Landhäusern, z. B. rund um Tui. Von Santiago aus bietet sich die AP-9 für alle an, die schnell in das südlich gelegene Pontevedra möchten, das mit seiner schönen kleinen Altstadt und dem ansprechenden Provinzmuseum sehr attraktiv ist. Oder man fährt den Küstenweg über den Weinort Cambados und den Fischerort O Grove mit einigen schönen Küstenstreifen. Über die brummende Hafenstadt Vigo, das Tor zu den Cíes-Inseln, geht es nach Baiona und weiter nach A Guarda, der südlichsten Stadt Galiciens, mit dem hoch gelegenen

B

TAUGT GALICIEN ALS BADEZIEL?

Im Sommer ja. Vor allem die südlichen Buchten zwischen Noia und Vigo sind relativ geschützt und das Wasser ist wärmer als an den nördlichen Rías. Anders als auf Malle und Ibiza sind hier die Strände nicht überlaufen, abgesehen von dem legendären Badestrand A Lanzada nahe O Grove. Viele Galicier baden übrigens auch gerne in den kleinen Flüssen im Inland.

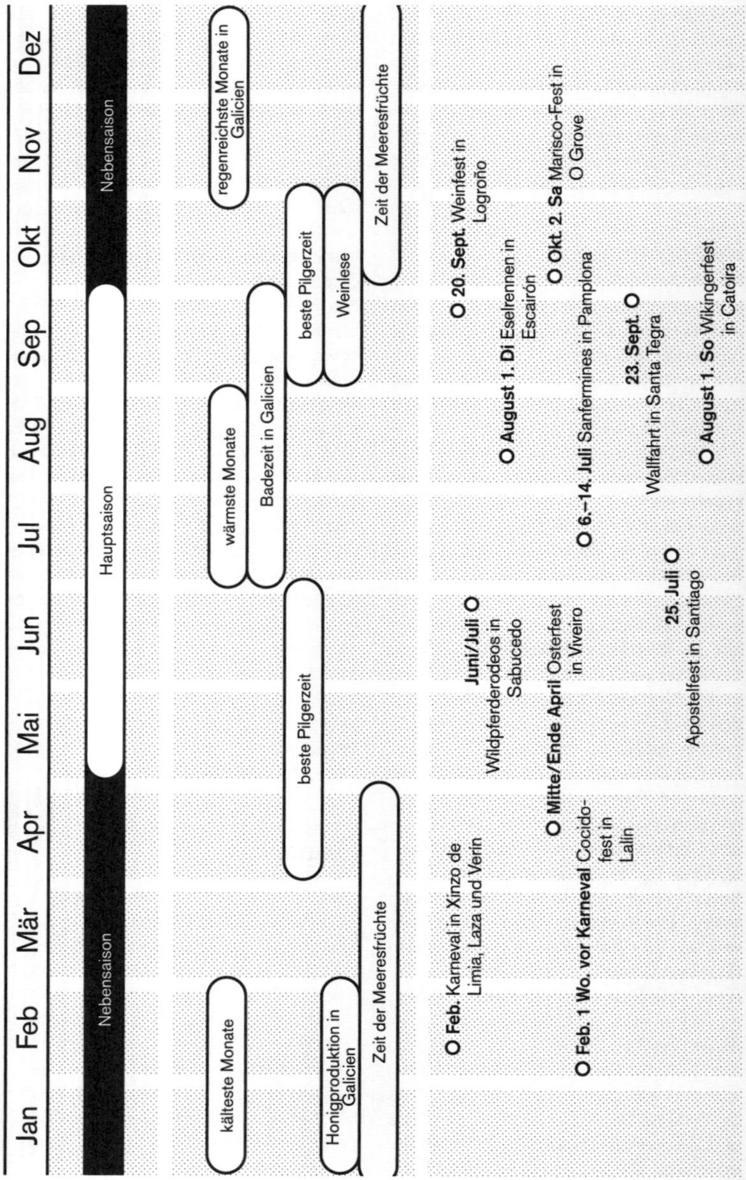
Jan
Feb
Mär
Apr
Mai
Jun
Jul
Aug
Sep
Okt
Nov
Dez
Nebensaison
Hauptsaison
Nebensaison
kälteste Monate
wärmste Monate
regenreichste Monate in Galicien
Badezeit in Galicien
beste Pilgerzeit
beste Pilgerzeit
Weinlese
Honigproduktion in Galicien
Zeit der Meeresfrüchte
Zeit der Meeresfrüchte
Feb. Karneval in Xinzo de Limia, Laza und Verín
Juni/Juli Wildpferderodeos in Sabucedo
20. Sept. Weinfest in Logroño
August 1. Di Eselrennen in Escairón
Mitte/Ende April Osterfest in Viveiro
Okt. 2. Sa Marisco-Fest in O Grove
Feb. 1 Wo. vor Karneval Cocido-fest in Lalín
6.–14. Juli Sanfermines in Pamplona
23. Sept. Wallfahrt in Santa Tegra
25. Juli Apostelfest in Santiago
August 1. So Wikingerfest in Catoira

Keltendorf. Von A Guarda aus geht es am Miño-Fluss entlang ins Landesinnere nach Ribadavia, einer hübschen Kleinstadt, und dann weiter bis nach Ourense, der ›Goldenen Stadt‹. In der Gegend bieten Winzer schöne Unterkünfte an. Über die AP-53 geht es zurück über Lalín (Mode für Männer) nach Santiago de Compostela.

Wie viel Zeit soll ich für den Jakobsweg einplanen?

Faustregel für alle, die nicht rasend schnell sein möchten: mit dem Auto fünf Tage, mit dem Fahrrad zehn Tage und zu Fuß sechs Wochen. Pilger mit weniger Zeit laufen den Jakobsweg am besten in Etappen. Die Stempel im Pilgerpass, den Sie online bei jakobusfreunde-paderborn.com/ bekommen, behalten ihre Gültigkeit. So können Sie etwa im ersten Jahr von den Pyrenäen bis Burgos laufen und den Weg im nächsten Jahr fortsetzen.

Was ist ein guter Ausgangspunkt, um Galicien zu bereisen?

Auf jeden Fall die mittelalterliche Stadt Santiago de Compostela. Sie liegt im Zentrum und ist verkehrstechnisch durch Autobahnen und Flughafen bestens angeschlossen. Im Hochsommer wird es dort allerdings sehr voll, vor allem rund um den Feiertag am 25. Juli, dem Tag des Apostels Jakob. Wer es ruhiger mag, dem empfehle ich Pontevedra. Die Stadt südlich von Santiago liegt zwar nicht direkt am Meer, aber die schönen Strände der Rías-Buchten sind schnell erreicht und Touristen sind klar in der Minderheit.

Sicherheit und Notfälle

Parkende Autos sollten vor allem in den Städten besser leer geräumt werden, auch wenn Delikte selten vorkommen. Nicht alle Strände sind bewacht. Besondere Vorsicht vor den Strömungen an der galicischen Todesküste (Costa da Morte)!

ADAC-Pannenhilfe: 0049 89 22 22 22
Sperrung von Handys, Bank, Kreditkarten: 0049 116 116
Apotheken: *Farmacias* sind in Spanien an einem grünen Neonkreuz erkennbar.
Ärztliche Versorgung: Infos zu deutschsprachigen Ärzten bei den Konsulaten.

Notrufnummern:

Allgemeine Notrufnummer: 112, auch von jedem Handy. Sie verbindet sowohl zur Ambulanz als auch zur Polizei und Feuerwehr *(bomberos)*.
Sperrung von Handy, Bank- und Kreditkarten: +49 116 116

Diplomatische Vertretungen:

Deutsche Botschaft
Fortuny 8, 28010 Madrid
T 915 57 90 00, www.spanien.diplo.de

Deutsches Honorarkonsulat
San Vicente 8, Edificio Albia
48001 Bilbao, T 944 23 85 85
www.spanien.diplo.de

Deutsches Generalkonsulat
Marina 16–18, Torre Mapfre
08005 Barcelona, T 932 92 10 00, Notfalltel.: T 661 61 11 04 (Mo–Do 16.30–24, Fr 13.30–24, Sa, So, Fei 8–24 Uhr), www.spanien.diplo.de

Österreichische Botschaft
Paseo de la Castellana 91, 28046 Madrid
T 915 56 53 15,
www.bmeia.gv.at/oeb-madrid

Österreichisches Honorargeneralkonsulat
Club-8-bajo, 48930 Las Arenas (Bilbao)
T 944 64 07 63
www.bmeia.gv.at/botschaften-konsulate

Schweizerische Botschaft
Núñez de Balboa 35A, Edificio Goya, 28001 Madrid
T 914 36 39 60, www.eda.admin.ch

Schweizerisches Generalkonsulat
Gran Via Calres III 94
28001 Barcelona
T 934 09 06 50, www.eda.admin.ch

Übernachten

Hotels und Pensionen

Hotels werden offiziell in fünf Sterne von einfach bis Luxus eingeteilt. Buchen sollte man Zimmer höchstens in der Hauptsaison oder bei Stadtfesten wie den Sanfermines oder dem Jakobsfest. Die im Buch angegebenen Preise beziehen sich auf den teuersten Monat August. Im restlichen Jahr können die Doppelzimmerpreise um bis zu ein Drittel niedriger sein.

Paradores

Die gehobenen staatlichen Hotels sind zum größten Teil in historischen Gebäuden wie Klöstern und Adelshäusern untergebracht, buchbar über olimar.de.

Landhäuser

Das Angebot an *casas rurales* ist vor allem in Galicien enorm, wo die schönsten Unterkünfte vor allem im Landesinnern, aber auch in Küstennähe liegen und liebevoll restauriert sind. In den Kapiteln Vor Ort sind sie näher beschrieben.

Ferienhäuser

Ferienhäuser lassen sich über verschiedene Anbieter und Websites wie fewo-direkt.de buchen. Dort werden sie oft mit Preisangaben und Fotos vorgestellt.

Pilgerherbergen

Gelbe Pfeile weisen auf die Herbergen hin, die am Jakobsweg im Abstand von höchstens 25 km voneinander entfernt liegen. Reservieren ist nicht möglich. Der Preis ist sehr niedrig, manche Unterkünfte erwarten nur eine Spende. Für die Übernachtung in den Herbergen ist ein Pilgerausweis nötig, der vor Ort abgestempelt wird.

Jugendherbergen

In den *albergues juveniles* schläft man für rund 10 € die Nacht. Ausweis und Leinenschlafsack nicht vergessen.

DJH Service Center
Leonardo-da-Vinci-Weg 1
32760 Detmold
T 05231 740 10
www.djh.de

Camping

Insgesamt haben die Campingplätze einen relativ hohen Standard, allerdings stehen einige Plätze nur im Sommer zur Verfügung. In Galicien sind sie vor allem an der Küste zahlreich und in der Regel gut ausgestattet. Wildcampen ist verboten. Jedes Jahr neu erscheint ein detaillierter Campingführer bei:

Deutscher Camping-Club
Mandlstr. 28
80802 München
T 089 380 14 20

P

PREISE

€	bis 100 Euro
€€	100 bis 200 Euro
€€€	über 200 Euro

Die im Reiseteil angegebenen Preiskategorien beziehen sich auf den Preis eines DZ mit Frühstück.

Der Umwelt zuliebe – nachhaltig reisen

Galicier sind voll des Lobes, was deutschsprachige Gäste angeht. Sauber und sehr freundlich seien wir. Und schmeißen nicht nach einer Nacht schon die Handtücher auf den Boden. Nur dass die Studentenpärchen immer zwei bis drei leere Flaschen Rotwein im Hostal in den Papierkorb werfen, naja. Viel dramatischer ist der Zustand am inzwischen boomenden Jakobsweg selbst. Wenn pro Jahr Hunderttausende den Camino laufen und am Wegrand jeder auch nur eine Flasche Cola wegwirft, ist das ein Problem. Wenn die Pilger nicht die Klos der Herbergen nutzen, sondern die freie Natur, wird es sogar dramatisch. Ich habe meine Kollegen der Medien in Nordspanien befragt, was ich den Lesern in Sachen Umwelt sagen soll. Das Highlight ist das hier, vorgeschlagen von meinem Kumpel Javier: »Sag ihnen, Tobias, statt Plastik-Jakobsmuscheln Made in China sollten deine Leser besser in ein Restaurant gehen, Vieiras essen und die echte Schale dieser Jakobsmuschel als Symbol des Jakobswegs einfach mitnehmen.« Das sei natürlicher.

Verkehrsmittel

Eigener Wagen, Mietwagen oder öffentliche Verkehrsmittel?

Am flexibelsten sind Besucher, die nach Santiago de Compostela fliegen und direkt einen Mietwagen nehmen. Dort gibt es die gängigen Anbieter wie Avis und Europcar. Zahlreiche Gebiete an der Küste und im Landesinnern sind mit öffentlichen Verkehrsmitteln nicht besonders gut erreichbar. Achtung Autofahrer: Die A6 zwischen Ponferrada und Lugo war im Jahr 2024 eine der schlaglochreichsten Autobahnen ganz Spaniens. Für Fahrten zwischen Städten sind Bus und Bahn aber super und auch günstiger als bei uns.

Mietwagen

Autoverleiher gibt es in allen größeren Städten und an den Flughäfen. Fahrer brauchen ein Mindestalter von 21 Jahren, einen nationalen Führerschein, Personalausweis und auch eine Kreditkarte. Einen Kleinwagen kann man ab ca. 50 € pro Tag bzw. ca. 200 € pro Woche mieten, inkl. Vollkasko.

Autofahren und Verkehrsregeln

Promillegrenze: 0,5
Höchstgeschwindigkeiten: In Ortschaften 50 km/h, außerorts 90 km/h und auf Autobahnen 130 km/h.
Benzin/Diesel: Ob Diesel *(gasolea A)* oder bleifrei *(sin plomo)*, der Kraftstoff ist etwas günstiger als in Frankreich und Deutschland.
Handy: Hohe Geldstrafen drohen, wenn man beim Steuern im Auto das Handy nutzt. Bußgeld: 200 €.

Bahn

Bahnfahren auf dem Schienennetz der RENFE ist preiswerter als bei uns. An der galicischen Nordküste verkehrt zudem die private Eisenbahngesellschaft FEVE. Infos siehe renfe.es.

Bus

Besonders kleinere galicische Küstenorte sind nur mit Bussen oder dem Pkw erreichbar. Busbahnhof heißt *estación de autobuses*. Wichtige Unternehmen sind Alsa (alsa.es); Movelia (movelia.es/de) und Monbus (monbus.es).

P

BUNTE PARKLINIEN

Beim Parken in den großen Städten wie Pamplona, Bilbao oder Santiago de Compostela sollten Sie am besten direkt das Parkhaus aufsuchen. Für kleinere Städte wie Monforte de Lemos, Lalín oder auch dem Hafenstädtchen O Grove auf die Parklinien auf dem Asphalt achten. Blaue Linie bedeutet Parken gegen Parkschein, weiße Linien freies Parken, gelbe Linien durchgezogen absolutes Parkverbot und gestrichelt nur erlaubt für Kurzparker.

Sprachführer Spanisch

A

AUSSPRACHE

c vor a, o, u wie k: casa,
c vor e und i wie engl. th: cien
ch wie tsch: chico
g vor a, o, u wie deutsches g: gusto
g vor e und i wie deutsches ch: gente
j wie deutsches ch: jefe
ll wie deutsches j: llamo
ñ wie gn bei Champagner: niña
qu wie k: porque
y am Wortende wie i: hay;
sonst wie deutsches j: yo
z wie engl. th: azúcar

Allgemeines

guten Morgen/Tag	buenos días
guten Tag (nachmittags)	buenas tardes
guten Abend/ gute Nacht	buenas noches
auf Wiedersehen	adiós
bis bald	hasta luego
Entschuldigung	disculpe, perdón
hallo, grüß dich/Sie	hola, ¿qué tal?
bitte	por favor
danke	gracias
ja/nein	sí/no
Wie bitte?	¿Perdón?

Unterwegs

Bahnhof	estación
Flughafen	aeropuerto
Bus	autobús
Auto	coche
Haltestelle	parada
Parkplatz	aparcamiento
Fahrkarte	billete
Tankstelle	gasolinera
Eingang	entrada
Ausgang/-fahrt	salida
rechts	a la derecha
links	a la izquierda
geradeaus	todo recto
hier/dort	aquí/allí
Auskunft	información
Stadtplan	mapa de la ciudad
Postamt	correos
geöffnet	abierto/-a
geschlossen	cerrado/-a
Kirche	iglesia
Museum	museo
Brücke	puente
Straße/Platz	calle/plaza

Übernachten

Doppelzimmer	habitación doble
Einzelzimmer	habitación individual
mit Dusche/Bad/ Balkon	con ducha/baño/ balcón
Toilette	servicio
mit Frühstück	con desayuno
Halbpension/ Vollpension	media pensión/ pensión completa
Gepäck	equipaje

Einkaufen

kaufen	comprar
Geschäft	tienda
Markt	mercado
Geld	dinero
Geldautomat	cajero automático
bar	en efectivo
Kreditkarte	tarjeta de crédito
Lebensmittel	comida
teuer/billig	caro/barato
wie viel	¿cuánto?
bezahlen	pagar

Notfall

Apotheke	farmacia
Arzt	médico

Zahnarzt	dentista
Hilfe!	¡Socorro!
Unfall	accidente
Krankenhaus	hospital, clínica
Polizei	policía
Schmerzen	dolores
Notfall	emergencia

Zeit

Stunde	hora
Tag	día
Woche	semana
Monat	mes
Jahr	año
heute	hoy
gestern	ayer
morgen	mañana
morgens	por la mañana
mittags	al mediodía
nachmittags	por la tarde
Montag	lunes
Dienstag	martes
Mittwoch	miércoles
Donnerstag	jueves
Freitag	viernes
Samstag	sábado
Sonntag	domingo

Zahlen

1	uno	18	dieciocho
2	dos	19	diecinueve
3	tres	20	veinte
4	cuatro	21	veintiuno
5	cinco	30	treinta
6	seis	40	cuarenta
7	siete	50	cincuenta
8	ocho	60	sesenta
9	nueve	70	setenta
10	diez	80	ochenta
11	once	90	noventa
12	doce	100	cien
13	trece	101	ciento uno
14	catorce	150	ciento-cincuenta
15	quince		
16	dieciséis	200	doscientos
17	diecisiete	1000	mil

S

WICHTIGE SÄTZE

Allgemeines

Ich spreche kein Spanisch.	No hablo español.
Sprechen Sie Deutsch, Englisch?	¿Habla alemán, inglés?
Ich verstehe nicht.	No entiendo.
Ich heiße …	Me llamo …
Wie heißt du/ heißen Sie?	¿Cómo te llamas/se llama?
Wie geht's?	¿Qué tal? ¿Cómo estás?
Danke, gut.	Muy bien, gracias.

Unterwegs

Wo ist …?	¿Dónde está …?
Wie komme ich nach …?	¿Por dónde se va a …?
Wann kommt …?	¿Cuándo llega …?

Notfall

Können Sie mir bitte helfen?	¿Me podría ayudar, por favor?
Ich brauche einen Arzt.	Necesito un médico.
Mir tut es hier weh.	Me duele aquí.

Übernachten

Haben Sie ein Zimmer frei?	¿Tiene una habitación libre?
Ich habe ein Zimmer bestellt.	He reservado una habitación.

Einkaufen

Was kostet …?	¿Cuánto cuesta…?
Wann öffnet/ schließt …?	¿Cuándo abre/ cierra …?

Im Restaurant

Die Speisekarte, bitte.	La carta, por favor.
Was empfehlen Sie?	¿Qué recomienda?
Die Rechnung, bitte.	La cuenta, por favor.

Kulinarisches Lexikon

Allgemeines

aceite de oliva	Olivenöl
azúcar	Zucker
carta de vinos	Weinkarte
comida vegetariana	vegetarische Kost
desayuno	Frühstück
entremeses	Vorspeisen
menú del día	Tagesgericht
pimienta	Pfeffer
plato principal, plato segundo	Hauptgericht
postre	Nachspeise
ración	Portion
sacarina	Süßstoff
sal	Salz
tapa	Häppchen

Zubereitungen

a la gallega	auf galicische Art
a la parilla	auf einer heißen Metallplatte gegrillt
a la plancha	gegrillt
al ajillo	in Knoblauchsoße
al horno	aus dem Ofen
asado/-a	gebraten/ geschmort
en escabeche	mariniert
en salsa	in Soße
frito/-a	frittiert
guisado/-a	geschmort

Typische Tapas

aceitunas	Oliven
ahumados	geräucherter Fisch
albóndigas	Fleischbällchen
almejas	Venusmuscheln
anchoas	Anchovis
bocadillo/bocata	belegtes Brötchen
boquerones en vinagre	eingelegte Sardellen
calamares	Tintenfische
callos	Kutteln
canapés	belegte Schnittchen
caracoles	Schnecken
champiñones	Champignons
chipirones	Minitintenfische
chorizo	Paprikawurst
cocido	Eintopf
croquetas	Kroketten
empanada	Pastete
gambas	Garnelen
jamón Ibérico	Iberischer Schinken (Spezialität)
jamón serrano	Gebirgsschinken
mejillones	Miesmuscheln
montado	belegtes Brötchen
ostras	Austern
patatas bravas	scharf gebratene Kartoffeln
paté	Pastete
pincho moruno	Fleischspieß
pulpo	Oktopus, Krake
queso	Käse
sepia	Tintenfisch
tortilla de patatas	Kartoffelomelett

Fisch und Meeresfrüchte

atún	Thunfisch
bacalao	Stockfisch
besugo	Seebrasse
bogavante	Hummer
bonito	kleine Thunfischart
caballa	Makrele
camarones	Garnelen
cangrejo	Krebs
cigala	kleine Languste
dorada	Dorade
gambas	Garnelen
langostinos	Riesengarnelen
lenguado	Seezunge
merluza	Seehecht
mero	Zackenbarsch
nécoras	Schwimmkrabben
pez espada	Schwertfisch
rape	Seeteufel

rodaballo	Steinbutt
salmón	Lachs
trucha	Forelle
zamburina	kleine Jakobsmuschel

Fleisch

asado	Braten/gebraten
aves	Geflügel
bistec	Beefsteak, Steak
buey	Ochse, Rind
cerdo	Schwein
chuleta	Kotelett
cochinillo	Spanferkel
conejo	Kaninchen
cordero	Lamm
escalope	Schnitzel
estofado	Schmorfleisch
filete	Filet
jabalí	Wildschwein
morcilla	Blutwurst
pato	Ente
pollo	Hühnchen
rabo de toro	Stierschwanz
solomillo	Filet
ternera	Kalb, Rind
vaca	Rind, Kuh

Gemüse

aguacate	Avocado
ajo	Knoblauch
alcachofa	Artischocke
batata	Süßkartoffel
berenjena	Aubergine
calabacín	Zucchini
calabaza	Kürbis
cebolla	Zwiebel
ensalada	Salat
espárragos	Spargel
espinacas	Spinat
garbanzo	Kichererbse
guisantes	Erbsen
hongos/setas	Pilze
judías verdes	grüne Bohnen
lechuga	grüner Blattsalat
lentejas	Linsen
patatas	Kartoffeln
pepino	Gurke
pimiento	Paprikaschote
puerro	Lauch
tomates	Tomaten
zanahorias	Möhren

Obst

cerezas	Kirschen
frambuesa	Himbeere
fresas	Erdbeeren
higos	Feigen
limón	Zitrone
manzana	Apfel
melocotón	Pfirsich
naranja	Apfelsine
piña	Ananas
plátano	Banane
pomelo	Pampelmuse
uvas	Trauben

Nachspeisen

arroz con leche	Milchreis
crema catalana	Pudding mit karamellisierter Zuckerkruste
flan	Karamellpudding
helado	Eis
pastel	Kuchen, Gebäck
tarta (de queso)	Käsekuchen

Getränke

agua (con/sin gas)	Wasser (mit/ohne Kohlensäure)
café con leche	Milchkaffee
café cortado	Espresso mit Milch
café solo	Espresso
caña	gezapftes Bier
cerveza	Bier
champán	Sekt
chocolate	Kakao
fino	Sherry
horchata	Erdmandelmilch
té	Tee
vino blanco/tinto/ rosado	Weiß-/Rot-/ Roséwein
zumo	Saft
zumo de naranja al natural	frisch gepresster Orangensaft

Das

Magazin

Eisern geht es nicht wirklich voran. Doch Künstler Vicente Galbete erinnert mit diesen Skulpturen am Alto de Perdón an die Geschichte des Pilgerns.

Jenseits von Don Juan und Flamenco

Lebensart — Dudelsack statt Kastagnetten, Orujo statt Sherry: Nordspanien ist das gelebte Gegenteil all der Klischees, die uns zu Spanien so einfallen.

Galicier sind so vorsichtig, auf einer Treppe kann man nicht erkennen, ob sie rauf- oder runtergehen – Friesenwitze sind nichts gegen die Spötteleien, die über den angeblichen Aberglauben und Geiz sowie die vermeintliche Skepsis der nordwestspanischen Bevölkerung in Umlauf sind. Als konservative Eigenbrötler werden die Galicier *(galegos)* gern in Karikaturen dargestellt: in der einen Hand die Kuhleine, in der anderen die Sichel.

Die Bewohner von Navarra und dem Baskenland haben es auch nicht leicht, heißt es. Vor allem, weil sie immer diese kiloschweren Brocken heben müssen und das Wettsicheln auf Zeit für besonders männlich halten …

Wie auch die Vorurteile über die Bevölkerung ausfallen, eine Reise durch das Land räumt schnell auch mit unseren eigenen Klischees auf. Carmen, Flamenco und Don Juan haben mit Nordspanien etwa so viel zu tun wie kühles Hanseatentum mit Niederbayern. In Burgos gibt es keine Flamencobühnen und in Ourense keine Stierkampfarena. »Wir sind wirklich anders«, sagte dazu einmal eine junge Galicierin, »nämlich praktischer. Wir melken eben lieber Kühe als Stiere abzustechen.«

Freundlich statt feurig lernt man die Nordspanier kennen, ähnlich wie die Natur wirken sie auf manchen eher schottisch als südeuropäisch.

Von Muscheln und Steckrüben

Juan Manuel Cosa Casto, Mitte vierzig, hat umgeschult. Sein Fischerboot brachte kaum mehr etwas ein, Überfischung, Konkurrenz aus Marokko und EU-Normen, all das machte die Arbeit als *pescador* nicht mehr rentabel. Ein bezeichnender Schritt. Denn seine Vorfahren waren seit Generationen auf allen Meeren zu Hause, die Familie sahen sie oft wochenlang nicht, der harte Job war ihr Leben. Heute arbeitet der Mann im galicischen Corme als *vigilante*, als Wächter. Mit dem Handy fährt er die raue, an Entenmuscheln reiche Todesküste ab, meldet eventuelle Unfälle und Diebstähle. Sein monatliches Einkommen beträgt inzwischen 600 €, Tendenz steigend. Juan Manuel bereut es nicht, sein Boot verkauft zu haben, der Familie geht es besser ohne die Fischerei. Die soeben volljährige Tochter verdient schon das Doppelte, im Friseurladen und an Wochenenden als Aushilfskellnerin in einer großen Diskothek.

Schäfer und Modedesigner

Seit Francos Zeiten, so Juan Manuel, habe sich der Alltag für die Fischer und Bauern Galiciens nur schleppend verändert. Man lebt von dem, was das Meer an Muscheln und die Erde an Steckrüben hergibt. Tatsächlich brachte das Fernsehen noch vor wenigen Jahren Berichte dazu, wie Orte im Hinterland erstmals an das Stromnetz angeschlossen wurden. Vom Leben wie vor Jahrzehnten erzählen noch manche Bergbewohner in der Provinz Ourense, ebenso wie der Schäfer Felipe Trigueros Polanco, der im dünn besiedelten Kastilien-León (nur 28 Einwohner pro km^2) ohne Krankenversicherung alt geworden ist. Seine Hüfte macht ihm Ärger, die Operation könnte er niemals bezahlen.

Gleichzeitig hat eine junge Generation inzwischen selbstbewusst Karriere gemacht, ob als Model, Sänger, Designer oder auch Immobilienmakler. Die damit verbundene Landflucht verwandelte einige Orte schon in den 1980er-Jahren in Geisterdörfer. So erhielt mancher junge Architekt die Restaurierung eines ganzen Dorfs als Auftrag und verwirklichte sich einen Lebenstraum.

Lange gehörte Spanien in der EU zu den wachstumsstärksten Ländern. Wer Geld hatte, blieb nicht in den Altstadtgemäuern wohnen, sondern zog in moderne, gesichtslose, aber praktische

Bei einem Fest wie hier nahe Lalín geht einem das Herz auf. Paartanz zum Sound der Band Os Ardores

Wohnblocks. Doch durch den Bauboom bekam ganz Spanien Schlagseite, die Immobilienkrise hat das Land seither fest im Griff. Die Jugendarbeitslosigkeit liegt bei rund 40,7 %. Drastische Sparmaßnahmen sollen zu einer baldigen Erholung der Wirtschaft führen.

Nach wie vor zählt die Familie
Wichtig ist und bleibt der familiäre Zusammenhalt, gemeinsam geht man auf Feste zum Tanzen. Groß und Klein treffen sich in der Tapa-Bar und auf Plätzen. Und bei den Gelagen im Eichenwald kommen die Kinder schon mal von weither, um mitzufeiern. Eine aktuelle Studie besagt zudem: In keinem Land leben Kinder so lange bei ihren Eltern wie in Spanien, im Schnitt bis zum 29. Lebensjahr. Innerhalb der *familia* wird abgefedert, dass es weder Kindergeld noch genügend Kindergartenplätze gibt. Jugendliche Babysitter, sogenannte *canguros* (Kängurus), leistet sich vor allem die Oberschicht. Die Geburtenrate sinkt und ist in Galicien sogar die niedrigste in ganz Spanien.

Modernisierung, Wirtschaftsaufschwung und Konsum seien hierfür die Hauptgründe, heißt es von kirchlicher Seite. 95 % der Bevölkerung sind römisch-katholischen Glaubens, die Kinder werden getauft, zur Sonntagsmesse gehen wenige. 70 % der Spanier bis 28 Jahre können nach aktuellen Umfragen heute mit ›Unbefleckter Empfängnis‹ und ›Fegefeuer‹ nichts mehr anfangen. Viele Klöster sind verlassen. Hinzu kommt ein Wandel im Geschlechterverhältnis. Im 19. Jh. emigrierten viele Männer nach Lateinamerika, vor allem die Galicierinnen blieben allein und mussten sich selbst durchschlagen. Als sogenannte ›lebende Witwen‹ führten sie über viele Jahre den Hof. Daher könnte das Selbstbewusstsein junger Nordspanierinnen stammen, die handfest leben und weit weniger kokett auftreten als Andalusierinnen. Frauen heiraten heute später, möchten höchstens zwei Kinder und eine Berufsausbildung, die Zahl der Single-Haushalte steigt. Doch wenn es um Hochzeitsbankette in riesigen Hallen geht, um Familienfeiern, vor allem aber um gegenseitige Hilfe, zählt die Familie wie eh und je. ■

V

GALICIENS BESTES VOLKSKUNDEMUSEUM

Das Museo do Pobo Galego (s. S. 116, museodopobo.gal) in Santiago de Compostela ist ganz auf das regionale Leben im Laufe der Generationen eingestellt. Es zeigt beachtliche Miniaturmodelle von Häusern, Karnevalsmasken und Werkzeug in einer Ausstellung, die Ihresgleichen sucht.

Leben am Atlantik

Von Muschelzüchtern und Percebeiros — Im Nordwesten Spaniens sind Werftindustrie und Fischfang trotz EU-Konkurrenz und Überfischung nach wie vor wichtig. Vor allem die Muschelzucht ist hoch effektiv.

Mehr als 6000 Boote sind an der galicischen Küste registriert, fast 7500 *pescadores* holen im Jahr 125 000 t Fisch aus dem Atlantik, vor allem Seebarsch und Kabeljau. Vor Carnota liegt die weltgrößte Zuchtanlage für die scheibenförmigen *rodaballos*. Bis zu 600 t dieses Steinbutts kommen dort nach vier Jahren zur Abfertigung. Exportziel ist vor allem das fischverliebte Japan, das auch den größten Teil des galicischen Thunfischs kauft. Das ganze Fisch-Alphabet findet sich auf den Auktionen, in den Hafenhallen am Atlantik feilschen Köche und Zwischenhändler um Schwertfisch und den proteinreichen Seeteufel. Auch Privatjets aus Madrid landen dort, um den Fisch möglichst frisch in die Toprestaurants der Hauptstadt zu befördern. In weit größerem Stil als auf Auktionen handelt man in der südgalicischen Metropole Vigo, die mit ihren Arbeitervierteln als Spaniens ›Liverpool‹ gilt und den drittgrößten Fischereihafen Europas besitzt. Entsprechend sind die umliegenden Fabriken mit der Konserven- und Fischmehlherstellung ausgelastet.

Lange blühte in Galicien auch der Schmuggel mit harten Drogen und Zigaretten. Die bestochene Seepolizei sah seelenruhig mit an, wie wasserdichte Säcke mit Heroin an Miesmuschelflößen angebracht wurden, damit Taucher sie später unbemerkt abholen konnten. Inzwischen hat die Staatsanwaltschaft aus Madrid hart durchgegriffen: Mit dem Handel mit harten Drogen ist es vorbei und die lokalen Mafiosi sitzen fast alle hinter Gittern. Davon handelt auch die derzeitige Kultserie Fariña (s. S. 172)

Ufo-Invasion? Nein, Miesmuschelflöße

Schwarz und quadratisch liegen sie im Wasser, oft von Nebel umhüllt und akkurat aufgereiht wie eine gerade gelandete Invasion Außerirdischer. Doch hinter den so mystisch anmutenden Flößen Galiciens verbirgt sich nichts anderes als die größte Miesmuschelzucht der Welt. *Bateas* heißen die Plattformen aus Eukalyptusholz an der zerklüfteten Küste. Rund 500 Seile pro Floß halten die heranwachsenden Schalentiere. Sie sind aus rissfestem Nylon gefertigt, denn ein Seil muss bis zu 80 kg halten und kann nur von stabilen Schiffskränen aus dem Wasser gezogen werden. Gut 180 000 t Muscheln ernten die Fischer im Jahr; das saftige, orangefarbene Fleisch deckt fast 95 % des spanischen Miesmuschelbedarfs. Der Überschuss – fast noch ein Drittel – geht in den Export, etwa nach Deutschland, Österreich und in die Schweiz.

Vor allem die Buchten Ría de Arousa und Ría de Vigo sind ideal für diese Farmen. In den flachen, weiten Buchten kann sich das Wasser schnell erwärmen. Zudem spült der Atlantik mit jeder Flut

Sehen aus wie gelandete Ufos? Sind aber Miesmuschelflöße. An den Seilen wachsen so viele Mejillones wie sonst nirgends in Europa. Unten eine noch teurere Delikatesse aus dem Meer: Entenmuscheln

mineral- und sauerstoffreiches Wasser an, was dem ›schwarzen Gold‹ Galiciens bestens bekommt. Und so fühlen sich hier auch andere Muschelarten wohl, wie die kleinen Herz- und Venusmuscheln, die Austern und die Jakobsmuscheln. Kurz ist der Weg von den Muschelflößen in die Tavernen. Hier kommen die *mejillones* im Geschmack möglichst unverfälscht auf den Tisch: entweder mit einem Sud aus Lorbeer, Zwiebeln und Weißwein, oder auch nur *al vapor,* in reinem Salzwasser gedämpft.

Der riskante Job der Entenmuschelsammler

Daumengroß kleben die trotz ihres Namens zu den Krebstieren gehörenden *percebes* (Entenmuscheln) an den bizarren, scharfglitschigen Felslandschaften voller Löcher und Spitzen. Rund 100 *percebeiros* aus dem kleinen Fischerdorf Corme an der ›Todesküste‹ (Costa da Morte) machen sich morgens bei Ebbe auf den Weg: mit Haftsohlen, Seilen, Plastikeimern und Bürsten. Mittels Holzstangen, an denen flache Eisenaufsätze angebracht sind, kratzen sie das Tier vom Fels. Delikaterweise sind vor allem die *percebes* weit unten im Wasser gefragt, weil sie ständig umspült werden und zu keiner Zeit im Sonnenlicht antrocknen. Um sie zu erreichen, werden die Fischer an Seilen ins Wasser gelassen. Doch eine plötzliche Strömung kann bei den scharfen Klippen zum blutigen Verhängnis werden, in den vergangenen zehn Jahren sind drei Bewohner von Corme bei der Arbeit gestorben.

Abgeschreckt hat das jedoch niemanden: »Weil so eine kleine Muschel viel Geld einbringt und wir doch sonst keine Arbeit haben«, sagt einer der Männer. Sein Monatslohn beträgt derzeit exakt 800 €, die Regeln sind streng.

Die *percebeiros* müssen in Santiago de Compostela bei der Xunta-Regierung eine Lizenz beantragen, dürfen dann pro Arbeitstag 4 kg Entenmuscheln sammeln und müssen sie am Hafen abwiegen lassen. Ein Wächter, ausgestattet mit einem Funkgerät und einem schnellen Motorrad, passt auf, dass nichts in die eigene Tasche wandert.

Die Xunta verkauft die Delikatesse dann für gutes Geld. Hier am Hafen kostet eine Ration Entenmuscheln kaum 14 €, in den Edelrestaurants von Madrid und Barcelona hingegen das Drei- bis Vierfache. Doch der Verkauf dorthin lässt inzwischen merklich nach. Der Grund: So manches Restaurant bereitet als galicische Feinkost zu, was günstig und weniger frisch aus Marokko stammt. ■

F

FEIERN MIT DEN FISCHERN

In Galicien sind Feste zu Ehren der Meeresfrüchte keine Seltenheit, vor allem in den Monaten September und Oktober. Mal wird der Miesmuschel gedacht, mal der Seekrake oder auch der Sardine. Und natürlich sind diese dann an allen Essständen zu haben. In aller Regel wird am Hafen und am Hauptplatz mit viel Wein und Musik gefeiert. Die kulinarischen Feste sind inzwischen längst auch im Hinterland beliebt, wo in Orten wie Silleda sogar ein Paellafest läuft, obwohl dort weit und breit kein Reis wächst. Grund sind die Subventionen der Regierung. Sind die Feste vom nationalen oder gar internationalen Interesse, gibt es mehrere Tausend Euro Zuschuss. Detaillierte Hinweise zu den Terminen siehe turgalicia.es.

Warum Nacho jetzt Galicisch spricht

Sprachpolitik in Nordspanien — Erst kamen die Basken und haben ihre Sprache politisch genutzt. Ähnlich vehement machen das heute die Katalanen. Doch auch für viele Galegos ist Galicisch nicht nur zum Sprechen da.

Die Katalanen lassen – das hat schon der wunderbare Film »L'Auberge Espagnole« gezeigt – ihr Català als einzig richtige Sprache in Hörsälen und auf Barschildern zu. Die Basken nutzen ihr Euskera (Baskisch) längst nicht mehr nur als Geheimsprache. Aber auch die Galicier sind inzwischen auf den Geschmack gekommen. Man spricht Galego, schreibt es und lehrt es.

Als Nacho aus dem Hinterland an die Küste kam und dort zur Schule ging, lachten sie ihn aus, weil er so komisch redete. Seine Eltern waren Landwirte, man sprach Galicisch, weicher, mit mehr Singsang in der Stimme. Da stand er also vor der Klasse, um sich vorzustellen, und sagte nicht etwa in reinem Kastilisch »*me llamo Nacho*«, sondern »*eu chámome Nacho*.« Riesengebrüll. Papierkugeln flogen. Das war in den 1980ern.

Galego schon in der Säuglingsstation

Heute ist Nacho Koch und Mitbesitzer des Restaurants Eirado da Leña in Pontevedra. Er hat natürlich gelernt, in reinem Kastilisch zu sprechen, doch genau das ist jetzt wieder out. Ob Politiker, Journalisten oder Lehrer, man spricht Galicisch. Das Regionalbewusstsein hat sich sprachlich manifestiert und auf Nachos Speisekarte steht nicht mehr *pescado* für Fisch, sondern *peixe*. Wenn jemand das Fleisch richtig durch haben will, macht der Koch es nicht *muy hecho*, sondern *moi feito*. Zum Glück spricht er mit mir aber nach wie vor Spanisch. Wir verstehen uns gut.

Was ist passiert? Ganz einfach: Die Regionalregierung in Santiago hat über lange Jahre hinweg Verlage und Journalisten subventioniert, wenn sie ihre Texte auf Galicisch veröffentlichten. Zur Förderung und Erhaltung ihrer Kultur, wie es hieß. Und sicher auch, weil man der Madrider Zentralregierung gegenüber ein klares Zeichen setzen wollte. Die Maßnahmen wurden immer handfester, besonders während der vierjährigen Mitregentschaft der Partei Bloque Nacionalista Galego (2004–09): Wer seinen Kindern galicische Vornamen

S

SPANISCH LERNEN AM ATLANTIK

In O Grove an der südgalicischen Küste bieten Sprachschulen attraktive Kurse an, kümmern sich um die Unterkunft und Ausflüge. Hier gibt es auch ein Zertifikat für den Bildungsurlaub, rias-bajas.com/spanisch-lernen-in-spanien/kursorte-grove.html.

gab, bekam 600 € geschenkt. Und in den Säuglingsstationen verteilten sie CDs mit Kinderliedern auf Galicisch, damit die kleinen Xoses und Mariñas von Beginn an das Richtige hörten. Das wirkte und wirkt weit in die Zukunft hinein.

Vier Idiome, ein Land

Spanien besitzt neben dem offiziellen Kastilisch die drei eigenständigen Sprachen Baskisch, Galicisch und Katalanisch, was die Kommunikation nicht vereinfacht. Dabei ist Kastilisch eine Weltsprache, von Spanien über Mexiko bis Argentinien wird es von rund 455 Mio. Menschen gesprochen. Sprache verbindet, doch in Spanien selbst sind sogar die Landesbewohner mit einem Wörterbuch unterwegs. Danke heißt auf Galicisch *graciñas* und auf Baskisch *eskerrik asko.* Wer aus Andalusien soll *eskerrik asko* verstehen? Und welcher Erasmusstudent? Schwierig, doch die nördlichen, historischen gewachsenen Regionen wollen die Einheitssprache schon lange nicht mehr.

Wer Kastilisch redet, gilt selbst im äußersten Nordwesten inzwischen geradezu als ›Zentralist‹. Da kommen alte Ressentiments hoch, denn Franco hatte während seiner Regierungszeit auch eine Sprachdiktatur errichtet. Weder das Baskische, noch das Katalanische, noch das Galicische durften gesprochen oder veröffentlicht werden. Einzig das bis heute landesweit gültige Idiom *castellano (español)* war erlaubt. Die Geheimpolizei nahm bei linguistischem Verstoß Liedermacher, Lehrer, Rundfunkjournalisten oder auch Priester in ›Schutzhaft‹.

Doch seit Francos Tod 1975 hat sich das geändert, längst sind die Regionalsprachen wieder verfassungsrechtlich garantiert. Mehr noch, man betreibt inzwischen längst selber Sprachpolitik, indem man die Hauptlandessprache ausgrenzt: an den Unis, sogar im Krankenhaus.

Renaissance der Dialekte

Auch einige fast ausgestorbene Dialekte sind wieder beliebt. So erlebt im asturisch-leonesischen Raum das mittelalterliche *bable* eine neue Blüte. Rund um Jaca wiederum ist *fabla chesa* gefragt, das sich aus dem Latein hiesiger Mönche entwickelte. Mancher Leitartikel dort erscheint wieder in *fabla* – inzwischen mit Worterklärungen am Textende, falls ihn jemand lesen sollte, der nicht aus der Region stammt.

Websites im Wandel

Und auch die Portale hat das beeinflusst. Baskische enden meist mit .eus, Katalanische mit .cat und Galicische mit .gal. Mit Inhalten oft nur noch in der Regionalsprache, was dann selbst die anderen Spanier nur mit großer Mühe lesen können. ■

Galicier sind Freunde fürs Leben. Und einen wie Nacho zu haben: super. Was auf Spanisch estupendo heißt.

Glaube und Aberglaube

Von Pfarrern und Naturgeistern — Allgegenwärtig sind im nordwestspanischen Galicien die Maisspeicher, und nichts symbolisiert das Nebeneinander von kirchlicher Tradition und keltischen Wurzeln so sehr wie ihr Dach.

Denn auf den Granitkästen auf Stelzen prangen ein Kreuz und eine *fica*, deren Pyramidenform vom keltischen Fruchtbarkeitssymbol, dem Phallus, abgeleitet ist.

Der Glaubensdualismus hat Tradition

Während die Hauptstadt Santiago seit über 1000 Jahren Ziel der Wallfahrt ist, gibt es selbst im Schatten der Jakobskathedrale ganz und gar unchristliche Bräuche. Der Grund: Vor den Katholiken kamen die Kelten. Ihre selbst ernannten Nachfahren heißen *meigas*. Es ist das galicische Wort für Hexe, meint aber nicht ganz dasselbe. *Meigas* verstehen sich als gute Hexen, als Druidinnen nordspanischer Prägung und als Beschützerinnen der dortigen Bevölkerung. Mit den Elementen Erde, Wasser, Feuer und Luft treiben sie alles Ungute aus ihren Klienten heraus, vom bösen Blick bis zur Trennungsangst. Gegen entsprechendes Honorar, versteht sich (s. S. 282).

Besuch bekommen sie von hohen Politikern und noch kinderlosen Direktorinnen, von Fischern und gelegentlich ratlosen Kriminalbeamten. An ihre hellseherische Kraft glauben viele. In der Tageszeitung La Voz de Galicia stehen in der Rubrik Anzeigen neben Angeboten von Gebrauchtwagen völlig selbstverständlich auch Offerten zur Geistheilung. Die nordgalicische Keramikfabrik Sargadelos ist mit der fließbandartigen Herstellung schützender Amulette beschäftigt. »*Haberlas, haylas*«, geben tut es sie schon, die Hexen, weiß jeder Galicier. Einige Fischer an der gefährlichen Todesküste gehen auf Nummer sicher. Sie besuchen nicht nur die Sonntagsmesse, sie lassen sich ihre Boote vorsichtshalber auch mit keltischen Sprüchen vor scharfen Klippen und tückischen Winden schützen. *Meigas* eröffnen ihre Büros längst in der Nähe des Bischofssitzes. Ein eigenwilliger lokaler Beruf ist der der Hexensekretärin.

GEGEN DEN BÖSEN BLICK

B

Früher ganz bewusst getragen, heute eher ein Modestück: die Amulette der Keramikfabrik Sargadelos, die vor allem als Halsschmuck getragen werden. Zu haben im Laden Sargadelos in der Straße Nova 16 in Santiago de Compostela, sargadelos.com, ab 20 €.

Prozession der Untoten

Die Kirche sieht dies gelassen. Kein Bischof hat je gefordert, die *fica* von den Maisspeichern zu entfernen. Die Tradition ist erlaubt, dabei treibt sie

Diese Pilger sind fast am Ziel. Sie sind schon in Galicien, wo die Horreos (Maisspeicher) stehen. Manche mit zwei Kreuzen auf dem Dach

erstaunliche Blüten. So glaubten noch vor wenigen Jahrzehnten viele, die unheimliche ›Prozession der Untoten‹ (Santa Compaña) durch die Wälder streifen zu sehen. Tote, die keine Ruhe finden und den Lebenden nachts das Blut in den Adern gefrieren lassen. Zum Wallfahrtsort San Andrés de Teixido, glauben noch einige, wanderten Seelen in Tiergestalt. Denn es heißt, wer zu Lebzeiten nicht nach San Andrés pilgert, müsse es danach tun. Und in As Neves ist es üblich, dass sich lebendige Menschen in offenen Särgen liegend um den Kirchplatz tragen lassen. Sie danken so dafür, eine vermeintlich tödliche Krankheit überlebt zu haben. Ein Pfarrer führt die seltsame Prozession an. Doch inzwischen sind viele Särge leer: Den Menschen ist der Medienrummel peinlich. Spielarten zwischen Glaube und Aberglaube sind in Galicien aber weiterhin selbstverständlich. Dennoch sehen manche Geistliche die *meigas* durchaus als ernste, ja ärgerliche Konkurrenz.

Zum Knochenheiler

Pfarrer Ramón Vidal Lafuente, der eine Gemeinde in Südgalicien betreut, sieht den Einfluss Gottes bedroht: »Was uns zu schaffen macht, sind Psychoanalytiker, Mediengurus und Hokuspokus«, sagt er: »Die Leute gehen hier nicht gerne ins Krankenhaus, die gehen lieber zum ›Knochenheiler‹, sie gehen nicht mehr gerne in die Kirche, sie lassen sich von den *meigas* lieber Theater vorspielen. »Und dennoch«, sagt er schon leiser, »übersinnliche Kräfte sind hier in Galicien schon weit verbreitet, das stimmt schon.«

Lafuente gehört zu einer neuen Generation von Klerikern in einer Gegend, in der Klöster aussterben. In Ferreiro ist die jüngste Nonne bereits über 80. Und in Oseira, wo einst Hemingway vorübergehend mit den Geistlichen lebte, ist der jüngste Priester auch schon im biblischen Alter. Die Nachwuchssorgen sind so groß, dass bereits Geistliche aus Lateinamerika angeworben werden. ■

Jakob als Marke

Die irre Laufbahn eines einfachen Apostels — Mariah Carey müsste angesichts der übergroßen Fan-Gemeinde des hl. Jakob ganz blass werden. Denn Santiago, wie er auf Spanisch heißt, wurde viel wirksamer in Szene gesetzt als die US-Pop-Diva, und das vor über 1000 Jahren.

Symbolischer Einpeitscher im Kampf gegen die Mauren: Apostel Jakob.

Internet, Schönheitschirurgen und Werbestrategen gab es damals nicht, dafür aber überaus versierte Bildhauer, Architekten und Prediger. Und das Wissen: Gute PR gelingt nur dem, der die Gier schürt und ein starkes Symbol aufbaut. Die Erfolgsstory nahm 813 ihren Lauf. Der bis dato völlig unbekannte galicische Einsiedler Pelayo blickte in einer klaren Nacht dieses Jahres in den Sternenhimmel und traute seinen Augen kaum. Himmlische Zeichen zeigten sich dem Mann und wiesen ihm einen Weg hinaus auf ein Feld. Er folgte dem Wink und machte kurz darauf bei Iria Flavia einen sagenhaften Fund: das Grab des legendären Apostels Jakob.

Fund mit Folgen: das Grab des Missionars

Anderntags erzählte der Einsiedler sein Erlebnis dem Bischof. Bald darauf ritten königliche Boten im Galopp über die Pyrenäen, um das Wunder zu verbreiten. Kirche und Krone waren sich bewusst, welche Tragweite diese Entdeckung haben musste. Ihnen lag an einer schnellen, an einer sehr schnellen Bekanntmachung. Jakob, das ahnten sie, würde nicht nur religiöser Motivator werden, sondern auch wirkungsvoller Einpeitscher für Kreuzritter im Kampf gegen die verhassten Mauren.

Santiago auf Augenhöhe mit Rom und Jerusalem

Der Hintergrund: Zum einen war der historisch nicht beweisbare Glaube verbreitet, der Apostel Jakob habe vor seiner Enthauptung durch Herodes 44 n. Chr. in Spanien missioniert. Engel sowie seine Jünger, hieß es in zeitgenössischen Predigten, hätten den Leichnam später mit einem Schiff nach Galicien gebracht und auf einem Feld bestattet. Somit war das Motiv für eine neue Pilgerstätte gegeben. Zum anderen befand sich das christliche Nordspanien in einer höchst brisanten Lage. Mauren hatten 711 das Reich der Westgoten erobert und in Südspanien eine blühende Kulturlandschaft geschaffen. Der Norden entwickelte sich in der Konsequenz bald zur Fluchtburg all derer, die vor dem Islam flohen. Im asturisch-galicischen Raum entstand die Keimzelle der christlichen Rückeroberung *(reconquista)*. Doch das Unternehmen Maurenvertreibung war zur Zeit der wundersamen Himmelszeichen ins Stocken geraten. Ein Ruck musste durch die christliche Welt, eine Symbolfigur fehlte, und mit dem Apostel war sie nun endlich gefunden.

Santiago avancierte neben Rom und Jerusalem zum wichtigsten Pilgerzentrum des Christentums, das Apostelgrab besuchten Abermillionen und erwanderten sich so Ablass von allen Sünden. Gregorianische Lieder entstanden und neue Berufsbezeichnungen wie die des Köbes. Der schlagfertige Kneipier der Metropole Köln heißt so, weil sich die Jakobspilger in der Stadt vorübergehend in den Wirtshäusern verdingten: ›Köbes‹ wurden sie auf Kölsch gerufen, zu Hochdeutsch ›Jakobus‹. Und das Image des bislang friedliebenden Missionars änderte sich währenddessen radikal.

»Und was wäre, wenn Jakobs Gebeine erst heute entdeckt würden? Gar nichts.«

Francis Drake und die verschollenen Gebeine

Plötzlich wurde er als Reiterstatue in vollem Galopp mit gezücktem Schwert in den Kirchen dargestellt, als neues Symbol des Kampfes gegen das maurische Al Andalus. Bis 1492, als die Christen die letzte arabische Bastion Andalusiens eingenommen hatten, hieß Jakob nur noch ›Jakob der Maurentöter‹, Santiago Matamoros.

Die Reliquien des Apostels blieben indes in seiner Wallfahrts-Kathedrale sicher verwahrt, bis Francis Drake im Jahr 1589 an der galicischen Küste vor Anker ging. Aus Angst vor einem Überfall des Ex-Piraten im Dienst der englischen Königin versteckten Kirchendiener in Santiago de Compostela die Gebeine des Apostels. Und zwar so gründlich, dass die sterblichen Reste über 300 Jahre verschollen blieben. Erst Ende des 19. Jh. tauchten sie auf wundersame Weise bei Grabungsarbeiten wieder auf.

Doch ohnehin war es um Santiago in der Neuzeit still geworden. Das Image verblasste, der Heilige war sozusagen ›out‹. Santiago de Cuba und Santiago de Chile waren längst viel wichtiger als ihre Namensgeberin. In Europa kritisierten Humanisten den Ablass und das Jakobsgrab mit beißendem Hohn. Luther wörtlich: »Man waisz nit ob sant Jakob oder ain todter hund da ligt.«

Francos Lieblings-Apostel

Erst General Franco ließ Jakob 1937, mitten im Bürgerkrieg, wieder aufleben und drehte noch einmal am Nimbus des Apostels. Nun avancierte er zum Leitbild im Kampf gegen die Kommunisten, zu einer Art ›Matacomunistas‹. In seinem Namen erschoss man linke Widerstandskämpfer, und seinen Geburtstag, den 25. Juli, erkor das Franco-Regime zum Nationalfeiertag. Der Jakob, schien es,

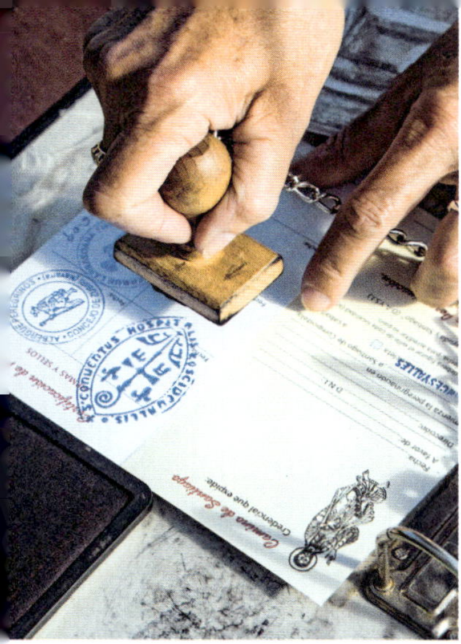

Stempeln für die Urkunde. Doch wer in Santiago de Compostela ankommt, ruht sich erst mal vor dem Hauptportal der Jakobskirche aus. 800 km sind kein Spaziergang.

heiligte die Mittel, die religiösen ebenso wie die kriegerischen. Die mittelalterliche Erfolgsstory des Jakob stellt alles in den Schatten, was sich moderne Imagepfleger auch nur erträumen können. Und dennoch war der Santiago-Boom vor allem in der vielschichtigen Zeit seiner Entdeckung begründet.

Was wäre, sinnierte unlängst ein galicischer Autor, wenn die Gebeine des hl. Jakob erst jetzt entdeckt würden? Die Antwort fiel denkbar trocken aus: Gar nichts.

Camino-Boom. Aber wie lange noch?

Heute, im 3. Jahrtausend nach Christi, ist der Camino wieder beliebt, beliebter als jemals zuvor. 1990 ging es los. Als ein Politiker namens Víctor Vázquez Portomeñe international sehr erfolgreich für den Xacobeo warb, den Jakobskult. Clever organisierte der Mann der konservativen Partei Partido Popular das Pilgermaskottchen und internationale Pressereisen. Mehrere Tausend Pilger pro Monat sind seither schon gezählt worden, vor allem in eben diesen Heiligen Jahren, wenn der 25. Juli auf einen Sonntag fällt. Dann, so die Kirchentradition, erhalten Pilger den Ablass von allen Sünden.

Nur haben Ablässe und der hl. Jakob längst nicht mehr die Zugkraft wie im tiefen Mittelalter. Die meisten Pilger auf dem Camino sind heute auf der Suche nach sich selbst. Oder auf der Flucht vor dem Alltag. Oder beides.

Der galicische Journalist Cristobál Ramírez von der Voz de Galicia stellte unlängst die Frage, ob die vielen Pilger eigentlich noch der Pilgertradition entsprechen. Und ein Priester, der namentlich nicht genannt werden will, sagt: Der Jakobskult ist längst Kommerz statt Glaube. Und wird schon deshalb sehr bald untergehen. ■

Besessene schweben nicht

Exorzismus — Don José Criado versucht, einer jungen Graphikerin den Teufel auszutreiben. Der Priester hat die Lizenz dazu vom Bischof. Ob das gelingt, erzählt er mir vor Ort.

Das Foto auf dem Handy des Priesters ist furchtbar. Es zeigt einen Behälter auf einem Friedhof. Darin stecken in tierischen Eingeweiden sieben schwarze Nägel. Das Bild hat Don José aus der geschlossenen Whatsapp-Gruppe AIS – mit insgesamt 28 Mitgliedern. AIS steht für Associazione Internazionale di Esorcisti, dem Internationalen Exorzisten-Verband. Die Satanisten haben das schaurige Ding da arrangiert, weiß José. Sie provozieren das Böse. So etwas posten sich die Spanisch sprechenden Nachwuchs-Exorzisten gerne gegenseitig zu. Und natürlich auch Tipps zum Treffen beim nächsten Fortbildungsseminar im Vatikan.

José ist als Exorzist ausgebildet. Als einfacher Priester hätte er es leichter.

Lizenz aus Rom, Lizenz vom Bischof aus Lugo

Don José hat mich in seiner Sakristei nahe Santiago empfangen. Draußen regnet es in Strömen. Der galicische Pfarrer ist der jüngste von rund 18 Exorzisten in Spanien und hat die Aura eines Kuschelbären. Doch wer ihn interviewen will, muss sich vorher akkreditieren. Bei der Pressesprecherin des Bischofs von Lugo. Und den Schwur ablegen: keine Fake-Infos verbreiten, keine Fotos vom Exorzismus selbst machen. Dafür zeigt mir José seine bislang wohl wichtigste Kirchenurkunde. Wörtlich bescheinigt Bischof Dr. Alfonso Carrasco Rouco dem Geistlichen darin die »Licencia para realizar exorcismo sobre posesos« also die Lizenz, bei Besessenen die Teufelsaustreibung durchzuführen. Er ist der einzige in ganz Galicien, der dies darf. Wobei er weiß, dass der Teufel vom Menschen nur sehr selten Besitz ergreift. Das hat er in Rom gelernt. Und natürlich auch, mit welchen Mitteln sich der Teufel vertreiben lässt.

Nie gegessene Insekten

Viele, sagt José, kommen seither zu ihm, weil der Teufel angeblich seine Finger im Spiel hat. Bei Eheproblemen, Psychosen und sogar Ausschlägen. Er schickt sie zum Eheberater, zum Psychiater, zum Hautarzt: »99 Prozent der Menschen, die den Teufel in sich glauben, haben eine viel zu blühende Fantasie«.

Doch dann diese Frau aus Madrid. Pilar (Name geändert), die 46-jährige schlanke Argentinierin mit Wohnsitz nahe Madrid, kam zu ihm in dieses Gotteshaus im Hinterland Spaniens, wo im Mittelalter Kindern (ähnlich wie in Fatima und Lourdes) die Mutter Gottes erschienen sein soll.

Pilar nimmt jeden Monat vier Fahrten von Madrid aus auf sich. Das sind zusammen bereits 72 000 km. Und es werden noch einige dazu kommen. Nahe der spanischen Hauptstadt hat sie mit ihrem Mann Carlos ein Büro für Grafik und Design. Und alles war normal, bis sie mit 27 Jahren die ersten Symptome bekam. Taube Finger, Appetitlosigkeit, starke Kopfschmerzen. Sie suchte zwei Dutzend Ärzte, Heilpraktiker, Psychologen auf, ließ sich die Gehirnströme messen, das Blut untersuchen und ihre Kindheit in Buenos Aires hinterfragen. Über viele, viele Jahre hinweg. Nichts half. Pilar hatte sich bereits bis auf die Knochen herunter gehungert, als ihr ein Freund, selbst Pfarrer, sagte: »Du hast den Teufel in Dir«.

Die Diagnose mag furchtbar sein. Aber sie ist eine. Und endlich hatten die Schmerzen einen Sinn. Sie suchte in Madrid nach einem Exorzisten. Es gibt drei. Doch die sind völlig überlaufen. Die Warteschlangen der Besessenen sind länger als die beim Internisten. Also suchte sie im Hinterland nach Hilfe. Und so traf sie auf Don José aus O Corpiño.

José nahm sie auf und erkundigte sich zunächst gründlich. Er wusste, dass sie und ihr Mann bislang weder an Gott noch an den Teufel geglaubt hatten. Er las all die ärztlichen Befunde und wusste auch: Ihr Mann, den sie seit der Uni kennt, glaubte zunächst an einen Hirnschaden. Bis er gesehen habe, wie sie Insekten und Kräuter herauswürgte, die sie nie gegessen hatte.

E

EXORZISMUS BEDEUTET

›Hinausbeschwören‹ (griechisch: *exorkismós).* Im Codex des Kirchenrechts steht unter Paragraph 1172 § 1: »Niemand kann rechtmäßig Exorzismen über Besessene aussprechen, wenn er nicht vom Ortsordinarius eine besondere und ausdrückliche Erlaubnis erhalten hat.« In den Wallfahrtsort O Corpiño kommen jährlich bis zu 150 000 Menschen. Ähnlich wie in Lourdes oder Fatima oft in der Hoffnung auf Wunderheilung.

Luzifers Wut

Als Don José Pilar aufnahm, wog sie kaum noch 37 kg. Er nahm zwei Karten mit dem Motiv der heiligen Mutter Gottes. Er weihte eine der Karten. Die andere streckte er der Frau entgegen. Sie nahm die Karte. Die geweihte streckte er ihr nun ebenfalls zu. Und sie schrie, warf sie weg, beschimpfte den Geistlichen. Nächster Test: Geweihtes Wasser. José gab ihr ein Glas normales Wasser zu trinken. Sie trank es aus. Beim nächsten Glas, geweiht, lief es anders. Sie schleuderte es gegen die Wand, tobte, schrie José an, er sei erbärmlich, ein Witz, dem Tod geweiht. Sie redete plötzlich mit dunkler Männerstimme Sätze auf Griechisch und Latein. Manchmal hört der Exorzist bei solchen Szenen noch drastischeres: Er sei impotent, so bemitleidenswert impotent, ein Schwächling, ein Kinderspiel für den geliebten, starken Luzifer.

Die Vorsicht des Priesters

Exorzismus dauert, sagt José. Es ist kein Fall für den Chirurgen, wenn der Mensch schnelle Hilfe braucht. Es braucht viel Zeit. Und einen sehr entspannten Priester. José liest Ferse, er kontert die Wut mit Sätzen aus der Bibel. Er lässt die schlimmsten Beleidigungen über sich ergehen. Sorgt dafür, dass ein Angehöriger immer im Raum dabei ist. Doch inzwischen lassen die Attacken bei Pilar deutlich nach. Sie sei fast geheilt. Fast. Und ein ungewöhnlicher Fall auch für ihn, der schon öfter Austreibungen abgebrochen hat. Grund: »Die Gefahr ist riesig, versehentlich den Teufel zu sehen, wo er gar nicht ist«.

Das miese Image der Exorzisten

José ist ein vergleichsweise junger Geistlicher hier in Galicien. Und er hat sich den Exorzisten-Job nicht ausgesucht. Der Bischof von Lugo wollte es so. Er verdient dadurch keinen Cent mehr, ist aber extrem belastet durch Geschichten von Dämonen, von kriechenden Bäumen, von sprechenden Hunden. Manchmal angereichert mit skurrilen Worten wie aus einer Geheimsprache. Er nimmt einmal im Monat eine Auszeit von drei Tagen und versucht, alles Gehörte zu vergessen, geht viel schwimmen. Ab und zu trinkt er mit Freunden ein Bier, gern auch eine deutsche *cerveza*. Und er ist sich durchaus bewusst: Exorzisten haben einen verdammt schlechten Ruf.

Das Thema im Film und vor Gericht

Schuld daran sind vor allem Reporter und Filmregisseure, meint er. »Es gibt keine vom Teufel Besessenen, die plötzlich durch den Raum schweben.« Und der einzige Film, der annähernd realistisch ist, sei »Der Exorzismus von Emily Rose« (2005), bei dem ein Pfarrer eine Studentin heilen möchte, die dann Selbstmord begeht. Und der sich wegen fahrlässiger Tötung vor Gericht verantworten muss. Die Geschichte ist nicht unrealistisch. 2014 beispielsweise hat ein Gericht in Valladolid den Selbstmordversuch einer Schülerin untersucht, die mehrmals im Konvent San Joaquín y Santa Ana von einem Exorzisten behandelt worden war. Der Fall ist noch nicht entschieden. José meint dazu: »Mein Kollege in Kastilien hat da einen Fehler gemacht, glaube ich. Da war kein Teufel im Spiel. Der Cura aus Valladolid hätte sie zum Seelenheiler bringen müssen.«

José arbeitet an einem Ort, der als Wallfahrtsort mindestens so attraktiv ist wie Santiago de Compostela mit Apostelkult und Heiligem Jahr, wenn der Tag des Jakob wieder auf einen Sonntag fällt. Seine Messen sind voll. Die Erscheinung der hl. María wirkt bis in die Gegenwart hier im Hinterland. Wo manche auch Hexen gegenüber nicht abgeneigt sind und der Satz kursiert: »Deus e bom, mais o diablo non e malo« (Gott ist gut, aber der Teufel ist auch nicht schlecht).

Nach dem Gespräch begleitet mich der Priester raus aus der Sakristei. Es ist Wochenende. Er weiß, was jetzt passiert. Der Regen hat etwas nachgelassen. Pilar steht plötzlich vor mir. Die vom Teufel besessene. Eine Frau mit wachen, dunklen Augen. Sie ist bereit für ein kurzes Gespräch. Ihr Mann ist dabei. Sie erzählt, der Teufel in ihr habe seine Macht fast verloren. Sie habe ihr Normalgewicht von 55 kg wieder erreicht, könne endlich wieder richtig essen, schlafen und auch wieder als Graphikerin arbeiten. Sogar einen richtigen neuen Auftrag habe sie schon erhalten: ein Plakat am Kircheneingang von O Corpiño. Sie führt mich hin.

Es zeigt María. Die Mutter Gottes

Das Gespräch dauert schließlich eine gute Stunde. Sie antwortet auf jede Frage. Nur eine Bitte winkt sie am Ende lächelnd ab: Ob der Teufel in ihr mir etwas auf Deutsch sagen kann. ■

Feueralarm

Waldbrände in Galicien — Nirgendwo in Spanien sind Löschflugzeuge und Feuerwehrmänner so oft im Einsatz wie in der regenreichen Region am Atlantik.

In Galicien gibt es auf den Cíes-Inseln die größte Möwenkolonie des Landes, in den grünen Tälern im Hinterland leben Füchse, Wildpferde und Kaninchen, doch die Natur im »Galicia verde« (grünen Galicien) kommt häufig wegen eines ganz anderen Themas in die Schlagzeilen: Waldbrände.

Im Grunde genommen ist es fast unglaublich. In Galicien ist Wasserknappheit ein Fremdwort, eine Dürreperiode wie in den heißen, trockenen Gebieten am spanischen Mittelmeer hat es nie gegeben, die Regenschirmhersteller haben den krisensichersten Job und dennoch muss die Region die meisten Waldbrände des Landes verkraften. Konkret bedeutet dies: In den vergangenen zehn Jahren gab es im Schnitt die Hälfte aller Brände in Galicien, gefolgt von Kastilien und der Extremadura. Vor allem der aus Australien importierte Eukalyptus bietet den Feuern Nahrung. Er wurde für die Holzindustrie angepflanzt, entzieht anderen Baumarten massiv das Wasser, wächst wesentlich schneller als beispielsweise Eichen und brennt wie Zunder, fast so schnell wie die Kiefern.

70 000 ha in zwei Wochen vernichtet

Im besonders schlimmen Jahr 2006 mussten sogar Löschflugzeuge aus Frankreich anrücken, weil die örtliche Staffel nicht ausreichte. Wütende Journalisten kommentierten, die Regierung habe wohl gar nichts gelernt aus der Ölkatastrophe im Jahr 2002, als vor der galicischen Küste ein Öltanker auseinanderbrach und die Küstenlandschaft über Jahre hinweg extrem verschmutzt war. Nach amtlichen Angaben verbrannten damals innerhalb von zwei Wochen rund 70 000 ha Wald und Buschland. Nur die wenigsten Feuer entstehen durch Blitzschlag oder Sonneneinstrahlung auf Glasscherben. Dagegen hat schon so mancher Nachbarschaftsstreit Schwelbrände nach sich gezogen. Vor allem aber Spekulanten sind immer wieder mit Benzinkanistern unterwegs, um günstig an Bauland zu kommen. Und auch wenn böswilliges Zündeln inzwischen mit jahrelanger Gefängnisstrafe geahndet wird, sind bisher nur wenige auf frischer Tat ertappt worden.

Baumschulen und ein toller Film

Galicien reagiert inzwischen massiv auf den Feuereifer. Baumschulen sind entstanden, um die Population seltener Arten zu sichern. Zeitgleich sind in den Wäldern jetzt verstärkt Helfer unterwegs, um entstehende Brände schon im Keim zu ersticken. Wie Greenpeace in Spanien mitteilt, sind die Waldbrände inzwischen spürbar zurückgegangen.

Übrigens: Regisseur Oliver Laxe brachte 2019 den mit Amador Arias und Benedicta Sánchez (*1935) brillant besetzten Spielfilm O que arde (Feuer wird kommen) ins Kino. Thema: Galiciens Waldbrände. Für das preisgekrönte Meisterwerk hatte sich Laxe zuvor zum Feuerwehrmann ausbilden lassen. ■

Wilde Pferde, wilde Jungs

Rapa das Bestas — Samuel kennt Galiciens Wildpferde wie kaum ein anderer. Und auch den berühmten Rodeo in Sabucedo. Der Jäger ist gleichzeitig Pferdeflüsterer. Er liebt die Tiere, die in Galicien außer beim alljährlichen Rapas frei leben. Nur um den Bestand macht er sich Sorgen.

Ein Julisonntag im Bergdorf Amil, rund 30 km von der Hafenstadt Pontevedra entfernt im grünen Hinterland. Schon am Vortag sind die Leute aus der Umgebung gekommen, haben die Jahrmarktbuden aufgestellt, die Grillplätze eingerichtet und das Tor der Umzäunung überprüft. Des Mauerrunds, in das später die Wildpferde aus den Wäldern hineingetrieben werden.

Wildpferde? Ja, es gibt sie hier in den Wäldern. Sie haben das Glück, klein und nicht grazil genug zu sein, um sich für die Zucht zu eignen. Es sind keine stolzen, hochgewachsenen Andalusier, sondern wendige Vierbeiner, die frei leben und nur einmal im Jahr mit Menschen in Berührung kommen.

Zwischen Mai und Anfang Juli treiben die Galicier diese Wildpferde von den Bergen in eine Umzäunung *(curro)*, um den Tieren Schweif und Mähne zu stutzen. Die Pferde werden desinfiziert und bekommen Brandzeichen, bevor die meisten wieder in die Freiheit entlassen werden. So manches Fohlen hat zuvor noch nie einen Zweibeiner vor sich gehabt.

R

RODEO-TERMINE

Die meisten Rapas finden im Juni statt: am zweiten Wochenende in Mougás und Morgadáns nahe Baiona, am Wochenende vor dem 24. Juni in Campo do Oso bei Pastoriza (Provinz Lugo). Ein Medienereignis ist die Rapa am ersten Juliwochenende in Sabucedo 40 km südlich von Santiago. Weitere Termine siehe spain.info.

Mutprobe jenseits des Stierkampfs

Schon seit vielen Generationen gilt das Zureiten der gedrungenen, starken Tiere als Mutprobe, zumal sich vor allem die ungebändigten Hengste entsprechend bockig gebärden. Stierkampf ist in dieser Gegend kaum beliebt, es gibt überhaupt nur eine einzige Arena in Galicien (in Pontevedra).

Bei den Rapas das Bestas sind keine glitzernd gekleideten Toreros mit einstudierten Gebärden gefragt, sondern reaktionsschnelle Jungs, denen der Staub im Gesicht klebt und die später erzählen werden, wie sie sich sekundenlang auf dem Rücken der Bestas haben halten können. Und was Tierschützer beruhigt: Bis auf wenige Tiere, die an die Pferdemetzger verkauft werden, galoppieren nach der Rapa die meisten wieder in die Freiheit. Auch achten die Galicier bei der Treibjagd darauf, dass die Fohlen nicht unter die Hufe kommen, bringen sie im Galopp ins Tal und geben sie dann ihren Stuten zurück.

Wölfe, Diebe, Musiklehrer

Vor allem Sabucedo im Hinterland ist berühmt für den Rodeo. Dort besucht Samuel aus Pontevedra jeden Sommer das Haus seiner Tochter. Der passionierte Jäger erzählt: Früher gab es in den Bergen hier rund 700 Wildpferde. Heute sind es gerade mal 200. Wegen der Diebe und vor allem der Wölfe. Auf meine Bitte hin führt er mich spontan ganz in die Nähe der Pferde, für ein Fotoshooting jenseits des Rapa-Tumults.

Es ist ruhig in Sabucedo außerhalb des Juli-Events. Die Sonne brennt. Und Samuel hat eine Gabe. Er ist ein Pferdeflüsterer. Kommt er alleine zu den friedlichen grasenden, sonst eher vorsichtigen Tieren, stellt er sich mitten unter sie und spricht mit ihnen. Das ist spektakulärer als jeder Rodeo. Und noch etwas erzählt Samuel: Die vielen Reporter halten die stämmigen Reiter für Jungs aus den umliegenden Dörfern: »Dabei kommen die von sonst wo her, sogar Musiklehrer aus Madrid sind dabei«. ■

Zum Paso Doble erst von Lanzen getroffen, dann vom Torero erstochen. Galicier mögen diesen Tod der Stiere am Nachmittag nicht. Sie reiten lieber auf Wildpferden und lassen sie dann wieder frei.

»Das Kreuz ignorieren wir einfach«

Interview mit einer galicischen Hexe — Besuch bei Rosa, einer Art Druidin, wie es sie schon im Mittelalter gab. Sie berät seit über 30 Jahren, arbeitet mit Institutionen und wird von Ärzten und Polizisten geschätzt. Von Priestern weniger.

Wir treffen uns in einem Haus in Südgalicien. Es ist 22 Uhr abends und erst jetzt hat sie Zeit für das Treffen mit mir, diesem Reporter aus Köln. Rosa ist Mitte 50, in Weiß gekleidet, ihr Blick beruhigend und stechend zugleich. Ihr Haar ist hellgrau und ihre Stimme sehr sanft. Sie war zu diesem Interview erst nach mehreren telefonischen Anfragen bereit. Das Tonband darf mitlaufen, auch Fotos sind okay, solange sie und ihre Mitarbeiterin nur unscharf zu sehen sind. Bei der nachgestellten Zeremonie vor unserem Interview nimmt ihre junge Sekretärin die Rolle des Klienten ein. Ein solcher darf nicht mit ins Bild, schon wegen dem Recht am eigenen Bild. Und ihren richtigen Namen und ihren Wohnort darf ich auf keinen Fall nennen. Hier das Gespräch im Wortlaut:

Was ist eine meiga?

Eine Magierin, frei definiert eine weise Frau, die berät und hilft.

Eine meiga ist also keine Hexe?

Nicht im herkömmlichen Sinne. Eine *meiga* bezieht sich auf keltische Magie. Sie hilft mit Unterstützung der vier Elemente Wasser, Feuer, Luft und Erde. Eine Hexe dagegen wird mit dem Teufel, mit Satanismus in Verbindung gebracht. Wir überlassen die Definition in Galicien aber nicht der Kirche. Wir sind keltische Hexen, die das Gute wollen.

Wie sind Sie meiga geworden?

So etwas hat man schon von Geburt an, aber dazu kommt die Auseinandersetzung mit den alten Kulturen und mit dem Hier und Heute. Ich habe Intuitionen wie ein Geiger das Gespür für Musik, wenn Sie so wollen. Daneben hatte ich aber auch meine ›Hexenmeisterin‹, die mich eingewiesen hat, eine Frau aus unserem Dorf bei Vigo. Als ich sieben Jahre alt war, habe ich sie oft besucht. Sie hatte einen großen Raum, in dem ich mich immer hinter einem Vorhang versteckte, während sie ihre magischen Sitzungen hielt. Niemand außer ihr wusste, dass ich da war. Und ich hörte zu, hörte zu, hörte zu. Ich liebte diese Sitzungen über alles, wie sie mit den Leuten sprach, wie sie ihnen Ratschläge gab. Ich lernte von ihr über Jahre hinweg in meinem Versteck.

Wer sind Ihre Klienten?

Früher waren es eher einfache Leute. Heute kommen auch Manager, Ärzte, Schauspieler, die akzeptieren, dass es kein Aberglaube ist, was ich hier mache.

Die Beratung kostet?

Rund 50 €.

Was passiert während der Sitzung?

Der Klient schweigt, ich rede. Natürlich sprechen wir auch, aber erst, nachdem ich die Diagnose gestellt habe.

Der Klient sagt nur seinen Namen?

Name und Sternzeichen. Und dann rede ich über sein Leben.

Wie das, wenn Sie ihn nicht kennen?

Ich kenne ihn, obwohl ich ihn gerade zum ersten Mal gesehen habe. Ich sehe sein Leben. Das ist Intuition und schwer zu beschreiben. Ich erzähle, was ihn bedrückt. Manchmal arbeite ich auch mit Karten. Ich vertue mich selten.

Haben Sie Macht?

Nein, Qualitäten.

Haben Sie eine Berufsausbildung?

Ich habe Wirtschaftswissenschaften studiert und wollte Unternehmerin werden. Als *meiga* wollte ich verdeckt arbeiten. Noch unter der Diktatur Francos war dies verboten, wurde scharf verfolgt. Als Franco 1975 starb, hat sich viel verändert, auch für Magier und Hexen in Spanien.

Hexerei ist heute gesetzlich erlaubt?
Nein, offiziell wird es strafrechtlich verfolgt, man hat bislang vergessen, den entsprechenden Paragraphen aus dem Strafgesetzbuch zu entfernen.

Wer ist für Galicier attraktiver, ein Pfarrer oder eine Hexe?
Eine Hexe, mit Abstand. Wir bieten den Menschen einfach mehr als die Kleriker. Und gehen auch viel stärker auf die Menschen und ihre Ängste ein.

Waren Sie schon mal in der Kirche?
Gott bewahre.

Wie ist Ihr Verhältnis zur Kirche?
Das ist eine lange Geschichte. Erst waren wir, dann kam die Kirche. Denken Sie nur an die Wegkreuze, die *cruceiros*. Zuerst war da der Stein der *meigas*, wo wir uns versammelten, unsere Kulte lebten. Dann kam die Kirche und hat auf die Steine Granitkreuze gesetzt. Glauben Sie, das stört uns? Wir treffen uns noch immer an den Steinen, das Kreuz ignorieren wir einfach.

Was ist unser größtes Problem?
Die Einsamkeit. In welchem Zusammenhang auch immer, es geht um Einsamkeit. Es ist einfach so: Menschen sind oft sehr einsam.

Sie sind also Psychologin?
Nein, ich bin *meiga*.

W

WHATSAPP DER EXORZISTEN

Spanisch sprechende Exorzisten haben eine eigene Whatsapp-Gruppe. Unter den 26 Mitgliedern ist der Pfarrer Don José aus der Kirche O Corpiño. Von Hexen wie Rosa hält er natürlich gar nichts, s. S. 276.

Gibt es viele Scharlatane unter den galicischen meigas?
Das will ich nicht hoffen. Sehen Sie, wir veranstalten einmal im Jahr hier in einer Halle am Hafen von Vigo einen Hexenkongress. Ganz Spanien trifft sich da zum keltischen Gedankenaustausch. Scharlatane sind hoffentlich nicht darunter.

Warum gibt es meigas nur hier?
Weil sich keltische Bräuche hier in der Abgeschiedenheit länger halten konnten. Wir *meigas* sind 100 % keltisch – mit einer Ausnahme. Die mittelalterlichen Magier haben sehr viel Goldschmuck getragen. Das finde ich theatralisch.

Gibt es ein Hexenzentrum?
Nein. Cangas ist berühmt geworden, weil die Inquisition dort sogenannte Hexen verbrannt hat. Coiro ist ein beliebter Ort, aber es gibt viele andere, auch um Ourense herum.

Hat die Inquisition viele meigas getötet?
Nein. Man hat uns nicht verraten. Es ist kurios: Wo es am meisten Hexen gab, hat die Inquisition am wenigsten angerichtet. Außerdem waren die wenigen Fälle von Hexenverbrennungen gar keine. Einer der Kirchenrichter hat die blutjunge Tochter einer Frau heiraten wollen, die sich weigerte. Daraufhin ließ er die Mutter verbrennen. Die Tochter hat er übrigens nicht bekommen. Sie konnte fliehen. Die wenigen Hexenverbrennungen waren politisch und sexuell bedingt.

In Ihren Zeremonien sprechen Sie keltische Texte, woher kommen die?
Es sind sehr alte Texte. Sie sind von Generation zu Generation vor allem mündlich überliefert worden. Ich kenne viele, etwa von dem Wechsel der

Jahreszeiten, wirtschaftliches Glück rufen wir meist mit Texten des Frühlings herbei. Aber leider fehlt mir vor allem ein Text, und das ärgert mich sehr. Es ist der des November, der Text der Toten, der aus dem 14. Jh. stammen muss. Ein unendlich wichtiger Text.

Wozu diente er?

Wissen Sie, an der Costa da Morte, der Todesküste, sind viele Fischer gestorben, deren Leichen man nicht fand. Die *meigas* von dort, vor allem aus dem Ort Porto do Son, gingen mit einem großen Boot aufs Meer, bestückt mit Holzbänken und einer Art Podest als Altar. Es waren immer sechs *meigas* in diesem Boot. Am Tag der Beerdigung eines Fischers holten sie seine Seele vom Meer ab. Sie nahmen Mäntel mit und beerdigten die Seelen in den Mänteln an Land. Einer Legende nach vernahm man daraufhin Schritte des Toten. Jedenfalls sprachen die *meigas* bei dieser Zeremonie einen Text, und wir kennen ihn leider nicht. Er ist nicht auffindbar.

Bei Ihren Zeremonien sitzt der Klient in einem Kreis aus Kerzen. Was tun Sie dann?

Ich nutze alte keltische Texte, wir bitten die Elemente, die Dämonen zu vertreiben, die schlechten Elemente zu bekämpfen, Glück und Frieden herbeizuführen.

Alles 100 % keltisch?

100 % keltisch.

Sie sind im galicischen Fernsehen aufgetreten, in der Keltenzeit gab es keinen Fernseher.

Ja, und ich fahre auch ein Automobil. Wir haben uns immer der Zeit angepasst und mit den Phänomenen der Zeit gelebt. Wir haben uns im Lauf der Zeit auch emanzipiert. Die *meiga* ist die weibliche Figur des Druiden.

Jedem seinen Arbeitsplatz, das gilt auch für Meiga Rosa. Sie braucht Feuer statt Festplatten und Symbole statt Speicherplatz.

Was erzählen Sie den Galiciern denn bei einem TV-Auftritt?

Rezepte, magische Rezepte vor allem, das kommt sehr gut an, das macht viel Spaß, wie man den bösen Blick mit Holz von der Eiche heilt, wie man Kräuter mischt, um Spannungen in der Ehe zu verhindern, dass Zimtessen ganz wichtig ist für die Harmonie eines Paares, solche Dinge, alte Traditionen, die die Leute nicht mehr kennen.

Haben Sie ein Rezept für unsere Leser?

Sicher. (Sie lacht.) Ein ganz altes: Damit ein Haus Glück bringt, kann man eine Mistel in einem Tontopf verbrennen, mit etwas Veilchenessenz – das bekommt man in vielen Naturläden. Wenn es brennt, gibt man etwas Weihrauch hinzu. Mit einem Löffel umrühren und dann geht man langsam durch das ganze Haus oder die Wohnung. Das bringt Harmonie, Kraft und Glück.

Rosa, mil gracias für das Gespräch. ■

Das zählt

Zahlen sind schnell überlesen — aber sie können die Augen öffnen. Nehmen Sie sich Zeit für ein paar Überraschende Einblicke. Und lesen Sie, was in Galicien zählt.

5

Weinanbaugebiete gibt es in Galicien. Monterrei, Valdeorras, Ribeira Sacra und die berühmten Gebiete Ribeiro und Rías Baixas. Fast alles Weißweingebiete, nur die Ribeira Sacra produziert guten Vino Tinto.

15.000

Gelbfußmöwen leben auf den Cíes-Inseln. Und eine Gaviota machte Furore auf Facebook, als es sich unlängst eine GoPro-Kamera auslieh, einen Rundflug absolvierte und das Gerät dann wieder unsanft auf der Stegmauer absetzte. Die Kamera blieb heil. Die Luftaufnahmen waren leicht verwackelt.

321

Kilometer ist der Ursprüngliche Jakobsweg (Camino Primitivo) von der asturischen Hauptstadt Oviedo nach Santiago nur lang. Kaum 4 Prozent der Pilger sind dort unterwegs. Eine schöne Alternative für Wanderer, die den Via de la Plata, den Camino del Norte und den inzwischen sehr populären Camino Portugues schon kennen.

1.300

registrierte Wolfsattacken auf Ziegen, Schafe und Wildpferde gibt es pro Jahr in Galicien. Besonders häufig sind sie in der Gemeinde Ourol in der Provinz Lugo, wo die Tiere fast genauso häufig zubeißen wie in der gesamten Provinz Pontevedra.

49,5

Cent bekommt ein galicischer Bauer für einen Liter Milch. Das ist wenig im Vergleich zu anderen Gebieten Spaniens und auch zu Deutschland, wo der Preis teils deutlich über 50 Cent liegt.

2.650.000

Euro hätten Schmuggler verdient, die im November 2023 über 8000 Kilogramm Kokain aus Ecuador in einem Fischkühllager in Cambre versteckten. Doch Polizeihunde haben einen guten Riecher.

33

Treppen führen hinauf zum Haupteingang der Kathedrale. Die Zahl ist kein Zufall. So alt wurde Jesus.

84

Jahre alt und plötzlich der Liebling der Kinokritiker. 2019 stand Benedicta Sánchez, eine Frau aus O Ancares, erstmals in ihrem Leben vor der Kamera. Im preisgekrönten Spielfilm »O que arde« (Es wird brennen) von Oliver Laxe spielt sie die Mutter eines Feuerlegers. Und bekam prompt einen Goya als beste Neuentdeckung. Bravo.

2.780.000

Galicier leben in ihrer Heimatregion. Rund 43 000 in Argentinien. Und fast 17 760 vor allem junge Galicier sind auf Jobsuche nach Deutschland gekommen.

4.100

Quadratmeter Segelfläche hat der in der Werft von Vigo 2020 fertiggestellte Dreimaster Sea Cloud Spirit für 136 Passagiere. Die Gorch Fock kommt nur auf 2000.

2

Gästezimmer hat der Faro de Ribadeo (Faro Isla Pancha), einer von 187 noch funktionierenden Leuchttürmen Spaniens. Das schmale, hohe Gebäude ist auch ein Hotel, die kleinste Gästeunterkunft Spaniens.

1.496.000

Kilometer sind es von Santiago bis zur Sonne. Und die gehört Angeles Durán. Die Frau aus Salvaterre de Miño hat sich bei einem örtlichen Notar eintragen lassen »als Besitzerin der Sonne, Stern des Typs G2, der sich im Zentrum des Sonnensystems befindet«.

3.512

Korkenzieher hat das Weinmuseum Dinastia Vavanco nahe Briones gesammelt und in die Vitrinen gestellt. Auch für Linkshänder.

6.000

spanischstämmige Kellner aus Argentinien und Kuba will die galicische Regierung in die Provinz Pontevedra locken. Seit Covid fehlt es dort an Arbeitskräften. Die Enkel der Emigranten bekommen Gratisflüge, Schulungen und zunächst eine kostenlose Unterkunft.

1

Anwohner lebte bis zu seinem Tod (2018) mitten im Nationalpark auf den Cíes-Inseln: Germán, Sohn eines Kapitäns, war eine Art Robinson Crusoe, der jede Form von Luxus ablehnte. Eigentlich hätte die Polizei ihn abführen müssen. Doch keiner hatte Lust dazu.

30.000

Maisspeicher soll es in Galicien geben. Die meisten befinden sich in den Provinzen Ourense und Lugo und sind noch im Einsatz.

Reise durch Zeit & Raum

Blick zurück und nach vorn — Erst hütet die hübsche Elba Auerochsen. Dann provoziert eine Legende den Pilgerboom. Und am Ende handelt die kultigste TV-Serie Spaniens ausgerechnet von Kokain. Was für eine Geschichte …

Steinzeithirtin wird Covergirl
vor 10 000 Jahren
Alles Böse kommt von oben. Die 30-jährige Elba ist in der Mittelsteinzeit nahe Pedrafita de Cebreiro mit ihren Auerochsen unterwegs, als ein Felsblock aus 15 m Höhe auf sie fällt. Die dunkelhaarige Frau mit den markant hohen Wangenknochen ist sofort tot. Sie hatte sich zuvor von Wildschwein und Muscheln ernährt, Milch bekam ihr weniger gut. Schließlich war die Steinzeithirtin Covergirl. Sie zierte den Titel des Wissenschaftsmagazins Cadernos. Pedrafita de Cebreiro liegt dort, wo später Abermillionen Pilger langlaufen sollten. Und der Name Elba ist Galicisch und bedeutet: Die aus den Bergen kommt.
Zum Anschauen:
Cebreiro, S. 97

Deshalb Castro, Fidel
Ab 600 v. Chr.
Wörtlich heißt Kubas einstiger Staatschef Fidel Castro, Glückliche Keltensiedlung. Seine Vorfahren kamen aus Galicien, wo Kelten ab 600 vor Christus Wehrdörfer mit Rundbauten bauten. Ihr Name: Castro.
Zum Anschauen:
Castro Santa Tegra, S. 202

Roms Leuchtturm leuchtet noch
25. v. Chr.
Kaiser Augustus erobert Nordspanien und sorgt für nachhaltige Bauten. In Astorga entsteht die wichtigste Edelmetallmine des Reichs, in Lugo die Stadtmauer, heute ein Jogging-Pfad. Ourense bekommt gleich mehrere Thermen. Und A Coruña einen Leuchtturm namens Herkules. Der ist bis heute in Betrieb.
Zum Anschauen:
Herkulesturm, S. 127

Himmlische Zeichen
Ab 813
Der Einsiedler Pelayo hat 813 eine Vision. Er steht auf einer Wiese bei Iria Flavia südlich von Santiago und sieht Sterne am Himmel. Die weisen ihm den Weg zu den Gebeinen des Apostels Jakob. Der hatte, bevor ihn Herodes köpfen ließ, in Spanien missioniert. Heißt es. Und war per Steinschiff nach seinem Ableben zurück ans galicische Ufer gebracht worden. Das neun Meter breite und kaum 30 cm dicke Segel liegt heute noch im Fischerort Muxía. Neben dem Heiligtum Unsere Frau vom Boot. Dann entstehen Aberhunderte Kirchen und Kathedralen am Jakobsweg und sorgen dafür, dass die Auftragsbücher der Steinmetze prall ge-

füllt sind. Der hl. Jakob ist ein Symbol der Reconquista geworden, des Kampfs gegen die Mauren in Südspanien. Später erscheinen recht erfolgreiche Bücher. Das Erste ist, lange vor Kerkeling, der Codex Calixtinus als Sammelhandschrift (12. Jh.).

Zum Anschauen:
Muxía, S. 156

Heiliges Jahr

1122

Papst Calixtinus II. ruft 1122 das erste Heilige Jahr für Santiago de Compostela aus. Das hat Folgen. Immer wenn der 25. Juli auf einen Sonntag fällt, ist ein Heiliges Jahr (Xacobeo). Wer dann nach Santiago pilgert, kann sich von allen Sünden reinwaschen. Ob Raub, Fremdknutschen oder Steuerhinterziehung.

Zum Anschauen:
Santiago, S. 104

Kolumbus aus Genua? Aus Galicien

1492

Was für ein Jahr. Christen erobern die letzte maurische Hochburg Granada und Kolumbus entdeckt die Neue Welt. Das erste seiner Schiffe landet nach der Rückkehr im galicischen Baiona. Die La Pinta ist dort als Nachbau im Hafen zu sehen. Kolumbus hat nicht nur Kakao und Kartoffeln mitgebracht. Er hat auch die Fantasie der Galegos angeregt. Die glauben nämlich, Cristobál Colón sei nicht in Genua geboren, sondern an der galicischen Küste in Poio. Vor allem die Wissenschaftler der Uni von Santiago sehen das so. Die Hochschule entstand 1495, drei Jahre nach der Kolumbus-Fahrt.

Zum Anschauen:
Museo de Colón, S. 177

Zur Hölle mit den Fuhrleuten

1495

Der Mönch Hermann Künig aus Fulda veröffentlicht den ersten Jakobsführer auf Deutsch. Darin warnt er vor diebischen Fuhrleuten am Jakobsweg: »Aus tiefstem Herzen wünsche ich diese Kerle zur Hölle«.

Zum Anschauen:
Villafranca del Bierzo, S. 95

Nicht mit mir, Pirat

4. Mai 1589

Francis Drake bekommt es in A Coruña mit der gerade einmal 24-jährigen Metzgerin María Pita zu tun. Die Gemahlin eines Offiziers organisiert den Widerstand gegen die britische Invasion. Während die Kleriker im südlichen Santiago den Schwanz einziehen und aus Angst vor Drake die Gebeine des hl. Jakob verstecken. María motiviert ihre Hafenarbeiter zu Höchstleistungen. Drake ist so beeindruckt von der Frau, dass er wieder abzieht.

Zum Anschauen:
María-Pita-Platz, S. 128

Republik im Niemandsland

1864

Couto Mixto (Gemischtes Los), ein kleiner Ort an der Grenze zu Portugal (das heutige Santiago de Rubiás), ist 800 Jahre lang die erste Republik der Iberischen Halbinsel. Er hat nie mehr als 1000 Einwohner, die allerdings von Steuern und vom Militärdienst befreit sind. Bis zur Eingliederung in Spanien 1864 fungiert das Republikoberhaupt zudem als Ortsrichter und ist auch für Hochzeiten zuständig. Der Sonderstatus hängt nicht zuletzt damit zusammen, dass kaum jemand die Gegend kennt. So zählen die Nachfahren lange zu den gewieftesten Schmugglern, ähnlich wie die des Zwergstaats Andorra in den Pyrenäen.

Zum Nachlesen:
Bestseller »Fariña« des galicischen Autors Nacho Carretero (auf Engl. und Span.)

Staat der Zirkuskinder

1966

Nahe Ourense sieht Pater Jesús Silva Méndez den Film Boytown. Kurz

darauf gründet er den Kinderstaat Bemposta. Mit verwahrlosten Straßengören. Die Jungs gehen auf Zirkustournee und wählen ihren eigenen Bürgermeister. Den Staat gibt es inzwischen nicht mehr. Der Pater hatte Steuern hinterzogen.
Zum Anschauen:
Ourense, S. 210

Koks und Kindergärten
1982

Der bekanntestes Drogenboss Galiciens, Sito Miñanco, wird erstmals wegen Schmuggels verhaftet. Wie viele weitere Männer verdient der Sohn einfacher Fischer aus Cambados mit Sardinen und Thunfisch zu wenig. So verlegt man sich auf den Schmuggel von Tabak und später Kokain aus Lateinamerika. Die galicischen Mafiosi haben bis heute nicht den schlechtesten Ruf, weil sie viel Schwarzgeld in Kirchen und Kindergärten stecken. Die Serie »Fariña – Cocaine Coast« hat das Thema berühmt gemacht. Und der Schmuggel geht weiter.

Galicien ein Matriachat? María Pita jedenfalls hat Francis Drake besiegt.

Zum Anschauen:
Cambados, S. 172

Jakobskult auf der Serviette
1990

Der Politiker Víctor Manuel Vázquez Portomeñe macht sich in Santiagos Kultkneipe Gato Negro Notizen auf einer Papierserviette. Dazu, wie sich der Kult um das Heilige Jahr 1993 am Jakobsweg fördern ließe. Die Folge ist ein regelrechter Boom auf dem Camino. Und die Serviette hat der Mann noch immer.
Zum Anschauen:
Kathedrale von Santiago, S. 107

Die Rache des Elektrikers
2012

Die Polizei nimmt einen Elektriker der Kathedrale von Santiago fest. Er hatte das historische Pilgerbuch Codex Calixtinus aus dem Tresorraum entwendet und in einer Plastiktüte in seiner Garage versteckt. Aus Wut, weil die Kirchenführung ihn über Monate nicht bezahlt hatte.
Zum Anschauen:
Kathedrale von Santiago, S. 107

Plastikpellets
2024

Ein Frachter verliert 26 000 winzige Plastikkügelchen zur Herstellung von Plastikflaschen 80 km vor der galicischen Küste. Im Januar 2024 gehen die Galicier daher mit Sieben statt Förmchen an den Strand.
Zum Anschauen:
Muros, S. 164

Santiago im Pilgerrausch
2027, 2032

Weil der Sonntag auf den 25. Juli fällt, kommen zum Heiligen Jahr über 350 000 Pilger in den Wallfahrtsort Santiago de Compostela. Rekord. Ruhesuchende zieht es derweil in andere Städte.
Zum Anschauen:
Malpica, S. 151

Wahrzeichen aus Granit

Markante Blickfänge in Galicien — Sie sind ständige Wegbegleiter auf einer Fahrt durch Galicien: Maisspeicher und Wegkreuze prägen so das landschaftliche Bild der Region.

Der Nordwesten Spaniens hat architektonisch eine Menge zu bieten: von den steinalten Keltensiedlungen über den römischen Mauerring in Lugo bis zu den schmucken Landhäusern des 18. Jh. und hochmodernen Bauten der Gegenwart wie der Ciudad de la Cultura in Santiago. Doch zwei Dinge aus purem Granit fallen besonders auf: die vielen Wegkreuze und Maisspeicher.

Maisspeicher schützten die Ernte

Ein guter Grund, näher darauf einzugehen: *Hórreos* (Maisspeicher) sind längliche Granitbauten auf Stelzen, steinerne Speicher, die das Getreide vor Nässe schützen. Dabei liegt der Mais auf zwischengelegten Steinplatten, durch die kein Nagetier gelangen kann. Luftschlitze sorgen dafür, dass der Inhalt nicht schimmelt. Zahlreich stehen diese meist kaum 2 m langen *hórreos* in Nordwestspanien in Gärten, an Felsenriffen oder am Dorfplatz. Das Dach ziert neben dem christlichen Kreuz oft eine pyramidenförmige *fica,* das keltische Symbol für Fruchtbarkeit. Zu sehen ist dies auch in Carnota, wo 1768 einer der längsten Speicher entstand: Sagenhafte 35 m misst er. Kleinere, aber gleich viele *hórreos* stehen direkt am Hafen des idyllischen Fischerorts Combarro. Und in Inland in dem Bergnest Pedre direkt auf dem Hauptplatz. Mais wird in Nordwestspanien erst seit dem 16. Jh. angebaut, die Speicher aus Granit hat es allerdings schon vorher gegeben. Vorläufer der *hórreos* sind noch in den Bergregionen Galiciens zu sehen: strohgedeckte, quadratische Holzaufbauten auf Granitstützen, die in den Schutzgebieten Ancares und O Courel bis heute noch zur Aufbewahrung der Ernte dienen.

Manche Wegkreuze sind steinalt

Fast so häufig tauchen vor dem Reisenden die *cruceiros* auf, die galicischen Wegkreuze. Seit gut 700 Jahren stehen sie schon dort, wo Hexentreffen, religiöse Wunder und auch grausame Verbrechen stattgefunden haben sollen.

Der älteste, schrieb der Denker und Karikaturist Alfonso Castelao in seinem Buch »As cruces de pedra na Galiza«, sei der *cruceiro* von San Andrés de Mélide, 50 km vor Santiago de Compostela am Jakobsweg. Er soll hier schon im 13. Jh. errichtet worden sein. Die Wegkreuze in Baiona und Noia am Atlantik überdachen Altarhäuschen, während der eindrucksvollste *cruceiro* überhaupt in Hío vor der Dorfkirche steht. Das figurenreiche Wegkreuz stellt die Kreuzabnahme dar und entstand aus nur drei Granitblöcken. Vor allem Steinmetze geraten ins Schwärmen, wenn sie davor stehen und die Leiter der Kreuzabnahme sehen. Denn sie wissen am besten, wie schwer es ist, eine Leiter mit ihren Sprossen aus einem einzigen Stein herauszuarbeiten. Meisterhaft! Heute sind die *cruceiros* nicht mehr nur am Wegesrand zu sehen, sondern auch als Blickfang in den Vorgärten von Landhäusern. ■

Wegkreuze (oben) sind in Galicien so allgegenwärtig wie Maisspeicher (unten). Spannend am Bild unten ist das Dach. Darauf steht das Kreuz (vorne) und die Fica (hinten), das keltische Symbol für Fruchtbarkeit.

Von Tavernen und Bauernküchen

Kulinarische Impressionen — Antonia in der Austernstraße, Carmen vor dem Suppentopf und dann auch noch eine Starköchin im Hexenkessel: Blick in die Kochtöpfe Galiciens.

Stellen Sie sich eine Bar vor, sagen wir in dem kleinen Ort Combarro am Atlantik: eine lange Theke, eine Porzellan-Zapfanlage mit dem Schriftzug der Biersorte Estrella de Galicia (galicischer Stern), ein paar flache Keramiktassen für leichten Weißwein, dahinter Barkeeper Manuel, der gleichzeitig Fischer und Automechaniker ist, und dahinter wiederum eine Menge Miniatur-Fischerbötchen und Heiligenbilder.

Tapeo ist jetzt angesagt, das Probieren von dem, was so eine Kneipe zu bieten hat. Per Fingerzeig macht man sich leicht verständlich, schwierig ist höchstens die Auswahl. Denn Manuel hat wieder an einer Fischauktion teilgenommen, hat am Hafen hart um Sardinen und Kabeljau gefeilscht und dann dies und jenes kunstvoll in Pasteteig gewickelt: *Empanadas* heißen die Kunstwerke. Mundgerecht als *tapas*, als kleine Appetitanreger, liegen sie in jeder vernünftigen Taverne Galiciens aus.

Oder nehmen wir eine Bauernküche in, sagen wir, dem kleinen Nest A Graña östlich von Pontevedra. Hier lebt Carmen mit ihren 14 Katzen und der betagten Eselin Molina (›Mühle‹). Mit ihrer Nachbarin Carolina geht sie gerne spazieren, vor allem aber kochen die beiden sich ab und an eine richtige nahrhafte Suppe. Besonders wenn rund um die Granitmauern der Frühjahrsnebel aufsteigt, dampft es in der alten Bauernküche.

W

WEIN VON DIANA UND LUIS

Es war ein Sommerurlaub im Jahr 2012 in Galicien und sie waren schwer verliebt. Als Paar, aber auch in die Idee, nordwestspanische Weine in Deutschland in den Handel zu bringen. Diana und Luis Méndez sind Betreiber des Weinshops zweiinzwanzig.com. Und der hat sich unter Liebhabern Nordwestspaniens längst zu einem Geheimtipp entwickelt. Diana stammt aus Hannover, Luis aus Galicien. Deshalb sind auch exzellente Albariños und Ribeiros im Angebot.

Carmens Caldo Galego

Carmen bereitet *caldo galego* zu, aus einem Schinkenknochen, Steckrübenblättern, grob gehackten Würsten und weißen Bohnen. Ein Kochbuch gibt es in der Küche nicht, denn Carmen hat alle Rezepte im Kopf. Sie stammen aus Zeiten bis weit in das 18. Jh. zurück. Und

Fischstäbchen? How dare you? Frischer Fisch ist doch viel besser.

lesen könnte sie das Buch ohnehin nicht, das hat sie nie gelernt, die Geldscheine erkennt sie an den Farben.

Oder zappen wir noch einmal weiter, mitten in die Hafenmetropole Vigo. Dort arbeiten Antonia und Rosa schon seit über 15 Jahren an Klapptischen in der ›Austernstraße‹, einer kleinen Gasse gleich neben dem zentralen Markt Mercadillo de la Piedra in der Altstadt. Da heißt es, Schürze um, Klappmesser auf und Austern in der Schale servieren. Gegessen, besser gesagt geschlürft, wird unter freiem Himmel. Antonia erzählt, die Austern gingen hier weg wie in Dortmund Pommes mit Bratwurst. Sie weiß das. Ihr Mann hat dort viele Jahre auf Montage gearbeitet.

Jakobsmuschel-Razzia

Und reden wir einen Moment lang auch über die einstige Starköchin Toñi Vicente. Sie war und bleibt wohl vorerst die berühmteste Köchin Spaniens, doch was ihr widerfuhr, ist Stoff für einen bitterbösen Spielfilm. Toñi Vicente betrieb noch bis ins Jahr 2009 ein sehr angesehenes Restaurant in Santiago de Compostela, kreierte die filigransten Gerichte und bekam dafür als erste Galicierin einen Michelinstern. Die Fachwelt war durchweg begeistert, alles schien seinen Weg zu gehen, doch dann tat sie etwas, was Restaurantbesitzer eben ab und zu mal tun. Sie kaufte Jakobsmuscheln ein. Allerdings nicht über die staatlich geprüfte Handelsstation, sondern auf dem Schwarzmarkt, will heißen: bei befreundeten Muschelzüchtern.

Natürlich waren die frisch und nicht toxisch, aber eben auch nicht geprüft. Und als bei einer groß angelegten Razzia bei vielen galicischen Köchen auch ihr Telefon abgehört wurde, machte das sofort Schlagzeilen im Stil: »Starköchin in der Giftküche«. Die Kollegen kamen mit einem Bußgeld davon, doch die berühmte Toñi Vicente wurde nun von Neidern und Konkurrenten »regelrecht fertiggemacht«, wie sie sagt. Schließlich gab sie entnervt auf, schloss ihr berühmtes Lokal und arbeitete vorübergehend als Garköchin auf dem entlegenen Campingplatz Coroso nördlich von Ribeira. Heute kocht sie wieder in ihrem eigenen Restaurant A Taberna de Toñi in Cambados. In der Gasse Rúa da Pescaría. ■

Besuch der Markthalle von O Grove

Mercado Municipal — Dort arbeitet Mase und verkauft Käse. Ihre Nachbarn Gemüse. Und am späten Vormittag liefern die Marineros Delikatessen aus dem Meer. Was eine Atmo.

Mase beugt sich an ihrem Stand herüber und reicht mir auf einer Messerspitze ein Stück San Simón. »Probier den Käse mal, der ist würziger als der Tetilla. Bist du eigentlich auf Facebook?« Fünf Minuten später bin ich mit der Käsehändlerin aus O Grove online in Kontakt, was wir auch gleich liken. Mase Calviño arbeitet an einem der 53 Stände in der Halle, die am Hafen des Fischerortes gelegen ist. In der Hallenmitte vor Manolos Fleischstand steht sie. Sie verkauft ihre Quesos de Galicia aus Kuhkäse sowie blockweise Quittengelee *(membrillo)* vor allem an die Fischerfrauen.

Eigentlich hatte sie Musikerin werden wollen. Nichts mit Dudelsack, eher was Rockiges. Aber dann kamen die Kinder – und damit die Verantwortung. So ist das im Leben.

Hauptstadt der Meeresfrüchte

In Santiago de Compostela wäre eine solche Szene undenkbar. Dort sind die Markthändler mürrischer, weil Touristen und Pilger sie gefühlt 20-mal die Stunde ablichten, ohne etwas zu kaufen. Hier in O Grove, 85 km südlich der Pilgerstadt, ist alles anders. Hier sind die wenigen Besucher aus dem Ausland fast schon ein Aufreger, so selten kommt jemand aus Bonn, Basel oder Bottrop vorbei. Dabei gehört der 830 m² große Markt von O Grove zu den besten der Region. Nicht an erster Stelle wegen Mases Käse, sondern vor allem wegen der *mariscos.* Spanier bezeichnen O Grove als »Hauptstadt der Meeresfrüchte«, am zweiten Oktoberwochenende steigt entsprechend das berühmte Marisco-Fest. Und die meisten Bewohner leben von diesen *frutas del mar.* Sie suchen im Morgengrauen nach Herz- und Venusmuscheln am Strand, holen mit ihren kleinen Fischerbooten Seeteufel und Langusten aus dem Atlantik. Und schon kurz darauf landet alles frisch in der Markthalle.

Javiers Steinbutt ist 5 kg schwer

Der Mercado Municipal (s. S. 175) ist einer von 61 Stadtmärkten in Galicien. Wer die 1980 erbaute, lichte Halle besucht, sollte früh kommen, wenn es noch ruhiger ist. Kunden sind neben den Bewohnern vor allem Restaurantbesitzer. Selbst aus dem fernen Madrid reisen sie schon mal an, um die frische Ware per Privatjet rüberzufliegen.

Ein Muss beim Marktbesuch ist die Cafetería an der südwestlichen Ecke. Drinnen an der Bar einen *café con leche* oder ein kleines Glas Estrella-Bier bestellen und dann draußen an einem der Metalltische Platz nehmen. Wunderbar.

Dort tauchen gegen 11.30 Uhr auch die erschöpften Fischer nach ihrer Schicht auf. Einer von ihnen ist Javier

Iglesias. Wir kommen ins Gespräch. Warum er so gut gelaunt ist? Wegen der heutigen Erfolgstour, die um Punkt 6 Uhr vor Morgengrauen begann. Seine Jungs aus Peru und er haben Glück gehabt. Keines der Netze ist gerissen. Und zum Auktionshaus hat der bärtige Kapitän in den Plastikbehältern richtig wertvolle Ware gebracht. »Erst wenn ich in acht Stunden Fisch für mindestens 600 € zum Hafen bringe, hat sich die Fahrt gelohnt. Ich muss die Mitarbeiter bezahlen, die Verkäufer in der Fischhalle und die Bootswartung.« Er hat diesmal ein Drittel mehr eingenommen als sonst. Ihm ist sogar ein 5 kg schwerer Steinbutt *(rodaballo)* ins Netz gegangen. Was das heißt? Der fast kreisrunde Speisefisch ist sehr wertvoll. Er bekommt für ihn 30 € pro kg 10 € mehr als für eine Seezunge *(lenguado)* gezahlt wird.

Peruaner in Galicien

Javier gibt noch eine Runde aus – um zwischendurch kurz all seine Freunde in der Markthalle zu begrüßen. Die nächste Runde geht an mich. Ehrensache. Und dann erfahre ich von den Peruanern: Das Fischerleben in Peru ist ganz ähnlich. Nur die Kälte im Winter auf dem Atlantik finden Victor und Hamilton gewöhnungsbedürftig. In ihrer Heimat fallen die Temperaturen auf See kaum unter 14 °C. Doch der geringen Löhne zu Hause wegen lassen sie sich trotzdem gerne von den Galiciern abwerben. Je nach Fang verdienen sie im Monat bis zu 1200 Euro netto. Viel Geld im Vergleich zum Heimatland, aber für die Söhne galicischer Fischer ein Hungerlohn.

Grelos, Pan und der Tipp von Mase

Vor der lichten Halle aus Granit, Beton und Glas sind die meisten der vielen Parkplätze längst wieder frei, die Zulieferer aus dem Hinterland schon wieder zu Hause. Denn auch die versorgen den Markt: mit Kartoffeln aus Ourense, Rübstielen *(grelos)* aus Lalín und Brot *(pan)* aus dem Hinterland von O Grove. Und so ist der Mercado dieses Fischerstädtchens vor allem eines: ein kulinarischer Spiegel Nordwestspaniens.

Durch die Halle zu schlendern, das ist schon optisch ein Genuss, die Atmosphäre ist klasse. Und Mase treffe ich nach dem Gespräch mit Javier und seinen Latinos auch noch mal. Sie ruft: »Amigo, gib es zu, du hast jetzt schon Hunger. Von mir kriegst du noch ein Stück Palo de Santiago zum Probieren. Das ist ein Kuhkäse, wie ihn meine Großmutter schon verkauft hat.« 500 g kaufe ich ihr ab.

Und dann kommt der eigentliche Tipp der Marktfrau: »Geh nachher in eines der Restaurants am Hafen. Vielleicht servieren die dir ja genau den Steinbutt von Javier. Der ist so frisch, der hat vor vier Stunden noch gelebt.«

»Javier und du, ihr kennt euch?«

»Tobias, hier kennt jeder jeden.« ■

Mase verkauft ihren Käse auch auf den Jahrmärkten in der Umgebung. Dann hilft ihre Schwester hier aus.

FSC
www.fsc.org
MIX
Papier | Fördert gute Waldnutzung
FSC® C018236

Tobias Büscher auf einem galicischen Volksfest, umringt von hoher Prominenz. Links Víctor Vázquez Portomeñe, ehemaliger Topmanager des Jakobskults. Rechts Galiciens berühmtester Künstler Antón Lamazares. Hemden: Florentino. Foto: Silke Büscher. Gerade nicht zu sehen: Tochter Marie, die mit spanischen Kindern auf der Hüpfburg tobt.
Büscher, Redakteur des Südkuriers, schrieb auch den Text für den DuMont-Bildatlas »Spanien Norden / Jakobsweg«.

Noch mehr aktuelle Reisetipps und News zum Reiseziel finden Sie auf www.dumontreise.de/galicien-jakobsweg

---

Abbildungsnachweis
akg-Images, Berlin: S. 291 (Album/Prisma) **DuMont Bildarchiv,** Ostfildern: S. 10, 148, 275 o., 275 u., 293 o. (Arthur F. Selbach); 125 M., 167 (Dirk Renckhoff) **Getty Images,** München: S. 7 u. li. (4x6); 70 li., 76 (500px/Manuel Fernandez); 50 (AFP/Cesar Manso); 174 (Carlos Fernandez); 161 M., 178 (Cristina Arias); 217 (Eloy Rodriguez); 196 li., 206 (Luis Dafos); 27 (Pablo Blazquez Dominguez); 137 (Quality Sport Images); 266 o. (Santiago Urquijo); 125 re., 157 (SOPA Images/LightRocket/Ana Fernandez); 240 (StockFood); 235 (Universal Images Group/Education Images/Ken Welsh); 141, 145 (Xurxo Lobato) Huber-Images, Garmisch-Partenkirchen: S. 293 u. (Günter Gräfenhain); 12/13, 190 (Hans-Georg Eiben); 102 li. (Luigi Vaccarella); 56 (Matteo Carassale); 14 li., 33, 89, 160 li., 163, 271 (Reinhard Schmid); 260/261 (Schulte-Kellinghaus) **iStock.com,** Calgary (CA): S. 73 (KarSol); 41 (Vicenfoto) **laif,** Köln: S. 127, 134 (Dorothea Schmid); 39 (Frank Tophoven); 7 o. li., 8, 67, 71 M., 95, 161 o. re., 245 (Gonzalo Azumendi); 2/3 (hemis fr./Herve Tardy); Titelbild (hemis.fr/Franck Guiziou); 262 (Le Figaro Magazine/Russe); 61 (Naftali Hilger) **Mauritius Images,** Mittenwald: S. 232 (age fotostock/Eduardo Grund); 22 (age fotostock/F. J. Fdez. Bordonada); 70 re. (age fotostock/Gonzalo Azumendi); 18 (age fotostock/Ken Welsh); 103 re. (age fotostock/Lucas Vallecillos); 102 re., 105 (Alamy/Lucas Vallecillos); 15 o. re. (Lou Avers); 7 re., 281 (Masterfile RM/Mike Randolph); 193 (robertharding/Michael Snell) **shutterstock.com,** Amsterdam (NL): S. 15 M., 53 (Karol Kozlowski); 171 (Arousa); 211 (Avarand); 160 re. (DoAl); 219 (Filimonov); 15 u. re. (Fleck); 247 (Gilbey); 14 re. (Herraez Calzada); 266 u. (Icruci); 214 (JGA); 196 re. (Jmbf); 71 re. (Luscofusco); 197 re., 227 (Lux Blue); 103 M. (Miguez); 161 u. re. (Monysasu); 124 re. (Munimara); 272/273 (Sergey 73) **Silke Büscher,** Todtmoos: S. 303 **Tobias Büscher,** Todtmoos: S. 6 li., 203, 47, 69, 83, 86, 98, 101, 114, 119, 120, 123, 124 li., 152, 159, 183, 186, 189, 195, 197 M., 199, 203, 225, 239, 264, 269, 276, 282, 285, 288, 295, 297

Umschlagfoto: Am Kap Finisterre (Fistera), dem (fast) westlichsten Zipfel Spaniens

Kartografie
© KOMPASS-Karten GmbH, A-6020 Innsbruck; DuMont Reiseverlag, D-73751 Ostfildern

Autor: Tobias Büscher **Redaktion/Lektorat:** Silke Büscher, Britta Rath **Bildredaktion:** Sylvia Pollex, Titelbild: Sima Ebrahimi **Grafisches Konzept und Umschlaggestaltung:** zmyk, Oliver Griep und Jan Spading, Hamburg

Hinweis: Autor und Verlag haben alle Informationen mit größtmöglicher Sorgfalt geprüft. Gleichwohl erfolgen alle Angaben ohne Gewähr. Bitte schreiben Sie uns! Über Ihre Rückmeldung und Ihre Verbesserungsvorschläge freuen wir uns: DuMont Reiseverlag, Postfach 3151, 73751 Ostfildern, info@dumontreise.de, www.dumontreise.de

2., aktualisierte Auflage 2024

Printed in Poland

Offene Fragen*

Zähmen Galegos ihre Pferde?

Seite 280

Schmeckt Jakobsmuschel in Rinderbrühe?

Seite 224

Geht's noch? Warum macht airbnb in Santiago die Studenten wohnungslos?

Stammt die Albariño-Traube wirklich vom Rhein?

Seite 248

Singen die Galicier alle wie Schmachtsänger Julio Iglesias?

Und weshalb ging Hape Kerkeling nicht in Recklinghausen spazieren?

Was sind diese Särge auf Stelzen?

Seite 292

Wie bekomme ich den Pilgerausweis?

Seite 29

Wie kann ein Maurentöter heilig sein?

Seite 274

Wo sind in den Hotelbädern die Klobürsten?

Verprügeln sich Galicier mit Stechginster?

Seite 216

Und warum kosten Kathedralen Eintritt?

Warum sagen Galicier nicht Gracias?

Seite 268

Leben dort Hexen?

Seite 282

Sind Wanderer Pilger?

Und was eigentlich ist eine Queimada?

Seite 248

** Fragen über Fragen – aber Ihre ist nicht dabei? Dann schreiben Sie an info@dumontreise.de. Über Anregungen für die nächste Ausgabe freuen wir uns.*